W9-CCT-122

OCÉANO ATLÁNTICO

Golfo de Viscaya

FRANCIA

Montpellier

Narbonne

La Coruña
Avilés Gijón
Santander
Oviedo
Bilbao San Sebastián
Santiago
PRINCIPADO DE ASTURIAS
CANTABRIA
PAIS VASCO
Pamplona
ANDORRA

GALICIA
Ponferrada
Vitoria
Orense
COM. FORAL DE NAVARRA
Verin
CASTILLA Y LEÓN
Logroño
LA RIOJA
Burgos
CATALUÑA
Lérida
Benavente
Zaragoza
Tordesillas
Valladolid
Badalona
Porto
Medina del Campo
Barcelona
Salamanca
ARAGÓN
Aveiro
Segovia
Coimbra
Ávila
COM. DE MADRID
MADRID
PORTUGAL

Golfo de Valencia

Toledo
Aranjuez

Menorca
Palma de Mallorca

CASTILLA–LA MANCHA
EXTREMADURA
Valencia
Mallorca

Lisboa
Cascais
Mérida
Ciudad Real
Albacete
COM. VALENCIANA
Ibiza
ISLAS BALEARES

Faro
Córdoba
REGIÓN DE MURCIA
Alicante
Formentera

Sevilla Carmona
Murcia
Mar Mediterráneo

Huelva
ANDALUCÍA
Cartagena

Granada
Málaga Motril
Almería

Cádiz San Fernando
Algeciras
GIBRALTAR (U.K.)
Mar de Alborán

Esrecho de Gibraltar
CEUTA (Sp.)
Soberania en Africa
MELILLA (Sp.)

MARRUECOS

0	100	200	300 Kilómetros
0	50	100	150 Millas

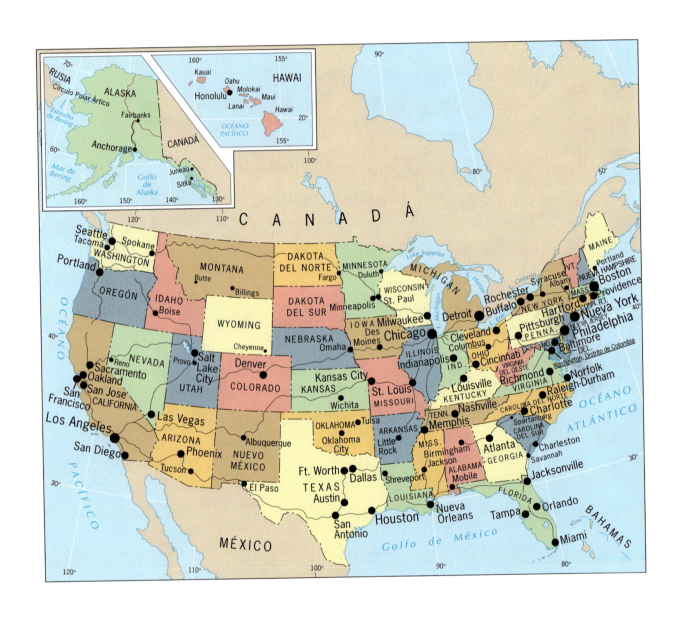

Más allá
de las palabras

A Complete Program in Intermediate Spanish

Más allá de las palabras

A Complete Program in Intermediate Spanish

Olga Gallego

University of Michigan

Concepción B. Godev

University of North Carolina, Charlotte

WILEY

ESTE LIBRO SE LO DEDICO A ANDRÉS, EL "NIÑO" DE MIS OJOS.
OLGA GALLEGO

A MI FAMILIA
C.B. GODEV

VICE PRESIDENT/PUBLISHER	Anne Smith
ACQUISITIONS EDITOR	Helene Greenwood
DEVELOPMENT PROGRAM ASSISTANT	Kristen Babroski
EDITORIAL ASSISTANT	Christine Cordek
MARKETING MANAGER	Gitti Lindner
EDITORIAL DEVELOPMENT	Mary Lemire Campion
	Mariam Rohlfing, Words and Numbers, Inc.
NEW MEDIA EDITOR	Lisa Schnettler
SUPPLEMENTS PRODUCTION EDITOR	Wendy Perez
SENIOR PRODUCTION EDITOR	Christine Cervoni
ILLUSTRATION EDITOR	Anna Melhorn
PHOTO EDITOR	Sara Wight
PHOTO RESEARCHERS	Elyse Rieder, Teri Stratford
TEXT DESIGNER	Word & Image Design Studio, Inc.
COVER DESIGN DIRECTOR	Harry Nolan, Senior Designer
COVER DESIGNER	Howard Grossman
ILLUSTRATORS	Deborah Crowle, Alice Priestley, NSV Productions, Brian Hughes, Stephen MacEachern, Kevin Cheng, Grant Mehm

This book was set in AGaramond 11pt by Word and Image Design Studio, Inc. and printed and bound by VonHoffmann Press, Inc. The cover was printed by VonHoffmann Press, Inc.

This book is printed on acid free paper. ∞

ISBN 0-471-46578-X

Printed in the United States of America

10 9 8 7 6 5 4 3 2 1

Preface

Más allá de las palabras is a culture-based intermediate Spanish program, designed for use at the third and fourth semesters of college study, that integrates language-skills instruction with subject-matter content. Fully supported with technology, this program meets the National Standards in Foreign Language Education.*

The title *Más allá de las palabras,* or *Beyond Words,* reflects the primary goal of this program: to ensure a smooth transition from the practical knowledge of Spanish that is necessary to carry out daily tasks to a deeper understanding of the language and cultures of the Hispanic world.

The textbook and its support materials are available in three options to meet the needs of different intermediate Spanish courses and to offer instructors flexibility. *Más allá de las palabras, Intermediate Spanish* (0-471-58945-4), is theme-based and geared towards beginning-intermediate programs. It can be used to teach third- and fourth-semester intermediate Spanish or only the third semester. *Más allá de las palabras, Mastering Intermediate Spanish* (0-471-58950-0), is organized around regions of the Spanish-speaking world and geared towards higher-intermediate programs. It can be used to teach third- and fourth-semester intermediate Spanish or only the fourth semester. Each book contains five units, all organized around a main topic and a set of subtopics or *Temas*. This structure allows students to review previously learned functions and grammar while learning new content to develop and strengthen their language skills. *Más allá de las palabras, A Complete Program in Intermediate Spanish* (0-471-59007-X), is divided into two parts: Part I is theme-based and regroups most of the earlier book; Part II is organized in geographical and cultural areas and regroups most of the later book.

In any of its three options, the graduated approach to learning of *Más allá de las palabras* allows all students of intermediate Spanish to progress at a pace that suits them.

*Communication. Communicate in languages other than English
   Standard 1.1. Students engage in conversations, provide and obtain information, express feelings and emotions, and exchange opinions.
   Standard 1.2. Students understand and interpret written and spoken language on a variety of topics.
   Standard 1.3. Students present information, concepts, and ideas to an audience of listeners or readers on a variety of topics.
Cultures. Gain knowledge and understanding of other cultures.
   Standard 2.1. Students demonstrate an understanding of the relationship between the practices and perspectives of the culture studied.
   Standard 2.2. Students demonstrate an understanding of the relationship between the products and perspectives of the culture studied.
Connections. Connect with other disciplines and acquire information.
   Standard 3.1. Students reinforce and further their knowledge of other disciplines through the foreign language.
   Standard 3.2. Students acquire information and recognize the distinctive viewpoints that are only available through the foreign language and its cultures.
Comparisons. Develop insight into the nature of language and culture.
   Standard 4.1. Students demonstrate understanding of the nature of language through comparisons of the language studied and their own.
   Standard 4.2. Students demonstrate understanding of the concept of culture through comparisons of the cultures studied and their own.
Communities. Participate in multilingual communities at home and around the world.
   Standard 5.1. Students use the language both within and beyond the school setting.
   Standard 5.2. Students show evidence of becoming life-long learners by using the language for personal enjoyment and enrichment.

American Council on the Teaching of Foreign Languages, Sept. 11, 1999 <*http://www.actfl.org/htdocs/standards/standards.htm*>

Graduated learning and a smooth transition between the first and second year of language study

A common problem in language instruction is the transition from first-year material to sometimes unconnected topics, vocabulary, and tasks at the intermediate level. To allow a smooth transition between the two years of study *Más allá de las palabras, Intermediate Spanish,* begins with themes and communicative functions that are familiar to students who have completed one year of study, and *Más allá de las palabras, Mastering Intermediate Spanish,* introduces increasingly sophisticated topics and functions. The graduated learning process in either book and in *Más allá de las palabras, A Complete Program in Intermediate Spanish,* ensures that all students build upon their current level of skills to complete their second year of Spanish.

Rich and effective combination of culture and language

In response to instructors' desire to find cultural subject matter and language skills integrated in a textbook, each unit in *Más allá de las palabras* focuses on a set of topics that are related to a broad cultural theme and fully integrated with the language skills covered in the unit. In addition to reading or listening comprehension activities, students are asked to compare the target culture (on which the reading or listening selection focuses) with their own culture, or with another Hispanic culture, and to discuss their findings.

Thorough recycling of communicative functions and grammar

A shortcoming identified in intermediate textbooks is the assumption that the grammar studied in previous Spanish classes has been thoroughly assimilated and that conversational skills have been sufficiently acquired and practiced in the first year. *Más allá de las palabras* carefully addresses these issues. Essential functions and grammar structures reintroduced and recycled throughout the program include description, narration in the present, past, and future, comparison, expression of opinions, summarizing, and hypothesizing. Students continuously engage in dialogue as they review functions or grammar points. There are ample opportunities for repetition and reinforcement, in a variety of formats to sustain the students' interest.

Simplified instructional techniques

To facilitate the learning process, each unit follows a structure that divides complex activities into subtasks and builds up gradually to the most complex component of the activity. As a result, instructors will find that students are able to perform complex speaking tasks more easily without feeling overwhelmed.

Creative listening comprehension techniques

Attending and listening to lectures is common to most content-based courses, yet the method for doing so successfully in Spanish is often ignored at the intermediate level. *Más allá de las palabras* provides suggestions on how to incorporate traditional lecture techniques in intermediate Spanish classes. The technique, which we call *Miniconferencia,* seeks to give students listening comprehension strategies that will prepare them for future courses in literature and civilization.

Innovative reading comprehension techniques

Like lecture comprehension techniques, reading skills are vital for future content-based courses. Even with a less-than-perfect command of the language, students will increasingly find themselves using their reading skills to learn. To promote student success, the authors of *Más allá de las palabras* have devised an innovative reading technique that encourages students to pause at different points throughout a reading, consider what they have read, and double-check their comprehension. This technique helps students manage their reading skills effectively. This becomes particularly rewarding for students when they are faced with longer passages.

Motivational approach to reading literature

With the assumption that understanding literature is essential to understanding different cultures, particular attention was paid to selecting readings and creating activities that increase the level of interaction between readers and texts. *Más allá de las palabras, Intermediate Spanish,* or Part I of the **Complete Program,** features the complete *Final absurdo* by Laura Freixas over the course of the five units, and *Más allá de las palabras, Mastering Intermediate Spanish,* or Part II of the **Complete Program,** features literary selections thematically grouped by regions and cultures of the Hispanic world.

Humor and light material

Many students and instructors have expressed the desire to find humor and light material in an intermediate textbook. With this in mind, *Más allá de las palabras* features interest-provoking cultural commentary in the form of cartoons that appeal to students' sense of humor. A special section, *Curiosidades,* includes music, jokes, recipes, games, fun activities, and tests integrated within the units' themes.

Integration of the best features identified in intermediate textbooks

Más allá de las palabras was carefully designed to best meet the needs of students and instructors at the intermediate level, based on analyses of the best features found in textbooks. *Más allá de las palabras* has the advantage and convenience of combining these features in one program.

Más allá de las palabras, Intermediate Spanish, or Book 1, serves as a bridge between the first and second years. The bridging is achieved by recycling grammar topics from the first year while introducing new ones. The content of the units gradually moves from topics closely related to students' daily lives to sociopolitical and historical events.

Más allá de las palabras, Mastering Intermediate Spanish, or Book 2, focuses mainly on content while incorporating grammar instruction as well as conversational practice through role-playing. Students are continually encouraged to review pertinent vocabulary from previous semesters.

Each book contains five units beginning with an overview of contents and goals, and concluding with an expansion section called *Más allá de las palabras.* The five units are organized into either three *Temas* (Book 1) or four (Book 2), which allows sufficient time to build up the content-based information providing the basis for conversations, oral presentations, and compositions.

Más allá de las palabras, A Complete Program in Intermediate Spanish, regroups the first four units of Book 1 and all the units from Book 2 with some content adjustments; the final unit of Book 1 being integrated as a topic throughout the program.

A grammar appendix fulfills the following objectives.

1. **Serve as reference material for students to review first-year grammar topics.** These first-year topics may include demonstrative adjectives and pronouns, possessive adjectives and pronouns, **gustar,** indefinite and negative words, **ser** and **estar,** and noun-adjective agreement. In this way, basic grammar does not distract from the focus on content. At the same time, this organization provides the convenience of having this information handy for both students and instructors in one location.

2. **Provide additional information about a topic so that students are aware of the complexity of certain topics.** The information is included in the appendix because the authors recognize that the target structure may need to be taught for recognition and not for production. Awareness of additional information on such structures as direct-object pronouns, preterit and imperfect, and relative pronouns should help students recognize these complex structures when they come across them in a reading.

3. **Provide additional information for the convenience of the instructor.** Instructors may use the information in the appendix to answer questions that go beyond the material presented in a unit or to address a specific topic in more depth. For example, the topic of the impersonal **se** may seem incomplete to some instructors if other related topics—such as the

passive voice and **estar** + *past participle*—are not discussed. Instructors should not feel compelled to discuss all information presented in the appendix. It is important to remember the focus of the program—the development of language skills while manipulating and learning content. As instructors already know, at the intermediate level some nuances of grammar can take much more time than is practical to invest. Therefore, although the appendix is available for convenience, instructors should gauge the needs of the whole class to decide whether or not the group is ready for further information.

UNIT ORGANIZATION
MÁS ALLÁ DE LAS PALABRAS, A COMPLETE PROGRAM

Part I

The units, each subdivided into three *Temas*, contain the following sections.

Entrando en materia
Preparation activities for the input activity appear in every *Tema*. These activities will sometimes be completed orally, sometimes in writing, and on occasion both orally and in writing.

Lectura or Miniconferencia
The first and third *Temas* include a variety of reading materials (**lecturas**) designed to allow students to "discover" key aspects of the target culture within the theme of the unit. Pre-reading activities emphasize the activation of background knowledge and the development of reading strategies with an emphasis on vocabulary development. Post-reading activities are designed to allow for the integration of the theme into written and oral communicative practice, and to reinforce vocabulary building. The second *Tema* includes a mini-lecture (**miniconferencia**) with pre- and post-listening activities.

Atención a la estructura
This section in every *Tema* provides concise and user-friendly grammar explanations illustrated with examples drawn from the *Tema* and followed by communicative oral and written activities designed to move students gradually from controlled to more open-ended and creative practice. The explanations sometimes invite students to reflect on how grammar works in their native language. An answer key to the non-open-ended activities is available on the Web for self-correction.

¿Cómo lo dices?
This section in every *Tema* focuses and builds on the communication functions and strategies learned in first-year Spanish. It is accompanied by relevant vocabulary and it includes open-ended, dialogue activities in specific contexts. The context itself is described in English so that students find ways

of expressing themselves without being conditioned by the language used in the direction lines.

Curiosidades

This enjoyable section in the first and second *Temas* includes music, jokes, recipes, games, fun activities, and tests integrated within the units' themes. The aim of this section is to provide continuing opportunities for the use of the language while handling lighter material.

Color y forma

This section in the third *Tema* prompts students to observe a work of art, usually a painting. Through speaking or writing activities students are guided to describe what they observe.

Each unit ends with a section called *Más allá de las palabras,* subdivided as follows.

Leer para escribir

Readings are selected to link thematically and rhetorically to the writing assignment in the **Ponlo por escrito** section. Students are encouraged to observe specific expressions and how the passage is organized so that they can use it as a reference for their own essay.

Ponlo por escrito

This section encourages a process-oriented approach to the development of writing skills, including a variety of text types. The focus on process of the activities in this section attempts to assist the intermediate writer in generating a clear writing plan, organizing ideas and expressing ideas in a coherent manner, and to provide linguistic support.

El escritor tiene la palabra

Final absurdo by Laura Freixas is an ongoing story presented in five parts on the Companion Web Site. It is intended to appeal to students' curiosity and to engage them in reading extensively. Post-reading activities enhance comprehension and prompt students to analyze the text critically. The **Workbook** (available in print and online) includes additional activities that introduce students to systematic literary analysis and literary analysis terminology.

Part II

The units, each subdivided into four *Temas*, contain the following sections.

Entrando en materia

Preparation activities for the input activity appear in every *Tema*. These activities will sometimes be completed orally, sometimes in writing, and on occasion both orally and in writing.

Perfil

All four *Temas* contain a photo-illustrated text with geographical, cultural, and past and present historical information about a particular country. A variety of individual and group pre- and post-reading activities accompany this section.

Atención a la estructura

Appearing in every *Tema* in Parts I and II, this is the only section in Part II that is written in English.

Curiosidades

Continued from Part I, this enjoyable section in the first and second *Tema* of every unit provides continuing opportunities for the use of the language while handling lighter material.

Situaciones or Miniconferencia

The first and third *Tema* in every unit in Part II includes a variety of reading materials (**situaciones**) with post-reading activites. As in Part I, the second *Tema* includes a mini-lecture (**miniconferencia**) with pre- and post-listening activities.

Color y forma

Continued from Part I, this section in the third *Tema* of every unit prompts students to observe and comment on a work of art.

Ven a conocer

This section in the fourth *Tema* presents sites of interest within one of the countries studied in the unit. *Ven a conocer* includes interactive pre- and post-reading activities, and it is designed to stimulate students' interest in traveling to the area and/or exploring it in more depth.

Each unit ends with a section called *Más allá de las palabras,* subdivided as follows.

Ponlo por escrito

Continued from Part I, this section encourages a process-oriented approach to the development of writing skills.

El escritor tiene la palabra

As in Part I, this section develops students' reading and analytical skills, with additional activities in the **Workbook** that introduce students to systematic literary analysis and literary analysis terminology. In Part II, literary excerpts from major literary figures represent the countries studied in the units.

SUPPLEMENTS

Más allá de las palabras, A Complete Program in Intermediate Spanish, includes the following components. Please check the *Más allá de las palabras* **Companion Web Site (www.wiley.com/college/gallego)** for updates and availability of *new* components.

Student Resources

- **Textbook with Audio CD (0-471-59007-X) or Audiocassette (0-471-58980-2):** The CD or cassette shrinkwrapped with the textbook includes the pronunciation materials and the *Miniconferencia* listening segments from every unit.

- **Activities Manual (0-471-47232-8):** Prepared by Kimberly Boys (University of Michigan), in collaboration with authors Olga Gallego and Concepción Godev, the **Activities Manual** consists of a **Workbook,** designed to practice writing skills and to reinforce classroom activity, and a **Lab Manual,** designed to provide practice and reinforcement of the vocabulary and grammar for each unit, as well as listening comprehension. The **Activities Manual** includes an answer key and is also available on the **Companion Web Site**.

- **Lab Audio Program on CD (0-471-48578-0) or Cassette (0-471-48577-2):** The **Lab Audio Program** contains recordings associated with the themes from each chapter and provides learners with exposure to authentic speech.

- **Companion Web Site (www.wiley.com/college/gallego)** including:

  - **Online Activities Manual:** Prepared by Kimberly Boys (University of Michigan), in collaboration with authors Olga Gallego and Concepción Godev, the **Online Activities Manual** combines the **Online Workbook,** designed to practice writing skills and to reinforce classroom activity, and **Online Lab Manual,** designed to provide practice and reinforcement of the vocabulary and grammar for each unit, as well as listening comprehension. Instant feedback is provided and student progress can be tracked. It is also available in print.

  - **Web Activities:** Prepared by Carole Cloutier (Ohio University), the Web activities include references to other sites and e-mailing capabilities.

  - **Autopruebas (Self-Tests):** Prepared by Maria Fidalgo-Eick (Grand Valley State University), the self-tests allow students to monitor their own progress as they move through the *Más allá de las palabras* program.

- *Webster's New World Pocket Spanish Dictionary* **(0-764-54161-7):** Clad in durable vinyl and small enough to slip easily into a pocket or purse, this handy little bilingual dictionary concentrates on the essential vocabulary that people use in everyday situations. *Webster's New World Pocket Spanish Dictionary* has a succinct grammar section and broad coverage of Latin American Spanish.

- **Panoramas Culturales Web Site (www.wiley.com/college/panoramas):** In an effort to establish connections and promote interaction with other communities, this Web site features 21 Spanish-speaking countries, each with its own textual information, maps, graphics, streamed videoclips, and Web-based discussion and research activities. The Spanish-speaking world is only a click away!

INSTRUCTOR RESOURCES

- **Companion Web Site (www.wiley.com/college/gallego)** including:
  - **Sample Syllabi, Teaching Tips, and Suggestions** to help instructors plan their courses

  - **Teacher Annotations** including suggestions for presentation and reinforcement of material, and an alternative reading to be used in place of the *Miniconferencia* if the instructor wishes to do so

  - **PowerPoint Slides:** Prepared by Maria Fidalgo-Eick (Grand Valley State University); fifty slides correspond to *Más allá de las palabras, Intermediate Spanish,* or Part I of the *Complete Program,* and another fifty to *Más allá de las palabras, Mastering Intermediate Intermediate Spanish,* or Part II of the *Complete Program.*

  - **Testing Program:** Prepared by Carmen Schlig (Georgia State University), this comprehensive program tests unit vocabulary, structures, skills, and cultural information. Each test is divided into six sections testing listening comprehension (*A escuchar*), vocabulary (*Vocabulario*), grammar (*Atención a la estructura*), reading comprehension (*Atención a la lectura*), speaking (*Comunicación oral*), and writing (*Atención a la escritura*). The **Testing Program** includes an answer key.

  - **Video Script**

  - **Lab Program Audio Script**

  - **Activities Manual Answer Key**

- **Video (0-471-27262-0):** Prepared by Kerry Driscoll (Augustana College), the video is coordinated with the cultural content of each *Tema*. A variety of pre-viewing, viewing, and post-viewing activities are included.

- **Faculty Resource Network (www.facultyresourcenetwork.com):** This valuable resource network is composed of professors who are currently teaching and successfully using technology in their Spanish classes. These professors offer one-on-one assistance to adopters interested in incorporating online course management tools and specific software packages. They also provide innovative classroom techniques and methods for tailoring the technology experience to the specific needs of your course.

ACKNOWLEDGMENTS

We wish to express our most sincere appreciation to Anne Smith, Kristen Babroski, Christine Cervoni, and Mariam Rohlfing. To Mary Lemire-Campion, a special word of appreciation for her invaluable contribution at a very critical stage in the editorial development of this book.

The authors and the publisher are grateful for the time and insightful comments of all the reviewers, who so kindly committed to the task of reviewing this work.

Helena A. Alfonzo, *Boston College*
Ana Alonso, *George Mason University*
María Amores, *West Virginia University*
Enrica J. Ardemagni, *Indiana University, Purdue University, Indianapolis*
Fern F. Babkes, *College of Notre Dame of Maryland*
Tracy Bishop, *University of Wisconsin, Madison*
Galen Brokaw, *University at Buffalo*
Kathleen T. Brown, *Ohio University*
Maria-Elena Buccelli, *George Mason University*
Dr. Donald C. Buck, *Auburn University*
Fernando Canto-Lugo, *Yuba College*
Chyi Chung, *Northwestern University*
Alicia B. Cipria, *University of Alabama*
Rifka Cook, *Northwestern University*
Francisco Cornejo, *George Mason University*
Norma Corrales-Martin, *Clemson University*
James C. Courtad, *Central Michigan University*
Martha Daas, *Old Dominion University*
Greg Dawes, *North Carolina State University*
Louise A. Dolan, *North Carolina State University*
Diana Dorantes de Fischer, *Concordia College*
Kerry Driscoll, *Coe College*
Rosalba Esparragoza Scott, *University of Southern Mississippi*
Dr. Juan C. Esturo, *Queensborough Community College*
Anthony Farrell, *St. Mary's University*
Marísol Fernández, *Northeastern University*
Lee Folmar, *Florida State University*
Diana Frantzen, *University of Wisconsin, Madison*
Barbara Gantt, *Northern Arizona University*
Anna J. Gemrich, *University of Wisconsin, Madison*
Donald B. Gibbs, *Creighton University*
Ransom Gladwin, *Florida State University*
Richard Glenn
María Asunción Gómez, *Florida International University*

Dr. Ann González, *University of North Carolina, Charlotte*
Gloria Grande, *Texas University*
Ana E. Gray, *North Carolina State University*
John Hall, *South Dakota State University*
Dr. Ronda Hall, *Oklahoma Baptist University*
Anna Hamling, *University of New Brunswick*
Linda Hollabaugh, *Midwestern State University*
Tia Huggins, *Iowa State University*
Harold Jones, *Syracuse University*
Matthew L. Juge, *Southwest Texas State University*
Charles Kargleder, *Spring Hill College*
Juergen Kempff, *University of California, Irvine*
Monica Kenton, *University of Minnesota*
Steven D. Kirby, *Eastern Michigan University*
Marketta Laurila, *Tennessee Technological University*
Ronald Leow, *Georgetown University*
Jeff Longwell, *New Mexico State University*
Dr. Humberto López, *University of Central Florida*
Nelson López, *Fairfield University*
Dr. Barbara López-Mayhew, *Plymouth State College*
Alicia Lorenzo, *University of Missouri*
Enrique Manchon, *University of British Columbia*
Karen Martin, *Lambuth University*
José L. Martínez, *Stonehill College*
María J. Martínez, *Boston University*
Sergio Martínez, *San Antonio College*
Erin McCabe, *George Mason University*
Claudia Mejía, *Tufts University*
Dulce Menes, *University of New Orleans*
Carmen L. Montañez, *Indiana State University*
Michael Morris, *Northern Illinois University*
Richard Morris, *Middle Tennessee State University*
León Narváez, *St. Olaf College*
Robert Neustadt, *Northern Arizona University*
Miguel Novak, *Pepperdine University*

Nuria Novella, *Middle Tennessee State University*

David Oberstar, *Indiana University, Purdue University, Fort Wayne*

Roxana Orrego, *Universidad Diego Portales*

Mark Overstreet, *University of Illinois at Chicago*

Edward Anthony Pasko, *Purdue University*

Lynn Pearson, *Bowling Green State University*

Edward M. Peebles, *University of Richmond*

Dr. Ted Peebles, *University of Richmond*

Dr. Jill Pellettieri, *California State University, San Marcos*

Sylvain Poosson, *McNeese State University*

Anne Porter, *Ohio University*

Jessica Ramírez, *Grand Valley State University*

Mayela Vallejos Ramírez, *University of Nebraska, Lincoln*

Dr. Kay E. Raymond, *Sam Houston University*

Barbara Reichenbach, *Ohio University*

Catereina Reitano, *University of Manitoba*

Mary Rice, *Concordia College*

Joel Rini, *University of Virginia*

Karen Robinson, *University of Nebraska at Omaha*

Roberto Rodríguez, *University of Texas at San Antonio*

Joaquín Rodríguez-Bárbara, *Sam Houston State University*

Nohelia Rojas-Miesse, *Miami University*

Mercedes Rowinsky-Geurts, *Wilfrid Laurier University*

Carmen Schlig, *Georgia State University*

Daniel Serpas, *Northern Arizona University*

Richard Signas, *Framingham State College*

Teresa Smotherman, *Wesleyan College*

Jonita Stepp-Greany, *Florida State University*

Clare Sullivan, *Northwestern University*

Griselda A. Tilley-Lubbs, *Virginia Tech.*

Michelle Vandiver, *Volunteer State Community College*

Mary Wadley, *Jackson State Community College*

Inés Warnock, *Portland State University*

Brenda Watts, *Southwest Missouri State University*

Helene C. Weldt-Basson, *Fordham University*

Janice Wright, *College of Charleston*

Habib Zanzana, *University of Scranton*

Miguel-Angel Zapata, *Hofstra University*

MÁS ALLÁ DE LAS PALABRAS, A COMPLETE PROGRAM (PART I)—SCOPE AND SEQUENCE

Unidad 1 Nuestra identidad	Tema 1 Quiénes somos	Tema 2 Cómo somos, cómo vivimos	Tema 3 Por qué nos conocen	Más allá de las palabras*
	Lectura	**Miniconferencia**	**Lectura**	**Leer para escribir**
	Nueva sala de charla internacional	Actividades asociadas con las plazas de ciudades y pueblos hispanos	La música, la literatura, el arte y el cine	Rey Ruiz: Salsero y sin compromiso
	Atención a la estructura	**Atención a la estructura**	**Atención a la estructura**	**Ponlo por escrito**
	Review of **ser/estar** Direct-Object Pronouns	Present Indicative of Stem-Changing and Irregular Verbs to Talk About Daily Routines	Preterit and Imperfect to Talk About the Past	Una descripción
	¿Cómo lo dices?	**¿Cómo lo dices?**	**¿Cómo lo dices?**	
	Circunloquio	Control del ritmo de la conversación	Una conversación telefónica	

*The corresponding segments of the literary selection *Final absurdo* are included on the Web site (www.wiley.com/college/gallego).

Unidad 2 Las relaciones de nuestra gente	Tema 4 En familia	Tema 5 Entre amigos	Tema 6 Así nos divertimos	Más allá de las palabras*
	Lectura	**Miniconferencia**	**Lectura**	**Leer para escribir**
	Cuestión de familias	La interpretación del término **amistad** y el etnocentrismo	Pasando el rato	Antonio Banderas se confiesa
	Atención a la estructura	**Atención a la estructura**	**Atención a la estructura**	**Ponlo por escrito**
	Impersonal/Passive **se** to Express a Nonspecific Agent of an Action	Preterit and Imperfect in Contrast Comparatives	Direct- and Indirect-Object Pronouns to Talk About Previously Mentioned Ideas	Una autobiografía
	¿Cómo lo dices?	**¿Cómo lo dices?**	**¿Cómo lo dices?**	
	Cómo pedir y dar información	Cómo contar anécdotas	Comparar experiencias	

*The corresponding segments of the literary selection *Final absurdo* are included on the Web site (www.wiley.com/college/gallego).

Unidad 3 Nuestra comunidad bilingüe	Tema 7 Ser bicultural	Tema 8 Ser bilingüe	Tema 9 Lenguas en contacto	Más allá de las palabras*
	Lectura	**Miniconferencia** 🕐	**Lectura**	**Leer para escribir**
	Ser hispano en Estados Unidos	Mitos sobre el bilingüismo	¿Qué es el espanglish?	Beneficios de aprender un idioma extranjero
	Atención a la estructura	**Atención a la estructura**	**Atención a la estructura**	**Ponlo por escrito**
	Subjunctive in Noun Clauses: Present Subjunctive After Expressions of Uncertainty and Doubt	Subjunctive in Noun Clauses: Present Subjunctive After Expressions of Emotion or Personal Reactions	Subjunctive in Noun Clauses: Present Subjunctive After Expressions of Recommendation and Advice	Una carta al editor
	¿Cómo lo dices?	**¿Cómo lo dices?**	**¿Cómo lo dices?**	
	Cómo expresar tus opiniones	Cómo expresar tus sentimientos	Pedir y dar consejos	

*The corresponding segments of the literary selection *Final absurdo* are included on the Web site (www.wiley.com/college/gallego).

Unidad 4 La diversidad de nuestras costumbres y creencias	Tema 10 Nuestras costumbres	Tema 11 Nuestras creencias	Tema 12 Nuestra religión	Más allá de las palabras*
	Lectura	**Miniconferencia**	**Lectura**	**Leer para escribir**
	Costumbres de todos los días	Perspectivas sobre la muerte	Fiestas patronales	Siete de julio: San Fermín
	Atención a la estructura	**Atención a la estructura**	**Atención a la estructura**	**Ponlo por escrito**
	Using Relative Pronouns to Avoid Redundancy	Imperfect Subjunctive in Noun and Adjective Clauses	Formal and Informal Commands to Get People to Do Things for You or Others	La feria de San Fermín y el turista
	¿Cómo lo dices?	**¿Cómo lo dices?**	**¿Cómo lo dices?**	
	Cómo dar explicaciones	Expresar acuerdo y desacuerdo enfáticamente	Expresar compasión, sorpresa y alegría	

*The corresponding segments of the literary selection *Final absurdo* are included on the Web site (www.wiley.com/college/gallego).

MÁS ALLÁ DE LAS PALABRAS, A COMPLETE PROGRAM (PART II)—SCOPE AND SEQUENCE

Unidad 1 México y España: Idiosincrasias, rivalidad y reconciliación	Tema 1 México y su herencia indígena	Tema 2 España: Su lugar en la Comunidad Económica Europea	Tema 3 México y España: Su rivalidad y reconciliación	Tema 4 Lo mejor de México y España	Más allá de las palabras
	Perfil	**Perfil**	**Perfil**	**Perfil**	**Ponlo por escrito**
	México prehispánico Basílica de Nuestra Señora de Guadalupe	Decadencia del imperio español, dictadura y democracia Penélope Cruz	México se independiza de España Plaza de las Tres Culturas	Santiago Ramón y Cajal, neurólogo español Evangelina Villegas, bioquímica mexicana	Relaciones entre México y España desde la Conquista hasta nuestros días
	Atención a la estructura	**Atención a la estructura**	**Atención a la estructura**	**Ven a conocer**	**El escritor tiene la palabra**
	Preterit and Imperfect Tenses in Contrast	Present Perfect Tense	Prepositions **por, para, de, a, en**	Qué ver en Oaxaca El Camino de Santiago: Turismo espiritual	*Los novios*, Leyenda anónima
	Situaciones	**Miniconferencia** 🔄	**Situaciones**		
	Chiapas	Democracia y economía: Requisitos para ingresar en la Unión Europea	Inmigración en Estados Unidos		
	Curiosidades	**Curiosidades**	**Color y forma**		
	Refranes	Test: Euroinformación	*El padre Miguel Hidalgo y la independencia nacional*, de José Clemente Orozco		

Unidad 2 Culturas hispanas del Caribe: Paisajes variados	Tema 5 Cuba: Las dos caras de la moneda	Tema 6 República Dominicana: Raíces de su música	Tema 7 Puerto Rico: Encontrando su identidad	Tema 8 Venezuela: Diversidad de paisajes	Más allá de las palabras
	Perfil	**Perfil**	**Perfil**	**Perfil**	**Ponlo por escrito**
	Cuba: La independencia. De Batista a Castro Silvio Rodríguez y Pablo Milanés	Comienzo de una raza Santo Domingo	Del dominio español al norteamericano Sila M. Calderón	La llegada de los españoles Venezuela democrática	De viaje por el Caribe
	Atención a la estructura	**Atención a la estructura**	**Atención a la estructura**	**Ven a conocer**	**El escritor tiene la palabra**
	Review of the Subjunctive in Noun Clauses	Review of the Subjunctive in Adjective Clauses	Another Look at the Indicative and Subjunctive Moods	Canaima: Un paraíso terrenal	*No sé por qué piensas tú,* de Nicolás Guillén
	Situaciones	**Miniconferencia** 🕐	**Situaciones**		
	Cuba: Dos visiones, una isla	El origen del merengue	Puerto Rico, estado libre asociado		
	Curiosidades	**Curiosidades**	**Color y forma**		
	Chistes de Fidel	"El costo de la vida", canción de Juan Luis Guerra	José Alicea en su estudio		

Contenido

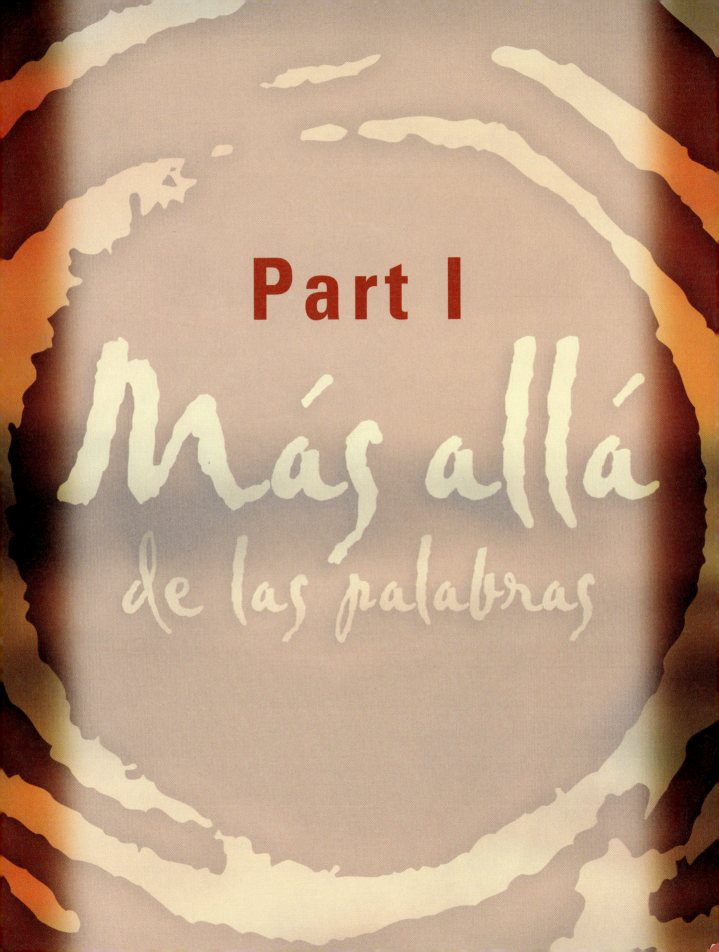

Part I

Más allá de las palabras

Nuestra identidad

Los jóvenes hispanos tenemos muchas cosas en común con ustedes, pero muchos aspectos de nuestra vida son muy diferentes. Por ejemplo, en España la mayoría de los estudiantes universitarios viven con sus padres mientras asisten a la universidad. ¿Es igual en tu caso?

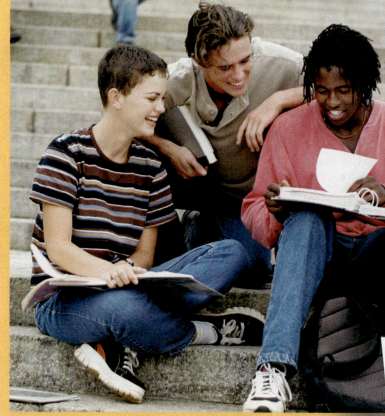

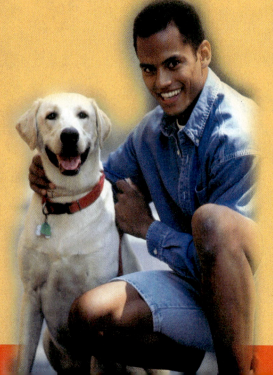

Yo llevo dos años estudiando en Estados Unidos y me gusta mucho vivir aquí. A veces extraño el estilo de vida de Puerto Rico, que es más relajado que el de aquí. A los puertorriqueños nos gusta mucho ir de fiesta como a ustedes en Estados Unidos. En las fiestas charlamos con amigos, tomamos unos tragos y bailamos al ritmo de la salsa y el merengue. ¿Haces lo mismo cuando vas a una fiesta?

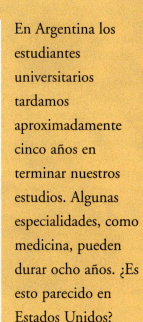

En Argentina los estudiantes universitarios tardamos aproximadamente cinco años en terminar nuestros estudios. Algunas especialidades, como medicina, pueden durar ocho años. ¿Es esto parecido en Estados Unidos?

Quiénes somos

Bienvenido a ***Más allá de las palabras*** y a tu clase de español. Este libro te va a ayudar a continuar tu estudio del español por medio de la exploración de una variedad de temas. Para empezar, vas a conocer un poco mejor a tus compañeros de clase y a tu instructor/a de español. En un papel, anota tus respuestas a las siguientes preguntas. Las respuestas deben ser breves.

- ¿Qué palabra define mejor tu apariencia física? ¿y tu personalidad?
- ¿Qué es lo más interesante de ti? ¿y de tu familia? ¿y de tu cultura?

Ahora, intercambia tu papel con un compañero o compañera. Lee sus respuestas y circula por la clase intentando encontrar a alguien que tenga algo en común con tu compañero/a. Usa las respuestas como guía. Presenta a tu compañero/a a esa persona. ¡Adelante!

Entrando en materia

1–1. Salas de charla. En la vida real, encontrar personas que tengan cosas en común con nosotros no es tan fácil. Una forma de conocer a personas interesantes es participar en una sala de charla electrónica. ¿Has participado en una sala de charla en Internet? Con un/a compañero/a, comenta tu experiencia. Si nunca has participado, pídele información a tu pareja.

- cuántas veces has participado en una; si no has participado explica por qué

- qué tipo de sala era: informal, sobre intereses comunes, etc.; de dónde era la mayoría de los participantes; qué idiomas hablaban los otros participantes

- tu opinión sobre el valor de las salas de charla para hacer nuevos amigos

1–2. Vocabulario en contexto. La lectura para esta sección es el texto de una sesión en una sala de charla. Antes de leerla, busca las siguientes palabras y expresiones en la lectura (están en negrita) y selecciona el significado correcto de cada una.

1. padrísimo
   a. una expresión del español de México sinónima de *fantástico*.
   b. una expresión común para referirse a un padre.

2. platicando
   a. sinónimo de plata.
   b. expresión del español de México; sinónimo de *charlando*.

3. taíno
   a. el grupo indígena original de Puerto Rico.
   b. el nombre que Cristóbal Colón le dio a la isla de Puerto Rico.

4. compaginar
   a. sinónimo de *pasar las páginas* de un libro.
   b. sinónimo de *combinar*.

5. el ocio
   a. un tipo de droga muy popular en Latinoamérica.
   b. el tiempo libre.

6. tiro con arco
   a. un deporte que requiere el uso de una flecha (*arrow*) y un arco.
   b. un deporte que requiere el uso de una pistola.

LECTURA

 Hola, soy María Ángeles, una muchacha simpática (aunque quede mal que yo lo diga) y alegre. Soy de Tuxpan. ¿Hay alguien más de México por aquí?

 Hola, yo soy Patricia. No soy de México, soy de la "isla del encanto".

 La isla del encanto es Puerto Rico, ¿no?

 Sí. Y yo soy de Guaynabo, un pueblo cerca de San Juan, la capital.

 Guaynabo... qué palabra tan extraña. ¿Eso es español?

 No, es un término de los indios **taínos** que significa "lugar de muchas aguas".

 Hola chicas, pido perdón por interrumpir la conversación pero me parece que alguien dijo que es de Tuxpan. Yo he escuchado muchas cosas interesantes sobre ese lugar. ¿Cómo es? Ah, por cierto, me llamo José.

 Hola, José. Sí, yo soy de Tuxpan. Tuxpan es un pueblito en la costa norte del estado de Veracruz, en México. Es un lugar **padrísimo** para pasar las vacaciones.

 José, bienvenido al chat. ¿No es maravilloso esto de poder comunicarse con gente de todas partes en un solo sitio? Creo que es una experiencia maravillosa.

 Sí, Patricia, tienes razón, es increíble esto del **ciberespacio**. Yo soy español, nacido en el 69, y trabajo como instructor de español.

 José, creo que eres el más viejo de todos. Yo nací en el 75, el 7 de diciembre.

 Oye, ¿el 7 de diciembre no hay una celebración en México?

 Sí, es el día del niño perdido, una celebración católica que recuerda cuando Jesús se perdió a los siete años de edad después de visitar el templo con sus padres.

 ¿Y cómo celebráis eso?

 Ese día por la tarde se colocan velitas encendidas en las banquetas del pueblo.

 ¿En dónde? ¿En unas banquetas? ¡No lo entiendo!

 Claro, María Ángeles, es que José es español y él no sabe que en México le llaman banqueta al sendero por donde caminas por la calle.

 Ah, no lo sabía, bueno, perdón por la interrupción...

 ¡Qué cómico resulta esto de hablar con gente de otros sitios! Bueno, como decía, las luces eléctricas se apagan para que la luz de las velitas brille más, y todos salimos a la calle y pasamos la tarde **platicando**. Los niños juegan con carritos de cartón que llevan una velita encendida. Así ayudan a la Virgen María a buscar al niño perdido. Patricia, yo voy a Puerto Rico el mes que viene. ¿Quieres quedar para tomar un café?

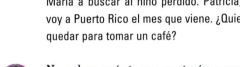

No sabes cuánto me gustaría, pero ya no vivo en Puerto Rico. Ahora vivo en Estados Unidos, porque estoy estudiando epidemiología y mi esposo está aquí trabajando como ingeniero civil en una constructora. ¡Cuánto me gustaría volver a mi islita!

Sí, es difícil vivir lejos de la familia… Por eso yo me quedé en España, y aún así tengo problemas para **compaginar** el trabajo, el **ocio** y las visitas a la familia.

José, ¿qué hace un muchacho como tú en su tiempo libre?

Todo depende del tiempo y del dinero, ya sabes, pero… me gusta hacer cosas aventureras, como el **tiro con arco**. También me encantaría tener un caballo…

Pues yo me dedico a cocinar en mis ratos libres.

Yo también cocino pero prefiero que me cocinen. También me gusta decorar interiores; creo que sería un buen decorador, aunque a veces me paso con las plantas…

¿Cómo que te pasas?

Quiero decir que a veces pongo demasiadas plantas en las habitaciones que decoro, porque me gustan mucho… ¡Mi apartamento parece una jungla!

Yo no sirvo para cuidar plantas, todas se mueren enseguida en mi casa.

Patricia, ¿en qué piensas trabajar cuando termines los estudios?

No estoy totalmente segura. Me gustaría ser instructora, como tú.

Sí, es una gran profesión. A mí me encanta mi trabajo porque me permite conocer a gente nueva continuamente.

Bueno, ha sido un placer platicar con ustedes pero ahora me tengo que marchar. ¡A ver si nos vemos por el ciberespacio un día de estos!

Sí, déjame un mensaje cuando regreses de Puerto Rico.

Sí, te dejaré un mensaje en el tablón de anuncios. Bueno, José, ha sido un placer. **¡Hasta lueguito!**

Yo también tengo que irme porque tengo una clase enseguida. ¡Hasta la próxima!

¡Chao a todos!

1–3. Palabras en acción. ¿Aprendiste vocabulario nuevo en la sala de charla? Aquí tienes la oportunidad de demostrar tus conocimientos. Llena los espacios en blanco con la palabra adecuada de la *Lectura*.

| hasta lueguito | padrísimo | platicar | ciberespacio |

1. El verbo *hablar* es un sinónimo de _____.

2. Internet también se conoce como el _____.

3. En México se usa la expresión _____ para indicar que algo es muy bueno o divertido.

4. La expresión _____ es una forma coloquial de decir *adiós*.

1–4. ¿Te identificas? Estas son afirmaciones que hicieron los participantes de la sala de charla. Escribe **sí** junto a las afirmaciones con las que tú te identificas y **no** junto a las demás.

1. _____ Es maravilloso poder comunicarse con gente de todas partes en un solo sitio.

2. _____ Soy una persona simpática y alegre.

3. _____ Tengo problemas para compaginar el trabajo, el ocio y las visitas a la familia.

4. _____ Me encanta mi trabajo porque me permite conocer a gente nueva continuamente.

5. _____ A mí me gusta cocinar, pero prefiero que me cocinen.

6. _____ Yo no sirvo para cuidar plantas, se me mueren todas enseguida.

1–5. ¿Quién es más interesante? En grupos de tres, seleccionen a la persona de la charla que les parezca más interesante. Con la información que tienen y su imaginación, creen una minibiografía de esa persona y después, compártanla oralmente con los demás grupos. ¡Sean tan creativos como puedan!

MODELO Bueno, nosotros creemos que Patricia es la más interesante porque a los cinco años ya sabía cocinar todas las comidas típicas de Puerto Rico...

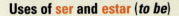

ATENCIÓN A LA ESTRUCTURA

Uses of ser and estar (*to be*)

ser		estar	
soy	somos	estoy	estamos
eres	sois	estás	estáis
es	son	está	están

Ser is used to:

- establish the essence or identity of a person or thing.

  Patricia **es** estudiante de epidemiología.

  *Patricia **is** an epidemiology student.*

- express origin.

  José **es** de España.

  *José **is** from Spain.*

- express time.

  Son las 3:00 de la tarde.

  *It **is** 3:00 in the afternoon.*

- express possession.

  La computadora **es** de María Ángeles.

  *The computer **is** María Ángeles'.*

- express when and where an event takes place.

  La fiesta del niño perdido **es** en diciembre.

  *The feast of the lost child **is** in December.*

  —¿Dónde **es** la fiesta? —La fiesta **es** en Tuxpan.

  *Where **is** the party? The party **is** in Tuxpan.*

Estar is used to:

- express the location of a person or object.

  La casa de María Ángeles **está** en Tuxpan.

  *María Ángeles' house **is** in Tuxpan.*

- form the progressive tenses.

  José **está** practicando artes marciales.

  *José **is** practicing martial arts.*

Ser and estar with Adjectives

Use **ser** with adjectives:

- to express an essential characteristic of a person or object.

  María Ángeles **es** simpática.

  *María Ángeles **is** friendly.*

- to classify the person or object.

  José **es** español.

  *José **is** Spanish.*

Use **estar** with adjectives:

- to express the state or condition of a person or object.

  Patricia **está** triste porque extraña a su familia de Puerto Rico.

  *Patricia **is** sad because she misses her family in Puerto Rico.*

- to express a change in the person or object.

  Patricia es guapa y hoy **está** más guapa todavía con su nuevo corte de pelo.

  *Patricia is pretty and today she **is** even prettier with her new haircut.*

See *Apéndice gramatical 1* for adjectives that express different meaning when used with **ser** and **estar**, and for noun/adjective agreement rules.

1–6. Identificación. Tom es un estudiante que quiere ser profesor de español. Tom necesita encontrar compañeros de apartamento y ha decidido escribir el anuncio en español, para atraer a estudiantes hispanos. Como verás, Tom tiene problemas con **ser** y **estar**, y nunca sabe cuál debe usar. Ayúdalo a identificar la opción correcta en cada caso.

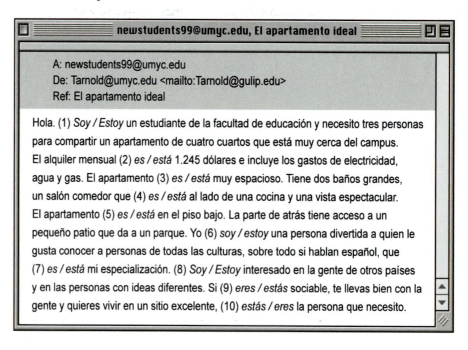

newstudents99@umyc.edu, El apartamento ideal

A: newstudents99@umyc.edu
De: Tarnold@umyc.edu <mailto:Tarnold@gulip.edu>
Ref: El apartamento ideal

Hola. (1) *Soy / Estoy* un estudiante de la facultad de educación y necesito tres personas para compartir un apartamento de cuatro cuartos que está muy cerca del campus. El alquiler mensual (2) *es / está* 1.245 dólares e incluye los gastos de electricidad, agua y gas. El apartamento (3) *es / está* muy espacioso. Tiene dos baños grandes, un salón comedor que (4) *es / está* al lado de una cocina y una vista espectacular. El apartamento (5) *es / está* en el piso bajo. La parte de atrás tiene acceso a un pequeño patio que da a un parque. Yo (6) *soy / estoy* una persona divertida a quien le gusta conocer a personas de todas las culturas, sobre todo si hablan español, que (7) *es / está* mi especialización. (8) *Soy / Estoy* interesado en la gente de otros países y en las personas con ideas diferentes. Si (9) *eres / estás* sociable, te llevas bien con la gente y quieres vivir en un sitio excelente, (10) *estás / eres* la persona que necesito.

1-7. Quién es quién en la clase de español. En su anuncio, Tom explica un poco cómo es él porque piensa que saber más cosas sobre las personas nos ayuda a entenderlas mejor. Ahora ustedes van a conocer mejor a los estudiantes de su clase de español. Descubran cuántas cosas en común tienen con otras personas.

> **Para describir rasgos físicos:** alto/a, bajo/a, delgado/a, feo/a, guapo/a, moreno/a, pelirrojo/a, rechoncho/a, etc.
>
> **Para describir la personalidad:** agresivo/a, alegre, atrevido/a, bromista, cruel, estudioso/a, inteligente, listo/a, práctico/a, perezoso/a, rebelde, etc.
>
> **Para describir estados de ánimo:** aburrido/a, animado/a, cansado/a, contento/a, deprimido/a, impaciente, nervioso/a, relajado/a, tenso/a, etc.

1. Primero, cada estudiante debe escribir una breve descripción de sí mismo/a, incluyendo rasgos físicos y de personalidad.
2. Después, usando la información de la descripción, cada estudiante debe escribir cuatro o cinco preguntas para saber algo más sobre sus compañeros/as de clase.
3. Ahora, circulen por la clase y entrevisten a tres personas para intentar encontrar a alguien con quien tengan muchas cosas en común.

1-8. Busco compañero de apartamento. En parejas, imaginen que ustedes, como Tom, necesitan encontrar a una persona para compartir su apartamento.

<table>
<tr><td>Por si acaso</td></tr>
<tr><td>balcón
balcony</td></tr>
<tr><td>elevador/ ascensor
elevator</td></tr>
<tr><td>estacionamiento
parking</td></tr>
<tr><td>muebles
furniture</td></tr>
<tr><td>suelo de madera/ cerámica
wood/ ceramic floors</td></tr>
<tr><td>transporte público
public transportation</td></tr>
</table>

A. Hablen de las características que, en su opinión, debe tener esta persona. Primero, deben ponerse de acuerdo para asegurarse de que buscan el mismo tipo de persona.

B. Ahora que ya se han puesto de acuerdo en el tipo de persona que buscan, preparen un texto muy atractivo para anunciarlo en el periódico universitario. Describan:

- las "maravillosas" características que tiene el apartamento: su ubicación, cuántos cuartos tiene, cómo son estos cuartos, el precio del alquiler.
- las cosas que les gusta hacer y el tipo de personas que son ustedes.
- por qué sería fantástico tenerlos a ustedes como compañeros.

Después, lean sus anuncios al resto de la clase; ¿cuál es el anuncio más convincente?

See *Apéndice gramatical 1* to review demonstrative pronouns, possessive pronouns, verbs like **gustar**, and indefinite and negative words.

Direct-Object Pronouns

Before reviewing the direct-object pronouns, let's review the notion of *direct objects*.
A direct object is a noun or a pronoun that receives the action of the verb directly;
in other words, it is the *what* or *whom* of the action.

José Fernández enseña español. *José Fernández teaches Spanish.*
—José Fernández teaches *what*? —Spanish
Spanish is the direct object.

Direct-object pronouns are used to avoid repetitions of nouns that function
as direct objects in a sentence.

Patricia está muy ocupada con sus estudios; *Patricia is very busy with her studies; she will*
los terminará pronto y regresará a Puerto Rico. *finish **them** soon and she will return to Puerto Rico.*

The use of **los** avoids the repetition of **sus estudios**.

Singular		Plural	
me	*me*	nos	*us*
te	*you (informal)*	os (*Spain*)	*you (informal)*
lo	*you (formal, male)*	los	*you (formal/informal, male or mixed gender)*
	him		*them (male/masculine or mixed gender)*
	it (masculine)		
la	*you (formal, female)*	las	*you (formal/informal, female)*
	her		*them (female/feminine)*
	it (feminine)		

Direct-object pronouns are placed immediately before the conjugated verb.

—¿Leíste el mensaje de Patricia? —Sí, **lo** leí.
*Did you read Patricia's message? Yes, I read **it**.*

When an infinitive or present participle follows the conjugated verb, the direct-
object pronoun can be placed before the conjugated verb or attached to the
infinitive or present participle.

—¿Vas a leer los mensajes de Patricia? —Sí, **los** voy a leer. *o* Sí, voy a leer**los**.
*Are you going to read Patricia's messages? Yes, I am going to read **them**.*

—¿Quieres leer los mensajes de Patricia? —Sí, **los** quiero leer. *o* Sí, quiero leer**los**.
*Do you want to read Patricia's messages? Yes, I want to read **them**.*

—¿Estás leyendo los mensajes de Patricia? —Sí, **los** estoy leyendo. *o* Sí, estoy leyéndo**los**.
*Are you reading Patricia's messages? Yes, I am reading **them**.*

With affirmative commands, direct-object pronouns are attached to the end of the verb.
With negative commands, the direct-object pronoun must be placed between **no**
and the verb.

—¿Puedo usar tu computadora? —Sí, úsa**la**. *o* No, no **la** uses.

*May I use your computer? Yes, use **it**. or No, don't use **it**.*

See *Apéndice gramatical 1*
for more information
regarding direct-object
pronouns and their use.

1–9. Cuestión de gustos. Va a haber una fiesta para los estudiantes de tu universidad. Aquí tienes la lista de las preferencias de comida y bebida de algunos invitados. Elimina las repeticiones sustituyendo el complemento directo con su pronombre correspondiente.

> **MODELO** A Juan le gustan los tacos; él considera los tacos su comida favorita.
>
> A Juan le gustan los tacos; él *los* considera su comida favorita.

1. A Luis le gusta el ceviche; prefiere el ceviche a todas las otras comidas peruanas.
2. A Rosario le encanta el mate, compara el mate argentino con el mejor té del mundo.
3. Pedro adora la paella valenciana; come la paella todos los domingos para almorzar.
4. Lucho no bebe refrescos normalmente; sólo bebe refrescos cuando no hay nada más.

1–10. ¿Dónde lo pusiste? Ya terminó la fiesta y tú y tu nuevo/a compañero/a de cuarto tienen que regresar al apartamento para organizar sus cosas. El otro residente del apartamento ha sacado las cosas de las cajas y ustedes no están seguros de lo que tienen que hacer. Túrnense para hacer preguntas y responderlas según las pistas.

> **MODELO** Sacar / los libros de las cajas (No / ahora)
> Estudiante A: ¿Sacaste los libros de las cajas?
> Estudiante B: No, no los saqué. Los voy a sacar ahora.
> *o* Voy a sacarlos ahora.

1. Encontrar / los platos (Sí / en la cocina)
2. Colocar / los muebles (No / después)
3. Organizar / los CDs (Sí / en la estantería)
4. Guardar / el papel de periódico (No / mañana)

Circunloquio

Quiero comprar un animal, pero no recuerdo el nombre y no lo veo en la tienda.

Pues dígame cómo es, de qué color es, qué come y en qué tipo de hábitat vive.

Pues es un animal que tiene plumas y que habla.

When we are speaking, we sometimes temporarily forget words and we have to resort to explaining or describing the concept using the words we know. In other words, we get around our memory lapse by using circumlocution. When we resort to circumlocution, we can refer to an object by its characteristics, color, form, and what it's used for.

Some phrases that you can use are:

Es una cosa de color…	*The color is …*
Es una persona que…	*It's a person that …*
Es un lugar que…	*It is a place that …*
Es un animal que…	*It's an animal that …*
Es algo que…	*It is something that …*
Es una cosa que se usa para…	*It is a thing used for …*
Sabe a…	*It tastes …*
Suena a…	*It sounds like …*
Se parece a…	*It looks like …*
Huele a…	*It smells …*

1–11. Palabras en acción. Nuria, la novia de tu compañero, ha ido a tu apartamento a verlo pero él no está, y ella no habla inglés. Usa la información de los dibujos para explicarle dónde está tu compañero, qué está haciendo, adónde piensa ir y cuándo va a regresar. Describe cada cosa con detalle, para que ella te entienda.

MODELO Pablo está comprando en un lugar donde hacen pan y dulces.

1–12. ¿Qué es? Tu compañero regresó y ¡trajo sorpresas para todos! Adivinen qué trajo. Uno/a de ustedes debe cerrar el libro. La otra persona debe elegir uno de los dibujos. El/La estudiante que cerró el libro debe hacer preguntas para adivinar qué dibujo eligió su compañero/a. Después cambien de papel.

C U R I O S I D A D E S

1–13. Bingo de antónimos. Tu instructor/a va a escribir al azar (*at random*) en la pizarra el antónimo de cada una de las palabras del cartón de Bingo. Todas estas palabras están en la lectura del *Tema* de esta sección. Escribe el antónimo debajo de la palabra correspondiente en el cartón. La persona que primero complete todo el cartón correctamente gana el Bingo.

difícil	nuevo	interesante	aventurero
caro	simpático	tradicional	diferente

Cómo somos, cómo vivimos

Entrando en materia

1-14. ¿Cómo es tu ciudad? Pablo, un amigo español, quiere hablarle a sus padres sobre tu ciudad. Tu compañero y tú van a responder a sus preguntas por separado. Después, comparen sus respuestas para ver si tienen las mismas opiniones.

1. ¿Qué áreas consideras mejores y peores?
2. ¿Qué actividades se realizan en las diferentes áreas?
3. ¿Qué áreas prefieren los jóvenes? ¿y los mayores?
4. ¿Cuál es el edificio más antiguo? ¿y el más moderno?

1–15. Vocabulario en contexto. En este tema vas a escuchar una miniconferencia sobre los pueblos y las ciudades. Pero antes trata de familiarizarte con algunas palabras relacionadas con este tema. ¿Puedes identificar la letra de la definición que corresponde a cada expresión en negrita según su contexto?

Expresiones en contexto	Definiciones
1. El **edificio** consistentemente presente en las plazas es la iglesia. En las plazas hay otros edificios además de la iglesia, por ejemplo, casas.	a. Es un sinónimo de crecimiento, aumento.
2. Una de las actividades más comunes que tiene lugar en una iglesia es **rezar**.	b. Son personas que venden productos de sitio en sitio, sin un puesto fijo.
3. Los países llamados "desarrollados" tienen un alto **desarrollo** industrial, mientras que los países llamados "en vías de desarrollo" tienen una industria subdesarrollada.	c. Es un espacio que sirve para vivir o para establecer oficinas y negocios.
4. Los rituales religiosos están **ausentes** en las plazas que no tienen iglesia.	d. Es lo opuesto de estar presente.
5. Los **vendedores ambulantes** son muy populares en las áreas turísticas; generalmente venden comida y objetos típicos del país en las calles.	e. Es una persona mayor que ya no trabaja.
6. Miami es muy popular entre los **jubilados**; muchos residentes tienen más de 65 años.	f. Hablar con Dios.

Antes de escuchar

La primera vez que escuches un texto en español, no debes intentar entender toda la información. Sin embargo, hay otras cosas que puedes determinar al escuchar el texto, incluso si no entiendes parte del vocabulario. Por ejemplo, presta atención al tipo de texto: ¿es un diálogo? ¿es una narración? ¿un anuncio comercial? Después, presta atención al tono. La voz que escuchas, ¿tiene un tono feliz? ¿triste? ¿formal? ¿informal? Escucha el título del texto y trata de determinar cuál es el objetivo del narrador: ¿informar? ¿educar? ¿persuadir? ¿entretener? Anota tus observaciones.

Actividades asociadas con las plazas de ciudades y pueblos hispanos

Ahora tu instructor/a va a presentar una miniconferencia.

1–16. Tus notas. Después de escuchar la miniconferencia, compara tus notas con las de tu compañero/a. ¿Entendieron lo mismo? ¿Anotaron información diferente? Si hay diferencias, traten de determinar quién captó mejor el mensaje del texto.

1–17. El mejor título. Selecciona el mejor título para cada una de las partes de la miniconferencia.

1. Títulos para la parte 1:
   a. El significado de la palabra **plaza** en inglés y en español
   b. La relación entre las plazas y los centros comerciales
   c. Las plazas auténticas están en los pueblos
2. Títulos para la parte 2:
   a. Las iglesias y sus estilos arquitectónicos
   b. La Plaza Mayor y la Plaza Real
   c. Características de las plazas y actividades asociadas con ellas
3. Títulos para la parte 3:
   a. Las Madres de la Plaza de Mayo
   b. Actividades en las plazas de las ciudades
   c. Las protestas sociales y las plazas

1–18. Una pequeña investigación. En parejas, van a investigar sobre la plaza de un pueblo y la plaza de una ciudad. Una persona debe encontrar información sobre la plaza de uno de los pueblos de la columna A. La otra persona debe investigar una plaza de una de las ciudades de la columna B. Usen Internet o la biblioteca para encontrar la información. Busquen al menos 3 semejanzas y 3 diferencias entre los dos lugares. Después, preparen juntos un pequeño informe escrito para su instructor/a, explicando por qué prefieren la plaza del pueblo o la de la ciudad.

A	B
Plaza del pueblo (Buñol, España)	Plaza de Mayo (Buenos Aires, Argentina)
Plaza José A. Busigó (Sabana Grande, Puerto Rico)	Plaza Nueva de Tlaxcala (Ciudad de Saltillo, Estado de Cohauila, México)
El Zócalo (Ojinaga, New Mexico)	Plaza de la Revolución (La Habana, Cuba)

Present Indicative of Stem-Changing and Irregular Verbs

Some verbs undergo a stem-vowel change when conjugated.

pens-ar ➜ **pienso**	stem vowel changes from **e** to **ie**
dorm-ir ➜ **duermo**	stem vowel changes from **o** to **ue**
ped-ir ➜ **pido**	stem vowel changes from **e** to **i**

pensar

pienso	pensamos
piensas	pensáis
piensa	piensan

dormir

duermo	dormimos
duermes	dormís
duerme	duermen

pedir

pido	pedimos
pides	pedís
pide	piden

Here is the rule:

When the **e** or the **o** is the last stem vowel in the infinitive and is stressed:

the **e** changes to **ie** or **i**	quer-er ➜ **quier**-o	serv-ir ➜ **sirv**-o
the **o** changes to **ue**	dorm-ir ➜ **duerm**-o	

However, there is no vowel change in the **nosotros** and **vosotros** forms because the stem vowel is not stressed.

querer ➜ queremos, queréis	servir ➜ servimos, servís
dormir ➜ dormimos, dormís	

Other stem-changing verbs:

e ➜ ie	o ➜ ue	e ➜ i
preferir	morir(se)	vestir(se)
comenzar	almorzar	repetir
entender	poder	seguir
cerrar	recordar	conseguir
sentir(se)	soler	
despertar	encontrar	
mentir	jugar*	

*undergoes a stem-change similar to the verbs in this list, even though its stem does not have an **o**.

Present Tense of Irregular Verbs

As you know, some verbs in Spanish have irregular conjugations.

ser	soy, eres, es, somos, sois, son
ir	voy, vas, va, vamos, vais, van
oír	oigo, oyes, oye, oímos, oís, oyen
tener	tengo, tienes, tiene, tenemos, tenéis, tienen
venir	vengo, vienes, viene, venimos, venís, vienen
decir	digo, dices, dice, decimos, decís, dicen

The following are only irregular in the first person.

saber	sé, sabes, sabe, sabemos, sabéis, saben
salir	salgo, sales, sale, salimos, salís, salen
caer	caigo, caes, cae, caemos, caéis, caen
dar	doy, das, da, damos, dais, dan
estar	estoy, estás, está, estamos, estáis, están
hacer	hago, haces, hace, hacemos, hacéis, hacen
poner	pongo, pones, pone, ponemos, ponéis, ponen
traer	traigo, traes, trae, traemos, traéis, traen

You may find regular verbs conjugated in the verb charts in the Appendix. See *Apéndice gramatical 1* for information on reflexive verbs.

1–19. Mi vida en Chilapa. Marta, una mexicana de 19 años, vive en Chilapa de Juárez, un pueblito cerca de Acapulco. Ayúdala a completar un relato sobre su rutina diaria con la forma correcta de los verbos en paréntesis en el presente para saber más sobre ella.

Mi rutina diaria es bastante constante. De lunes a viernes, me (**despertar**) muy temprano. El día (**comenzar**) a las cinco de la mañana para mi familia. Mi mamá y yo (**servir**) el desayuno para todos a las seis. Después, me (**vestirse**) y me preparo para ir al trabajo; mi mamá se queda en la casa para cuidar de mis hermanitos. Yo (**preferir**) salir temprano de la casa para llegar al mercado antes de que salga el sol. Mi familia tiene un puesto de artesanías en un mercado al aire libre. Mi familia hace objetos de barro y productos de palma, que son muy famosos aquí. Los turistas (**soler**) comprar muchas cosas típicas de Chilapa. Chilapa es un pueblo precioso, todos los visitantes (**decir**) que es único.

1–20. La dura vida de los estudiantes. Seguramente la rutina de Marta es muy diferente de la de cualquier estudiante de tu clase. Lee este diálogo entre dos estudiantes que hablan sobre su rutina diaria. Indica la forma apropiada de los verbos entre paréntesis.

1. CARLOS: No sé qué pasa, no (**conseguir**) sacar buenas notas.

2. PAULA: ¿Tú (**ir**) a clase todos los días?

3. CARLOS: Sí, yo (**ir**) a clase todos los días.

4. PAULA: Bueno, creo que tienes uno de estos problemas: no (**seguir**) las instrucciones del profesor, no (**entender**) la materia o no (**recordar**) la información en los exámenes.

5. CARLOS: Yo creo que el profesor no es justo conmigo.

6. PAULA: Vamos a ver, dices que tú (**venir**) a clase todos los días. Pero, ¿a qué hora (**llegar**) a la universidad tú y tus amigos?

7. CARLOS: Muchas veces nosotros (**llegar**) tarde, después de las diez.

1–21. ¿Qué hacen estas personas? Uno/a de ustedes va a describir la rutina diaria de una persona de la lista A, sin revelar su identidad. Su pareja va a describir la rutina de una persona de la lista B, y tampoco va a decir quién es. Cada uno/a debe adivinar a quién está describiendo su compañero/a. Pueden hacer preguntas simples para obtener más datos. ¡Incluyan algún detalle creativo y divertido en sus descripciones! En la caja de palabras encontrarán verbos útiles para usar en sus descripciones.

A	B
Jennifer López	Fidel Castro
Jeff Bezos (Amazon's CEO)	Benicio del Toro
Alex Rodríguez	Penélope Cruz

salir	conseguir	almorzar	despertarse	venir
preferir	hacer	jugar	oír	seguir
recordar	comenzar	ser	tener	mentir
dar	sentir(se)	ir	poder	decir
estar	poner	entender	soler	cerrar
vestir(se)	traer			

vas: Es un asunto como bastante complicado.
cómo ▌adv. **1** De qué modo o de qué manera
¿Cómo lo has pasado? ‖ **a cómo;** a qué precio: ¿

Control del ritmo de la conversación

> La frase "erre con erre cigarro, erre con erre barril" es un trabalenguas.

> ¿Puede repetir la última palabra?

> Patricia, ¿cuál es el significado de la palabra "trabalenguas"?

> Pues... a ver, déjeme pensar un minuto... creo que es... "tongue twister".

How to ask for clarification

Several situations may call for clarification while interacting with other speakers. Speakers don't always enunciate clearly, or they may use words that are unfamiliar or the listener may get distracted and miss part of the message.

The following phrases are useful in asking for clarification.

No comprendo. Repite/a, por favor.	I don't understand. Please repeat.
¿Puede(s) repetirlo, por favor?	Can you repeat, please?
Más despacio, por favor.	Slower, please.
¿Puede(s) escribirlo, por favor?	Could you write it out, please?
¿Qué significa la palabra *terapeuta*?	What does **terapeuta** mean?

Buying time

Sometimes, when we are engaged in a conversation, it is difficult to answer a question right away without thinking first what words we want to use; we may need to buy some time because the words we are searching for or the information we need to provide are not readily available.

A ver, déjame pensar un minuto...	*Let's see, let me think for a minute …*
Dame un minuto...	*Give me a minute …*
Pues... / Bueno...	*Well …*
Pues/ Bueno, no puedo responderte ahora mismo.	*Well, I can't give you an answer right now.*
Pues/ Bueno, necesito más tiempo para pensar.	*Well, I need more time to think.*

1–22. Vocabulario en acción. Carlos, tu compañero, trabaja como asistente en el departamento de español de la universidad. El problema es que los instructores le hablan siempre en español y a veces él no los entiende. Usa las expresiones de la lista de arriba para ayudarlo a completar los diálogos correctamente, ¡y a no perder su trabajo!

1. —Carlos, por favor, llama al Dr. Sánchez al cuatro, ocho, dos, siete, cero, cinco, seis.
   —No entendí los dos últimos números; _____.

2. —Carlos, ¿puedes mandar esta carta a la oficina del decano Goicoechea?
   —Sí, claro, pero… no sé cómo se escribe ese apellido, _____.

3. —Carlos, soy Juliana Echevarría, una instructora de alemán, y necesito tu ayuda.
   —Señora, usted habla muy rápido; _____.

4. —Carlos, ¿me vas a ayudar a organizar las composiciones de mis estudiantes de español?
   —_____, tengo que mirar mi horario de clases; le contesto más tarde.

5. —Carlos, ¿vas a venir a la fiesta del departamento el sábado por la tarde?
   —_____ no lo sé, Dr. Muñoz, mi novia viene a visitarme este fin de semana.

6. —Carlos, ¿sabes cuántas personas van a venir a nuestra sesión para nuevos estudiantes?
   —_____ … sí, aquí tengo la lista, van a venir unas veinticinco personas.

1-23. Ayuda para un estudiante chileno. Uno de sus amigos por correspondencia de la Universidad de Concepción, en Chile, les pide ayuda para escribir una composición sobre un presidente de Estados Unidos. Decidan sobre qué presidente van a hablar y qué información quieren enviar. Usen expresiones para clarificar y para ganar tiempo (*buying time*) cuando sea necesario. Pueden incluir algunos de estos datos.

Rutina diaria: a qué hora se levanta el presidente, a qué hora desayuna, qué desayuna…

Cuáles son sus gustos: comida, vida social, países, ropa, música, deportes, etc.

Su oficina: dónde está, cómo está decorada, qué personas lo visitan allí, etc.

Su trabajo: qué cosas hace durante el día, qué tipo de reuniones tiene, viajes, etc.

Sus mascotas: cómo son, cómo se llaman, qué hacen durante el día, etc.

CURIOSIDADES

1-24. Juego de famosos. Tu instructor/a va a asumir la identidad de una persona hispana famosa. Luego, la clase se va a dividir en grupos de 4 ó 5 personas. Tienen 5 minutos para escribir 6 preguntas que se respondan con **sí** o **no** para adivinar la identidad del instructor/a. Después, los grupos se van a turnar para preguntar. El grupo que primero adivine la identidad del instructor/a, gana.

MODELO
¿Es un hombre?
¿Es joven?
¿Trabaja en política?

Por qué nos conocen

Entrando en materia

1–25. Antes de leer. Ahora vas a leer sobre algunos personajes importantes en el mundo de la música, el arte, el cine y la literatura. Da una mirada rápida al formato de esta sección. ¿Qué tipo de información crees que hay sobre estos personajes?

- información sobre sus creencias políticas
- información sobre sus experiencias familiares
- información biográfica

1–26. Vocabulario en contexto. Busca en la lectura las palabras de la lista izquierda (están en negrita) y deduce su significado o búscalo en el diccionario. Marca con un círculo las palabras de la derecha que asocias con la palabra de la lista de la izquierda.

1.	bailable	tango, leer, bailar, movimiento
2.	anglohablante	hablar, loro, caminar, anglosajón
3.	encajaba	caja, comida, ajustar, cajón
4.	reconocimiento	fama, conocer, admiración, dinero
5.	reformatorio	institución, adultos, jóvenes, problemas
6.	dicción	pronunciación, lectura, hablar, comprender

La música, la literatura, el arte y el cine

LA MÚSICA

Gloria María Fajardo nació el 1 de septiembre de 1957 en La Habana. A los dieciséis meses Gloria y su familia salieron de Cuba a causa del régimen de Fidel Castro. Marcharon a Miami donde la familia Fajardo esperaba encontrar la libertad que no tenía en Cuba. La familia se instaló en un pequeño apartamento en el barrio cubano. Gloria conoció a su marido Emilio Estefan en una clase de música. Emilio había formado una banda, *Los Latin Boys*, y Gloria se convirtió en la cantante del grupo. Después de unos años cambiaron el nombre del grupo a *Miami Sound Machine*. El grupo tocaba música **bailable** y baladas. Gloria Estefan ha conseguido mucha popularidad no sólo entre el público latino sino también entre el **anglo-hablante**. Uno de sus últimos discos se

llama *Cuba libre* y en sus canciones hay un mensaje claramente en contra del régimen castrista. Gloria canta: "A mí lo único que me gustaría es ver a Cuba libre, para que mi gente pueda bailar".

LA LITERATURA

Marco Denevi nació en 1922, en Buenos Aires. Trabajaba en un banco cuando escribió su primera novela, *Rosaura a las diez*, por la que ganó el premio Kraft en 1955. Posteriormente recibió el premio de la revista *Life* en castellano por la novela *Ceremonia secreta*. También quiso ser dramaturgo y escribió algunas piezas dramáticas, pero Denevi dejó este género porque creía que no tenía suficiente talento para escribir teatro. A partir de 1980 practicó el periodismo político, actividad que, según él, le proporcionó las mayores felicidades en su **oficio** de escritor. Denevi murió en Buenos Aires el 12 de diciembre de 1998.

EL ARTE

Fernando Botero nació en Medellín (Colombia) en 1932. Creció entre dificultades económicas y de niño quería ser torero. A los quince años Fernando Botero sorprendió a su familia cuando anunció que quería ser pintor, lo cual no **encajaba** dentro de una familia más bien conservadora y sin intereses en el arte. Se inició como dibujante en el periódico *El Colombiano* y después viajó a Europa donde se formó como artista. Regresó a Colombia en 1951 y realizó su primera exposición. Más tarde se mudó a Nueva York, donde tuvo muchas dificultades económicas; tuvo que sobrevivir vendiendo sus obras por muy poco dinero. Finalmente, Botero ganó fama cuando sus obras se mostraron en la Galería Marlborough en Nueva York. Su arte recibe ahora **reconocimiento** mundial y sus obras están cotizadas entre las más costosas del mundo. Su obra *Desayuno en la hierba* se vendió por un millón cincuenta mil dólares.

EL CINE

Rosie Pérez creció en un barrio de Brooklyn, Nueva York, en el seno de una familia de diez hermanos. De pequeña, Rosie tuvo problemas con la justicia y pasó algún tiempo en un **reformatorio**. Otro problema que Rosie tuvo que superar fue el de su **dicción**; por ejemplo, de niña pronunciaba su nombre "Wosie", así que tuvo que asistir a clases para corregir su pronunciación. Rosie fue a la universidad, donde estudió biología marina pero también tenía gran talento para la danza. Spike Lee la vio bailar una noche en el club *Funky Reggae* de Los Ángeles, se dio cuenta de su talento y le ofreció un papel en *Do the Right Thing*. Como coreógrafa, Rosie ha hecho las coreografías de las *Fly Girls* en el programa de televisión *In Living Color* y ha trabajado para Diana Ross y Bobby Brown.

1–27. ¿Comprendiste? Lee una o dos veces estas breves biografías, buscando la siguiente información.

1. ¿Quiénes crecieron entre dificultades económicas?
2. ¿Para quiénes es importante la política?
3. ¿Quién tuvo problemas de pronunciación?
4. De todos estos personajes, ¿quién crees que gana más dinero? ¿por qué?

1–28. Palabras en acción. En parejas, deben hacerse las siguientes preguntas relacionadas con la lectura. Si es posible, la persona que responde a las preguntas debe usar las palabras nuevas (en negrita) en sus respuestas.

Estudiante A:

1. ¿Qué música **bailable** conoces tú? ¿Te gusta bailar? ¿Por qué? ¿Crees que la música refleja la cultura de la persona que la compone?
2. ¿Qué otros países **anglohablantes** hay en el mundo además de Estados Unidos? Identifica algunos elementos culturales que vemos en las artes del mundo anglohablante.
3. Ahora que sabes más cosas sobre la cultura hispana, ¿hay alguna idea que tenías antes sobre los hispanos que ahora no **encaja** con lo que has aprendido?

Estudiante B:

1. ¿Has hecho algo en tu vida por lo que has recibido **reconocimiento**? Explícalo. ¿Crees que el reconocimiento social es más importante en unas culturas que en otras? ¿Por qué?
2. ¿Qué **oficio** te gustaría tener cuando termines tus estudios? ¿Qué influencia crees que tiene la familia y la cultura de una persona a la hora de decidir su profesión?
3. ¿En qué profesiones es importante tener buena **dicción**? ¿Crees que una buena dicción es más importante en unos idiomas que en otros? Explica tu respuesta.

1–29. Recopilar información. En parejas, elijan a uno de los personajes de la sección anterior. Deben buscar información sobre su vida y su herencia cultural y tratar de determinar la influencia que su cultura nativa tuvo en su carrera profesional y sus actitudes frente a la sociedad en general. Luego, preparen un informe oral para presentarlo en clase. Pueden utilizar medios audiovisuales y muestras del trabajo del personaje: fotos de obras de Botero, algún segmento de un libro de Denevi o un clip de una película de Rosie Pérez (¡en español, por supuesto!).

ATENCIÓN A LA ESTRUCTURA

Preterit Tense

Regular Verbs

	caminar	**comer**	**escribir**
yo	camin**é**	com**í**	escrib**í**
tú	camin**aste**	com**iste**	escrib**iste**
él/ella/Ud.	camin**ó**	com**ió**	escrib**ió**
nosotros/as	camin**amos**	com**imos**	escrib**imos**
vosotros/as	camin**asteis**	com**isteis**	escrib**isteis**
ellos/ellas/Uds.	camin**aron**	com**ieron**	escrib**ieron**

Verbs with Spelling Changes

- Verbs ending in **-car, -gar, -guar,** and **-zar** change spelling in the **yo** form of the preterit.

  bus**car** → bus**qué**   entre**gar** → entre**gué**

  averi**guar** → averi**güé**   comen**zar** → comen**cé**

- Stem-changing **-ir** verbs have a stem-vowel change in the **él/ella/Ud.** forms, and in the **ellos/ellas/Uds.** forms. The **e** in the stem changes to **i**. The **o** changes to **u**.

  ped**ir** e → i yo p**e**dí, s**e**ntí   ella p**i**dió/s**i**ntió, ellos p**i**dieron/s**i**ntieron

  dorm**ir** o → u tú d**o**rmiste   él d**u**rmió, ellos d**u**rmieron

- When the stem of **-er** and **-ir** verbs end in a vowel, the **i** characterizing the preterit becomes **y** in the third-person singular and plural.

  le-**er** ella le**y**ó, ellas le**y**eron   ca-**er** ella ca**y**ó, ellas ca**y**eron

  o-**ír** él o**y**ó, ellos o**y**eron   hu-**ir** él hu**y**ó, ellos hu**y**eron

Irregular Verbs in the Preterit

Verbs that have an irregular stem **-u, -i:**

andar	and**uv**-e	caber	c**up**-e	estar	est**uv**-e
haber	h**ub**-e	poder	p**ud**-e	poner	p**us**-e
saber	s**up**-e	tener	t**uv**-e	venir	v**in**-e

Verbs that have an irregular stem **-j:**

decir	di**j**-e	producir	produ**j**-e	traer	tra**j**-e

Other irregular verbs:

dar	di, diste, dio, dimos, disteis, dieron
hacer	hice, hiciste, hizo, hicimos, hicisteis, hicieron
ir/ser	fui, fuiste, fue, fuimos, fuisteis, fueron

Use the preterit tense to express:

- an action, event, or condition that began or was completed in the past.

  Denevi **empezó** su carrera periodística en 1980.

  *Denevi **began** his journalistic career in 1980.*

  Con dieciséis meses de edad, Gloria y su familia **salieron** de Cuba.

  *At sixteen months old, Gloria and her family **left** Cuba.*

- changes of emotional, physical, or mental states in the past.

  La familia de Botero **se sorprendió** porque Botero quería ser pintor.

  *Botero's family **was surprised** that Botero wanted to be a painter.*

- a mental or physical condition, if viewed as completed.

  La familia de Rosie Pérez **estuvo preocupada** por su dicción durante mucho tiempo.

  *Rosie Pérez's family **was worried** about her diction for a long time.*

Preterit Action with Imperfect Action in the Background

Sometimes two past actions may appear in the same sentence. One action may be ongoing, as if in the background, and it is expressed in the imperfect. The other action, having a specific beginning or end, is expressed in the preterit.

Denevi trabajaba en un banco cuando **escribió** su primera novela.

*Denevi was working in a bank when **he wrote** his first novel.*

1–30. Identificación. Identifica los verbos en pretérito de la descripción biográfica de Fernando Botero de la página 29 y determina cuáles son irregulares.

1–31. Ayer, a esta hora.

A. Imagina que, por un día, tuviste la oportunidad de vivir la vida de la persona sobre la que hablaste en la actividad 1–29. Basándote en la información que tienes, determina qué pudo hacer esta persona ayer, durante los períodos indicados a continuación.

A las siete de la mañana…	A las seis de la tarde…
A las doce del mediodía…	A las diez de la noche…
A la una de la tarde…	A medianoche…

B. Ahora, háganse preguntas para determinar qué hizo la otra persona en ese momento. ¿Creen que los dos personajes tienen algo en común? ¿Se encontraron en algún sitio? Háganse preguntas asumiendo que son los personajes sobre los que hablan.

1–32. Una noticia increíble. Usando la imaginación, inventen un suceso que supuestamente tuvo lugar en su comunidad universitaria la última semana y que se publicó como breve nota de prensa en *El Informador Universitario*. El suceso debe incluir a uno o más de los personajes sobre los que han investigado anteriormente. Pónganse de acuerdo sobre qué van a publicar, y después, cada miembro del grupo debe ocuparse de una de las siguientes tareas.

1. Escribir una breve introducción biográfica sobre el personaje principal del suceso.
2. Escribir un párrafo corto explicando el suceso brevemente.
3. Hacer un dibujo para acompañar el artículo que refleje el suceso sin palabras.
4. Escribir el título del artículo y asegurarse de que no tiene faltas de ortografía.

Presenten sus artículos ante la clase y decidan qué artículo es el más interesante.

Bill Gates contrata a Gloria Estefan como profesora de salsa para Microsoft.

ATENCIÓN A LA ESTRUCTURA

Imperfect Tense

	caminar	comer	escribir
yo	caminaba	comía	escribía
tú	caminabas	comías	escribías
él/ella/Ud.	caminaba	comía	escribía
nosotros/as	caminábamos	comíamos	escribíamos
vosotros/as	caminabais	comíais	escribíais
ellos/ellas/Uds.	caminaban	comían	escribían

Ser, ir, and **ver** have irregular forms.

ser	era, eras, era, éramos, erais, eran
ir	iba, ibas, iba, íbamos, ibais, iban
ver	veía, veías, veía, veíamos, veíais, veían

Uses of the Imperfect

The imperfect tense is used to describe actions and states in progress at a focused point in the past without mentioning the beginning or end.

Use the imperfect to:

- set the stage, describe or provide background information (time, place, weather) to a story or situation.

  Hacía frío cuando salí para la clase de literatura.   *It **was** cold when I left for my literature class.*

- express time.

  Eran las tres de la tarde cuando fui a
  la biblioteca.   *It **was** three in the afternoon when I went to
  the library.*

- express age.

  Cuando **tenía** doce años Rosie Pérez tuvo
  problemas con la justicia.   *When she **was** twelve years old, Rosie Pérez had
  problems with the law.*

- describe mental state and feelings, usually expressed by non-action verbs
  such as **ser, estar, creer, pensar, querer, esperar** (*to hope*), and **parecer**.

  De niño, Fernando Botero **quería** ser torero.   *As a child, Fernando Botero **wanted** to be a bullfighter.*

- express habitual past actions.

  Fernando Botero **vendía** sus obras por muy
  poco dinero cuando todavía no era famoso.   *Fernando Botero **used to sell** his work for very
  little money when he wasn't yet famous.*

- express an ongoing action (background action) that is interrupted
  by the beginning or the end of another action stated in the preterit.

  Denevi **trabajaba** en un banco cuando escribió
  su primera novela.   *Denevi **was working** in a bank when he wrote
  his first novel.*

- express two ongoing actions that were happening simultaneously.

  Ayer a las tres, yo **limpiaba** los platos mientras
  mi compañera **limpiaba** los baños.   *Yesterday at three o'clock, I **was cleaning** the dishes
  while my roommate **was cleaning** the bathroom.*

1–33. Identificación. Imagina que tienes que escribir la biografía de un personaje de esta sección. ¿Qué información crees que debería ir en imperfecto? ¿y en pretérito? Escribe cuatro tipos de información para cada tiempo verbal y explica tu elección.

> **MODELO**   **Imperfecto: Información general sobre la infancia
> Pretérito: Información sobre un evento de la infancia**

1–34. Una mirada al pasado. Después de hablar sobre estos personajes hispanos, piensa en tu propia identidad. Considera cómo eras en el pasado y selecciona tres características de tu vida o personalidad que hoy son diferentes. Escribe un párrafo explicando estas diferencias entre el "tú" de antes (pasado) y el "tú" de ahora (presente).

> **MODELO**   **Cuando era más joven era muy nervioso/a pero ahora soy
> tranquilo/a.**

1–35. Ponle imaginación. Usando la información que tienen sobre su instructor/a de español, usen la imaginación y el sentido del humor para preparar una breve narración sobre cómo han cambiado las prioridades de esta persona desde cuando era adolescente hasta ahora. Si quieren, pueden hacerle preguntas sobre su pasado al/a la instructor/a. Cuando terminen su narración, compártanla con la clase.

MODELO   **Cuando el instructor era estudiante se levantaba muy tarde y no desayunaba nunca porque no tenía tiempo.**

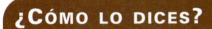

¿CÓMO LO DICES?

Una conversación telefónica

¿Aló?

Hola, soy Antonio, ¿está Juan?

To have a conversation on the phone you need to know:

- what to say when you pick up the phone.

  ¿Aló? (most countries)
  Bueno. (México)
  Oigo. (Cuba)
  ¿Diga?/ Dígame./ ¿Sí? (Spain)

- what to say to identify yourself.
  Hola, soy María/ habla María.

- how to ask for the person you want to talk to.
  Por favor, ¿está Juan?/ ¿Se encuentra Juan ahí?

- how to end the conversation properly.
  Hasta luego./ Bueno, hasta luego.
  Nos hablamos./ Bueno, nos hablamos.
  Adiós./ Bueno, adiós.

1–36. Palabras en acción. Completa las siguientes oraciones con la expresión adecuada.

1. María Ángeles, que es de México, contesta el teléfono y dice

   _____.

2. Llamas a la oficina de tu instructor/a de español y te identificas diciendo

   _____.

3. Llamas a un amigo y su madre contesta el teléfono. ¿Qué le dices a su

   madre? _____.

4. Terminas de hablar con tu mejor amigo/a y le dices

   _____.

1–37. Objetos perdidos. Siéntate de espaldas a tu compañero/a para simular una llamada telefónica.

Estudiante A: Llama al/a la estudiante B. Identifícate. Explica el motivo de tu llamada: quieres saber si tu amigo/a (el/la estudiante B) se llevó tu cuaderno a su casa por equivocación al salir de clase. Termina la conversación adecuadamente.

Estudiante B: Contesta la llamada. Saluda al/a la estudiante A. Responde a su pregunta. Termina la conversación adecuadamente.

La calle, de Fernando Botero

"En todo lo que he hecho es muy importante lo volumétrico, lo plástico, lo sensual, y esto lo asimilé en Italia, al conocer las pinturas del Cuattrocento".

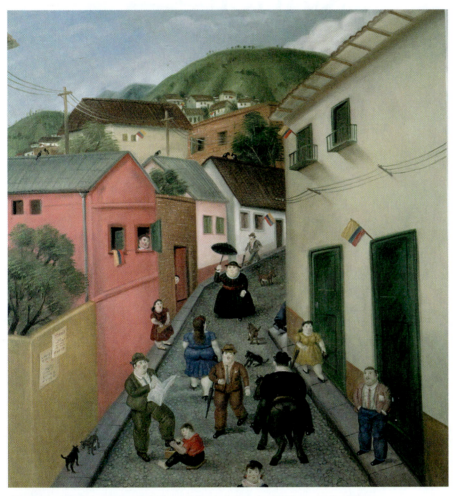

The Street, 1987, by Fernando Botero. Private Collection/Bridgeman Art Library.
©Fernando Botero, Courtesy Marlborough Gallery, New York.

1–38. Mirándolo con lupa. En parejas, miren la obra con atención durante un par de minutos. Comenten sus respuestas a las siguientes cuestiones.

1. ¿Qué elementos componen el cuadro (escenario, personas y cosas)?
2. ¿Qué tipo de personas muestra la obra? Describan cómo creen que son estas personas.
3. ¿Qué ocurre? Describan la acción en detalle.
4. ¿Les gusta este cuadro? ¿Por qué?

Encuentra las pistas

Antes de leer un texto en otro idioma, lee el título, ya que te puede proporcionar mucha información. Dedica unos minutos a pensar en el título y formula una o dos hipótesis sobre el tema que crees que va a tratar el texto. Piensa en uno o dos contextos posibles para ese título, y después, usa la información que ya conoces sobre ese tipo de situación para determinar de qué tratará el texto. Anota tus hipótesis en un papel antes de proceder con la lectura, para revisarlas después de leer.

1–39. Antes de leer. Mira el texto y la fotografía de la página 40. ¿Puedes adelantar información sobre el texto sin leerlo? ¿Quién crees que es esta persona? ¿Qué datos hay en la presentación del texto que te dan pistas (*hints*) sobre el personaje?

1–40. El título. El título de esta entrevista es *Rey Ruiz: Salsero y sin compromiso.* Este título contiene un juego de palabras. A ver si puedes adivinar en qué consiste. Elige **a** o **b.**

a. El título hace referencia a la expresión **soltero y sin compromiso**, que significa no estar casado y no tener novia. La palabra **salsero** suena parecido a la palabra **soltero**. El título implica que Rey Ruiz canta salsa y no tiene novia.

b. El título significa que Rey Ruiz es una persona que no quiere tener compromisos.

1–41. Vocabulario en contexto. En parejas, expliquen con sus propias palabras el significado de cada palabra de la lista. Usen **una** de estas tres formas para explicar la palabra: a) sinónimos, b) antónimos, c) elaboración. Observen el contexto de las palabras en negrita en la lectura, y consulten el vocabulario en la sección *Caja de palabras* de la página 43 y el diccionario si es necesario.

MODELO	descartar	a) **sinónimo**	eliminar
		b) **antónimo**	incluir
		c) **elaboración**	la acción de eliminar o no considerar

1. confesarse
   a) sinónimo _____
   b) antónimo _____
   c) elaboración _____

2. discreto
   a) sinónimo _____
   b) antónimo _____
   c) elaboración _____

3. reclamar
   a) sinónimo _____
   b) antónimo _____
   c) elaboración _____

4. éxito
   a) sinónimo _____
   b) antónimo _____
   c) elaboración _____

5. ajetreo
   a) sinónimo _____
   b) antónimo _____
   c) elaboración _____

6. extraños
   a) sinónimo _____
   b) antónimo _____
   c) elaboración _____

7. vacío
   a) sinónimo _____
   b) antónimo _____
   c) elaboración _____

8. el son
   a) sinónimo _____
   b) antónimo _____
   c) elaboración _____

Salsero y sin compromiso

REY RUIZ

POR EMILIO GUERRA

Se confiesa **tímido** y **discreto** y antes de contar algo por lo que se le pueda **reclamar** en un futuro, prefiere guardar silencio.

Rey Ruiz es un melodioso salsero cubano. Reside en Puerto Rico desde que decidió abandonar Cuba hace seis años, y desde entonces ha tenido **éxitos** como *Mi media mitad* y *El rey del mundo*.

¿Piensas establecerte en Miami algún día?

No **descarto** la idea, pero me siento cómodo en los dos lugares. Uno vive un mes aquí y otro allá. En este **ajetreo** de aquí para allá mantener la relación con una pareja es muy difícil. Con la distancia los sentimientos se vuelven **extraños** por las dos partes. Después, hay que llenar el **vacío** cuando finalmente puedes estar con tu pareja.

¿Sabes si se oyen tus canciones en Cuba?

A mí me parece que sí. Bueno, yo creo que hay muchos cubanos que llevan discos y las oyen. Si las ponen en la radio, eso no lo sé.

Dicen que la música y la política no se deben mezclar. ¿Qué opinas?

Yo creo que no. Son dos cosas diferentes totalmente. Me parece que el cantante debe cantar por sentimiento a lo que canta.

¿Echas de menos Cuba?

Claro que sí. Si cambia el régimen, me gustaría volver. Tengo mucha familia allá.

Una pregunta para un salsero cubano que vive en Puerto Rico. ¿De qué país viene la salsa?

La salsa viene de todos nosotros. Dicen que **el son** nació en Cuba. La gente pelea sobre dónde comenzó la salsa, en Cuba, Puerto Rico o Colombia. Yo creo que viene de todos.

Hay gente que compra tus discos por tu cara bonita. ¿Qué te parece eso?

No me preocupa aunque prefiero que la gente valore mi talento.

Estás divorciado. ¿Hay alguna pareja ideal en el horizonte?

Bueno, ojalá... pero hasta ahora no hay nadie.

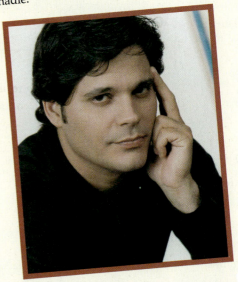

1–42. Temas de la entrevista. Identifica los temas presentes en la entrevista a Rey Ruiz.

1. su personalidad
2. planes para su vejez (*old age*)
3. el tipo de música
4. el lugar de su residencia
5. sus padres
6. sus sentimientos hacia Cuba
7. sus actividades preferidas
8. el origen de la salsa

1–43. Palabras en acción. Ahora, en parejas, escriban un pequeño resumen de la entrevista para enviarla al periódico latino local, utilizando tantas de las palabras en negrita de la lectura como sea posible.

> **Modelo** **El cantante descartó la idea de cancelar sus conciertos por Estados Unidos.**

1–44. Debate. En grupos de cuatro, formen dos equipos de dos. El equipo A debe estar a favor de dos de estas afirmaciones. El equipo B debe estar en contra. Preparen sus argumentos durante cinco minutos y después, hagan un debate moderado para intentar persuadir al otro equipo sobre su punto de vista.

1. El arte de una cultura siempre refleja los ideales políticos de esa cultura.
2. La música no debe utilizarse para comunicar mensajes de ideología política.
3. El régimen de Castro ha limitado el desarrollo de las artes en Cuba.
4. La música es un instrumento de solidaridad humana y no puede causar ningún daño.

PONLO POR ESCRITO

1–45. Una descripción. Tus padres van a recibir en su casa a un estudiante de un país de habla hispana durante el próximo semestre. Ahora que ya sabes más sobre la identidad de algunos hispanos, escríbele una carta a este estudiante de intercambio. Este estudiante viene a Estados Unidos por primera vez; por lo tanto, debes darle información sobre tu lugar de residencia, tu familia y sus costumbres, tus amigos, tus actividades durante el verano, etc.

Preparación

Piensa en los siguientes puntos.

1. ¿Cómo es el estudiante de intercambio a quien le vas a escribir?
   a. una persona muy activa con muchos intereses
   b. una persona introvertida e intelectual
   c. una persona extrovertida y algo irresponsable
   d. una persona parecida a ti
2. ¿Cómo vas a comenzar la carta?
   a. algo formal:
      "Estimado Pedro:
      Soy Alejandro, tu nuevo amigo en Estados Unidos. He decidido escribirte esta carta para darte la información que necesitas antes de hacer tu viaje…"

b. algo informal:

"¡Hola Pedro!

Mi familia y yo estamos contando los días que faltan para que vengas. Aquí lo vas a pasar muy bien este verano. Déjame que te cuente sobre las cosas más geniales de mi vida aquí…"

3. ¿Qué temas vas a incluir? Aquí tienes algunas sugerencias:

   a. descripción de tu pueblo/ciudad

   b. descripción de tu familia y de algunas costumbres familiares

   c. descripción de tu grupo de amigos y de lo que hacen en verano

   d. ¿otros temas?

4. ¿Cómo vas a terminar la carta? Piensa en una forma de terminar que sea consistente con el tono que has usado en toda la carta.

   a. Bueno, ya te he contado suficiente. Ahora lo que hace falta es que vengas y lo veas todo con tus propios ojos. ¡Nos vemos en el aeropuerto! Hasta pronto,

   b. Bueno, ya no te cuento más. Ahora tienes que venir y verlo por ti mismo. Un afectuoso saludo,

A escribir

1. Escribe un primer borrador teniendo en cuenta las necesidades de tu lector (el estudiante de intercambio) y sus preferencias.

2. Las expresiones de la lista te servirán para hacer transiciones entre las diferentes ideas o partes de la carta.

a diferencia de, en contraste con	*in contrast to*
igual que	*the same as, equal to*
mientras	*while*
al fin y al cabo	*in the end*
en resumen	*in summary*
después de todo	*after all*
sin embargo	*however*

Revisión

Para revisar tu redacción usa la guía de revisión del Apéndice C. Después de hacer el número de revisiones que te indique tu instructor/a, escribe la versión final y entrega tu redacción.

Go to **www.wiley.com/college/gallego**
for *El escritor tiene la palabra.*

a menudo	*often*
acera *f*	*sidewalk*
ajetreo *m*	*fuss, coming and going*
anglohablante *m, f*	*English speaking, English speaker*
artes marciales *f*	*martial arts*
ascensor *m*	*elevator*
ausente	*absent*
aventurero/a	*adventurous*
bailable	*(music) dance music*
balada *f*	*ballad*
balcón *m*	*balcony*
banqueta *f*	*sidewalk (Mex.)*
barrio *m*	*district, suburb, neighborhood*
ciberespacio *m*	*ciberspace*
ciudad *f*	*city*
colocar	*to place*
comerciante *m, f*	*retailer*
compaginar	*to fit, to match*
confesarse	*to confess*
constructora *f*	*construction company*
contar (ue)	*to tell*
convertirse (ie, i)	*to become*
cortar el rollo	*to stop talking*
costero/a	*coastal*
cotizado/a	*valued*
decidir	*to decide*
desarrollo *m*	*development*
descartar	*to dismiss*
dibujante *m, f*	*sketcher, cartoonist*
dicción *f*	*pronunciation*
discreto/a	*discrete*
dominical	*(ritual) Sunday ritual*
dramaturgo/a	*playwright*
edad *f*	*age*
edificio *m*	*building*
elevador *m*	*elevator*
encajar	*to fit*
en cierto modo	*in a way*
en lugar de	*instead of*
entregarse	*to dedicate oneself fully to something*
entretenimiento *m*	*entertainment*
establecerse (zc)	*to settle in*
estacionamiento *m*	*parking*
etimología *f*	*etymology*
éxito *m*	*success*
extraño/a	*strange*
guardar	*to keep*
instalarse	*to settle in*
invadir	*to invade*
jubilado/a	*retired, retiree*
justicia *f*	*justice*
lavadora *f*	*washing machine*
lavaplatos *m*	*dishwasher*
libertad *f*	*freedom*
malabarismo *m*	*juggling*
marcharse	*to leave*
melodioso salsero/a	*salsa singer*
mientras	*while*
mudarse	*to move (relocate)*
muebles *m*	*furniture*
multitud *f*	*crowd*
nacer (zc)	*to be born*
obra *f*	*art work, literary work*
ocio *m*	*leisure*
ocurrir	*to occur*
oficio *m*	*job, profession*
oler a	*to smell like*
padrísimo/a	*cool, great*
pareja *f*	*partner*
pasear	*to go for a walk*
película *f*	*movie*
perderse (ie)	*to get lost*
perdido/a	*lost*
platicar	*to talk*
preferir (ie, i)	*to prefer*
presentarse	*to introduce oneself*
préstamo *m*	*borrowing, loan*
prestigioso/a	*prestigious*
procedente	*coming from*
proporcionar	*to provide*
protesta *f*	*protest*
pueblo *m*	*small town*
reformatorio *m*	*juvenile detention hall*
representación *f*	*performance*
rezar	*to pray*
salsero/a	*someone who sings salsa music*
salud *f*	*health*
sano/a	*healthy*
secadora	*clothes drier*
sentimientos *m*	*feelings*
situado/a	*placed, located*
son *m*	*Cuban dance music*
vacío/a	*void*
valorar	*to value*
volverse (ue)	*to become*

Las relaciones de nuestra gente

En algunos países de habla hispana los amigos de diferentes sexos a veces se saludan con uno o dos besos en la mejilla. ¿En qué circunstancias haces tú algo similar?

En mi papel de madre trabajadora, a menudo tengo que coordinar mis obligaciones profesionales y familiares. ¿Es mi estilo de vida similar al tuyo o al de tu familia?

En España, los clubes nocturnos y bares permanecen abiertos hasta la madrugada. ¿Qué te parece esta costumbre?

En familia

Entrando en materia

2-1. En Estados Unidos. En grupos de cuatro discutan las respuestas a las siguientes preguntas. Hablen sobre estos temas durante unos minutos e intenten llegar a una respuesta común para cada pregunta, con la que todos estén de acuerdo.

- ¿Cuál es la edad promedio de las personas que se casan en EE.UU. por primera vez?
- ¿Es cierto que muchas parejas en EE.UU. prefieren vivir juntas en vez de casarse?
- En su opinión, ¿el divorcio en EE.UU. está aumentando o disminuyendo?
- ¿Las estadounidenses que trabajan reciben mucha ayuda de su pareja en el trabajo de la casa y el cuidado de los hijos? Justifiquen sus opiniones.

2-2. Vocabulario en contexto. Antes de leer la siguiente sección, busca las palabras y expresiones siguientes en la lectura, para ayudarte a comprender el vocabulario nuevo. Usando el contexto y la intuición determina si su significado se asocia con **a** o **b**.

1. en gran medida   a. mucho   b. poco
2. índice   a. número   b. contenido
3. imponer   a. quitar   b. mandar
4. la pareja   a. tres personas   b. dos personas
5. aficiones   a. pasatiempo   b. oficio
6. tareas domésticas   a. trabajo en la oficina   b. trabajo en la casa

LECTURA

Cuestión de familias

En este artículo vas a explorar los efectos de la vida moderna en la familia hispana, especialmente en el matrimonio, la tercera edad (*the elderly*) y el papel de la mujer que trabaja fuera de casa. Antes de leer, anota las primeras 4 ó 5 cosas que se te ocurren al pensar en una familia hispana. Vuelve a leer tus anotaciones después de la lectura.

PARA LA FAMILIA hispana la vida moderna ha transformado **en gran medida** los valores tradicionales. En primer lugar, se observa un mayor **índice** de divorcios, a pesar de las limitaciones que tradicionalmente **impone** la iglesia católica.

Hay una tendencia a retrasar el matrimonio. Las **parejas** se casan más tarde y tienen menos hijos. También es más frecuente que las parejas vivan juntas sin casarse. Ⓜ

Ⓜomento de reflexión

Indica si la siguiente idea resume el contenido del párrafo anterior.
La tendencia entre los hispanos es casarse menos, o más tarde, y tener menos hijos.

Sí   No

LA VIDA MODERNA HA transformado igualmente la realidad de las personas mayores. Antes era frecuente que los abuelos vivieran con uno de los hijos pero hoy en día son más independientes. Esta nueva generación de **jubilados** se dedica más a sus propias **aficiones**. Aunque el abuelo que depende de sus hijos todavía existe. Ⓜ

Ⓜomento de reflexión

Indica si la siguiente idea es correcta.
En el presente las personas mayores generalmente dependen de los hijos.

Sí   No

EN EL MEDIO URBANO HISPANO, HAY un gran **aumento** del número de mujeres que trabajan fuera de casa. Esto ha tenido un gran impacto en la vida familiar, pero las obligaciones de la mujer como ama de casa no han disminuido mucho. Es común que la mujer que trabaja fuera de casa sea responsable de todas las **tareas domésticas** y de la educación de los hijos de forma exclusiva. En los últimos años, en los matrimonios más jóvenes, los hombres participan más en las tareas domésticas y el cuidado de los hijos.

El concepto de la familia hispana es relativo, depende de la cultura de un país determinado, de la clase social y de otros factores. Ⓜ

Ⓜ **omento de reflexión**

¿Es esto verdad?
Las mujeres hispanas que trabajan fuera de casa tienen toda o casi toda la responsabilidad de la casa y los hijos.

Sí   No

2–3. La familia hispana. Vuelve a leer las notas que escribiste antes de la lectura. Si tus notas no coinciden con la información de la lectura, corrígelas.

2–4. Palabras en acción. En parejas, una persona debe hacer las preguntas del estudiante A y la otra debe hacer las preguntas del estudiante B. Presten atención a las respuestas de la otra persona. ¿Tienen ideas similares? ¿En qué se parecen? Si no es así, ¿en qué se basan las mayores diferencias entre sus opiniones?

Estudiante A:

1. En muchas familias, los padres **imponen** su voluntad sobre sus hijos, incluso cuando estos son adultos. ¿Piensas que esto es necesario? ¿Por qué?
2. ¿Qué diferencias culturales crees que hay entre los **jubilados** hispanos y los estadounidenses? ¿Crees que tienen las mismas **aficiones**?

Estudiante B:

1. ¿Crees que ha habido un **aumento** en el número de padres que se quedan en casa a cuidar de los hijos en los últimos años? ¿Cuál crees que es la razón de esto?
2. ¿Crees que en los matrimonios jóvenes las **tareas domésticas** se reparten entre los esposos? ¿Crees que la cultura de cada familia influye en quién se ocupa de la casa?

Por si acaso

bisabuelo/a	*great-grandfather/mother*	hermanastro/a	*stepbrother/stepsister*
casarse	*to get married*	madrastra	*stepmother*
cuñado/a	*brother/sister-in-law*	padrastro	*stepfather*
divorciarse	*to get a divorce*	primo/a	*cousin*
guardería infantil	*child care, day care center*	trabajar por horas	*to work part time*

2–5. ¿Existe una familia típica?

A. Aunque cada familia es un mundo diferente, hay ciertas cosas que las familias de una misma cultura suelen tener en común. En grupos de cuatro, completen una tabla sobre una familia típica estadounidense. Aquí tienen ideas sobre el tipo de información a incluir: edad de la pareja al casarse; tipo de boda; tiempo transcurrido entre la boda y el nacimiento del primer hijo; número de hijos; quién se ocupa de la casa y la comida; quién se ocupa de los hijos; quién contribuye más dinero a la familia; etc.

B. Ahora, creen una segunda tabla sobre una familia hispana típica. Pueden buscar datos en Internet o entrevistar a alguna familia hispana de su comunidad para obtener más información. ¿Cuáles son las diferencias? ¿Hay algún elemento en común? ¿Cuál?

ATENCIÓN A LA ESTRUCTURA

Impersonal/Passive se to Express a Nonspecific Agent of an Action

Uses of **se:**

1. The impersonal **se** (**se** + *third-person singular verb*) is used to indicate that people are involved in the action of the verb but no specific individuals are identified as performing the action. The impersonal **se** translates the impersonal English subjects *one, you, people,* or *they.*

> **Se dice** que las familias hispanas son más numerosas que las estadounidenses.
> ***People say*** *that Hispanic families are larger than American families.*

> **No se debe pensar** que las estadísticas siempre reflejan la realidad.
> ***One should not think*** *that statistics always reflect reality.*

2. You can use **se** as a substitute for the passive voice in Spanish. Use **se** with the third-person form of the verb. The verb is in the third-person singular when the sentence refers to a singular noun. If the sentence refers to a plural noun, the verb is in third-person plural.

> **Se abrió** una nueva guardería infantil cerca de mi casa.
> *A new daycare center **was opened** near my house.*

> En el pasado, **se imponían** muchas restricciones a las mujeres.
> *Many restrictions **were imposed** on women in the past.*

See *Apéndice gramatical 2* for information on the passive voice, resultant state, no-fault **se, hacer** in time expressions.

2–6. Identificación. Tu compañero ha escrito un texto sobre la dinámica familiar hispana para el periódico universitario, pero ha escrito el primer párrafo usando **se** y los otros párrafos usando la primera persona del plural. Antes de publicar el texto, identifica el uso de **se** en el primer párrafo. Después, edita los otros párrafos para que tengan el mismo estilo.

> **MODELO** **Nosotros respetamos a las personas mayores de la familia.**
>
> **Se respeta a las personas mayores de la familia.**

¿Cómo mantener intacta la dinámica familiar?
1. En muchas familias hispanas se respeta la figura de la persona mayor. También se respeta la autoridad del padre, el hermano mayor, el abuelo, el tío o el padrino.
2. También cuidamos el buen nombre de la familia. Por eso, para muchas familias hispanas es importante "el qué dirán", la opinión que tienen los demás sobre la familia.
3. Ofrecemos apoyo afectivo y material a los miembros de la familia en todo momento. Por esta razón, usamos poco los servicios de ayuda pública.

2–7. Hablando de estereotipos. De la misma manera que algunas personas en EE.UU. tienen estereotipos sobre los hispanos, en otros países también hay estereotipos sobre Estados Unidos y los estadounidenses.

A. En parejas, creen una lista breve de cinco posibles estereotipos.

B. Ahora, lean la siguiente lista de estereotipos y determinen: a) si son ciertos, y b) cuál es su origen probable.

> **MODELO** **Creo que el comentario número uno es un estereotipo incorrecto porque...**
>
> **Me parece que el comentario número uno tiene su origen en la popularidad de McDonalds...**

1. En Estados Unidos **se come** más en restaurantes que en los países hispanos.
2. En otros países **se piensa** que la familia estadounidense media se muda de casa cada seis o siete años.
3. En Estados Unidos **se adoptan** niños de otros países porque la gente es muy rica.
4. En Estados Unidos **se pasa** menos tiempo con los hijos que en los países hispanos.

2–8. Estereotipos hispanos. En parejas, una persona va a hacer el papel de un entrevistador hispano que está investigando la actitud de los estadounidenses hacia los hispanos. La otra persona debe responder a las preguntas usando expresiones impersonales. Estas expresiones pueden ser útiles para la entrevista.

> se piensa   se considera   se cree   se describe   se comenta   se discute

MODELO   ¿Piensan los estadounidenses que todos los hispanos tienen pelo castaño y ojos color café?

En general, se piensa que la mayoría de los hispanos tiene el pelo castaño y los ojos color café pero sabemos que esto no es verdad porque...

1. ¿Creen los estadounidenses que la mayoría de los hispanos come comida picante?
2. En general, ¿piensan ustedes que los hispanos tienen un nivel de educación bajo?
3. ¿Creen que los hispanos hablan en voz alta y hacen muchos gestos con las manos?
4. ¿Qué piensan los estadounidenses con respecto a la costumbre de echarse la siesta?

2–9. Tradición familiar.

A. En parejas, expliquen cómo se celebran estas ocasiones especiales en la mayoría de las familias estadounidenses.

MODELO   En las fiestas de cumpleaños generalmente se dan regalos.

1. el Día de Acción de Gracias
2. los cumpleaños
3. las bodas
4. los santos
5. el Día de la Independencia

B. Ahora, cada uno de ustedes debe elegir un país de habla hispana e investigar cómo se celebran estas ocasiones en ese país (si se celebran). Cuando tengan toda la información necesaria, preparen un breve informe oral para presentarlo al resto de la clase.

¿CÓMO LO DICES?

vas: Es un asunto como bastante complicado.
cómo ∎ adv. 1 De qué modo o de qué manera
¿Cómo lo has pasado? ∥ **a cómo**: a qué precio

Cómo pedir y dar información

¿Me puedes explicar cómo usar <u>se</u> en español?

Lo siento pero no tengo ni idea.

Requesting and providing information are common functions in our communication with others. We request and give information in the course of interviews, surveys, asking and giving directions, and in daily conversations with family, friends, and co-workers. The following expressions will be useful when requesting and providing information. Remember that when the context of the conversation is formal, you use the **usted** form.

To request information:	
Dime/ Dígame...	*Tell me, . . .*
¿Me puedes/ puede decir...?	*Can you tell me . . .?*
¿Me puedes/ Me puede explicar...?	*Can you explain to me . . .?*
Quiero saber si...	*I'd like to know if . . .*
Quiero preguntar si...	*I'd like to ask if . . .*
Otra pregunta...	*Another question . . .*

To provide information:	
La verdad es que...	*The truth is . . .*
Permíteme/ Permítame explicar...	*Let me explain . . .*
Con mucho gusto.	*I'll be glad to.*
Yo opino (creo) que...	*I think that . . .*
Lo siento, pero no lo sé.	*I am sorry, but I don't know.*
No tengo ni idea.	*I have no idea.*

2–10. Palabras en acción. ¿Qué expresiones usarías para responder a estas preguntas?

1. ¿Me puedes ayudar a hacer la tarea de mañana?
2. No comprendo, ¿qué quieres decir?
3. Buenos días, señor. ¿Qué desea?
4. ¿Qué quieres saber sobre el tema de la familia?

2–11. Estudios y familia. Su universidad está haciendo un estudio sobre las costumbres familiares de los estudiantes. En grupos de tres, representen la siguiente situación usando las expresiones para pedir y dar información.

Estudiante A: Tú eres el/la entrevistador/a (*interviewer*) y vas a entrevistar a los estudiantes B y C. El/La estudiante B es una persona de tu edad. Háblale usando la forma **tú**. El/La estudiante C es una persona mayor. Háblale usando la forma **usted**.

1. Inicia la conversación. (¡Recuerda lo que practicaste en la Unidad 1!)
2. Haz preguntas para obtener información personal: nombre, apellido/s, edad, lugar de residencia, número de miembros en la familia, hermanos y miembros de la familia extendida que viven juntos. Elabora preguntas adicionales basadas en las respuestas.
3. Haz preguntas sobre la relación del entrevistado con su familia: frecuencia de sus visitas a la residencia familiar, ocasiones especiales que pasa y no pasa con la familia, cómo mantiene contacto con la familia (cartas, llamadas telefónicas, correo electrónico).

Estudiante B: Tú eres un/a estudiante de la edad de tu entrevistador/a. Contesta sus preguntas usando algunas de las expresiones que has aprendido para dar información.

Estudiante C: Tú tienes el doble de la edad de tu entrevistador/a. (¡Usa la imaginación!) Contesta las preguntas usando algunas de las expresiones que has aprendido para dar información.

CURIOSIDADES

2-12. Crucigrama. Este crucigrama te ayudará a recordar palabras en español para designar las relaciones familiares. ¡Buena suerte!

HORIZONTALES

1. dos hermanos que nacieron el mismo día
2. los hijos de tus hermanos
3. tus progenitores (¡mira el diccionario!)
4. el esposo de esta mujer murió

VERTICALES

5. progenie (¡mira el diccionario!)
6. los padres de tus padres
7. este hombre ya no está casado
8. estas personas son los hermanos de tus padres

Entre amigos

Entrando en materia

2-13. Tu red de amigos. En parejas, una persona debe hacer las preguntas del estudiante A y la otra las preguntas del estudiante B. Después, hablen sobre el tema para ver si tienen preferencias similares en cuanto a las amistades.

Estudiante A: ¿Tienes muchos amigos? ¿Tienes más amigos o amigas? ¿Hablas de las mismas cosas con tus amigos que con tus amigas? ¿Por qué?

Estudiante B: ¿Qué cualidades son importantes en un amigo o amiga? ¿Cómo conociste a tu mejor amigo/a? ¿Por qué consideras a esta persona como tu mejor amigo o amiga?

2–14. Vocabulario en contexto. Para prepararte para escuchar la miniconferencia de este *Tema*, identifica la definición que corresponde a las expresiones escritas en negrita.

Expresiones en contexto

1. Dos personas que tienen una buena **amistad**, siempre pueden contar la una con la otra.
2. La **vida** de un estadounidense promedio tiene una duración de setenta años.
3. Cuando dos culturas están en contacto, la fricción es inevitable; **por lo tanto**, las dos partes deben esforzarse por negociar las diferencias.
4. La vida de un estadounidense tiene un promedio de setenta años y la vida de un español tiene un promedio de setenta y dos. La vida del español es más **duradera**.
5. Los estadounidenses entienden las relaciones interpersonales de manera diferente a los hispanos; **sin embargo**, los estadounidenses y los hispanos tienen otras cosas en común.
6. El **entorno** cultural determina lo que es o no es aceptable.

Definiciones

a. conjunto de aspectos sociales que condicionan nuestra conducta
b. tipo de relación entre amigos
c. ciclo de años hasta el momento de la muerte
d. palabra que indica contraste
e. palabra que indica consecuencia
f. adjetivo aplicado a cosas con una larga vida

Antes de escuchar

Como sabes, los cognados pueden ser muy útiles para comprender un texto en otro idioma. Es fácil reconocer cognados cuando los vemos escritos, pero reconocerlos al oírlos puede ser más difícil. Para ayudarte a reconocerlos mientras escuchas el texto, es importante que prestes atención a los sonidos básicos del español. Por ejemplo, las vocales son siempre secas y cortas en español, al contrario del inglés.

MINICONFERENCIA

La interpretación del término *amistad* y el etnocentrismo

Ahora tu instructor/a va a presentar una miniconferencia.

2-15. Las ideas fundamentales. Piensa en las ideas fundamentales del texto.

1. ¿A quiénes se aplica la información de la miniconferencia?
2. ¿Cuál es el tema (o temas) principal(es)?

Ahora escribe dos o tres frases expresando la idea principal.

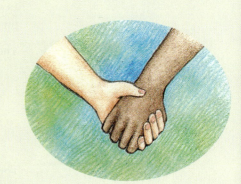

> **MODELO** **La información se aplica a los estadounidenses de todos los grupos étnicos.**
>
> **Uno de los temas es el de las relaciones dentro de la familia.**

2–16. Palabras en acción. En parejas, escriban un párrafo breve sobre la amistad, usando tantas palabras como puedan de la lista de abajo.

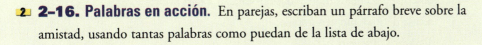

> supervivencia   compartir   desleal   conocido/s   incómodo   rechazo

> **MODELO** **Nosotros pensamos que compartir ideas es importante en una amistad...**

2–17. Más detalles. En grupos de cuatro, organicen un debate sobre uno de los puntos siguientes. Dos personas deben presentar opiniones a favor y las otras dos, opiniones en contra.

1. La amistad de los estadounidenses es más superficial que la de los hispanos.
2. Los hispanos y los estadounidenses no pueden establecer amistades fuertes porque tienen demasiadas diferencias culturales.
3. La movilidad de la población no influye sobre las relaciones amistosas. Los amigos verdaderos no cambian durante toda la vida, no importa dónde vivamos.
4. La sociedad estadounidense valora más a los amigos que la sociedad hispana.

Preterit and Imperfect in Contrast

In the course of a narration in Spanish you will have to use both the preterit and imperfect tenses to refer to the past.

The **preterit tense** is used to talk about completed past events.

> Mi amigo Antonio no me **anunció** su visita.
>
> *My friend Antonio did not **announce** his visit to me.*

As you can see in the previous sentence, the event (Antonio's giving notice) is viewed as completed, over, or done with.

The **imperfect** is also used to refer to the past, but in a different way:

1. To refer to habitual events, repetitive actions, and to events that *used to happen* or things *you used to do*

   > Antonio nunca **anunciaba** sus visitas.
   >
   > *Antonio **would** never **announce** his visits.*

2. To describe a scene or to give background to a past event

   > La casa de Antonio **era** grande.
   >
   > *Antonio's house **was** big.*

3. To talk about an action in progress

   > Antonio **llamaba** a la puerta cuando el teléfono sonó.
   >
   > *Antonio **was knocking** on the door when the telephone rang.*

4. To tell time in the past

   > ¿Qué hora **era** cuando llegó Antonio?
   >
   > *What time **was it** when Antonio arrived?*
   >
   > **Eran** las 9:00 de la noche.
   >
   > *It **was** 9:00 p.m.*

5. To indicate age in the past

   > Antonio **tenía** cinco años cuando vino a EE.UU.
   >
   > *Antonio **was** five years old when he came to the U.S.*

6. To express a planned action in the past

   > Antonio me dijo el mes pasado que se **iba** a casar (**se casaba**) con Marta.
   >
   > *Last month, Antonio told me that he **was going** to marry Martha.*

See *Apéndice gramatical 2* for more about preterit/imperfect contrast.

2–18. Identificación. Lee lo que escribió Antonio, un mexicano que emigró con su familia a Estados Unidos hace muchos años. Identifica si los verbos están en pretérito o en imperfecto. Explica por qué él eligió cada uno, teniendo en cuenta el contexto.

Recuerdo bien mis primeros años de vida en México. Éramos cinco hermanos en mi familia y vivíamos bien, en una casa que tenía muchas habitaciones. Mi padre trabajaba como ingeniero para una compañía y mi madre era instructora de escuela. Pero un día todo esto cambió.

El 24 de marzo de 1964 nos despedimos de nuestros amigos y familiares. Aquel 24 de marzo, no sólo dijimos adiós a nuestros parientes sino también a nuestra cultura.

2–19. Del pasado al presente. ¿Crees que las experiencias que viviste de niño en tu familia determinan cómo te relacionas ahora con los demás?

Primero, lee las respuestas de dos hispanos. Después, escribe tu propia respuesta e intercámbiala con un compañero o compañera. ¿Son muy diferentes sus respuestas?

Bueno, mi familia estaba muy unida y a mis padres no les daba vergüenza ser románticos delante de mí o de mis hermanos. Aunque una vez sí que se pusieron colorados (blushed) cuando mis hermanos y yo los pillamos (caught) haciendo manitas (holding hands) por debajo de la mesa. Yo soy ahora muy cariñosa con mis amigos y amigas, y creo que es por lo que vi en casa de pequeña.

Mis padres se querían mucho pero no lo demostraban demasiado en público. Mi padre era muy serio con nosotros pero nos daba cariño a su manera (in his own way). Por ejemplo, el día que me gradué de la escuela secundaria me dijo con lágrimas en los ojos (tears in his eyes) que ése era el día más feliz de su vida. Yo soy un poco tímido en mis relaciones con los demás, sobre todo con las chicas. Es difícil decir si esto tiene algo que ver con mi experiencia familiar de niño. No lo sé.

2–20. El amor en la época de mis abuelos. Antonio ha escrito un texto hablando de cómo era la vida cuando sus abuelos eran jóvenes, pero ha olvidado indicar cuál es el verbo correcto para cada frase. Una vez más, tú tienes que hacer de editor y arreglar el texto, incluyendo el verbo en el tiempo adecuado según el contexto. ¿Te animas?

En la época de mis abuelos las costumbres (*fueron / eran*) diferentes de las de hoy. Cuando mi abuelo (*terminó / terminaba*) el servicio militar (*tuvo / tenía*) veinte años. Poco después (*conoció / conocía*) a mi abuela, que (*fue / era*) la mujer más hermosa de Guadalajara, según mi abuelo. Durante dos años, mi abuelo sólo (*vio / veía*) a mi abuela los domingos por la mañana en la iglesia, y sólo la (*pudo / podía*) ver en compañía de otras personas, nunca a solas. El día que mis abuelos (*se casaron / se casaban*) fue la primera vez que se les (*permitió / permitía*) estar solos. ¡Cómo han cambiado los tiempos!

ATENCIÓN A LA ESTRUCTURA

Comparatives

Comparisons are used to express equality or inequality. Comparisons of equality are formed in three different ways:

1. When we compare with an adjective or adverb ➔ **tan** + *adjective/ adverb* + **como**

The adjective always agrees with the noun. Adverbs do not show agreement.

> Los amigos son **tan** importantes **como** la familia.
>
> *Friends are **as** important **as** family.*
>
> Las buenas amistades no se disuelven **tan** rápidamente **como** las amistades superficiales.
>
> *Good friendships do not dissolve **as** quickly **as** superficial friendships.*

2. When we compare with a noun ➔ **tanto/a, tantos/as** + *noun* + **como**
Tanto agrees with the noun in gender and number.

> Rosa tiene **tantos** amigos **como** una estrella de cine.
>
> *Rosa has **as many** friends **as** a movie star.*

3. When we compare with a verb ➔ *verb* + **tanto como**

The expression **tanto como** always follows the verb and shows no agreement.

> Mis padres me respetan **tanto como** yo los respeto.
>
> *My parents respect me **as much as** I respect them.*

Comparisons of inequality are expressed in two ways:

1. With adjectives, adverbs, and nouns ➔ **más/menos** + *adjective*, *adverb*, *noun* + **que**

As with comparisons of equality, the adjective agrees with the noun, and adverbs show no agreement.

Marisol y Anita son **más** altas **que** Juan.

*Marisol and Anita are **taller than** Juan.*

Tengo **más** amigos norteamericanos **que** hispanos.

*I have **more** North American friends **than** Hispanic friends.*

Anita habla **más** lentamente **que** Marisol.

*Anita speaks **more** slowly **than** Marisol.*

2. With verbs ➔ *verb* + **más/menos** + **que**

Yo salgo **más que** mis padres.

*I go out **more than** my parents.*

2–21. ¿Quién es más atrevido/a? ¿Quién es más atrevido (*daring*) en las relaciones amorosas, el hombre o la mujer? A continuación tienen las opiniones de un grupo de estudiantes de Buenos Aires. ¿Piensan como ellos? En parejas, determinen si están de acuerdo o no con las opiniones de estas personas. Después, entrevisten a varios compañeros y preparen un documento comparando sus opiniones con las de estos estudiantes argentinos. ¡Usen comparativos para señalar semejanzas y diferencias!

Melinda, 20 años

Me gusta cuando es el muchacho el que toma la iniciativa porque yo no me atrevo (*dare*) a hacer eso. Creo que sí, que en general los chicos son menos tímidos que las chicas.

Raúl, 18 años

Las chicas que yo conozco no son nada inocentes. Son más atrevidas y más locas que nosotros. A mí me gustan mucho las chicas lanzadas (*daring*).

Anselmo, 20 años

Las muchachas son más inocentes y yo creo que eso las perjudica. También creo que son más tímidas que los chicos en general.

Lucía, 18 años

Yo soy más lanzada que la mayoría de mis novios. No me preocupa si tengo que dar yo el primer paso. ¡A mi último novio lo invité yo a salir la primera vez!

Fernando, 19 años

Hoy por hoy (*nowadays*), las chicas son más atrevidas que los chicos. Yo lo prefiero así porque soy bastante tímido y necesito un empujoncito (*little push*).

vas: Es un asunto como bastante complicado.
cómo ▌adv. **1** De qué modo o de qué manera
¿Cómo lo has pasado? ‖ **a cómo**: a qué precio: ¿

Cómo contar anécdotas

No vas a creer lo que me pasó el otro día. Estaba en un restaurante con mi novia y mi ex novia me llamó por el teléfono móvil. Mi novia se puso furiosa conmigo.

¿Sí? ¿Y qué pasó después?

How do we tell stories and how do we react when others tell us something that happened to them? Here is how you do it.

Use these expressions when telling a story or anecdote to someone:	
Escucha/Escuche, te/le voy a contar...	*Listen, I am going to tell you …*
Te/Le voy a contar algo increíble...	*I am going to tell you something unbelievable ….*
No me va/s a creer...	*You are not going to believe me …*
Fue divertidísimo...	*It was so much fun …*
Y entonces...	*And then …*
Fue algo terrible/ horrible/ espantoso.	*It was something terrible/horrible/awful.*

Use these expressions to react to a story:	
¡No me digas! ¡No me diga!	*You are kidding me!*
¿Sí? No te/le puedo creer. ¡Es increíble!	*Really? That's incredible!*
¿Y qué pasó después?	*And what happened then?*
Y entonces ¿qué?	*And then what?*

2–22. Vocabulario en acción. Completa estas anécdotas con expresiones (en los lugares indicados con los tres puntos) para contar una historia y para reaccionar a una historia.

1. —… lo que pasó el domingo en la fiesta caribeña… pero allí estaba el mismo Antonio Banderas. La fiesta duró hasta las cuatro de la mañana y todos bailamos como locos…
    —Reacción:

2. —Ayer mi compañero y yo tuvimos una pelea fuerte por causa de sus amigos,…
    —Reacción:

3. —Mi hermano pequeño se sentó a la mesa… empezó a jugar con la sopa, que acabó en la cabeza de mi padre.
    —Reacción:

2-23. Situaciones. En parejas, cada persona debe seleccionar una de las situaciones de la lista y contarle a su pareja lo que le ocurrió. La otra persona debe reaccionar de forma apropiada, usando las expresiones anteriores cuando sea posible.

1. lo que pasó cuando tuviste un accidente con un conductor que no hablaba inglés
2. lo que pasó cuando encontraste a tu mejor amigo/a cenando a solas con tu novio/a
3. lo que pasó cuando eras pequeño y entraste en el cuarto de tus padres sin llamar
4. lo que pasó cuando te enamoraste de una persona que no hablaba tu idioma

CURIOSIDADES

Mi pareja y yo:
coincidimos (coincide) casi siempre = 4 puntos
coincidimos con frecuencia = 3 puntos
coincidimos a veces = 2 puntos
coincidimos pocas veces = 1 punto
nunca coincidimos = 0 puntos

2-24. Test: ¿Seleccionaste bien a tu pareja?

1. En este test se describen aspectos importantes para mantener una buena relación con la pareja. Examina hasta qué punto eres compatible con tu pareja. Para obtener el resultado, suma los puntos obtenidos y luego divide el resultado entre dos. Si el producto final es menos de 33, debes pensar seriamente en cambiar de pareja. ¡Buena suerte!

Emocional

Somos fieles a nuestros compromisos	0 1 2 3 4
Verbalizamos nuestros sentimientos	0 1 2 3 4
Respetamos las decisiones de los demás	0 1 2 3 4
Solucionamos los problemas fácilmente	0 1 2 3 4
Hacemos muestras de afecto y ternura	0 1 2 3 4
Suma: _____	

Social

Tenemos amigos	0 1 2 3 4
Nos gusta divertirnos	0 1 2 3 4
Somos sociables con la gente nueva	0 1 2 3 4
Somos tolerantes con los demás	0 1 2 3 4
Nos preocupamos por los demás	0 1 2 3 4
Suma: _____	

Intelectual

Nuestras ideas sobre la educación son parecidas	0 1 2 3 4
Nos gusta enseñar a los demás	0 1 2 3 4
Nos interesa aprender cosas nuevas	0 1 2 3 4
Nos gusta leer	0 1 2 3 4
Tenemos una mente creativa	0 1 2 3 4
Suma: _____	

Comunicación

Nos escuchamos el uno al otro con interés y respeto	0 1 2 3 4
Somos tolerantes con las opiniones del otro	0 1 2 3 4
Hablamos con facilidad de nuestros sentimientos	0 1 2 3 4
Somos muy egocéntricos cuando hablamos	0 1 2 3 4
Suma: _____	

Crecimiento personal

Reconocemos nuestros errores	0 1 2 3 4
Estamos dispuestos a mejorar	0 1 2 3 4
Pedimos y aceptamos consejos	0 1 2 3 4
Sentimos curiosidad, buscamos la verdad	0 1 2 3 4
Creemos que siempre tenemos razón	0 1 2 3 4
Suma: _____	

Intereses y aficiones

Nos gusta viajar	0 1 2 3 4
Disfrutamos mucho el tiempo libre	0 1 2 3 4
Hacemos deporte	0 1 2 3 4
Tenemos pasatiempos	0 1 2 3 4
Somos constantes, terminamos los proyectos que empezamos	0 1 2 3 4
Suma: _____	

2. Escribe un párrafo de 50 a 70 palabras resumiendo los resultados del test. No olvides usar las formas comparativas.

Así nos divertimos

Entrando en materia

En esta sección vas a aprender un poco más sobre las preferencias de algunos hispanos para pasar su tiempo libre y las vas a comparar con tus propias experiencias.

2–25. Tus preferencias. En grupos de tres, creen una tabla con lo que cada persona hace en las siguientes situaciones y presenten la información a la clase.

- actividades de los sábados por la mañana, por la tarde y por la noche
- actividades de los domingos por la mañana, tarde y noche
- actividades que hacen cuando se reúnen con su familia
- actividades durante los días de clase/ trabajo y el fin de semana

Por si acaso

dar un paseo   *to go for a walk*
invitar a alguien a comer/ cenar   *to treat someone to lunch/dinner*
levantar pesas   *to lift weights*
matar el tiempo   *to kill time*
tener una cita   *to have a date*
tiempo libre   *free time*

2–26. Vocabulario en contexto. Las oraciones siguientes se encuentran en la entrevista que vas a leer. Usando el contexto de la oración determina el significado de las expresiones escritas en negrita.

1. **El paseo** es una actividad muy común y no nos aburrimos haciéndolo.
   a. El paseo nos parece agradable.
   b. El paseo consiste en montar en burro.

2. Marta **echa de menos** a su familia y sus costumbres en España.
   a. Marta extraña a su familia.
   b. Marta tiene una familia pequeña.

3. En algunos países hispanos los bares cierran a las cuatro o cinco de la **madrugada**.
   a. muy tarde por la mañana
   b. muy temprano por la mañana

4. En Madrid hay tanta gente en los lugares públicos los fines de semana que no **se encuentra un sitio a donde ir**.
   a. Todos los lugares están llenos de gente.
   b. Hay poca gente en las calles.

LECTURA

Pasando el rato

Esta breve entrevista apareció en una hoja informativa del departamento de lenguas románicas de una universidad estadounidense con motivo de la celebración de la Semana de Diversidad. Las personas entrevistadas, una joven española y un joven mexicano, conversan informalmente con la entrevistadora sobre sus preferencias para pasar el tiempo libre.

ENTREVISTADORA: Gracias por participar en esta entrevista sobre sus preferencias para pasar sus ratos de ocio. Mi objetivo es publicar la charla en la Hoja Informativa del departamento para compartir sus comentarios con los alumnos de español. A ver Marta, tú que eres de España. Dinos qué hacen los españoles para **pasarlo bien**.

MARTA: Pues, un domingo por la tarde, **no encuentras en Madrid ni un sitio a donde ir** porque hay mucha gente por la calle. Nos gusta salir a pasear e ir a los bares con amigos.

MARTA: En España la gente joven sale de noche a las discotecas o a los bares. Allí, la edad de beber no es tan problemática como aquí. No te piden el **carnet de identidad** en la entrada de los bares ni nada por el estilo. También, las discotecas están abiertas hasta las cuatro o las cinco de la mañana, así que cuando salimos de noche no regresamos a casa hasta la **madrugada**. Aquí en Estados Unidos cierran los bares mucho más temprano.

PEDRO: Nosotros le dedicamos mucho tiempo a la familia durante los ratos libres. Por ejemplo, en mi familia siempre nos reunimos a comer los domingos.

MARTA: En mi casa también tenemos muchas reuniones familiares y la verdad es que las **echo mucho de menos**. Todos los domingos vienen a comer a casa de mis padres mis hermanos con sus esposas e hijos. Se llena la casa de gente y nos lo pasamos muy bien.

ENTREVISTADORA: Bueno, no tenemos más tiempo. Les agradezco su participación.

ENTREVISTADORA: Bueno, la verdad es que a los estadounidenses también les gusta hacer esas cosas. ¿Qué dices tú Pedro?

PEDRO: En México, es como lo que describe Marta en Madrid. Hay mucha gente por las calles dando el paseo. El **paseo** es muy común para nosotros y, contrariamente a lo que pueda parecer, no **nos aburrimos** haciéndolo. La gente sale a la calle, normalmente bien vestida, a caminar por parques, plazas y otros lugares públicos donde se encuentra con amigos o conocidos. Es común tanto en los pueblos como en la ciudad.

2–27. ¿Comprendiste? Indica qué oraciones se refieren correctamente al contenido de la entrevista. Corrige las oraciones incorrectas.

1. La entrevista se publicó en el departamento de español de una universidad mexicana.
2. La entrevista revela muchas diferencias entre México y España.
3. El paseo es una actividad que aburre a los dos entrevistados.
4. Según los entrevistados, no es raro que sus familias se reúnan todas las semanas.

2–28. Vocabulario en acción. Tu instructor/a de español te ha pedido que ayudes a un estudiante que no sabe tanto español como tú. Este estudiante ha escrito una lista de las palabras que no entendió en la lectura. Explícale lo que significan con tus propias palabras en español. Puedes describir la palabra, o usar sinónimos o antónimos.

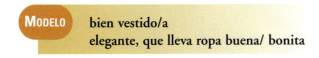

MODELO   **bien vestido/a**
elegante, que lleva ropa buena/ bonita

1. paseo _____

2. carnet de identidad _____

3. madrugada _____

4. reunirse _____

5. pasarlo bien/ mal _____

ATENCIÓN A LA ESTRUCTURA

Direct- and Indirect-Object Pronouns to Talk About Previously Mentioned Ideas

In your review of direct-object pronouns in the previous unit, you learned that direct-object pronouns answer the question *what* or *whom* and that the use of pronouns will allow you to speak and write Spanish more smoothly, without repeating words over and over. In this *Tema*, you will review your knowledge of indirect-object pronouns and how direct- and indirect-object pronouns are used together.

Indirect Objects and Sequence of Object Pronouns

Indirect objects answer the question *to whom* or *for whom*. The indirect-object pronouns are as follows:

me	*to/for me*		nos	*to/for us*
te	*to/for you*		os	*to/for you (in Spain)*
le	*to/for him/her/it/you*		les	*to/for them/you*

As you can see, the indirect-object pronouns are the same as the direct-object pronouns except for the third person.

The following are important rules to remember.

1. An indirect-object pronoun always precedes the verb in negative commands.

   No hables.➔ No **le** hables.   *Don't talk to him/her.*

2. Indirect-object pronouns are attached to affirmative commands.

   Hábla**le** claramente al instructor.   *Speak clearly to your instructor.*

3. When both direct- and indirect-object pronouns appear together, the direct object follows the indirect object.

¿Quién **te** dio **una mala nota**?	*Who gave you a bad grade?*
La profesora Falcón **me la** dio.	*Professor Falcón gave it to me.*

When both direct- and indirect-object pronouns are in the third person, the indirect-object pronoun **le** is replaced by **se**.

¿Cuándo **le** entregaste **la composición**?	*When did you turn in your composition to him/her?*
Se la entregué ayer.	*I turned it in to him/her yesterday.*

2–29. Identificación. Mucha gente dedica parte de su tiempo libre a salir con amigos/as especiales (*dating*). En parejas, lean lo que dicen estos personajes y decidan si están de acuerdo con sus opiniones. Luego, identifiquen los pronombres de complemento indirecto. Después, preparen una lista de seis recomendaciones para un amigo que está a punto de salir en su primera cita.

> **MODELO** Si no tienes bastante dinero para pagar la cena, no se lo pidas a ella.

La cita ideal: Secretos para tener éxito (*to be successful*).

A los muchachos no les gusta esperar mucho. No les hagas esperar más de lo necesario, sólo lo justo. Eso es lo que yo te recomiendo.

Las flores son siempre un buen regalo para mi novia. Yo siempre se las regalo en ocasiones especiales. Te las recomiendo.

2–30. Las reglas del juego.

A. ¿Cuáles fueron tus "reglas" (*rules*) con respecto a la primera cita? ¿Hiciste las siguientes cosas en tu primera cita?

	Sí	No
1. **Le** pediste dinero prestado a tu amigo/a.	____	____
2. **Le** hablaste de tu ex-novio/a.	____	____
3. **Le** compraste un regalo.	____	____
4. **Le** dijiste a todo que "sí".	____	____

 B. Ahora, en parejas, comparen sus respuestas a la sección anterior y hablen de qué fue lo mejor y lo peor que hicieron durante su primera cita.

> **MODELO** **Lo peor fue que le pagué la cena a mi amigo/a en un restaurante carísimo y después no lo/la volví a ver nunca más...**

2–31. Mala suerte.

¿Te acuerdas del estudiante que tenía problemas con el español durante la lectura? Bueno, pues ahora te ha pedido que le ayudes con su composición para esta semana. Obviamente él no sabe usar los complementos directos/ indirectos. Ayúdalo corrigiendo las partes en negrita con los pronombres apropiados.

La anécdota que voy a contar ocurrió la semana pasada. Era el cumpleaños de una compañera de clase y por eso invité **a mi compañera** a salir el sábado por la noche. Así que salí en mi coche y compré un regalo **para mi compañera**; yo le quería dar **el regalo a mi compañera** durante la cena. Después fui a buscar **a mi compañera**, pero de repente me di cuenta de que no sabía su dirección. Resulta que ella no me había dado **la dirección**. No tenía mi agenda de teléfonos así que no podía llamar **a mi amiga**. Para colmo, en un descuido, salí del coche y cerré **mi coche** con las llaves dentro. ¡Qué desastre! Así que llamé a la policía desde un teléfono público. Cuando llegaron, expliqué **a los oficiales** que mis llaves estaban dentro del coche. Entonces, ellos abrieron **el coche** y recuperaron **las llaves**. Ni qué decir tiene (*needless to say*), ya era muy tarde. Decidí volver a mi apartamento para evitar más desgracias. Cuando llegué a mi apartamento llamé a mi amiga para disculparme.

vas: **Es un asunto como bastante complicado.**
cómo adv. **1** De qué modo o de qué manera
¿Cómo lo has pasado? || **a cómo**: a qué precio: ¿a

Comparar experiencias

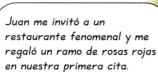

Juan me invitó a un restaurante fenomenal y me regaló un ramo de rosas rojas en nuestra primera cita.

Mi experiencia con Pedro fue completamente diferente. No me regaló nada y cenamos en McDonalds.

A common thing to do when we are exchanging stories or anecdotes with friends is to compare how our experiences are similar or different.

Use these expressions to indicate that your experience was similar:

Eso me recuerda (a mi amigo/a, a mi hermano/a..., una ocasión).	*That reminds me of (my friend, brother/sister, . . . , an occasion).*
Mi (amigo/a, hermano/a) es como el/la tuyo/a.	*My (friend, brother/sister) is like yours.*
Es como el día en que...	*It's like the day when . . .*
Mi experiencia en... fue muy parecida.	*My experience in . . . was very similar.*

Use these expressions to indicate that your experience was different:

Mi experiencia con... fue completamente diferente.	*My experience with . . . was completely different.*
La impresión que tengo de... es completamente opuesta.	*The impression I have of/about . . . is completely the opposite.*
La persona que describes es muy diferente de la que yo conozco.	*The person you're describing is very different from the one I know.*

Use these expressions to indicate that your experience was similar and different at the same time:

Mi experiencia con... fue parecida y diferente al mismo tiempo.	*My experience with . . . was similar and different at the same time.*
Lo que me pasó en... fue un poco parecido, la diferencia es que...	*What happened to me in . . . was a bit similar; the difference is that . . .*

2–32. Un amigo común. Durante una conversación, tú y tu pareja se dan cuenta de que tienen un amigo en común, Manolo Camaleón. Inventen los detalles de la conversación, en la que comparan sus impresiones y opiniones sobre Manolo. Usen su imaginación y los detalles que se incluyen para representar este diálogo.

Estudiante A: Manolo y tú eran compañeros de cuarto en la universidad. Manolo nunca limpiaba el cuarto, escuchaba música de salsa cuando tú tenías que estudiar y siempre salía con las personas que a ti te gustaban.

Estudiante B: Manolo es ahora tu colega en una organización no lucrativa (*nonprofit*) que lucha contra el consumo de tabaco, alcohol y drogas. Es un buen amigo tuyo y vas a invitarlo a cenar la semana próxima para que conozca a tu novio/a.

Naranjas atadas, de Diana Paredes

Diana Paredes nació en Lima, Perú. Comenzó a pintar a los ocho años de edad. Su arte sorprende a muchos por la atención que reciben los detalles y por la destreza de la artista en la expresión de emociones. Recibió su formación en la Academia de Arte Cristina Galvez, la Academia Miguel Gayo y el Instituto de Arte de Fort Lauderdale.

Tied Oranges, Oil on canvas, by Diana Paredes.

2–33. Observaciones artísticas. En parejas, miren la obra con atención durante unos minutos. Después, respondan a las siguientes preguntas. ¿Están de acuerdo en sus respuestas?

1. ¿Qué tipo de materiales usa Diana Paredes?
2. Describan los colores de la obra.
3. Expliquen la relación entre el título y la obra.
4. Expliquen la relación entre el título y los temas de la unidad que están estudiando.
5. Piensen en otro título para esta obra.

Entrando en materia

Otra actividad que llena las horas de ocio tanto de hispanos como estadounidenses es el cine. No son muchos los actores hispanos conocidos en Estados Unidos pero hay algunas excepciones. Un ejemplo es el reciente éxito cinematográfico de Antonio Banderas. En el siguiente artículo, Antonio Banderas describe cómo llegó a ser actor y cómo consiguió la fama en Estados Unidos. También habla muy abiertamente (*openly*) de su relación con Melanie Griffith.

Usar lo que ya sabemos

Antes de leer esta entrevista, piensa en lo que ya sabes del tema. Por ejemplo, sabes que las entrevistas tienen un formato de preguntas y respuestas. También sabes que las entrevistas a estrellas de cine giran en torno a temas como sus relaciones personales, sus problemas, sus éxitos, etc. Después, usa tu conocimiento de la sociedad estadounidense y piensa: si tú hicieras la entrevista, ¿qué preguntarías? ¿qué tipo de información le gustaría al público? Anota los temas que se te ocurran, y después, compáralos con los temas de la entrevista. ¿Son similares? ¿Diferentes?

2–34. Un vistazo rápido. Mira rápidamente todos los párrafos que componen el artículo. ¿En qué párrafos (P1, 2, 3, etc.) se encuentran estas ideas?

1. Descripción de sus primeros pasos (*first steps*) como actor de teatro en España.
2. Banderas habla de sus primeras películas en el cine español.
3. Relación amorosa con Melanie Griffith.
4. Banderas reflexiona sobre su éxito en Estados Unidos y sus planes para el futuro.

2–35. Vocabulario en contexto. Teniendo en cuenta el contexto de la lectura, ¿qué crees que significan estos verbos? Selecciona la opción correcta (a, b, c).

1. asistir
   Desde el momento que **asistí** a mi primera obra de teatro me obsesionó la idea de ser actor.
   a. atendí
   b. dije "sí"
   c. fui
2. (sin) cobrar
   Durante tres años trabajé de camarero, de dependiente en unos grandes almacenes (*department store*), y actué en teatros experimentales **sin cobrar** ni una peseta (*prior currency in Spain*).
   a. un tipo de serpiente
   b. sin dar dinero
   c. sin recibir dinero
3. proponer
   Cuando me **propusieron** hacer esta película no hablaba ni una palabra de inglés.
   a. pidieron
   b. sugirieron
   c. mandaron
4. ponerse rojo
   Ella me miró y me contestó: "Esa no es una pregunta para una dama".
   Así que contesté: "Lo siento" y **me puse rojo**.
   a. pinté
   b. tuve vergüenza
   c. me enojé
5. distanciarse
   Es como mirar un cuadro (*painting*), necesitas **distanciarte** un poco para apreciarlo.
   a. estar de pie
   b. estar cerca
   c. estar a distancia

Antonio Banderas se confiesa

P1   Crecí en Málaga, Andalucía. Mi padre era policía y mi madre instructora. Cuando tenía catorce años anuncié que quería ser actor. Nadie me comprendió. Yo era como un animal extraño en mi familia. Desde el momento que **asistí** a mi primera obra de teatro me obsesionó la idea de ser actor. En contra de su voluntad, mi madre me matriculó en la Escuela Local de Arte Dramático, con la condición de que también estudiara para ser instructor.

P2   Durante los veranos organizábamos pequeñas giras y viajábamos por los pueblos de Andalucía en un camión. Actuábamos en las calles, en cualquier parte en la que hubiera público. Nos financiaba una condesa con la que yo flirteaba en aquellos días.

P3   La idea de hacer cine o ir a Hollywood nunca se me pasó por la cabeza. Yo pensaba que el teatro era algo mucho más serio que el cine, sobre todo porque en aquellos días el teatro era una forma de atacar el régimen de Franco.

P4   Me fui a Madrid con 18 años. Durante tres años trabajé de camarero, de dependiente en unos grandes almacenes y actué en teatros experimentales **sin cobrar** ni una peseta. No tenía ni para el autobús y a veces tenía que andar 10 kilómetros para ir a una audición. Ⓜ

P5   En 1982 hice mi primera película, *Laberinto de pasiones*, con Pedro Almodóvar. Durante diez años actué en películas de Almodóvar, *Mujeres al borde de un ataque de nervios*, *Átame*... Mi primer papel en una película estadounidense fue en 1992, en *Los reyes del mambo*. Cuando me **propusieron** hacer esta película no hablaba ni una palabra de inglés, pero el director no lo sabía. Él hablaba y hablaba y yo no comprendía nada de lo que decía. Me matriculé en un curso de inglés y aprendí mi papel fonéticamente.

P6   Mi fama en Estados Unidos se originó en una aparición que hice en el documental de Madonna *Truth or Dare*. Madonna intentó seducirme. Aquella relación con Madonna me dio la popularidad equivalente a un anuncio de dos páginas en el *New York Times*.

Ⓜ **omento de reflexión**

Pon una X al lado de las oraciones que mejor describan el contenido de estos párrafos que acabas de leer.

☐ 1. *En los párrafos 1, 2, 3 y 4 se describen los comienzos de Antonio como actor.*

☐ 2. *Su madre no quería que Antonio fuera actor.*

☐ 3. *Desde muy joven, Antonio sabía que iba a ser actor en Hollywood.*

Momento de reflexión

Pon una X al lado de las oraciones que mejor describan el contenido de estos párrafos que acabas de leer.

☐ 1. En los párrafos 5 y 6, Antonio describe cómo se hizo famoso como actor.

☐ 2. El párrafo 6 dice que Antonio se divorció a causa de una relación con Madonna.

☐ 3. En los párrafos 7 y 8 Antonio describe cómo él y Melanie Griffith se enamoraron.

P7   Vi a Melanie en persona por primera vez en la ceremonia de entrega de los Óscars. Pero no hablé con ella hasta el rodaje de *Two Much*. Cuando Melanie llegó al rodaje fui a presentarme yo mismo. Hablamos un poco, "...así que tú eres Melanie. Yo soy Antonio, ¿qué tal?" Yo dije: "¿Cuántos años tienes?" Ella me miró y me contestó: "Esa no es una pregunta para una dama". Así que contesté: "Lo siento" y **me puse rojo**. Ella me miró y me dijo su edad, 37 años, y yo dije: "Estupendo".

P8   El amor se apoderó de nosotros. No se puede luchar contra el amor. Hay quien piensa que mi matrimonio con Sara Leza se rompió a causa de Melanie. Pero mi matrimonio estaba ya deteriorado y no hay conexión entre la ruptura con mi mujer y Melanie. **Ⓜ**

P9   Mi éxito en el cine me ha dado mucho dinero pero los únicos lujos que me he permitido han sido comprarme una casa en Madrid y otra en el sur de España. Si, de repente, las cosas me van mal en Estados Unidos, puedo volver a España y hacer pequeñas películas.

P10   Algún día volveré a mi hogar. Ocurre algo extraño cuando dejas tu país. Es como mirar un cuadro, necesitas **distanciarte** un poco para apreciarlo. Cuando vives en otras culturas y con otras gentes, empiezas a extrañar el lugar al que realmente perteneces. **Ⓜ**

Momento de reflexión

Pon una X al lado de las oraciones que mejor describan el contenido de estos párrafos que acabas de leer.

☐ 1. En el párrafo 9, Antonio habla con mucha seguridad sobre su futuro profesional en Estados Unidos.

☐ 2. En el párrafo 10, Antonio usa un tono nostálgico para referirse a España.

2–36. Vocabulario en acción. ¿Puedes explicar en tus propias palabras el significado de estas expresiones? P1, P2, etc. indica el párrafo del texto donde se encuentra la expresión.

1. Yo era como un animal extraño en mi familia. [P1]
2. Yo pensaba que el teatro era algo mucho más serio que el cine. [P3]
3. Aquella relación con Madonna me dio la popularidad equivalente a un anuncio de dos páginas en el *New York Times*. [P6]
4. Es como mirar un cuadro, necesitas distanciarte un poco para apreciarlo. [P10]

2–37. Y ustedes, ¿qué piensan? En parejas, una persona debe hacer las preguntas del estudiante A y la otra persona las del estudiante B. Pueden hacerle preguntas adicionales a su pareja si necesitan aclaraciones.

Estudiante A: ¿Qué imagen da Banderas de su madre? ¿Por qué? Banderas habla de su relación con una condesa. ¿Qué opinas de mantener una relación con otra persona por cuestiones financieras? ¿Por qué? ¿Crees que las diferencias culturales entre dos personas como Melanie y Antonio influyen mucho en el éxito de la relación? ¿Por qué?

Estudiante B: ¿Crees que es fácil o difícil que un actor hispano triunfe en Estados Unidos? ¿Por qué? ¿Qué actitud general piensas que tienen los estadounidenses hacia el cine de otros países? ¿Por qué? ¿Qué crees que se puede aprender sobre otra cultura al ver una película de ese país? ¿Crees que el cine ayuda a eliminar estereotipos o crea más?

PONLO POR ESCRITO

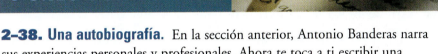

2–38. Una autobiografía. En la sección anterior, Antonio Banderas narra sus experiencias personales y profesionales. Ahora te toca a ti escribir una narración parecida sobre tus propias experiencias o las experiencias de otra persona.

Preparación

Piensa en los siguientes puntos:

1. ¿Quiénes serán los lectores de mi composición?
2. ¿Qué información voy a incluir en la introducción?
3. ¿Qué tema/s voy a incluir en cada párrafo?
4. ¿Qué información voy a incluir en la conclusión?

Piensa en cómo vas a organizar la información. Aquí tienes algunas sugerencias.

1. Narrar las experiencias en orden cronológico.

> **MODELO**
> **Nací y crecí en una familia que para muchos parecía una familia de locos, pero era mi familia y yo la quería con locura. Cuando era niño/a mi padre...**

2. Hacer la narración desde la perspectiva de un hecho en el presente.

> **MODELO**
> **Hoy me llamó Roberto García por teléfono. Roberto y yo nos vimos por última vez en la fiesta de graduación de la escuela secundaria. Recuerdo muy bien aquella fiesta. Roberto era el chico más atractivo de todos...**

3. ¿Otros modelos de organización diferentes?

A escribir

1. Comienza tu redacción con una introducción interesante.

> **MODELO** **En ese día frío del que tanto hablaba mi madre cuando yo era pequeño, en ese día frío decía, nací yo. Llegué al mundo a la hora del té, ...**

2. Desarrolla el contenido y organización que hayas seleccionado. Si quieres describir el ambiente familiar y una experiencia de tu niñez y juventud, puedes escribir algo como:

> **MODELO** **La vida en casa era muy tranquila. Mamá siempre en la cocina, papá siempre en su trabajo, y mis hermanos y yo siempre metidos en problemas. Recuerdo que...**

3. Si quieres describir tu vida fuera del ambiente familiar en el presente, puedes usar este ejemplo como guía.

> **MODELO** **Ahora que no estamos ya en casa, mis hermanos y yo seguimos dando problemas pero, claro, son de otro tipo...**

4. Escribe una conclusión que resuma de forma interesante el contenido de los párrafos.

> **MODELO** **Y así es como llegué a ser quien soy hoy: un chico tímido, romántico, interesado en la cocina y también en la política... Una buena combinación, ...**

5. Al escribir tu narración recuerda lo que has aprendido sobre el pretérito e imperfecto usados juntos. También usa las comparaciones, el **se** impersonal y los pronombres de objeto directo e indirecto si es necesario.

6. Las expresiones de la lista te servirán para hacer transiciones entre diferentes ideas.

a diferencia de, en contraste con *in contrast to*	igual que *the same as, equal to*
al fin y al cabo *in the end*	mientras *while*
en resumen *in summary*	sin embargo *however*

Revisión

Para revisar tu redacción usa la guía de revisión del Apéndice C. Después de hacer tu revisión, escribe la versión final y entrégasela a tu instructor/a.

Go to **www.wiley.com/college/gallego**
for *El escritor tiene la palabra.*

aburrirse	to get bored	extraño/a	strange
afición *f*	hobby	financiar	to finance
agradecer (zc)	to thank	flirtear	to flirt
al igual que	same as	fracaso *m*	failure
ama de casa *f*	housewife	gira *f*	tour
amistad *f*	friendship	guardería infantil *f*	daycare
anuncio *m*	ad	imponer (g)	to impose
apoderarse	to get hold of	índice *m*	rate
asistir	to attend	intimidad *f*	privacy
atender (ie)	to pay attention	jubilado/a	retired
aumento *m*	increase	lealtad *f*	loyalty
calificar	to describe, to rate	lugar *m*	place
carnet de identidad *m*	ID card	madrugada *f*	dawn
cima *f*	top	manipulador/a	manipulative
cobrar	to charge	matricularse	to register, to sign up
compartir	to share	mayoría *f*	majority
condesa *f*	countess	movilidad *f*	mobility
conocido/a	acquaintance	mutuo/a	mutual
contribuir (y)	to contribute	nada por el estilo	nothing like that
crecer (zc)	to grow up	obsesionarse	to become obsessed
cuidado *m*	care	papel *m*	role
cultivar	to cultivate, to foster	pasarse por la cabeza	to cross one's mind
cuñado/a	brother/sister-in-law	paseo *m*	stroll
dependiente/a *m/f*	shop assistant	población *f*	population
desleal	disloyal	ponerse rojo/a	to blush
deteriorar	to deteriorate	por lo tanto	therefore
dificultar	to make difficult, to pose an obstacle	preguntarse	to wonder
		presentarse uno mismo	to introduce oneself
dinámica *f*	dynamics	proponer (g)	to propose
disminuir (y)	to decrease	rechazo *m*	rejection
disolver (ue)	to dissolve	retrasar	to delay
distanciarse	to step back	rodaje *m*	shooting (as in film)
divorciarse	to get divorced	ser interesado/a	to be self-serving, selfish
duradero/a	lasting	sin	without
echar de menos	to miss	sin cobrar	without getting paid
en contra de su voluntad	against his/her will	sin embargo	however, nevertheless
		sin previo aviso	without warning or notice
encontrar (ue)	to find	sitio *m*	place
en gran medida	in great part	supervivencia *f*	survival
entorno *m*	environment, setting	tareas domésticas *f*	household chores
escenario *m*	stage	temprano/a	early
estar de acuerdo	to agree	tener hijos	to have children
estrecho/a	close, intimate	trabajar por horas	hourly work
estupendo/a	great, fantastic	vestido/a	dressed
exigencia *f*	demand	vida *f*	life
éxito *m*	success	visitante *m/f*	guest
expectativa *f*	expectation	viudo/a	widow/widower

3 Nuestra comunidad bilingüe

Nací en Maracaibo, Venezuela. Mi padre, médico venezolano, trabajaba para una empresa estadounidense. Como resultado, viví entre estadounidenses toda mi vida. Me eduqué en escuelas de Venezuela y EE.UU. Esta combinación me ha dado la habilidad de poder apreciar mi cultura de origen y la cultura asimilada.

Como estadounidense de ascendencia mexicana, he disfrutado de dos culturas distintas pero bastante conectadas. Me crié en Los Ángeles, California, donde el español es casi tan común como el inglés. Afortunadamente, soy bilingüe y esto me ha dado la oportunidad de convivir y trabajar con gente de diversas culturas. Mi ascendencia mexicana me ha servido de inspiración para aprender otros idiomas e interesarme por otras culturas. Ahora vivo en Nueva York, donde es fácil encontrarse con gente de todas partes del mundo.

Ser hispano en Estados Unidos es tener la oportunidad de enriquecerse tomando un poco de los dos mundos. Es una adaptación, es un cambio, es ampliar horizontes, es sentir nostalgia por los viejos amigos y estar abierto a la oportunidad de tener otros nuevos.

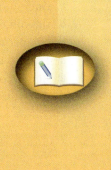

Ser bicultural

Entrando en materia

3–1. Lo que sabemos. En parejas, piensen en las ideas que tienen sobre los inmigrantes a Estados Unidos. Después, lean las siguientes oraciones y determinen si están de acuerdo o en desacuerdo. Justifiquen sus respuestas.

- Todos los inmigrantes hispanos llegaron a EE.UU. al mismo tiempo.
- En muchos de los países hispanohablantes hay diversidad racial.
- No hay diferencias de clase social entre los hispanos inmigrantes.
- Todos los hispanos en Estados Unidos son de la misma raza.

3–2. Vocabulario en contexto. Mira el contexto de estas palabras en la lectura e identifica la definición que corresponde a cada palabra.

1. racial	**a.** sinónimo de *hacer* o *producir*
2. inestabilidad	**b.** sinónimo de *características*
3. crear	**c.** una persona de Estados Unidos
4. estadounidense	**d.** adjetivo derivado de *raza*
5. rasgos	**e.** sinónimo de *creencias* o *forma de ver la vida*
6. valores	**f.** una situación no estable

Arte Mestiza, (detail),
Acrylic concrete,
10x200ft., by Emanuel
Martinez.

Por si acaso

Antes de 1848, los estados
de Utah, Nevada, California,
Arizona, Nuevo México y
áreas de Colorado y
Wyoming eran territorio
mexicano. El español se
habló antes que el inglés en
estos estados.

Ser hispano en Estados Unidos

DE ARTURO FOX

VIRTUALMENTE TODAS LAS naciones de Hispanoamérica están representadas en la comunidad hispana de Estados Unidos, pero el 80% de ella proviene de México, el 14% de Puerto Rico y el 6% de Cuba. Los estados del suroeste que bordean la frontera con México, es decir California, Arizona, Nuevo México y Tejas contienen la mayor concentración de mexicano-americanos. En el estado de Nueva York reside la mayor parte de la población puertorriqueña, y Florida, a 90 millas de Cuba, ha sido el destino natural de los cubanos.

En las últimas décadas, por otra parte, ha habido una tendencia hacia la dispersión, especialmente entre la población puertorriqueña, que de la ciudad de Nueva York se ha trasladado hacia otras ciudades del mismo estado, o a otros estados como Nueva Jersey, Connecticut e Illinois. En el área de Chicago reside ya el mayor núcleo de puertorriqueños fuera de la ciudad de Nueva York. En menor escala, los cubanos han ido formando importantes comunidades fuera de Florida. Los mexicano-americanos han mostrado menor tendencia a la dispersión.

Otro fenómeno ha sido la multiplicación de las nacionalidades representadas en Estados Unidos. Nueva York ha recibido una importante inmigración dominicana desde los años 60. Durante la década de los 70 la **inestabilidad** política de Centroamérica comenzó a producir una constante corriente de emigrantes, refugiados políticos y económicos de Nicaragua, Guatemala y El Salvador. Este grupo se ha concentrado especialmente en California. Los nicaragüenses, además, se han establecido en considerable número en el área de Miami.

¿Qué características permiten identificar a un individuo como "hispano"? Un criterio que ciertamente no debe usarse es el **racial**, ya que no existe una "raza hispana". El hecho es, sin embargo, que los dos grupos principales que **crearon** la imagen de los hispanos en Estados Unidos, los mexicano-americanos y los puertorriqueños, estaban formados en gran parte por personas de color, lo cual creó en la mente del **estadounidense** la asociación de lo hispano con la categoría "non-white".

M omento de reflexión

¿Verdadero o falso?
- [ ] 1. La Florida, el suroeste de Estados Unidos y Nueva York son las únicas áreas geográficas donde se han asentado las diversas comunidades hispanas.
- [ ] 2. Muchos hispanos de Guatemala, Nicaragua y El Salvador han emigrado a Estados Unidos en las últimas dos décadas.

¿Pero es correcto, en realidad, hablar de una "minoría hispana" o de una "comunidad hispana" en la que se incluyan todos los grupos hispanos de Estados Unidos? Algunos contestan esta pregunta de forma negativa. No obstante, es posible decir que existe una colectividad hispana en Estados Unidos con suficientes **rasgos** comunes para merecer tal nombre. Las distintas comunidades hispanas de este país no sólo comparten los más obvios indicadores culturales de origen hispano, el español como idioma, el catolicismo como religión predominante y un sistema común de **valores**, sino también un lazo de unión adicional: el hecho de que la sociedad estadounidense suele percibir a los hispanos como un grupo más o menos uniforme. **Errónea** o no, ésta es una percepción con la que el hispano tiene que enfrentarse en su vida diaria. Ⓜ

Ⓜ**omento de reflexión**

¿Verdadero o falso?

☐ 1. La comunidad hispana de Estados Unidos es esencialmente de raza negra.

☐ 2. Los estadounidenses a menudo piensan que la comunidad hispana es un grupo uniforme.

3–3. ¿Comprendiste? En parejas, completen la tabla de abajo con información de la lectura.

Países de origen de los diferentes grupos	Tres diferencias entre los grupos	Tres aspectos comunes entre los grupos	Dos razones que explican la emigración de estos grupos

3–4. Palabras en acción. En parejas, preparen un párrafo corto sobre el artículo que acaban de leer. Incluyan tantas palabras de la lista como sea posible.

rasgo	erróneo	inestabilidad	valores
racial	crear	estadounidenses	

3–5. Impresiones. En parejas, cada estudiante debe hacerle las preguntas correspondientes a la otra persona. Respondan teniendo en cuenta lo que acaban de leer y sus propias opiniones. Justifiquen sus respuestas. Pueden hacer preguntas adicionales.

Estudiante A: ¿Cuál crees que es la causa de la inmigración? ¿Crees que hay muchas personas que emigran de Estados Unidos a otros lugares? ¿Por qué?

Estudiante B: ¿Conoces a algún inmigrante hispano? ¿Qué sabes de esta persona? ¿Crees que la inmigración es buena o mala para un país? ¿Por qué?

ATENCIÓN A LA ESTRUCTURA

Introduction to the Subjunctive

All verb tenses you have studied so far in *Más allá de las palabras* are part of the indicative mood.

In this unit you will learn more about another mood, the subjunctive, which you may have studied in previous Spanish classes. Tenses grouped in the subjunctive mood are used mostly in the dependent clause of certain compound sentences. Spanish speakers use the subjunctive to make statements that convey nonfactual messages or messages that imply emotion, uncertainty, judgment, or indefiniteness.

There are four tenses in the subjunctive mood. In this unit you will learn the forms of the present subjunctive and its uses.

Forms of the Present Subjunctive

To form the present subjunctive of regular verbs start with the first person (**yo**) of the present indicative. In **-ar** verbs, change the **-o** to **-e, -es, -e, -emos, -éis, -en**. In **-er** and **-ir** verbs, change the **-o** to **-a, -as, -a, -amos, -áis, -an**.

PRESENT INDICATIVE SUBJUNCTIVE

Infinitive	yo Form	Present	
caminar	camino	camine	caminemos
		camines	caminéis
		camine	caminen
comer	como	coma	comamos
		comas	comáis
		coma	coman
escribir	escribo	escriba	escribamos
		escribas	escribáis
		escriba	escriban

Irregular verbs that have the **yo** form of the present indicative as a basis for the present subjunctive: **decir, hacer, oír, poner, salir, tener, venir,** and **ver**.

digo	diga, digas, diga, digamos, digáis, digan
hago	haga, hagas, haga, hagamos, hagáis, hagan
oigo	oiga, oigas, oiga, oigamos, oigáis, oigan
pongo	ponga, pongas, ponga, pongamos, pongáis, pongan
salgo	salga, salgas, salga, salgamos, salgáis, salgan
tengo	tenga, tengas, tenga, tengamos, tengáis, tengan
vengo	venga, vengas, venga, vengamos, vengáis, vengan
veo	vea, veas, vea, veamos, veáis, vean

Stem-Changing Verbs

-ar and **-er** stem-changing verbs undergo the same vowel-change pattern in the subjunctive that you have learned for the indicative.

cerrar	cierre, cierres, cierre, cerremos, cerréis, cierren (e → ie)
contar	cuente, cuentes, cuente, contemos, contéis, cuenten (o → ue)
defender	defienda, defiendas, defienda, defendamos, defendáis, defiendan (e → ie)
volver	vuelva, vuelvas, vuelva, volvamos, volváis, vuelvan (o → ue)

-ir stem-changing verbs undergo an additional change in the **nosotros** and **vosotros** forms, e → i and o → u.

preferir	prefiera, prefieras, prefiera, prefiramos, prefiráis, prefieran (e → ie, i)
dormir	duerma, duermas, duerma, durmamos, durmáis, duerman (o → ue, u)

Irregular Verbs

dar	dé, des, dé, demos, deis, den
estar	esté, estés, esté, estemos, estéis, estén
ir	vaya, vayas, vaya, vayamos, vayáis, vayan
saber	sepa, sepas, sepa, sepamos, sepáis, sepan
ser	sea, seas, sea, seamos, seáis, sean
haber	haya, hayas, haya, hayamos, hayáis, hayan

Uses of the Present Subjunctive

Present Subjunctive in Noun Clauses

The subjunctive occurs in the dependent clause when the verb in the independent clause expresses:

1. uncertainty, doubt, or denial
2. emotion
3. advice, suggestion, or recommendation

What is the difference between a dependent and an independent clause?

An independent clause is one that can stand alone like a simple sentence expressing a complete thought; a dependent clause cannot stand alone and does not express a complete thought. Note the difference between dependent and independent clauses in the example below.

Independent Clause	Dependent Clause
Muchas personas dudan	que la educación bilingüe sea buena.
Many people doubt	*that bilingual education is a good thing.*

First Use of the Subjunctive: After Expressions of Uncertainty, Doubt, or Denial

When the verb in the independent clause expresses uncertainty, doubt, or denial, use subjunctive in the dependent clause.

Among verbs that express doubt are **dudar, no estar seguro, negar** (*deny*), **no creer,** and **no pensar.**

ATTENTION: **Pensar** and **creer** only trigger subjunctive in the dependent clause when they are in the negative form. Thus, if the independent clause bearing **pensar** or **creer** is affirmative, we get the following:

Independent Clause	Dependent Clause
Otras personas piensan	que la educación bilingüe **es** buena.
Other people think	*that bilingual education is a good thing.*
Otras personas creen	que la educación bilingüe **es** buena.
Other people believe	*that bilingual education is a good thing.*

Impersonal expressions (those without a specific subject) of doubt or uncertainty also require the use of the subjunctive. When they express certainty, use the indicative in the dependent clause; when they express uncertainty, use the subjunctive.

Certainty = Indicative

Es seguro (*It is certain*)
Es cierto (*It is true*)
Es verdad (*It is true*)
Está claro (*It is clear*)   } que la educación bilingüe **es** beneficiosa.
Es obvio (*It is obvious*)   (*that bilingual education is beneficial.*)
Es evidente (*It is evident*)

Uncertainty = Subjunctive

Es (im)posible (*It is (im)possible*)
Es (im)probable (*It is (im)probable*)   } que la educación bilingüe **sea** beneficiosa.
No es seguro (*It is not certain*)   (*for bilingual education to be beneficial.*)
Es dudoso (*It is doubtful*)

See *Apéndice gramatical 3* for information on the infinitive vs. the subjunctive.

3–6. La gente opina. Una buena forma de aprender sobre otras culturas es leer publicaciones dirigidas a ese público en particular. En Estados Unidos hay muchas revistas escritas por latinos para latinos. A continuación te presentamos dos cartas publicadas en una revista latina. En estas cartas, los lectores expresan su opinión acerca de la revista en general. En parejas, lean las siguientes cartas al editor, prestando atención al uso del subjuntivo. Después, completen los pasos que se indican.

1. Las dos cartas dicen que la revista *Más* ofrece algo positivo para la comunidad hispana. ¿Qué aspecto positivo se menciona en cada carta?

2. Escriban una carta breve al editor basándose en estas cartas como modelos. Incluyan por lo menos un comentario positivo y uno negativo sobre algún aspecto de la revista (puede ser inventado). ¡Recuerden: las opiniones y los sentimientos requieren el subjuntivo!

Siempre leo su revista porque hay mucha información sobre la cultura hispanoamericana. Doy clases de inglés a inmigrantes. La mayoría de mis alumnos son de América Latina. Creo que la información de su revista da modelos excelentes de hispanos con éxito (*success*) en EE.UU. Estos modelos dan motivación a mis alumnos. Dudo que alguien cuestione (*dispute*) el valor (*value*) de *Más* para la comunidad hispana en EE.UU.

Daniel Weber, Albuquerque, NM

Más, muchas gracias por la referencia a los hispanos judíos (*Jewish*). No creo que muchas personas tengan esta información. No todos los hispanos son católicos. Su artículo reconoce que el grupo hispano es muy diverso. Gracias.

Alvin J. García, Tampa, FL

3–7. La política y los hispanos. En el siguiente artículo del editor de *La Universidad*, cambia los infinitivos a subjuntivo o indicativo, según tu opinión sobre el tema de los hispanos y la política en Estados Unidos. ¡Recuerda, el subjuntivo es subjetivo!

En EE.UU. los políticos creen que los hispanos (1)_____ (formar) un grupo importante. Eso no va a ser suficiente para que los hispanos tengan más poder y representación en el gobierno, pero (2)_____ (ser) un buen punto desde donde comenzar.

Si las leyes de inmigración se reforman, es posible que los hispanos (3)_____ (dar) más votos al Partido Republicano. Para los políticos, el problema es que muchos hispanos dudan que el gobierno (4)_____ (hacer) algo para mejorar la vida de su comunidad.

Sin embargo, con tantos ciudadanos estadounidenses que (5)_____ (ser) de origen hispano, es posible que (6)_____ (haber) muchos más políticos hispanos en el futuro.

Tal vez así, los hispanos se sentirán finalmente integrados a la política del país.

3–8. ¿Eres bicultural? Hablar otro idioma es una forma de aprender sobre otra cultura. Sin embargo, a veces no es suficiente. Aquí tienes algunas preguntas de personas hispanas que conoces. Responde teniendo en cuenta las diferencias culturales. Si no entiendes la pregunta, busca información sobre el tema en Internet o en la biblioteca. Puedes responder usando expresiones como **(no) dudar, (no) pensar, (no) creer**, etc.

> **MODELO** Tu instructora de danza te dice:
> **Tienes que sacar una A en el examen final de salsa para obtener la beca de baile.**
> **No creo que pueda sacar una A en el examen final porque no tengo mucho ritmo.**

1. Tu vecina chilena te dice:
El bautizo de mi hijo es el domingo. ¿Quieres venir y ser el padrino/la madrina?

2. Tu amigo mexicano te pregunta:
¿Cómo celebran "la quinceañera" las mujeres de tu familia?

3. Tu compañero de cuarto, que acaba de llegar de España, te comenta:
Hoy quiero salir de fiesta hasta las 5 o las 6 de la mañana. ¿Qué bares me recomiendas?

4. Tu instructor de español, que es dominicano, te dice:
Necesito ideas sobre algún lugar para celebrar mi santo. ¿Tienes alguna sugerencia?

3–9. Más estereotipos. ¿Recuerdan la discusión de la unidad anterior sobre los estereotipos? Estos son estereotipos reales sobre los hispanos. Escriban una reacción positiva o negativa para cada estereotipo. Estas son algunas expresiones útiles.

(no) creo	(no) dudo	(no) pienso
(no) es probable	es (im)posible que	(no) es cierto

MODELO **Todos los hispanos hablan el mismo idioma. No hay variaciones regionales.**
¡Dudo que todos los hispanos hablen el mismo idioma, sin variaciones regionales!

1. Todos los inmigrantes hispanos son pobres y vienen a Estados Unidos para hacerse ricos.
2. Los mexicanos trabajan muy despacio y por muy poco dinero.
3. La comida de todos los países hispanos es muy picante (*spicy*).
4. Los hispanos siempre hablan en voz muy alta y hacen mucho ruido.

3–10. Cóctel hispano de noticias. En parejas, lean estos titulares imaginarios de un periódico hispano. ¿Cuáles les parecen más probables? Reaccionen usando la lógica y las expresiones anteriores. Después, preparen tres o cuatro titulares de noticias que ustedes **sí** piensan que pueden ocurrir en la comunidad hispana.

MODELO **Cuba devolverá las propiedades (*properties*) de los cubanos que se exiliaron en los sesenta.**

No es probable que Cuba devuelva las propiedades de los cubanos.

1. El gobierno de EE.UU. va a abrir las fronteras a todos los inmigrantes.
2. El español será el idioma oficial de California algún día.
3. Los emigrantes cubanos son esencialmente refugiados políticos.
4. ¡Nuevo en el mercado: hay un libro de texto para aprender español en una semana!

vas: Es un asunto como bastante complicado.
cómo ■ adv. **1** De qué modo o de qué manera
¿Cómo lo has pasado? ‖ **a cómo**: a qué precio: ¿

Cómo expresar tus opiniones

¿Qué te parece mi nuevo color de pelo?

Creo que el color púrpura te sienta bien.

When talking about a subject, you will express your opinions and also react to the other person's opinions on the subject. The following expressions will help you hold a discussion more effectively in Spanish.

Expressing your opinion:

Creo que	I think that
En mi opinión	In my opinion
Me parece absurdo (una tontería).	It seems absurd (silly) to me.
Me parece interesante.	I think it is interesting.
Me parece…	I think (It seems to me) . . .
Prefiero…	I prefer . . .

Reacting to the opinions of others:

(No) Estoy de acuerdo.	I (dis)agree.
(No) Tienes razón.	You are (not) right.
¿Por qué dices eso?	Why do you say that?
Absolutamente	Absolutely
Por supuesto	Of course
Yo también	Me too
A mí también (me gusta, me molesta)	Me too
Yo tampoco	Me neither
A mí tampoco (me gusta, me molesta)	Me neither

Asking for opinions:

¿Qué crees (opinas) (piensas)?	What do you think?
¿Qué te parece?	What do you think?

3–11. Palabras en acción. El departamento de humanidades de su universidad ha decidido cambiar los requisitos de graduación. Aquí tienen un resumen de las nuevas normas. Lean la información y expresen su opinión sobre cada punto. Después, entrevisten a otra pareja para saber su opinión. ¿Están de acuerdo?

Estos son los nuevos requisitos adicionales de graduación para todos los estudiantes de humanidades. Se deben cumplir en sustitución de los requisitos anteriores.

1. Todos los estudiantes deben estudiar un mínimo de dos idiomas durante los cuatro años de la carrera.

2. Todos los estudiantes deben pasar un mínimo de seis meses viviendo en una comunidad de inmigrantes donde se hable uno de los idiomas que estudian.

3. Todos los estudiantes deben participar en una campaña política que defienda algún interés particular de la cultura que estudian.

4. Todos los estudiantes deben demostrar un amplio conocimiento del idioma y la cultura que estudian. Para demostrar este conocimiento, los estudiantes deben:
   - saber preparar un mínimo de tres platos típicos de esa cultura
   - conocer la música y los bailes tradicionales asociados con esa cultura
   - saber cuáles son las costumbres establecidas durante las celebraciones importantes
   - conocer la historia y el origen de esa cultura y ese idioma

5. Todos los estudiantes deben conocer las obras más importantes en la pintura, literatura y otras artes de esa cultura. Los estudiantes que contribuyan sus propias obras de arte a alguna comunidad de esa cultura recibirán puntos adicionales.

3-12. Debate. En grupos de cuatro, elijan uno de los temas de la lista para debatir en clase. Dos estudiantes deben expresar opiniones a favor y los otros dos en contra. Usen las expresiones de la página 92 cuando sea necesario.

1. Los inmigrantes ilegales en EE.UU.: el gobierno debe reforzar (*reinforce*) la vigilancia en las fronteras para evitar la entrada de más trabajadores ilegales.
2. La educación bilingüe: el estado de California debe reconsiderar las consecuencias de la proposición 227, según la cual el inglés debe ser la única lengua en la educación.
3. El estudio de una lengua extranjera a nivel universitario: requisito, ¿sí o no?
4. Regulaciones para favorecer y facilitar la educación universitaria para los hispanos.

¡Uno, dos, tres, quiero saber! This is a fun game to test your knowledge of Spanish. Here's how you play.

- The class is divided in teams of three or four members; each team has a name (A, B, C or **Los listos de la clase, Los cerebros universitarios**, etc.)

- Each team must sit in front of the class and respond to the questions asked by the instructor in linear order. The order may not be altered, so if student number 3 knows the answer to a question being asked of student number 1, he or she has to wait his or her turn and may not help student number 1.

- The instructor draws the questions from **El baúl de las preguntas**. Each team has 30 seconds to give as many responses as possible. A secretary writes down the number of correct answers. Each correct answer equals one point. The team who scores more points wins the contest.

MODELO   Tu instructor/a pregunta:
En treinta segundos, nombra formas del presente de subjuntivo de cualquier verbo. Por ejemplo, coma. Uno, dos, tres, quiero saber. *o*
En treinta segundos, nombra latinos famosos de la política, los deportes, los negocios, de la televisión, la música o el cine. Por ejemplo, Ricky Martin. Uno, dos, tres, quiero saber.

Uno, dos, tres, quiero saber is the signal for the team to start answering the question. The instructor or a student assigned by the instructor will call time after thirty seconds.

Ser bilingüe

Entrando en materia

3–13. Analizando las palabras.

- Menciona un sinónimo de la palabra *lengua*.
- La palabra *bilingüe* tiene dos partes. Marca las dos partes de la palabra.
- Explica el significado de las dos partes de la palabra *bilingüe*.
- Menciona dos palabras que contengan una de las dos partes.

3-14. Vocabulario en contexto. En parejas, identifiquen la definición que corresponde a las expresiones marcadas en negrita en el contexto en que aparecen.

Expresiones en contexto

1. Una persona es multilingüe cuando habla **al menos** dos lenguas.
2. Se **estima** que para el año 2050 el número de personas bilingües en EE.UU. será mayor que el de hoy.
3. Muchas personas **cuestionan** los beneficios de la educación bilingüe.
4. La **veracidad** de las palabras se confirma en las acciones.
5. La **mitad** de cien es cincuenta.
6. La historia de El Dorado es un **mito**.

Definiciones

a. calcular aproximadamente
b. sinónimo de *como mínimo*
c. sinónimo de *cincuenta por ciento*
d. una historia, idea o creencia popular que no tiene base científica u objetiva
e. sinónimo de *poner en duda*
f. cualidad de ser verdad

50% de la población mundial es bilingüe

Antes de escuchar

Si escuchas con atención a un hispanohablante, te darás cuenta de que es difícil determinar dónde empieza una palabra y dónde termina. Esto ocurre porque en español existe el enlace, llamado "linking" en inglés. El español no tiene las pausas del inglés después de cada palabra. Antes de escuchar la miniconferencia, es importante que tengas un poco de práctica con los enlaces. A continuación tienes tres frases para practicarlos. Primero, lee las frases normalmente. Después, intenta unir el sonido de la última sílaba de cada palabra con el primer sonido de la palabra siguiente.

Es importante empezar a estudiar y a hacer la tarea al atardecer.

Se estudia anatomía en esta universidad.

Antonio es un hombre especial y agradable.

Ahora tu instructor/a va a presentar una miniconferencia.

3–15. Palabras en acción. Completa estas oraciones con la expresión apropiada de la lista: **cuestionan, falacia, norma, carecen**.

1. Las personas monolingües _____ de la experiencia de otra lengua diferente de la nativa.

2. El bilingüismo no es una excepción, es una _____ .

3. Algunas personas _____ las ventajas de ser bilingüe.

4. Es una _____ que el monolingüismo sea un fenómeno más común que el bilingüismo.

3–16. Más detalles. En parejas, contesten estas preguntas y después comparen sus respuestas con las de otros grupos. ¿Entendieron todos lo mismo?

1. ¿Cuál de estos mitos tiene más importancia para ustedes? ¿Por qué?
2. ¿Están de acuerdo con la opinión del autor sobre todos estos mitos? ¿Hay algún punto con el que no estén de acuerdo? ¿Cuál?
3. Como estudiantes de español, ¿qué lección práctica pueden derivar de la información sobre el tercer mito?
4. ¿Creen que la relación entre la edad y el estudio de una lengua extranjera es un factor determinante en la habilidad de hablar otro idioma correctamente?

Second Use of the Subjunctive: After Expressions of Emotion

In *Tema 7*, you studied the use of present subjunctive to express uncertainty, doubt, or denial. In the following section you will learn information about the use of the subjunctive when there is an expression of emotion or opinion in the independent clause.

When the verb in the independent clause expresses emotion, use the subjunctive in the dependent clause.

> Los padres de niños bilingües **tienen miedo** de que sus hijos **pierdan** una de las dos lenguas.
>
> *The parents of bilingual children **are afraid** that their children **may lose** one of their two languages.*
>
> **Me pone triste** que ya **no haya** educación bilingüe en California.
>
> *It saddens me that **there is no** bilingual education in California any longer.*

Impersonal expressions of emotion also trigger the subjunctive in the dependent clause.

> **Es bueno** que los padres de los niños bilingües **hablen** las dos lenguas en casa.
>
> *It's good for the parents of bilingual children **to speak** the two languages at home.*

The following are some of the most common expressions of emotion.

Estoy contento/a de que…	Me entristece/Me pone triste que…
Me alegro de que…	Siento que…
Me sorprende que…	Temo que…
Tengo miedo de que…	Me gusta que…
Me preocupa que…	Odio que…
Detesto que…	Me molesta que…
Es bueno (malo, lamentable, fantástico, increíble, interesante) que…	

See infinitive vs. subjunctive in *Apéndice gramatical 3.*

3-17. La gente opina. En parejas, lean las siguientes opiniones de algunos hispanos sobre el bilingüismo en la página 99. Primero, identifiquen los hechos y las emociones en cada opinión (recuerden que las emociones suelen expresarse con el subjuntivo). Después, escriban un párrafo respondiendo a una de las tres opiniones. Es importante que incluyan algunos datos objetivos, pero también que expresen sus sentimientos sobre este tema. No olividen usar el subjuntivo.

El lugar de la lengua española en EE.UU.

Opinión 1: Me criaron en el Valle de San Joaquín, California, viendo películas mexicanas y escuchando la música de Pedro Infante, Jorge Negrete y Los Panchos, entre muchos otros. El español fue mi primer idioma. Ahora, cuando limpio la cocina o doblo la ropa, me encanta escuchar la música de los mariachis o baladas mexicanas en la radio. Somos 27 millones de hispanos en Estados Unidos. El español se ha hablado en Nuevo México desde el año 1600. Hablo español e inglés y no quiero perder ninguno de los dos. Los latinos reconocemos que aprender inglés es muy importante, pero me molesta que para aprender inglés tengamos que perder el español.

Opinión 2: LOS ÁNGELES, 5 de junio, 1998. Los hijos de la Sra. Gómez participaron en un programa de educación bilingüe. Hoy sus hijos tienen excelentes puestos de trabajo gracias a su dominio (*mastery*) del inglés y del español. Por eso, a la Sra. Gómez le parece importante que los colegios ofrezcan clases en las dos lenguas. Su familia dio un voto negativo a la Proposición 227 porque significa el fin de 30 años de educación bilingüe en California.

Opinión 3: El Sr. Feria votó a favor de la Proposición 227. "Honestamente, estoy sorprendido de que la gente esté en contra de esta proposición. La única manera de aprender inglés es por medio de la inmersión total", dijo el Sr. Feria. "Nunca participé en un programa bilingüe y hoy no podría ser instructor de vuelo sin hablar bien el inglés".

4 **3–18. ¿Qué piensan ustedes?** En grupos de cuatro personas, van a preparar un póster de dos partes para exponer sus opiniones sobre la educación bilingüe. Dos personas van a preparar la parte superior del póster, que debe incluir reacciones positivas hacia la educación bilingüe en los programas de educación primaria del país. Las otras dos personas van a preparar la parte inferior del póster, que debe incluir reacciones negativas hacia la educación bilingüe. A continuación se incluyen algunas expresiones útiles para expresar sus sentimientos hacia este tema.

es vergonzoso que (*it is a shame that*)	me molesta que	es una pena que
es extraordinario/ fantástico que	siento que	es intolerable que
me parece bien que		

> **MODELO**
> **Parte superior: Me parece maravilloso que los niños reciban una educación bilingüe.**
>
> **Parte inferior: Es una pena que por la educación bilingüe, los niños no aprendan inglés cuando son pequeños.**

2 **3–19. Tu situación personal.** En parejas, una persona va a hacer el papel de un/a estudiante peruano/a. La otra persona es un/a estudiante estadounidense. Ustedes comparten el mismo cuarto y las diferencias personales están causando problemas. Hoy, van a decirle a la otra persona cómo se sienten. La otra persona debe responder de forma diplomática. Aquí tienen algunas expresiones útiles.

(no) gustar
(no) enojar
(no) molestar
(no) odiar

> **MODELO**
> **Estudiante peruano/a: Odio que tu novio/a esté en nuestro cuarto todo el día.**
>
> **Estudiante estadounidense: Me molesta que tú nunca intentes hablar inglés.**

vas: *Es un asunto como bastante complicado.*
cómo ▌ adv. **1** De qué modo o de qué manera
¿Cómo lo has pasado? ‖ **a cómo**; a qué precio.

Cómo expresar tus sentimientos

Se me olvidó el vocabulario y saqué una F en el examen de español.

¿De verdad?, ¡qué mala suerte!

In addition to the expressions that require the subjunctive in the dependent clause, there are other ways to communicate your feelings or react to the feelings of others.

Expressions of compassion:

¡Pobrecito/a!	*Poor thing!*
¡Lo siento mucho!	*I am very sorry!*
¡Qué mala suerte!	*What bad luck!*
¡Qué lástima/ pena!	*What a pity!*

Expressions of surprise:

¡Qué sorpresa!	*What a surprise!*
¡Eso es increíble!	*That's incredible!*
¡No me digas!	*You don't say!*
¡Qué suerte!	*What luck!*
¿De verdad?	*Really?*

Expressions of anger:

¡Ya no aguanto más!	*I can't stand it anymore!*
Siempre es lo mismo.	*It is always the same thing.*
Estoy harto/a de...	*I am fed up with . . .*
¡Es el colmo!	*It is the last straw!*

3–20. ¿Cuál es la expresión apropiada? Ahora que ya resolviste tus diferencias con tu compañero/a de cuarto, es el momento de demostrar tu solidaridad hacia esta persona. Responde a estos comentarios de tu compañero/a, con una expresión adecuada.

1. ¿Sabes? Mi gato se rompió una pata ayer y ahora no puede caminar.
2. Mi novio/a ya no va a molestar más. El sábado le propuso matrimonio a otra persona.
3. Si saco buenas notas en mis clases de inglés, mi padre me va a regalar un Ferrari.
4. Oye, ayer me puse tu chaqueta nueva para ir a una cita y la manché (*stained*) de café.

3–21. Situaciones. En parejas, seleccionen una de las siguientes situaciones y represéntenla. Preparen la situación durante cinco minutos y usen las expresiones útiles para expresar sus sentimientos o para reaccionar a los sentimientos de la otra persona.

Situación 1

Estudiante A: Eres un/a estudiante hispano/a y no has sido admitido en la fraternidad/sororidad a la que pertenece tu amigo/a. Te quejas de tu situación porque crees que es un caso de discriminación étnica.

Estudiante B: Reacciona al problema de tu amigo/a con sorpresa. Tú no crees que sea un caso de discriminación étnica.

Situación 2

Estudiante A: Te acabas de enterar de que no te puedes graduar sin pasar el examen final de español. Tú estudias ingeniería y no entiendes por qué tienes que hacer ese examen. Estás muy enojado/a.

Estudiante B: Reacciona a la situación con compasión. Háblale a tu amigo/a de los beneficios que aprender español puede aportar a su carrera profesional.

El préstamo léxico

Uno de los efectos del bilingüismo y de las lenguas en contacto es que el vocabulario de las dos lenguas adopta y adapta palabras de la lengua vecina. El inglés presenta muchos ejemplos de este fenómeno que se llama préstamo (*borrowing*) léxico.

3-22. Identificación de préstamos léxicos. En parejas, miren la lista de las palabras en inglés. ¿Pueden identificar la palabra española que originó cada una? Después, van a crear su propia lista de préstamos léxicos. Su instructor/a les va a decir cuándo pueden comenzar. La pareja que prepare la lista más larga en un minuto ¡gana!

Palabras inglesas: calaboose (*jail*), Montana, alligator, lasso, hoosegow (*jail*), canyon, buckaroo, villa

Palabras españolas: villa, lagarto, vaquero, juzgado, montaña, cañón, calabozo, lazo

Lenguas en contacto

¿Se dice chequear o comprobar?

Entrando en materia

3–23. Observaciones. Mira las ilustraciones de la lectura en la página 106.

- ¿Cuál es el tema de la conversación?
- La palabra **espanglish** aparece en la conversación. ¿Sabes el significado del término espanglish?

3–24. Vocabulario en contexto. Antes de leer, completa las siguientes oraciones con una palabra de la lista, para familiarizarte con el vocabulario.

actual	lectores	informática	echar una mano
tema	enviar	traductor	gracioso (cómico)

1. El _____ central de esta unidad es la lengua española.

2. Mi hermano se ríe cuando hablo español porque piensa que mi acento es _____.

3. El bilingüismo en EE.UU. es un tema _____ porque hay muchas personas a favor y en contra.

4. _____ es una forma coloquial para decir "ayudar".

5. A mí me gusta la música _____, como el hip-hop. La música antigua no me gusta.

6. Un _____ es una persona que cambia un texto de una lengua a otra.

7. Mandar una carta es sinónimo de _____ una carta.

8. La _____ es la ciencia de la computación.

9. Las personas que leen un texto son los _____ de ese texto.

LECTURA

¿Qué es el espanglish?

El espanglish o spanglish, como sugiere la palabra, es una forma de hablar que combina el español y el inglés (Span: **Span**ish, -glish: En**glish**) usada por algunos de los hablantes bilingües de origen hispano que residen en EE.UU. Esta mezcla entre las dos lenguas existe en el vocabulario y también en la sintaxis. El uso del espanglish, que se origina en el habla de la calle, es cada vez más común en los medios oficiales de comunicación e incluso está presente en la literatura. Los detractores del espanglish lo consideran un ataque contra el idioma español. Los defensores ven el espanglish como un rasgo más de las culturas fronterizas, híbridas en sus costumbres, comidas, música y arquitectura.

A continuación hay algunos ejemplos de espanglish: la carpeta (de *carpet*), la troca (de *truck*), la grocería (de *groceries*), vacumear (de *to vacuum*), la marqueta (de *market*), la rufa (de *roof*).

¿Puedes pensar en una ocasión en la que usaste una palabra que combinaba el español y el inglés?

Una presentación sobre el espanglish

Marta tiene que preparar una presentación sobre el fenómeno del espanglish para una clase de comunicación. Ha leído algunos artículos en la Red sobre el tema. En esta conversación, Marta habla de su presentación con un amigo hispano de su clase.

3–25. ¿Comprendiste? Antes de seguir adelante con la lectura, ¿puedes identificar la siguiente información?

1. El tema central de la conversación entre Marta y Santiago.
2. El tipo de ayuda que Santiago le ofrece a Marta.
3. ¿Qué característica debe tener la presentación de Marta?
4. ¿Qué le recomienda Santiago a Marta?

A continuación tienes el artículo *Ciberidioteces* que Santiago le recomendó a Marta.

Ciberidioteces

La guerra entre el espanglish y el español

Carta al director de *Web*

Estimado señor Martos:

Acabo de leer el artículo de la página tres de su revista y me he quedado tan sorprendido que no he podido resistirme a **enviarle** este mensaje. Soy **traductor** de cuestiones técnicas y de **informática** del inglés al español y me gustaría comunicarle mi reacción a la carta que usted les escribió a los lectores de la revista *Web*.

Me sorprende que usted use términos como "linkar" y que critique a los que usan "enlazar". Tampoco es aceptable que usted recomiende a sus lectores que lean el glosario de ciberespanglish creado por Yolanda Rivas. Debo decirle que Yolanda Rivas es una estudiante peruana que estudia en EE.UU. y que casi ha olvidado su español. A mí me da igual si usted habla ciberespanglish, lo que me preocupa más es que aconseje a los lectores de su revista que lo usen. Tengo la sospecha de que con su defensa del ciberespanglish usted intenta esconder su limitado conocimiento de la lengua española.

Un saludo cordial,
Xosé Castro Roig, Madrid

2 **3–26. Después de leer.** En parejas, completen los siguientes pasos.

1. Comenten sus opiniones sobre el tema de la carta anterior. ¿Están de acuerdo con el autor? ¿Por qué? ¿Saben quién es Yolanda Rivas? ¿Han leído alguno de sus artículos en espanglish? Pueden buscar algunos de ellos en Internet.

2. Después, escriban una carta al director de *Web* apoyando el punto de vista del lector o apoyando el punto de vista de la revista. Deben incluir una introducción y una despedida, además de las expresiones que aprendieron en el tema anterior para expresar sus opiniones. Intenten usar tantas palabras del vocabulario como puedan.

3. Busquen a una pareja que haya escrito una carta apoyando el punto de vista opuesto al suyo. Lean el argumento en contra y decidan cuál es la respuesta más convincente.

ATENCIÓN A LA ESTRUCTURA

In the previous conversation between Marta and Santiago, you read how Santiago gave a recommendation to Marta when he said "Te recomiendo **que lo leas**." In this section you will learn how to give recommendations and advice to others using the subjunctive.

Third Use of the Subjunctive: After Expressions of Advice and Recommendation

When the verb in the independent clause expresses advice, recommendation, or makes a request, use subjunctive in the dependent clause.

Independent Clause	Dependent Clause
Advice:	
El instructor **aconseja**	que los estudiantes **estudien**.
*The instructor **recommends***	*that the students **study***.
Suggestion:	
Sugiero	que **busques** información en la Red.
I suggest	*that **you look for** the information on the Web.*
Request:	
El estudiante **quiere**	que el instructor **explique** el subjuntivo.
*The student **wants***	*the instructor **to explain** the subjunctive.*

The following expressions are commonly used to give advice, to give suggestions, or to make requests:

aconsejar que	preferir que	rogar que (*to beg*)
desear que	es importante que	es necesario que
permitir que	insistir en que	es aconsejable que
querer que	prohibir que	decir que (*when a*
sugerir que	recomendar que	*synonym with*
pedir que	mandar que	**querer, pedir**)

See more on using the subjunctive with **decir** in *Apéndice gramatical 3.*

3–27. En clase. Aquí hay una serie de afirmaciones sobre la clase de español. Identifica las cosas que haces o no haces en clase. Presta atención a las formas verbales.

	Lo hago	No lo hago
1. Mi profesor/a <u>recomienda</u> que le**amos** el material el día antes de clase.	_____	_____
2. Mi profesor/a <u>insiste en</u> que los estudiantes siempre habl**en** español en clase.	_____	_____
3. Mi profesor/a <u>sugiere</u> que los estudiantes de esta clase estudi**en** la gramática en casa.	_____	_____
4. Mi profesor/a <u>prohíbe</u> que los estudiantes com**an** en clase.	_____	_____

3–28. ¿Qué hago? El instructor de Marta le ha dado un papel con algunas recomendaciones para preparar su presentación. El problema es que a Marta se le cayó el café encima del papel y ahora no sabe qué ponía al principio de cada frase. ¿Puedes ayudarla a completar las recomendaciones? Aquí tienes algunas expresiones útiles.

aconsejar que	permitir que	recomendar que	sugerir que
querer que	prohibir que	insistir en que	decir que
desear que	mandar que		

MODELO **...un tema interesante.**
Te sugiero que escojas un tema interesante.

1. ...el tema conmigo antes de preparar la presentación.
2. ...un esbozo (*outline*) de las ideas más importantes.
3. ...información para hablar durante diez minutos.
4. ...más de diez minutos.
5. ...tu presentación varias veces.
6. ...notas extensas durante la presentación.

3–29. El consultorio cultural. Unos estudiantes hispanos han abierto un consultorio de asuntos culturales en el sitio web de la universidad. Hoy, ustedes están trabajando como voluntarios en el consultorio y deben responder a una carta.

1. Primero, determinen cuál es el problema de la persona que envió la carta. Después, hablen sobre las posibles soluciones para ese problema.
2. Preparen una carta de respuesta para el/la estudiante. Deben aconsejarle y recomendarle algunas soluciones al problema.
3. Comparen su carta con las de otros grupos, para determinar qué grupo logró encontrar la mejor solución.

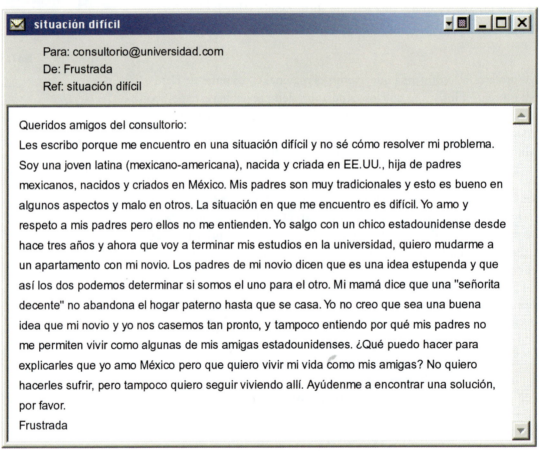

✉ **situación difícil**

Para: consultorio@universidad.com
De: Frustrada
Ref: situación difícil

Queridos amigos del consultorio:

Les escribo porque me encuentro en una situación difícil y no sé cómo resolver mi problema. Soy una joven latina (mexicano-americana), nacida y criada en EE.UU., hija de padres mexicanos, nacidos y criados en México. Mis padres son muy tradicionales y esto es bueno en algunos aspectos y malo en otros. La situación en que me encuentro es difícil. Yo amo y respeto a mis padres pero ellos no me entienden. Yo salgo con un chico estadounidense desde hace tres años y ahora que voy a terminar mis estudios en la universidad, quiero mudarme a un apartamento con mi novio. Los padres de mi novio dicen que es una idea estupenda y que así los dos podemos determinar si somos el uno para el otro. Mi mamá dice que una "señorita decente" no abandona el hogar paterno hasta que se casa. Yo no creo que sea una buena idea que mi novio y yo nos casemos tan pronto, y tampoco entiendo por qué mis padres no me permiten vivir como algunas de mis amigas estadounidenses. ¿Qué puedo hacer para explicarles que yo amo México pero que quiero vivir mi vida como mis amigas? No quiero hacerles sufrir, pero tampoco quiero seguir viviendo allí. Ayúdenme a encontrar una solución, por favor.

Frustrada

3–30. Necesito consejos. En la página 111 tienes una nota electrónica que Marta le escribió a su instructor con algunas preguntas sobre su proyecto. Por el contenido de la nota, es obvio que Marta no está muy alerta en clase. ¿Qué recomendaciones le da el instructor? Imagina que eres el instructor García y escribe una respuesta al mensaje de Marta.

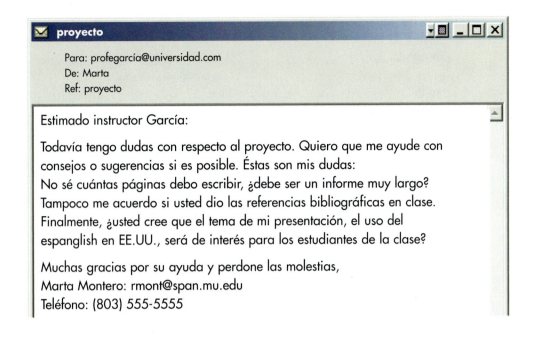

proyecto

Para: profegarcía@universidad.com
De: Marta
Ref: proyecto

Estimado instructor García:

Todavía tengo dudas con respecto al proyecto. Quiero que me ayude con consejos o sugerencias si es posible. Éstas son mis dudas:
No sé cuántas páginas debo escribir, ¿debe ser un informe muy largo?
Tampoco me acuerdo si usted dio las referencias bibliográficas en clase.
Finalmente, ¿usted cree que el tema de mi presentación, el uso del espanglish en EE.UU., será de interés para los estudiantes de la clase?

Muchas gracias por su ayuda y perdone las molestias,
Marta Montero: rmont@span.mu.edu
Teléfono: (803) 555-5555

¿CÓMO LO DICES?

Pedir y dar consejos

Tengo problemas con la clase de geografía, ¿Qué me recomienda?

Trate de estudiar con otros compañeros de clase.

These are common expressions used to ask for and give advice.

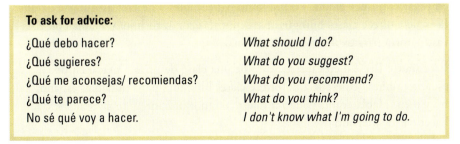

To ask for advice:	
¿Qué debo hacer?	What should I do?
¿Qué sugieres?	What do you suggest?
¿Qué me aconsejas/ recomiendas?	What do you recommend?
¿Qué te parece?	What do you think?
No sé qué voy a hacer.	I don't know what I'm going to do.

To give advice:	
¿Por qué no...?	Why don't you . . . ?
Te digo que sí (no).	I am telling you yes (no).
Trata de...	Try to . . .
¿Has pensado en...?	Have you thought about . . . ?
Tienes que...	You have to . . .
La otra sugerencia es que...	The other suggestion is that . . .

3–31. Palabras en acción. Selecciona las expresiones de *¿Cómo lo dices?* que mejor respondan a estas preguntas.

1. ¿Qué dices si no estás seguro de cómo resolver un problema?
2. ¿Qué expresión usas para saber lo que piensa otra persona?
3. ¿Qué expresión/ones usas para pedir una sugerencia o recomendación?
4. Cuando le das consejos a otra persona, ¿qué expresión usas para convencerla (*convince him/her*)?

3–32. Situaciones. En parejas, elijan una de las siguientes situaciones para representarla frente al resto de la clase. Recuerden que deben usar las expresiones para pedir y dar consejos siempre que sea posible.

Situación 1

Estudiante A: Tú eres el director de estudios internacionales de la universidad. Tienes que seleccionar a los candidatos para estudiar en una universidad española durante un año con todos los gastos pagados. También debes aconsejar a los estudiantes que estén interesados en el programa, para que tomen las clases necesarias.

Estudiante B: Tú eres un/a estudiante de español de primer año que está interesado/a en el programa internacional, pero la universidad no acepta a estudiantes de primer año en este programa. Convence al director de que eres la persona ideal para estudiar en España.

Situación 2

Estudiante A: Tú eres el padre/ la madre de un/a niño/a que acaba de empezar el primer grado. Tú hijo/a no habla inglés y quieres asegurarte de que la escuela ofrece clases bilingües para niños/as como tu hijo/a. Habla con el/la instructor/a para explicarle tu situación.

Estudiante B: Tú eres instructor/a de una clase de primer grado en una escuela pública. Tu escuela no ofrece clases bilingües pero tú hablas español muy bien. Habla con el padre/la madre de tu estudiante y recomiéndale qué hacer en su situación.

El gran muro de Los Ángeles, de Judith Baca

ILLUSION OF PROSPERITY

El mural de la fotografía es una parte del Gran Muro de Los Ángeles, que mide media milla de longitud. Judith Baca supervisó durante cinco veranos a 215 jóvenes artistas que trabajaron en la creación de este enorme mural, que se completó en 1983. El mural representa la historia de California. El detalle que ves aquí es una sección de 250 pies en la que se representa la problemática social de los años 50.

3–33. Mirándolo con lupa. En parejas, examinen en detalle las imágenes del mural. Después completen los pasos que se indican a continuación.

1. Describan todos los elementos que están representados. ¿Hay algún símbolo en el mural? ¿Algún elemento representativo?
2. Formulen una o dos hipótesis sobre el significado del mural. Deben poder apoyar su hipótesis con ejemplos de cosas específicas que se reflejen en el mural. Después, presenten su hipótesis al resto de la clase para comparar su opinión con las de los demás.

MÁS *allá*

Entrando en materia

Las pistas visuales

Hay ciertos tipos de textos que casi siempre van acompañados de dibujos o fotografías, como folletos publicitarios, artículos periodísticos y otros. Además de fotos e ilustraciones, hay otras pistas visuales que podemos usar para obtener información antes de leer un texto. Por ejemplo, ciertas partes del artículo pueden estar escritas en un tipo de letra especial o en un tamaño diferente para llamar la atención del lector. La lectura de esta sección incluye varios tipos de pistas visuales. Antes de leer el contenido, encuentra todas las pistas visuales que puedas y anota la información que te sugieren. Después, lee el texto para verificar si tus predicciones fueron acertadas.

3–34. Antes de leer. Mira las ilustraciones que acompañan la lectura. ¿Puedes predecir el tema de esta lectura? Como ves, el folleto está dividido en varias partes. ¿Puedes adivinar el contenido de cada parte leyendo los títulos? Di qué tipo de folleto es:

1. folleto turístico
2. folleto de una universidad
3. folleto educativo
4. folleto de una compañía
5. folleto médico
6. folleto de una sociedad deportiva

¿Qué información utilizaste para determinar qué tipo de folleto es?

3–35. ¿Por qué estudias español? Antes de seguir con la lectura, en parejas, piensen en las siguientes cuestiones y determinen si tienen la misma opinión.

1. ¿Por qué razones estudian español?
2. ¿Qué es lo más frustrante de ser estudiantes de español? ¿Y lo más interesante?
3. ¿Qué posibilidades futuras tienen para usar el español en una situación real?

3–36. Vocabulario en contexto. Respondan a estas preguntas sobre algunas expresiones de la lectura. Las expresiones están marcadas en negrita en el texto. Usen el contexto para comprender el significado de las expresiones. Si responden **no** a la pregunta, deben dar la respuesta correcta después de leer el folleto.

1. ¿Son las palabras **idioma** y **lengua** sinónimos?
   Sí   No

2. ¿La expresión **todas las puertas se te abrirían** significa que la persona que sabe una lengua extranjera tiene muchas oportunidades?
   Sí   No

3. ¿La palabra **destreza** es un cognado de la palabra inglesa *dexterity*?
   Sí   No

4. ¿La expresión **salir bien en los estudios** significa **tener éxito académico**?
   Sí   No

5. ¿La palabra **empleado** es un cognado de la palabra *amplify* en inglés?
   Sí   No

6. ¿La palabra **multiplicarán** es un cognado de la palabra *multiply* en inglés?
   Sí   No

Beneficios de aprender un idioma extranjero

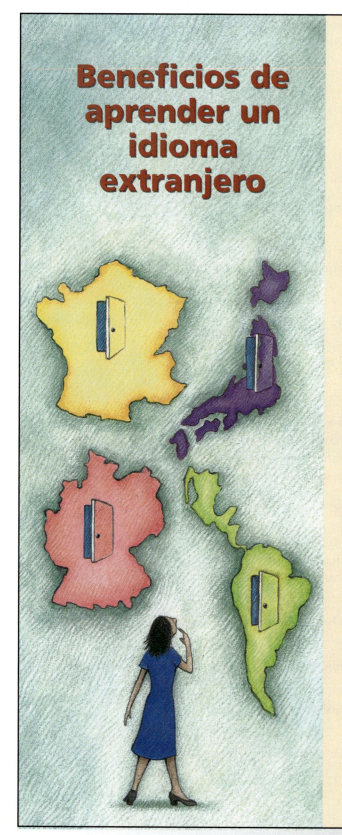

Aprender otras lenguas te ofrece oportunidades

El mundo está lleno de lenguas diversas. Piensa en **todas las puertas que se te abrirían** si hablaras una lengua extranjera: podrías leer el periódico y libros en el idioma, podrías entender películas y programas de televisión, podrías visitar múltiples sitios en Internet y podrías conocer gente y lugares nuevos.

Beneficios intelectuales

¿Sabías que estudiar un segundo idioma puede mejorar las **destrezas** en matemáticas y en inglés, y también los resultados de los exámenes SAT, ACT, GRE, MCAT y LSAT?

Se ha demostrado que los resultados de las partes verbal y cuantitativa del examen SAT son más altos con cada año de estudio de una lengua extranjera: Cuanto más tiempo estudies un idioma, más posibilidades tendrás de **salir bien en los estudios** en general.

Beneficios profesionales

Cada vez hay más contacto empresarial entre Estados Unidos y otros países. Las empresas necesitan **empleados** que puedan comunicarse en otras lenguas y comprender otras culturas. Saber una lengua extranjera siempre te dará ventajas.

Hay muchos norteamericanos que hablan otras lenguas además del inglés.

Si has pensado en ser enfermero, médico, policía o dedicarte a los negocios, tus oportunidades de tener éxito profesional se **multiplicarán** por dos si hablas otro idioma.

Los directores de empresa cuentan más con los empleados que saben más de un idioma porque los consideran valiosos instrumentos de comunicación y de expansión comercial.

Conocer otras culturas: Ir más allá del mundo que te rodea

Conéctate a otras culturas. Conocer otras culturas te ayudará a ampliar tus horizontes y a ser un **ciudadano responsable**. El comunicarte con otros y obtener información que va más allá del mundo anglosajón, será una contribución positiva a tu comunidad y tu país.

Entusiásmate por saber otro idioma

Aprender un idioma lleva tiempo. ¿Deberías continuar con el estudio de un idioma después de la escuela secundaria? ¡Sí! No pierdas el tiempo y el esfuerzo ya invertido; lo que hayas aprendido te servirá como base para continuar mejorando. No lo dejes. Usa tu segundo idioma en el trabajo, busca oportunidades para usarlo en tu comunidad, escoge cursos de perfeccionamiento en la universidad y considera estudiar en el extranjero durante un verano, un semestre o un año entero.

3–37. ¿Comprendiste? Responde a las siguientes preguntas según la información presentada en el folleto.

1. ¿Qué puertas se abren para una persona que habla una lengua extranjera?
2. ¿Qué beneficios intelectuales se pueden derivar del conocimiento de otro idioma?
3. ¿Por qué es beneficioso hablar otro idioma en el campo profesional?
4. ¿Qué significa la expresión **ciudadano responsable** en el contexto de la lectura?

3–38. Ustedes tienen la palabra. En grupos de cuatro personas, preparen un debate sobre la enseñanza obligatoria de un idioma extranjero desde el primer grado de la escuela elemental. Dos de ustedes deben apoyar este requisito y las otras dos personas deben estar en contra. Preparen sus argumentos y después, mantengan un debate de cinco minutos para convencer a la otra pareja de que su postura es la mejor.

3–39. Nuestro folleto. Ahora, los cuatro miembros del grupo deben preparar un folleto para animar a estudiantes de otras culturas a aprender inglés. Tengan en cuenta la información que leyeron en el folleto e incluyan por lo menos diez ventajas o beneficios para convencer a los estudiantes de otros países de que aprender inglés es la mejor inversión que pueden hacer como estudiantes.

PONLO POR ESCRITO

3–40. Una carta al editor. En esta sección vas a escribir un ensayo de opinión en forma de editorial usando la información del folleto anterior. El objetivo de esta carta al editor es expresar tu opinión sobre el requisito universitario de estudiar una lengua extranjera. Tu ensayo será "publicado" en el próximo número del periódico universitario.

Preparación

Piensa en los siguientes puntos:
¿Qué postura (*position*) voy a expresar: a favor, en contra, neutral?
¿Cómo voy a comenzar la carta?
¿Qué argumentos voy a usar para apoyar mi opinión?
¿Cómo voy a concluir la carta?

A escribir

1. Presenta el objetivo de tu carta.

 MODELO **En esta carta quiero dar mi opinión sobre el requisito de estudiar una lengua extranjera que existe en varias universidades...**

2. Desarrolla el tema/los temas de tu carta. Aquí tienes un posible formato para organizar la información.

   • Describe el origen del requisito. ¿Por qué se ha establecido el requisito en tantas universidades estadounidenses?

   • Compara la presencia del requisito entre los diferentes estados de EE.UU. o entre las diferentes escuelas.

   • Presenta las diferentes posturas que hay sobre la existencia del requisito.

   • Defiende una postura y no olvides dar argumentos de apoyo.

3. Termina la carta resumiendo los puntos más importantes en la conclusión.

4. Para expresar tu opinión puedes usar expresiones como éstas:

   es necesario que...

   creo/ no creo que...

   dudo que...

   es importante que...

   me molesta que...

   es fantástico que...

   Recuerda lo que has estudiado en esta unidad sobre cómo expresar opiniones.

5. Para hacer transiciones entre las ideas puedes usar las siguientes expresiones.

a diferencia de.../ en contraste con...	*as opposed to . . . /in contrast to . . .*
después de todo	*after all*
en general	*all in all*
en resumen	*in summary*
igual que	*same as, equal to*
por lo tanto	*therefore*
por una parte... por otra parte	*on the one hand . . . on the other hand*
sin embargo	*however*

Revisión

Escribe el número de borradores que te indique tu instructor/a y revisa tu carta usando la guía de revisión del Apéndice C. Escribe la versión final y entrégasela a tu instructor/a.

Go to **www.wiley.com/college/gallego**
for *El escritor tiene la palabra.*

actual	*current, present*	inestabilidad	*instability*
al menos	*at least*	informática *f*	*computer science*
apenas	*hardly*	lazo *m*	*tie*
aún	*even*	lector/a	*reader*
carecer (zc)	*to lack*	lengua materna *f*	*mother tongue*
ciudadano/a *m/f*	*citizen*	mitad *f*	*half*
conservar	*to keep, maintain*	mito *m*	*myth*
crear	*to create*	motivo *m*	*reason*
cuestionar	*to question*	multiplicar	*to multiply*
darle igual	*to be indifferent*	mundial	*worldwide*
destreza *f*	*dexterity, ability*	nivel *m*	*level*
dictadura *f*	*dictatorship*	norma *f*	*norm*
echar una mano	*to give a hand, to help*	olvidar	*to forget*
empleado/a	*employee*	polémico/a	*polemic, controversial*
enlazar	*to link*	progresar	*to progress*
enviar	*to send*	racial	*racial*
erróneo/a	*erroneous*	rasgos	*traits*
esconder	*to hide*	reconocer (zc)	*to acknowledge, admit*
estadounidense *m/f*	*United States citizen*	salir bien/ mal	*to do well/ badly*
estimar	*to estimate*	sospecha *f*	*suspicion*
falacia *f*	*fallacy*	tema *m*	*theme, topic*
glosario *m*	*glossary*	traductor/a	*translator*
gracioso/a	*funny*	valores	*values*
hecho *m*	*fact*	variedad *f*	*variety*
incluir	*to include*	veracidad *f*	*truthfulness, veracity*

4

La diversidad de nuestras costumbres y creencias

En algunos países hispanohablantes, las mujeres se agarran del brazo mientras pasean y conversan. ¿Existe esta costumbre en tu cultura? ¿En qué situación puede ocurrir que dos mujeres estadounidenses se agarren del brazo?

Algunos la llaman la "Virgen Morena" y otros la "Virgen de Guadalupe". El 12 de diciembre los creyentes visitan el Santuario de la Virgen, situado al norte de la Ciudad de México, para pedirle que los ayude a resolver sus crisis y problemas o para darle las gracias por un favor concedido. La peregrinación al Santuario de la Virgen tiene lugar cada 12 de diciembre. ¿Has participado alguna vez en una peregrinación o conoces a alguien que lo haya hecho?

nuestras costumbres

10

Entrando en materia

Cuando hablamos, acompañamos las palabras con gestos corporales (*body language*). Estas expresiones varían según la situación y la cultura.

4–1. Expresiones de afecto. Basándote en tus propias costumbres, explica qué expresiones usas en las siguientes situaciones.

Situaciones	Expresiones de afecto
1. Alguien me presenta a otro/a estudiante.	**a.** Le doy la mano.
2. Camino con mi amigo/a por la ciudad.	**b.** Le doy un abrazo.
3. Camino con mi madre por la ciudad.	**c.** Le doy un beso.
4. Veo a un buen amigo por primera vez después de un año.	**d.** Agarro el brazo de la persona.
	e. No uso ninguna de las opciones. Lo que hago en esa situación es...

4–2. Vocabulario en contexto. Las palabras y expresiones de la lista aparecen en la entrevista que vas a leer. Busca estas palabras en el texto y, usando el contexto, empareja cada palabra con la definición correspondiente.

1. por su cuenta
2. mejilla
3. alternar
4. agarrar (el brazo)
5. tapas
6. saludar

a. Es un sinónimo de *tomar*.
b. Hacemos esto cuando decimos cosas como *buenos días, hola, buenas noches*.
c. Ir a varios bares a beber y comer.
d. Es una parte de la cara.
e. Pequeñas porciones de comida que se sirven en los bares.
f. Independientemente

LECTURA

Costumbres de todos los días

Margarita (de México) y Tomás (de España) son los invitados de hoy en una clase de español. Los estudiantes de la clase les preguntan sobre costumbres de sus países.

ESTUDIANTE: Una pregunta para Tomás. Cuando **saludo** a una muchacha o un muchacho en un país hispano, ¿qué debo hacer?

TOMÁS: Depende del país. Por ejemplo, en España, con amigos del sexo opuesto, y entre mujeres, se dan dos besos, pero en otros países se da sólo un beso. Los hombres no se besan sino que se dan la mano o un abrazo. Bueno, hay que mencionar que la gente no se besa en la cara necesariamente. En la mayoría de los casos sólo se tocan las **mejillas**.

ESTUDIANTE: Tengo una pregunta para Margarita. En una ocasión vi un documental sobre México. Había dos mujeres y mientras caminaban, una mujer **agarraba** el brazo de la otra, ¿es ésta una costumbre normal entre las mujeres?

MARGARITA: Sí, es una costumbre, especialmente entre madres e hijas, pero también entre amigas. También lo hacen en otros países hispanos, no sólo en México.

ESTUDIANTE: Ahora quiero preguntar otra cosa. Aquí en Estados Unidos no se permite a los niños entrar en los bares. He oído que en España esto es diferente. ¿Es verdad?

Tomás: Sí. En España los niños van con sus padres a los bares. Existe una costumbre que se llama **alternar**, que consiste en ir a varios bares, uno después de otro, y comer **tapas** acompañadas de un vaso de vino o de cerveza. Algunas familias hacen este recorrido con sus hijos. El ambiente de los bares españoles es muy diferente al de los de Estados Unidos. Por eso se permite que los niños entren acompañados por adultos.

Estudiante: Otra preguntita sobre los hijos... un amigo mío de Venezuela me dijo que en su país es común que los hijos vivan en la casa de sus padres hasta que se casan. ¿No se van los jóvenes a vivir **por su cuenta** cuando asisten a la universidad?

Margarita: Es frecuente que los hijos vivan con sus padres mientras hacen sus estudios universitarios y que no se independicen totalmente hasta que terminan sus carreras. No todo el mundo lo hace, hay jóvenes que se independizan antes, como se hace aquí en Estados Unidos. Aunque yo creo que esto no es sólo por cuestiones culturales, sino también por razones económicas y laborales.

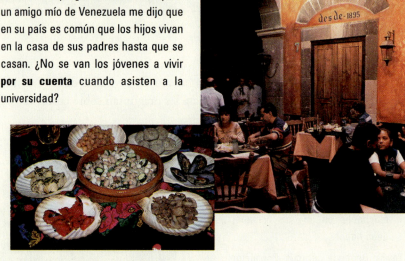

4–3. ¿De qué hablaron? En parejas, cada persona debe hacerle las preguntas correspondientes a la otra persona.

Estudiante A: De los temas mencionados en la entrevista, ¿cuál te parece más interesante? ¿Por qué? ¿Puedes pensar en alguna diferencia entre el lenguaje corporal de los hispanos en general y el de los estadounidenses?

Estudiante B: En la entrevista se mencionan razones por las que los jóvenes hispanos se quedan en casa de sus padres hasta que se casan. ¿Cuáles crees que son estas razones? ¿Qué ventajas y desventajas crees que tiene vivir con los padres a esta edad? ¿Por qué?

4–4. Vocabulario en acción. En parejas, respondan a estas preguntas según su propio comportamiento. ¿Hay alguna diferencia en su comportamiento?

1. ¿Cómo **saludan** a los amigos íntimos? ¿a las amigas íntimas?
2. ¿En qué circunstancias besan a otra persona en la **mejilla**?
3. ¿Tienen alguna costumbre parecida a la costumbre española de **alternar**?
4. ¿Han probado las **tapas** alguna vez? ¿Hay alguna costumbre similar en Estados Unidos?

ATENCIÓN A LA ESTRUCTURA

Using Relative Pronouns to Avoid Redundancy

Relative pronouns are used to join two sentences into a single sentence, resulting in a smoother, less redundant statement.

Éste es el bar. **El bar** tiene tapas estupendas.	*This is the bar. **The bar** has wonderful tapas.*
Éste es el bar **que** tiene tapas estupendas.	*This is the bar **that/which** has wonderful tapas.*

In English the relative pronoun can be omitted in sentences like:
I love the food that I ate in that restaurant. ➔ *I love the food I ate in that restaurant.*

In Spanish, **que** is never omitted.
Me gusta la comida **que** comí en ese restaurante.

Que

Use **que** in Spanish to express the relative pronouns *that/which/who*. **Que** can refer to both singular or plural nouns and it is the most common relative pronoun in everyday conversation. In the following examples, the antecedent is underlined (antecedent, i. e., the thing the relative pronoun refers back to).

Los <u>libros</u> **que** compraste eran excelentes.	*The <u>books</u> **that** you bought were excellent.*
El <u>hombre</u> **que** vino a cenar era mi jefe.	*The <u>man</u> **who** came to dinner was my boss.*
La <u>casa</u> de mi hermana, **que** tiene cuatro habitaciones, sólo tiene un baño.	*My sister's <u>house</u>, **which** has four rooms, only has one bathroom.*
Mi <u>hermano</u>, **que** tiene 25 años, se casó ayer.	*My <u>brother</u>, **who** is twenty-five, got married yesterday.*

One more thing: Observe that two of the relative clauses are set between commas and two of them aren't. The clauses without commas are said to be *restrictive* because they state a quality meant to single out an object or a person among a group of them. The clauses between commas are said to be *nonrestrictive* because they state a quality that is not meant to single out the object or person.

See *Apéndice gramatical 4* for more about relative pronouns.

Lo que

Use **lo que** when referring back to an idea rather than a noun.

No comprendí **lo que** dijo Margarita sobre la siesta.

*I didn't understand **what** Margarita said about siestas.*

4–5. Un viaje de fin de curso. Una costumbre muy común entre los estudiantes españoles es la de hacer un viaje cuando finaliza el año escolar. Tu clase de español ha decidido organizar un viaje de fin de curso. Aquí tienes las notas con los planes para el viaje. Combina las frases usando pronombres relativos para evitar las repeticiones innecesarias, antes de darle la información a tu instructor/a.

 MODELO
Organizaremos una gran fiesta antes de salir.
La fiesta va a durar toda la noche.
Organizaremos una gran fiesta antes de salir que va a durar toda la noche.

1. Vamos a reservar un barco. El barco tiene capacidad para muchas personas.
2. Julia y Cecilia van a traer la música hispana. A la profesora le gusta la música hispana.
3. Invitaremos a los mejores profesores. Los mejores profesores saben bailar salsa.
4. Vamos a contratar a un cocinero para el viaje. El cocinero sabe preparar comidas hispanas.

4–6. Acontecimientos (*events*) memorables. Tu clase organizó una fiesta para recolectar fondos para el viaje de fin de curso. Tu instructor/a quiere saber cuáles fueron los acontecimientos más interesantes de esa fiesta y te ha pedido que completes las siguientes oraciones con todos los detalles posibles. ¡No te olvides de usar los pronombres relativos!

MODELO
Me gustó mucho...
Me gustó mucho la comida hispana que sirvieron en la fiesta.

1. No voy a olvidar la alegría...
2. Detesté aquel lugar...
3. Me encantó un/a invitado/a...
4. Me enfadé con un músico...
5. Me alegró ver a un/a chico/a...
6. No me gustó la sangría...

4–7. Las fiestas hispanas en EE.UU. En parejas, lean estas descripciones sobre fiestas hispanas en EE.UU. Después, escriban una descripción sobre alguna fiesta cultural de su comunidad. Usen pronombres relativos para evitar redundancias.

Descripción 1: El Carnaval de Miami, que se celebra en la calle Ocho, en la parte de la Pequeña Habana, atrae cerca de un millón de personas cada año. Las personas que participan en este Carnaval acuden desde diferentes partes de EE.UU.

Descripción 2: La Fiesta Broadway, que tiene lugar en Los Ángeles, presenta cada año más de cien actos artísticos que incluyen música y teatro.

Descripción 3: La Fiesta de San Antonio, que se celebra en San Antonio, Texas, dura diez días y atrae a unos tres millones de personas.

Descripción 4: ¿...?

4–8. ¡Qué cosa tan extraña! En parejas, uno/a de ustedes va a ser un/a estudiante hispano/a. La otra persona va a ser un/a estudiante estadounidense. Explíquenle a la otra persona el significado de estas costumbres de su país. Después, intercambien los papeles para la segunda situación.

Situación A

1. potluck dinner
2. Saint Patrick's day
3. to kiss under the mistletoe
4. a tailgate party

MODELO *Potluck dinner* **es una comida que...**

Situación B

1. Halloween
2. Mardi Gras
3. The 4th of July
4. April Fool's Day

MODELO *Halloween* **es una tradición que...**

Por si acaso

disfraces	costumes
fuegos artificiales	fireworks
suerte	luck
desfile	parade
llamar a la puerta/al timbre	knock at the door/ring the doorbell
bromas, trucos	practical jokes, tricks

¿CÓMO LO DICES?

vas: Es un asunto como bastante complicado.
cómo ∎ adv. 1 De qué modo o de qué manera
¿Cómo lo has pasado? ∥ **a cómo**; a qué precio ¿a

Cómo dar explicaciones

¿Por qué tienes esa cara tan seria?

Éste es un día que me pone muy triste porque Paco y yo rompimos el día de San Valentín el año pasado.

In the course of a conversation, you may be asked to explain why you did or said something. These expressions will help you offer explanations in Spanish.

porque, puesto que,	*because*
por eso, por esta razón	*for this reason*
a causa de, por motivo de, dado que	*because of, due to*

Me acosté tarde anoche y **por eso (por esa razón)** llegué tarde a clase.
*I went to bed late last night and **for this reason** I was late to class.*
Se canceló el partido de fútbol **a causa de** la lluvia.
*The game was cancelled **because of** rain.*
Me quejé de mi vecino **porque** tiene muchas fiestas por la noche.
*I complained about my neighbor **because** he gives many parties at night.*

Explanations may be expressed as a cause-effect relationship:

Dado que me distraje hablando por teléfono, no lavé los platos y **por esa razón** tuve una discusión con mi mamá.
***Since** I got distracted while talking on the phone, I didn't wash the dishes, and **for that reason** I had an argument with my mom.*

4–9. Vocabulario en acción. Saber dar explicaciones resulta siempre útil, sobre todo si necesitas inventar alguna excusa para evitar problemas. Usa la imaginación y escribe una explicación para estas preguntas. Intenta usar varias de las expresiones anteriores.

> **MODELO** ¿Por qué no entregaste la tarea hoy?
> No entregué la tarea hoy porque se me olvidó en casa.

1. ¿Por qué no estabas bien preparado hoy para la clase de español?
2. ¿Por qué saludaste a la chica hispana con un beso en la mejilla?
3. ¿Por qué le dijiste a tu jefe que sabías hablar español perfectamente?
4. ¿Por qué te enfadaste con tu compañero/a de apartamento?

4–10. Mi vecino el pesado. En parejas, sigan las instrucciones correspondientes a cada estudiante para representar esta situación.

Estudiante A:

- Inicia la conversación. Las ilustraciones representan los problemas que tienes con tu vecino.
- Explícale estos problemas a tu amigo/a y pídele consejos.

Estudiante B:

- Escucha a tu compañero/a. No mires sus dibujos.
- Si no comprendes lo que dice, pídele una aclaración.
- Dale consejos a tu compañero/a. Usa el subjuntivo cuando sea necesario.

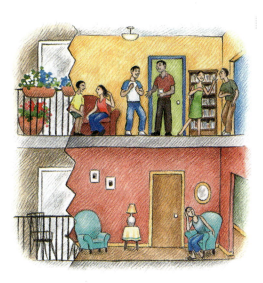

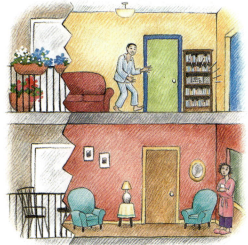

Los acertijos (*riddles*) son problemas de lógica que requieren el uso de pensamiento creativo. Muchos acertijos contienen la solución del problema en la expresión misma.

4–11. Un acertijo. En parejas, lean el acertijo y presten atención a la pista (*clue*).

Felipe va a una fiesta que se está celebrando en el piso 12 de un edificio. Cuando sale de la fiesta, toma el ascensor y oprime el botón de la planta baja. Sin embargo, cuando vuelve a la fiesta, toma el ascensor y oprime el botón para el piso número 4. ¿Por qué?

Una de estas opciones es correcta:

a. El ascensor está averiado y sólo funciona hasta el piso número 4.

b. Felipe es muy bajo de estatura.

c. Felipe quiere visitar a un vecino que vive en el piso número 4.

PISTA

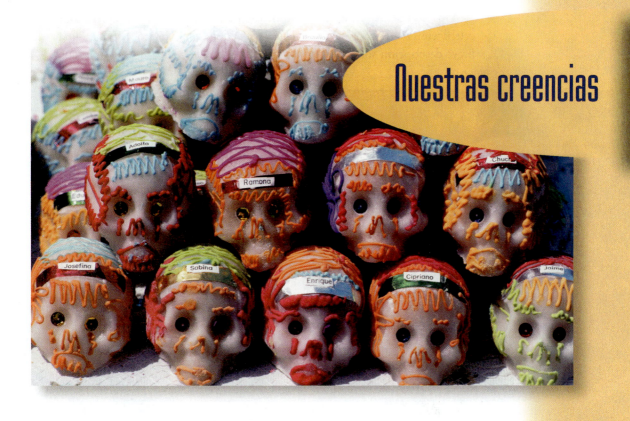

Entrando en materia

4–12. La Noche de las Brujas (*Halloween*). En parejas, hablen sobre la Noche de las Brujas. ¿Comparten las mismas tradiciones en esta fecha? Si no, ¿cuáles son las diferencias? ¿Qué significado tiene esta tradición para ustedes ahora? ¿Cómo la celebraban cuando eran pequeños/as? ¿Cómo la celebran ahora? ¿Saben cuál es el origen de esta tradición? ¿Creen que existe esta celebración en otras culturas? Den ejemplos.

4–13. Actitudes hacia el tema de la muerte. El tema de esta sección es la muerte. Antes de seguir adelante, vamos a ver qué piensas sobre este tema. Selecciona las palabras que mejor reflejen tu opinión personal sobre la muerte.

Hablar de la muerte es:

interesante ____	aburrido ____	importante ____
difícil ____	fácil ____	de mal gusto ____
absurdo ____	terapéutico ____	triste ____

4-14. Descripción de fotos. En parejas, miren las siguientes fotos sobre la celebración del Día de Difuntos (*Day of the Dead*) en México. Escriban una breve descripción sobre lo que ven en cada foto. ¿Tienen la misma opinión?

4–15. Vocabulario en contexto. Las expresiones en negrita forman parte de la miniconferencia que vas a escuchar. Adivina su significado, seleccionando **a** o **b**.

1. Hablar de la muerte es algo que se debe **evitar** en ciertas culturas.
   a. no se debe hacer
   b. es común

2. El Día de Difuntos los familiares **acuden en masa** al cementerio a visitar a sus familiares muertos.
   a. van en grandes grupos
   b. manejan

3. **Ritualizar** la muerte significa que...
   a. se celebra con rituales.
   b. se murió una señora que se llamaba Rita.

4. Hay ciertas culturas que ven la muerte como parte **integral** de la vida.
   a. la muerte no es un tema popular
   b. la muerte es normal en la vida diaria

Antes de escuchar

Cuando escuchas un texto por primera vez, hay muchos elementos que te pueden ayudar a comprender la idea general. Uno de esos elementos es el énfasis que el narrador pone en diferentes palabras y oraciones. El énfasis se puede expresar levantando la voz, haciendo un gesto, o cambiando el tono. Ten en cuenta esto mientras escuchas y anota los puntos que el narrador enfatiza. Después, usa esos datos para determinar el punto principal de la narración, según las expresiones del narrador.

Ahora tu instructor/a va a presentar una miniconferencia.

La lista a continuación contiene los temas centrales.

1. primera perspectiva sobre la muerte
2. segunda perspectiva
3. descripción del Día de Difuntos

4–16. ¿Comprendiste? Explica con tus propias palabras las dos perspectivas que se dan sobre la muerte. Después, reflexiona sobre las fotografías de la página 134 que representan el Día de Difuntos. ¿A qué perspectiva de las mencionadas crees que corresponden las fotos? ¿Existe en tu cultura un fenómeno similar a éste? ¿Con cuál de las dos formas de ver la muerte te indentificas tú? ¿Y tu familia? Explica tu respuesta.

2 **4–17. Palabras en acción.** En parejas, usen la imaginación y las palabras de la lista, para escribir una descripción sobre algo que ocurrió en un entierro al que asistieron. La situación debe ser realista, aunque pueden ser creativos si quieren.

> de mal gusto   en voz baja   incómodo/a   acudir en masa   disfraz

4 **4–18. ¿Qué opinas?** Nuestras ideas sobre la muerte están influidas por nuestra cultura, creencias y orientación espiritual. En grupos de cuatro, seleccionen uno de los temas a continuación. Cada persona debe adoptar una actitud diferente hacia el tema, y exponer su punto de vista. Los demás deben escuchar con una mente abierta y hacer preguntas para comprender mejor la perspectiva de cada persona.

1. el más allá: ¿existe? ¿cómo es?
2. la reencarnación
3. la comunicación con los muertos
4. la existencia del cielo y el infierno

Imperfect Subjunctive in Noun and Adjective Clauses

In Unit 3 you learned the forms of the present subjunctive and how to use them. Now you will learn how to express desire, doubt, and emotion in the past. To do so, you need to learn the forms of the past subjunctive. To form the past subjunctive, follow these steps:

1. take the third person plural form of the preterite, e.g., comier**on**
2. drop the **-on** ➔ comier-
3. add **-a, -as, -a, -amos, -ais, -an** for all verbs

The **nosotros/as** form requires an accent in the stem. See the following chart:

INFINITIVE	THIRD PERSON PRETERITE FORM	PAST SUBJUNCTIVE	
caminar	caminar**on**	caminara	camináramos
comer	comier**on**	caminaras	caminarais
escribir	escribier**on**	caminara	caminaran
		comiera	comiéramos
		comieras	comierais
		comiera	comieran
		escribiera	escribiéramos
		escribieras	escribierais
		escribiera	escribieran

For stem-changing verbs, spelling-changing verbs, and irregulars, you will still base the imperfect subjunctive on the third person preterite. For example:

estar ➔ **estuvier**on ➔ estuviera, -as, -a...
hacer ➔ **hicier**on ➔ hiciera, -as, -a...
dormir ➔ **durmier**on ➔ durmiera, -as, -a...

As you learned in Unit 3, the subjunctive occurs in the dependent clause when the independent clause includes an expression that conveys:

- advice, suggestion, or request
- opinion, doubt, or denial
- emotion

Q: How do I know when to use the past subjunctive as opposed to the present subjunctive?

A: If the verb in the independent clause expresses a past action, the verb in the dependent clause needs to be in the past subjunctive.

See **Appendix B** for additional verb charts.

Advice, Suggestion, and Request

Independent Clause: Preterit
El año pasado mi instructor **sugirió**
*Last year my instructor **suggested***

Dependent Clause: Imperfect Subjunctive
que escribié**ramos** una composición sobre la Noche de las Brujas.
*that **we write** a composition about Halloween.*

Doubt or Denial

Independent Clause: Imperfect Indicative
Mi madre **dudaba**
*My mom **doubted***

Dependent Clause: Imperfect Subjunctive
que yo encontra**ra** decoraciones de la Noche de las Brujas en agosto.
*that I **would find** Halloween decorations in August.*

Emotion

Independent Clause: Imperfect Indicative
La Noche de las Brujas, a mi hermana le **encantaba**
*On Halloween, my sister **loved***

Dependent Clause: Imperfect Subjunctive
que nos **dieran** tantos caramelos.
*that people **would give** us so much candy.*

4–19. Identificación. Marta y Margarita intercambian algunos mensajes electrónicos acerca de una fiesta a la que fue Margarita durante la Noche de las Brujas.

1. Lee el mensaje de Margarita e identifica los verbos en imperfecto de subjuntivo. ¿Por qué crees que aparecen esas formas en subjuntivo?

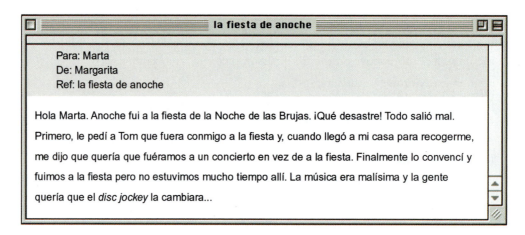

la fiesta de anoche

Para: Marta
De: Margarita
Ref: la fiesta de anoche

Hola Marta. Anoche fui a la fiesta de la Noche de las Brujas. ¡Qué desastre! Todo salió mal. Primero, le pedí a Tom que fuera conmigo a la fiesta y, cuando llegó a mi casa para recogerme, me dijo que quería que fuéramos a un concierto en vez de a la fiesta. Finalmente lo convencí y fuimos a la fiesta pero no estuvimos mucho tiempo allí. La música era malísima y la gente quería que el *disc jockey* la cambiara...

2. Aquí tienes la respuesta de Marta. Imagínate que tú no pudiste ir a la fiesta y tienes que contestar al mensaje de Margarita dándole una explicación de lo que pasó. Presta atención a los tiempos verbales en tu respuesta.

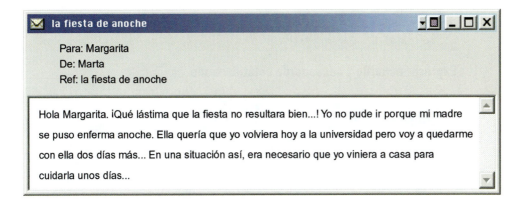

la fiesta de anoche

Para: Margarita
De: Marta
Ref: la fiesta de anoche

Hola Margarita. ¡Qué lástima que la fiesta no resultara bien...! Yo no pude ir porque mi madre se puso enferma anoche. Ella quería que yo volviera hoy a la universidad pero voy a quedarme con ella dos días más... En una situación así, era necesario que yo viniera a casa para cuidarla unos días...

4–20. ¿Son supersticiosos? Desgraciadamente Margarita no se creyó tu excusa. La verdad es que no fuiste a la fiesta porque una adivina (*fortune-teller*) te dijo que no fueras... Con la ayuda de tu compañero/a, cuéntale la verdad a Margarita, explicándole lo que te dijo la adivina. Deben incluir la siguiente información.

1. Qué te dijo la adivina.
2. Por qué te recomendó que no fueras a la fiesta.
3. Por qué te aconsejó que no le dijeras la verdad a Margarita.
4. Por qué era importante que siguieras sus consejos.

4–21. Sugerencias útiles. En parejas, representen la siguiente situación. Después intercambien los papeles. Aquí tienen algunas expresiones útiles.

> ser importante   ser necesario   recomendar   pedir   aconsejar

Estudiante A: Tú vas a ir a una fiesta hispana en casa de una persona que te gusta mucho. Tu compañero/a, que está interesado/a en la misma persona, te dio consejos sobre cómo comportarte en la fiesta. Tú seguiste sus consejos pero el resultado fue desastroso. Ahora vas a pedirle explicaciones a tu compañero/a sobre los consejos que te dio.

Estudiante B: Tú estás interesado/a en la misma persona que tu compañero/a. Le diste a tu compañero/a consejos sobre cómo comportarse con la intención de que la otra persona no se interesara por tu compañero/a. El problema es que ahora tus intenciones han sido descubiertas y necesitas inventarte alguna excusa para justificar lo que dijiste...

MODELO

Estudiante A: ¡Tú me aconsejaste que hablara en voz muy alta, y todo el mundo se rió de mí! ¿Por qué me dijiste que hiciera eso?

Estudiante B: No... yo no dije eso. Yo te aconsejé que hablaras en voz muy alta si la música estaba fuerte y las otras personas no te podían oír...

Expresar acuerdo y desacuerdo enfáticamente

> *Sí, por supuesto, profesor. Le doy toda la razón.*

> *Srta. Smith, usted tiene que hacer más esfuerzo en mi clase. Intente entregar las tareas a tiempo.*

In Unit 3 you studied some expressions to react to the opinions of others showing agreement or disagreement. In this section you will learn a few expressions that are commonly used to react to others' opinions in a more emphatic way.

Strong agreement:

Eso es absolutamente/ totalmente cierto.	*That is totally true.*
Le/ Te doy toda la razón.	*You are absolutely right.*
Creo/ Me parece que es una idea buenísima.	*I think that is a great idea.*
Por supuesto que sí.	*Absolutely.*
Lo que dice(s) tiene absoluto sentido.	*You are making a lot of sense.*
Exactamente, eso mismo pienso yo.	*That is exactly what I think.*

Strong disagreement:

Eso es absolutamente/ totalmente falso.	*That is totally false.*
No tiene(s) ninguna razón.	*You are absolutely wrong.*
Creo/ Me parece que es una idea malísima.	*I think it is a terrible idea.*
Por supuesto que no.	*Absolutely not.*
Lo que dice(s) no tiene ningún sentido.	*You are not making any sense.*

4–22. Vocabulario en acción. Expresa enfáticamente tu acuerdo o desacuerdo con estos comentarios. Añade información a las expresiones para justificar tu propia opinión.

> **Modelo**
>
> **Tu compañero/a de apartamento te dice: El casero (*landlord*) me ha dicho que una vez más no has pagado tu parte del alquiler. Estoy harto/a de esta situación.**
>
> **Tú dices: ¡Eso es abolutamente falso! Dejé un sobre con el dinero del alquiler en el buzón del casero hace ya una semana.**

1. Un amigo hispano te dice: Los estadounidenses no saben divertirse. Los fines de semana, en vez de salir, se quedan en casa viendo películas y comiendo *Doritos*.
2. Tu instructor de español te comenta: El español es un idioma fácil de aprender. La gramática no tiene ninguna complicación y se puede aprender en un mes.
3. Un compañero de clase te comenta: Los españoles, los mexicanos y los argentinos son todos iguales, hablan exactamente igual y comen las mismas comidas.
4. Tu padre te dice: No es importante aprender otro idioma porque el inglés es el idioma más importante y si hablas inglés, no necesitas saber otra lengua.

4–23. Un día cultural. Un amigo y tú están de vacaciones en México. Solamente tienen un día antes de volver a su país y no se pueden poner de acuerdo sobre qué hacer. Lean las instrucciones de la situación y representen el diálogo.

Estudiante A: Tú inicias la conversación. Quieres ir a ver una corrida de toros (*bullfight*) porque te parece fascinante. Tu ídolo era Paquirri, uno de los grandes toreros de la historia, y la corrida de hoy es un homenaje a él. Explícale a tu compañero/a por qué quieres ir, por qué tu idea es mejor que la suya, y por qué es importante que te acompañe.

Estudiante B: Tu compañero/a inicia la conversación. Estás en contra de las corridas de toros y piensas que son horribles. Explica por qué no quieres ir, expresando tu desacuerdo enfáticamente, sugiere una idea mejor e intenta llegar a un acuerdo con tu compañero/a.

4–24. Numerología. En algunas culturas, los números tienen un significado oculto que es importante en la vida de cada persona. ¿Sabes cuál es tu número personal? Sigue las instrucciones a continuación para calcularlo; después, puedes calcular el número de tus amigos. ¿Crees que la información es correcta?

Para saber el número que te corresponde debes sumar los números de tu fecha de nacimiento y reducirlos a un solo número. Por ejemplo, si has nacido el 26 de junio de 1982, debes hacer el siguiente cálculo:

2 + 6 (día) + 6 (mes) + 1 + 9 + 8 + 2 (año) = 34; 3 + 4 = 7.

El número 7 es tu número personal. Ahora ya puedes leer tu pronóstico para el próximo mes según tu propio número.

Los números 11 y 22 son números mágicos y no se pueden reducir. Si quieres aprender más sobre la numerología, visita *www.mifuturo.com*, para aprender más sobre tu destino mientras practicas el español.

1 Comienza para ti una etapa muy tranquila. Es una buena época para aclarar tus dudas sobre esa persona especial que acabas de conocer. Vas a dedicar más tiempo a los estudios. Déjate llevar por tus instintos y no te preocupes por la opinión de los demás.

2 En estos días vas a conseguir todo lo que quieras. Aprovecha la ocasión para atraer a esa persona que te gusta porque no va a poder resistir tus encantos (*charm*).

3 ¡Qué hiperactividad! Intenta tomarte las cosas con un poco más de calma, de lo contrario, puedes tener un accidente. Tendrás una ruptura con alguien especial en tu vida: tu mejor amigo/a o tu pareja. Pero esta ruptura te dejará aliviado/a (*relieved*).

4 ¡Muchos cambios en tu vida! Todos los cambios serán positivos. Es un buen momento para dedicarte a los estudios plenamente.

5 Necesitas cultivar tus dotes diplomáticas para conseguir tus objetivos. Tendrás que hacer el papel de mediador/a entre dos personas cercanas a ti.

6 Todo va muy bien. Tienes una actitud muy positiva y alegre. Eso siempre ayuda a la hora de hacer amigos. Vas a conocer a mucha gente nueva y vas a ser el centro de atención. Habrá tantas personas interesadas en ti que no sabrás a quién escoger.

7 ¡Buff! Todo te parece muy lento en estos días. Necesitas aplicarte una buena dosis de realismo y dejar de soñar despierto/a.

8 Estás lleno/a de energía. Las cosas te van de perlas (*very well*) y este mes vas a tener muchas ofertas lúdicas: fiestas, viajes, excursiones, etc. Quizás cambies de ciudad o hagas un viaje en el que conocerás a gente muy interesante.

9 Mira a tu alrededor porque muy cerca de ti encontrarás a tu amor ideal. Esta relación va a ser muy seria. Tu único problema serán los estudios, así que concéntrate si no quieres suspender (*fail*) tus clases.

Nuestra religión

Entrando en materia

4–25. Celebrar un día especial. En parejas, piensen en un día especial que asocien con las siguientes actividades. Después hablen sobre estas celebraciones ¿Cuál prefieren? ¿Por qué? ¿Hacen las mismas actividades en estas fechas?

1. beber champán
2. comer pavo
3. dar y recibir regalos
4. reunirse con la familia
5. ir de picnic
6. regalar y recibir flores

4–26. Vocabulario en contexto. A continuación vas a leer unas frases que aparecen en la lectura. Presta atención a la expresión en negrita y al contexto e indica cuál es la definición más apropiada para la expresión.

1. La diversidad de **días festivos** y celebraciones dentro del mundo hispano refleja la **idiosincrasia** de cada uno de los países que lo componen.

   días festivos
   a. día en el que los estudiantes de una hermandad tienen una fiesta
   b. día en el que no hay que trabajar porque hay alguna celebración nacional

   idiosincrasia
   a. personalidad o características únicas
   b. una persona que no habla lógicamente

2. Una de las atracciones de la fiesta son los **tamales** oaxaqueños que preparan los responsables de organizar la fiesta.
   a. sinónimo de la expresión "está mal"
   b. un tipo de comida

3. El Santo Patrón puede proteger a personas que tienen una característica específica, por ejemplo, a las mujeres **embarazadas**.
   a. mujeres que están esperando un bebé
   b. mujeres que trabajan en la cocina

4. Sus padres eran unos **campesinos** muy pobres que no pudieron enviar a su hijo a la escuela.
   a. personas que trabajan en la ciudad
   b. personas que trabajan en el campo

5. Isidro se levantaba muy de **madrugada** y nunca empezaba su día de trabajo sin haber asistido antes a misa.
   a. Se levantaba muy tarde por la mañana.
   b. Se levantaba muy temprano por la mañana.

6. Por todos sus milagros, la iglesia católica lo **canonizó** como San Isidro en el año 1622.
   a. El Papa le dio a Isidro el título de Santo.
   b. El Papa construyó una iglesia en su honor.

Las fiestas patronales

La diversidad de **días festivos** y celebraciones del mundo hispano refleja la **idiosincrasia** de cada uno de los países que lo componen. Algunas celebraciones giran alrededor de un tipo de producto o comida típicos de una región; otras celebraciones son semejantes a las de otros países no hispanos, como Navidad y el Año Nuevo; y hay otro grupo de días festivos que están dedicados a conmemorar o recordar a la Virgen María o a algún santo del calendario católico. A este tipo de celebración pertenecen las llamadas *fiestas patronales*. Ⓜ

Las fiestas patronales varían según el país y la región, pero tienen características comunes. Por ejemplo, generalmente hay algún tipo de comida que se come durante esas fechas, puede haber competiciones deportivas, hay exhibiciones de bailes regionales y puede haber música y baile en la plaza del pueblo.

En Comotinchan, un pueblo del Estado de Oaxaca, México, una de las fiestas más importantes tiene lugar el 15 de mayo en honor del patrón del pueblo, San Isidro Labrador. Una de las atracciones de la fiesta son los **tamales** oaxaqueños.

En algunos pueblos de Galicia, una región del noroeste de España, se celebra el día de San Juan asando sardinas en la playa por la noche.

Ⓜ **omento de reflexión**

¿Verdadero o falso?
- [ ] 1. Los países hispanos no comparten ninguna celebración con otros países.
- [ ] 2. Las celebraciones religiosas en el mundo hispano son uniformes.
- [ ] 3. Se mencionan tres tipos de días festivos.

LOS SANTOS PATRONOS

Un santo patrón es un santo protector. El santo patrón puede proteger a personas que tienen un tipo de trabajo, a personas con una característica específica, por ejemplo a las mujeres **embarazadas**, o puede proteger una ciudad o un pueblo. Ⓜ

Ⓜ **omento de reflexión**

¿Verdadero o falso?
- [ ] 1. Las fiestas patronales tienen características en común en el mundo hispano.
- [ ] 2. Hay sólo una manera de celebrar una fiesta patronal.
- [ ] 3. El santo patrón tiene como función principal la protección de ciertas comunidades.

SAN ISIDRO LABRADOR

15 de mayo. Año 1130.

San Isidro es el patrón de los agricultores del mundo. Sus padres eran unos **campesinos** muy pobres que no pudieron enviar a su hijo a la escuela. Pero en casa le enseñaron los principios de la religión. Cuando tenía diez años Isidro se empleó como peón de campo cerca de Madrid, donde pasó muchos años trabajando la tierra.

Se casó con una campesina que también llegó a ser santa y ahora se llama Santa María de la Cabeza (no porque ése fuera su apellido, sino porque su cabeza se saca en procesión cuando pasan muchos meses sin llover).

Isidro se levantaba muy de **madrugada** y nunca empezaba su día de trabajo sin haber asistido antes a misa. El dinero que ganaba, Isidro lo distribuía en tres partes: una para la iglesia, otra para los pobres y otra para su familia (él, su esposa y su hijo).

Isidro murió en el año 1130. A los 43 años de haber sido sepultado, en 1173, sacaron de la tumba su cadáver y éste estaba incorrupto. Por éste y otros muchos milagros, la iglesia católica lo **canonizó** como San Isidro Labrador en el año 1622.

4–27. ¿Comprendiste? Antes de continuar, contesta estas preguntas para asegurarte de que comprendiste toda la información importante de la lectura.

1. ¿Cómo definirías el texto sobre San Isidro—diario personal, biografía, novela?
2. ¿A qué tipo de personas protege San Isidro?
3. ¿Cuál de estas expresiones describe mejor a San Isidro—trabajador, alegre, triste?
4. Define el término **milagro**.

4–28. Palabras en acción. En parejas, imaginen que acaban de presenciar un milagro. Ahora tienen que escribir un pequeño párrafo explicándole al resto de la clase lo que vieron. Para que resulte más interesante, deben usar las palabras que se incluyen abajo, y toda la creatividad posible. ¡Lo más probable es que el resultado sea bastante cómico!

tumba   madrugada   campesino   embarazada   tamales   día festivo   asar

4–29. Tu opinión. En parejas, preparen una encuesta sobre el tema de la religión para entrevistar a algunos estudiantes del campus. Necesitan averiguar qué porcentaje de los encuestados celebra el día de su santo, qué religión es la más popular entre los estudiantes, cuántos participantes en la encuesta asisten a celebraciones religiosas, con qué frecuencia, y cuál es su celebración favorita. Después, analicen los datos para presentarlos oralmente en clase.

Formal and Informal Commands to Get People to Do Things for You or Others

The command forms fulfill the same functions in English and Spanish. Those situations that call for a command form in English will call for a command form in Spanish. In this dialogue between Margarita and Tomás, several command forms are used. Can you identify them?

T: Por favor, Margarita, dame la receta para los tamales.

M: ¿Vas a hacer tamales para la fiesta de San Isidro?

T: Pues sí.

M: Compra tomates verdes, cilantro... Si necesitas ayuda, llámame.

T: Gracias, así lo haré.

Let's look at the verb endings we need to use in Spanish when giving a command. Pay attention to the level of familiarity that you have with the person you are speaking to.

	Formal	Informal
caminar	(no) camine	camina, no camines
	(no) caminen	caminad, no caminéis (vosotros/as)
comer	(no) coma	come, no comas
	(no) coman	comed, no comáis (vosotros/as)
escribir	(no) escriba	escribe, no escribas
	(no) escriban	escribid, no escribáis (vosotros/as)

The **vosotros/as** form is only used in Spain. The rest of the Spanish-speaking countries use **ustedes** forms in both formal and informal situations.

You also need to pay attention to direct-object pronouns accompanying the command; when they occur they need to be attached to the end of the command.

Prepara la mesa. → Prepára**la**.

Set up the table. → *Set it up.*

Place the pronoun in front of the verb if the command is negative.

No **la** prepares.

Do not set it up.

Finally, there are some verbs whose command forms are irregular and you need to learn those as separate vocabulary items.

Irregular Formal Commands			Irregular Informal Commands		
decir			**decir**		
(Ud.) diga	no diga		(tú) di		no digas
(Uds.) digan	no digan		(vos.) decid		no digáis
hacer			**hacer**		
(Ud.) haga	no haga		(tú) haz		no hagas
(Uds.) hagan	no hagan		(vos.) haced		no hagáis
ir			**ir**		
(Ud.) vaya	no vaya		(tú) ve		no vayas
(Uds.) vayan	no vayan		(vos.) id		no vayáis
poner			**poner**		
(Ud.) ponga	no ponga		(tú) pon		no pongas
(Uds.) pongan	no pongan		(vos.) poned		no pongáis
salir			**salir**		
(Ud.) salga	no salga		(tú) sal		no salgas
(Uds.) salgan	no salgan		(vos.) salid		no salgáis
ser			**ser**		
(Ud.) sea	no sea		(tú) sé		no seas
(Uds.) sean	no sean		(vos.) sed		no seáis
tener			**tener**		
(Ud.) tenga	no tenga		(tú) ten		no tengas
(Uds.) tengan	no tengan		(vos.) tened		no tengáis
venir			**venir**		
(Ud.) venga	no venga		(tú) ven		no vengas
(Uds.) vengan	no vengan		(vos.) venid		no vengáis

4–30. Identificación. Tu amiga María quiere preparar sangría, una bebida muy popular entre los hispanos. Tu vecina te ha dado una receta para María, y como ella es muy seria, ha escrito todo formalmente. Antes de darle la receta a María, identifica los mandatos y cámbialos para que sean informales. ¡Los amigos no se hablan de usted entre ellos!

En una jarra, mezcle cuatro vasos de vino tinto, cuatro vasos de agua, un vaso de azúcar y un vaso de zumo de lima. Con una cuchara, mueva el líquido varias veces. Añada una naranja cortada en rodajas y medio vaso de trocitos de melocotón y piña. Ponga la sangría en el refrigerador. Antes de servir, añada cubitos de hielo.

4–31. Tu contribución personal. Tú eres la única persona estadounidense que va a asistir a la fiesta del santo de María. Para que no te sientas solo/a, la madre de María quiere preparar tu plato favorito. Sé amable y dale la receta incluyendo todos los detalles. Recuerda que es la madre de tu amiga, así que debes dirigirte a ella formalmente.

4-32. La Feria de San Marcos. En la fiesta, la madre de María les contó que ella es de Aguascalientes, una ciudad de México donde se celebra la Feria Nacional de San Marcos. Aquí tienen más información sobre esta feria. En parejas, lean el artículo y preparen un panfleto para promocionar la feria en el campus. Usen mandatos para animar a los demás estudiantes a hacer lo que sugieren.

MODELO Duerme una siesta si quieres asistir a las actividades nocturnas de la Feria.

Origen: La festividad tuvo su origen con la fundación del pueblo de San Marcos en el año 1604, que todos los años celebraba al santo patrono San Marcos. Con el paso del tiempo este pueblo se fue uniendo a la ciudad de Aguascalientes, y ahora esta ciudad es el centro de esta festividad religioso-pagana que se llama Feria Nacional de San Marcos.

Descripción: Esta feria está considerada como la mejor de todo México. Empieza la tercera semana de abril y dura hasta la primera semana de mayo. Se llevan a cabo 12 corridas de toros. Tienen también lugar el Encuentro Internacional de Poetas, conciertos de mariachis, obras de teatro, exposiciones de artesanía y juegos infantiles. La diversión en la feria empieza temprano y concluye al amanecer.

Otras actividades: Aguascalientes tiene diversos museos y un centro histórico de gran interés con hermosos monumentos coloniales.

4-33. Echando una mano. Ustedes trabajan como voluntarios ayudando a jóvenes con problemas personales y académicos. Hoy están ayudando a un grupo de sexto grado que tiene que preparar una composición para su clase de religión. Preparen una presentación oral explicando, paso a paso, cómo escribir la composición. ¡Recuerden que se dirigen a varias personas, así que necesitan usar la forma plural de los mandatos!

MODELO Primero decidan cuál va a ser el tema de la composición. Tengan en cuenta la información que tienen. Busquen datos adicionales antes de comenzar.

Después, dividan el trabajo entre los miembros del grupo...

¿CÓMO LO DICES?

vas: *Es un asunto como bastante complicado.*
cómo ■ adv. **1** De qué modo o de qué manera
¿Cómo lo has pasado? ‖ **a cómo**: a qué precio ¿a

Expresar compasión, sorpresa y alegría

¡No te vas a creer lo que me acaba de pasar!

¡Me han tocado tres millones en la lotería!

¿Qué? ¡Cuéntame!

¿De verdad? ¡No me digas! ¡Qué suerte tienes!

How to express sympathy or compassion:

¡Pobre hombre/ mujer!	*Poor man/woman!*
¡Qué desgracia!	*What bad luck!*
Me puedo poner en tu lugar.	*I can see your point/I can sympathize.*
Comprendo muy bien tu situación.	*I really understand your situation.*
Mi más sentido pésame.	*My deepest sympathy (at a funeral).*

How to express surprise:

¿De verdad?	*Really?*
¿En serio?	*Are you serious? Really?*
¡No me digas!	*No way! Get out of here!*

How to express happiness:

¡Cuánto me alegro!	*I'm so glad!*
¡Qué bueno! ¡Qué bien!	*Great!*
Pues, me alegro mucho.	*Well, I'm really glad.*

4–34. Palabras en acción. ¿Cómo puedes responder a estos comentarios?

1. Tu amigo/a: Cuando venía a clase me caí y me rompí una pierna.
2. Tu abuela de 70 años: ¡Estoy embarazada!
3. Tu instructor: Has sacado una A en el examen parcial.
4. Un/a amigo/a especial: ¿Te quieres casar conmigo?

4–35. Reacciones. En parejas, sigan las instrucciones a continuación para describir algunas situaciones interesantes con las que practicar las expresiones anteriores.

Estudiante A: Tú inicias la actividad. Descríbele los dibujos a tu compañero/a y escucha su reacción a cada descripción. ¿Te parecen adecuadas sus reacciones?

Estudiante B: Tu compañero/a inicia la actividad. Escucha sus descripciones y reacciona con una expresión apropiada. Después, descríbele tus dibujos a tu compañero/a e indica si las expresiones que usó te parecen apropiadas o no.

La Sagrada Familia con Santa Ana y el niño Juan Bautista, Domenikos Theotokopoulos

Conocido como El Greco, Domenikos Theotokopoulos nació en Creta (Grecia) hacia el año 1541. En 1577 se documentó por primera vez su presencia en Toledo (España), ciudad en la que permaneció hasta su muerte en 1614. Puede decirse que la mitad de su vida transcurrió en Toledo, España.

4–36. Mirándolo con lupa. En parejas, observen el cuadro con atención y después, respondan a las siguientes preguntas.

1. Describan a las personas que ven en el cuadro: ¿dónde está cada persona con respecto a la persona más cercana?, ¿qué tipo de ropa llevan?, ¿cómo es la expresión de las caras?

2. Describan los colores: ¿son oscuros o claros? ¿qué gama de colores predomina?

3. El tema de este cuadro: ¿es religioso o pagano? Justifiquen su respuesta.

4. ¿Qué sentimiento les producen o comunican las imágenes de este cuadro, ¿alegría? ¿tristeza? ¿tensión? ¿paz? ¿contemplación espiritual? ¿Tienen los mismos sentimientos?

Entrando en materia

Ayudas visuales

Los artículos de periódicos y revistas suelen ir acompañados de fotografías, dibujos u otros elementos visuales. En ocasiones, simplemente mirando las ilustraciones, podemos determinar con bastante precisión el tema general del artículo e incluso, la perspectiva del escritor. Antes de leer el artículo de este Tema, observa las imágenes. Después, con otro/a estudiante, indica la siguiente información:

- *¿Qué tipo de imágenes ven en el artículo?*

- *Expresen su reacción a las imágenes. ¿Les parecen interesantes? ¿Chocantes? ¿Absurdas?, etc. ¿Cuál creen que era la intención del autor al incluir estas imágenes?*

- *¿Les recuerdan alguna tradición de su propia cultura? ¿Cuál? ¿Hay diferencias?*

- *¿Saben algo sobre **los encierros** (running of the bulls)?*

4–37. Vocabulario en contexto. Encuentra estas expresiones en la lectura y, según el contexto en que se encuentran, determina qué opción describe mejor su significado.

1. El origen de la feria **se pierde en la historia**.
   a. No se conoce bien el origen de los Sanfermines.
   b. El origen de la feria es muy concreto.

2. Las fiestas **se trasladaron** a julio.
   a. Los organizadores de la feria cambiaron la fecha de la celebración.
   b. Las fiestas siempre se celebraron en el mes de julio.

3. Las ferias taurinas consistían en la celebración de **corridas** de toros.
   a. Tradición en la que un hombre o mujer corre delante de un toro.
   b. Tradición en la que un hombre o mujer se enfrenta a un toro con el objetivo de matarlo.

4. **Poco a poco** se fue completando la fiesta con otras actividades.
   a. lentamente, progresivamente
   b. un objeto pequeño

5. **La masificación** es uno de los problemas de la celebración.
   a. Excesivas cantidades de gente acuden a la feria de San Fermín.
   b. Mucha gente asiste a la iglesia durante la feria.

6. El Ayuntamiento de Pamplona **tributó** un homenaje a Hemingway.
   a. El gobierno de Pamplona invitó a Hemingway a visitar la feria.
   b. El gobierno de Pamplona le ofreció un homenaje a Hemingway.

4–38. ¿Qué es? En parejas, van a poner a prueba su vocabulario relacionado con el mundo de los toros. Uno de ustedes va a cerrar el libro y su compañero/a va a leer una a una las palabras del grupo A. El estudiante que tiene el libro cerrado, debe tratar de explicar lo que significa cada palabra; si no lo sabe, su compañero/a leerá la definición en español. Después, cambien de papel.

Grupo A

riesgo	*peligro*
corrales	*lugares donde se encierra a animales como gallinas, toros, etc.*
lidia	*el acto de enfrentarse al toro en la plaza*
manadas	*grupos de animales de la misma especie*

Grupo B

mansos	*tranquilos, calmados; toros que no son bravos*
pregón	*aviso público, normalmente oral*
taurino	*relacionado con los toros*
vallada	*con una cerca o muro alrededor*

SIETE DE JULIO: SAN FERMÍN

EL ORIGEN

El origen de esta Fiesta **se pierde en la historia**. Hay crónicas de los siglos XIII y XIV que ya hablan de los Sanfermines que hasta el siglo XVI se celebraron en octubre, coincidiendo con la festividad del Santo, pero que **se trasladaron** a julio debido a que el clima en octubre era bastante inestable.

Según los historiadores, los Sanfermines surgieron de la unión de tres fiestas distintas: las de carácter religioso en honor a San Fermín, las ferias comerciales organizadas a partir del siglo XIV, y las ferias **taurinas** o **corridas** de toros, también desde el siglo XIV.

Poco a poco, la conmemoración de San Fermín que se celebraba el 10 de octubre, se fue completando con otros elementos como músicos, danzantes, comediantes, puestos de venta y corridas de toros. Esto motivó que el Ayuntamiento de Pamplona solicitara al obispo el traslado de la fiesta de San Fermín al 7 de julio, por ser el clima más adecuado.

Así, con la unión de las tres fiestas y con el traslado de fecha, en 1591 nacieron los Sanfermines, que en su primera edición duraron dos días y contaron con **pregón**, músicos, torneo, teatro y corrida de toros. Más tarde se incluyeron nuevos festejos como fuegos artificiales y danzas, y las fiestas se extendieron hasta el día 10 de julio.

En el siglo XX los Sanfermines alcanzaron gran popularidad. La novela *The Sun Also Rises* (*Fiesta*), escrita por Ernest Hemingway en 1926, animó a personas de todo el mundo a participar en estas fiestas. El interés que hoy despiertan los Sanfermines es tan grande que la **masificación** es uno de los principales problemas de esta celebración. Ⓜ

Ⓜ omento de reflexión

Selecciona la opción que resume mejor el origen de la Feria.
- ❏ 1. La Feria tiene su origen en el siglo XIV y tenía carácter religioso, comercial y taurino.
- ❏ 2. La Feria tiene su origen en el siglo XX.

EL ENCIERRO (O LA ENCERRONA)

El encierro es el acto que más se conoce de los Sanfermines y el motivo por el que muchos extranjeros llegan a Pamplona el 6 de julio. Básicamente consiste en correr delante de los toros un tramo de calle vallada, y tiene como fin trasladar a los toros desde los **corrales** de Santo Domingo hasta los de la Plaza de Toros donde, por la tarde, serán toreados. En total corren seis toros de **lidia** y dos **manadas** de toros **mansos**, y el trayecto, que transcurre por

diferentes calles del Casco Viejo de la ciudad, mide 825 metros. La carrera, que se celebra todas las mañanas del 7 al 14 de julio, comienza a las 8,00 horas, aunque los corredores deben estar preparados antes de las 7,30 horas.

La carrera tiene una duración media de tres minutos, que se prolongan si alguno de los toros se separa de la manada. Aunque todos los tramos son peligrosos, la curva de la calle Mercaderes y el tramo entre la calle Estafeta y la Plaza son los que más **riesgo** entrañan.

Actualmente, la **aglomeración** es uno de los principales problemas del encierro y aumenta el peligro de la carrera, en la que los participantes corren 50 metros. Todos los tramos del recorrido están vigilados por un amplio dispositivo de seguridad y atención médica. No obstante, el peligro de la carrera ha hecho que entre 1924 y 1997 se haya registrado un total de 14 muertos y más de 200 heridos. Ⓜ

Ⓜ omento de reflexión

¿Verdadero o falso?

❑ 1. El objetivo del encierro es llevar a los toros desde los corrales hasta la plaza de toros.
❑ 2. El encierro es la parte más popular y mejor conocida de la Feria.
❑ 3. Los participantes en el encierro corren casi una milla delante de los toros.

Ⓜ omento de reflexión

¿Verdadero o falso?

❑ 1. Para poder participar en el encierro es necesario respetar las regulaciones de las autoridades, llevar ropa adecuada y no beber alcohol ni consumir drogas.
❑ 2. Los participantes en el encierro pueden pararse a descansar en cualquier lugar.

CONSEJOS ÚTILES

Además de ser el acto más conocido de los Sanfermines, el encierro también es el más peligroso. Para procurar que la carrera transcurra fluidamente y evitar peligros, conviene que espectadores y corredores tengan en cuenta unas mínimas normas que garanticen el normal transcurso del encierro.

1. Se prohíbe la presencia en el trayecto de menores de 18 años.

2. Es necesario situarse exclusivamente en las zonas y lugares del itinerario que expresamente señalen los agentes de la autoridad.

3. Está absolutamente prohibido resguardarse en rincones, ángulos muertos o portales de casas antes de la salida de los toros.

4. Todos los portales de las casas en el trayecto deben estar cerrados, siendo responsables de ellos los propietarios o inquilinos de los inmuebles.

5. Se prohíbe permanecer en el recorrido bajo los efectos del alcohol, de drogas o actuar de cualquier forma impropia.

6. Se debe llevar vestuario o calzado adecuado para la carrera.

7. No se debe llamar la atención de los toros de ninguna forma y por ningún motivo en el itinerario o en el ruedo de la plaza.

8. Se prohíbe pararse en el recorrido y quedarse en el vallado, barreras o portales, de forma que se dificulte la carrera o defensa de los corredores. Ⓜ

HEMINGWAY Y LOS SANFERMINES

Ernest Hemingway (1899–1961) llegó por primera vez a Pamplona, procedente de París, el 6 de julio 1923, recién iniciadas las fiestas de San Fermín. El ambiente de la ciudad y, en particular, el juego gratuito del hombre con el toro y con la muerte le impactaron tanto que la eligió como escenario de su primera novela de éxito, *The Sun Also Rises (Fiesta)*, publicada tres años después. El estadounidense regresó a los Sanfermines en ocho ocasiones más, la última en 1959, cinco años después de obtener el premio Nobel de Literatura y dos años antes de poner fin a su vida en Ketchum (Idaho).

El Ayuntamiento de Pamplona **tributó** un homenaje a Ernest Hemingway el 6 de julio de 1968, con la inauguración de un monumento en el paseo que lleva su nombre, junto a la Plaza de Toros, acto al que asistió su última esposa, Mary Welsh. El monumento, obra de Luis Sanguino, lleva en su base la siguiente dedicatoria: "A Ernest Hemingway, Premio Nobel de Literatura, amigo de este pueblo y admirador de sus fiestas, que supo descubrir y propagar. La Ciudad de Pamplona, San Fermín, 1968". **M**

Momento de reflexión

Selecciona la opción que resume mejor esta parte.
- ❏ 1. Hemingway asistió a los Sanfermines en muchas ocasiones y se inspiró en la feria para escribir una de sus obras.
- ❏ 2. La ciudad de Pamplona tiene mucho respeto y consideración por el famoso escritor.
- ❏ 3. Hemingway asistió a la inauguración en Pamplona del monumento en su honor.

4–39. ¿Comprendieron? En grupos de cuatro, deben responder a todas las preguntas de la tabla oralmente. Tienen cinco minutos para preparar sus respuestas. Después, su instructor/a va a hacer preguntas. El grupo que antes responda correctamente a cinco preguntas consecutivas, ¡gana!

El origen	El encierro	Consejos útiles	Hemingway
¿Por qué se cambió la fecha de la Feria de octubre a julio?	¿En qué consiste el encierro?	¿Quiénes pueden participar en el encierro?	¿Cuándo visitó el escritor la Feria por primera vez?
¿Cuáles fueron los tres componentes que dieron origen a la Feria?	¿Son bravos todos los toros que participan en el encierro?	¿Por qué está prohibido pararse o meterse en portales durante la carrera?	¿Qué obra suya está inspirada en la Feria?
¿Qué hecho motivó la popularidad internacional de los Sanfermines?	¿A qué hora tienen que estar preparados los corredores?	¿Es aceptable llamar la atención de los toros durante el trayecto? ¿Por qué?	¿Cuántas veces visitó Hemingway Pamplona durante la Feria?
	¿Qué distancia deben correr los participantes?		¿Quién asistió al homenaje que le hizo al escritor el Ayuntamiento de Pamplona?
	¿Por qué es la masificación un problema en los Sanfermines?		

4–40. Reglas Sanfermineras. En parejas, escriban cinco recomendaciones para alguien que tiene la intención de participar en un encierro. Pueden usar la información de la lectura y los mandatos que han estudiado en esta unidad.

4–41. La Feria de San Fermín y el turista. El periódico *La Feria* te ha encargado un artículo con recomendaciones para el visitante a Pamplona durante los Sanfermines. Los lectores del artículo pueden ser turistas estadounidenses o de otros países. Tu artículo tiene como objetivo informar sobre la feria y su historia y debe incluir una sección de consejos prácticos para el turista. Antes de escribir, consulta Internet u otras fuentes para ampliar tus conocimientos y convertirte en un "experto" en los Sanfermines.

Preparación

1. Determina cuáles son los objetivos de esta composición:

   _____ describir la realidad cultural estadounidense

   _____ analizar la actitud de la gente hacia las corridas de toros

   _____ narrar una historia

   _____ informar al lector

   _____ una combinación de dos o más de los objetivos listados arriba

   _____ otro _____

2. Decide a qué tipo de lector va dirigida tu composición:

   _____ el público en general

   _____ estudiantes de español

   _____ turistas estadounidenses en Pamplona

   _____ turistas de todo el mundo en Pamplona

   _____ estudiantes de antropología

   _____ otros _____

3. Basándote en la información obtenida en tu investigación sobre el tema ¿qué información vas a incluir en tu artículo? Escribe una lista de las ideas que puedes incluir.

4. Piensa cómo vas a organizar las ideas:
   a. ¿Cuál es el título de mi artículo?
   b. ¿Qué información voy a incluir en la introducción?
   c. ¿Qué tema/s voy a incluir en cada párrafo?
   d. ¿Qué información voy a incluir en la conclusión?

A escribir

1. Escribe una introducción que capte el interés del lector.

> **MODELO**
> **A las 8:00 de la mañana de cada 7 de julio, se pueden oler el nerviosismo y la emoción en el ambiente del encierro de San Fermín, en Pamplona...**

2. Desarrolla el cuerpo de tu artículo. Puedes seguir la estructura siguiente:
   a. Describe la historia de la feria con cierto detalle.
   b. Resume los aspectos más importantes de la feria.
   c. Ofrécele al lector una serie de recomendaciones para disfrutar al máximo de su visita.

3. Escribe una conclusión resumiendo el tema.

> **MODELO**
> **Espero que el lector tenga ya la información necesaria para sentirse cómodo en la feria. Ahora sólo le falta hacer las maletas y presentarse en Pamplona el 7 de julio. ¡Viva San Fermín!**

Revisión

Escribe el número de borradores que te indique tu instructor/a y revisa tu artículo usando la guía de revisión del Apéndice C. Escribe la versión final y entrégasela a tu instructor/a.

> Go to **www.wiley.com/college/gallego**
> for *El escritor tiene la palabra*.

a causa de	*because of, due to*	foráneo/a	*outsider*
acertijo *m*	*riddle*	fuegos artificiales *m*	*fireworks*
actitud *f*	*attitude*	idiosincrasia *f*	*idiosyncrasy*
acudir a	*to flock to*	iglesia *f*	*church*
adivinar	*to guess, to predict the future*	iluminado/a	*lit up*
		impactar	*to impact*
adivino/a	*fortune teller*	integrante	*member or part of*
agarrar	*to hold*	irrespetuoso/a	*disrespectful*
aglomerar	*to crowd*	judío/a	*Jewish*
alternar	*to socialize*	ley *f*	*law, regulation*
asar	*to grill*	lidia *f*	*bullfight*
besar	*to kiss*	masificación *f*	*massification, overcrowding*
beso *m*	*kiss*		
bruja *f*	*witch*	mejilla *f*	*cheek*
campesino/a	*peasant*	mezquita *f*	*mosque*
canonizar	*to canonize*	milagro *m*	*miracle*
caramelo *m*	*candy*	mito *m*	*myth*
católico/a	*Catholic*	muerte *f*	*death*
cementerio *m*	*cemetery*	muerto/a, difunto/a	*dead person*
chiste	*joke*	oscuro/a	*dark*
conflagración *f*	*war*	pavo *m*	*turkey*
corral *m*	*stable*	perderse	*to get lost*
corrida de toros *f*	*bullfight*	peregrinación *f*	*pilgrimage*
creyente *m/f*	*believer*	permitir	*make it possible*
de mal gusto	*in bad taste*	poco a poco	*little by little*
detestar, odiar	*to hate*	por eso, por esta razón	*for this reason*
día festivo *m*	*holiday*	por su cuenta	*on his/her/their own*
disfraz *m*	*costume*	pregón *m*	*announcement*
disfrazarse de	*to dress up as*	protestante *m/f*	*Protestant*
distraerse	*to get sidetracked*	regalo *m*	*present, gift*
el más allá	*afterlife*	renacer (zc)	*to be born again*
embarazada *f*	*pregnant*	respetuoso/a	*respectful*
encantar	*to love*	saludar	*to greet, to say hi*
enfadarse	*to get angry*	solicitar	*to apply*
en voz baja	*softly*	suerte *f*	*luck*
estar de acuerdo	*to agree*	tabú *m*	*taboo*
estar en desacuerdo	*disagree*	tapas *f*	*snacks, appetizers*
evitar	*avoid*	trasladarse	*to move*
fiesta patronal *f*	*community celebration to commemorate a saint or Virgin Mary*	trayecto *m*	*distance*
		tumba *f*	*grave, tomb*
		vallado/a	*fenced in*

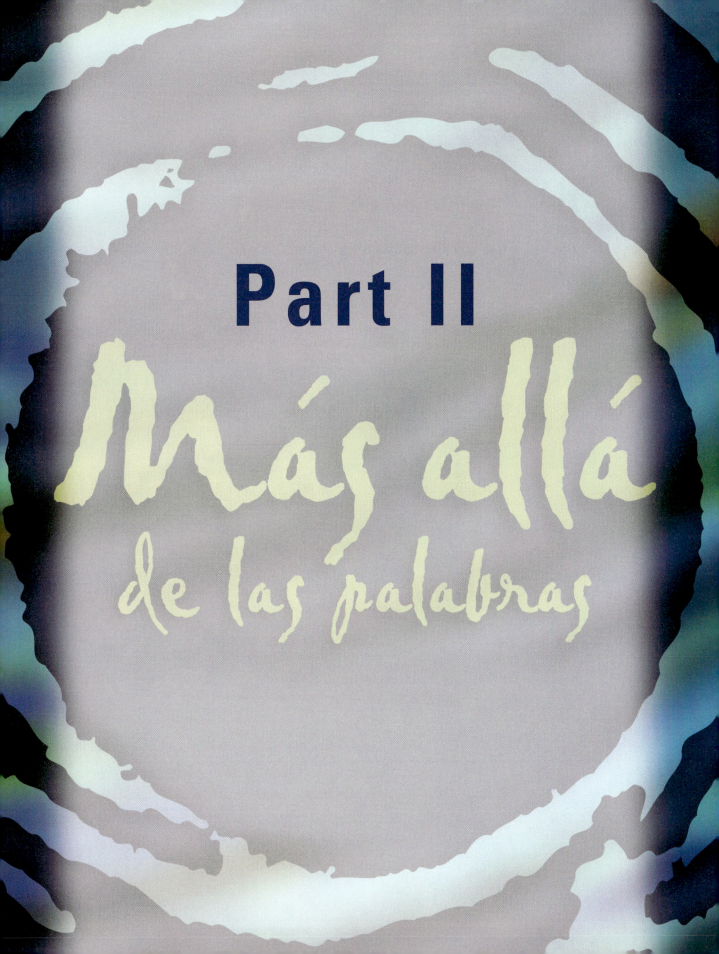

Part II

Más allá de las palabras

México y España: Idiosincrasias, rivalidad y reconciliación

La primera fase del contacto entre México y España fue dramática y violenta. La segunda fase, la colonia, da origen al resentimiento del colonizador y el colonizado. La tercera fase, la independencia, genera la desconfianza (*distrust*) mutua entre el vencedor, México, y el vencido, España.

La cuarta fase muestra un gradual acercamiento de los dos países desde la mitad del s. XX hasta hoy. ¿Qué parecidos encuentras entre la relación entre México y España, por una parte, y las relaciones entre EE. UU. y el Reino Unido? ¿Qué factores han contribuido al gradual acercamiento de los dos países?

México y su herencia indígena

NORTEAMÉRICA

ESPAÑA

MÉXICO

Golfo de México

México, D.F.

Mar Caribe

OCÉANO ATLÁNTICO

ÁFRICA

SUDAMÉRICA

OCÉANO PACÍFICO

Capital:	México, D. F.
Población:	100 millones de habitantes
Grupos étnicos:	mestizo 60%, amerindio 30%, blanco 9%, otros 1%
Idiomas:	español, náhuatl y una decena de otras lenguas indígenas
Moneda:	peso
Área:	aproximadamente tres veces el tamaño de Texas

Entrando en materia

1–1. ¿Qué sabes del México prehispánico?
Lee las siguientes oraciones sobre los mayas y los aztecas y decide si son ciertas o falsas. Si puedes, corrige las falsas.

1. Los mayas y los aztecas tenían una escritura jeroglífica.
2. No tenían conocimientos astronómicos.
3. Fumaban.
4. No conocían la planta del cacao.
5. Tenían juegos de pelota.

PERFIL

MÉXICO PREHISPÁNICO

Antes de la llegada de Cristóbal Colón a América, ya existían civilizaciones indígenas o amerindias en tierras americanas. Se cree que, hace más de 40.000 años, grupos procedentes de Asia atravesaron el estrecho de Bering, que en aquella época estaba **congelado**[1].

Hacia el año 5000 a.C. los amerindios abandonaron el nomadismo para adoptar una vida sedentaria. 1800 a.C. es la fecha que marca el período caracterizado por el florecimiento de centros urbanos importantes.

La información más abundante que tenemos sobre las culturas amerindias de México se refiere a los aztecas. Sin embargo, hubo otras civilizaciones amerindias en el área de México antes del Imperio Azteca. Entre estas civilizaciones está el Imperio Maya, que se desarrolló en la península de Yucatán. Otra civilización construyó Teotihuacán, 'ciudad de los dioses', cuyas ruinas se pueden visitar hoy; de esta civilización se sabe muy poco. La ciudad tolteca de Tula es un ejemplo excelente de la sofisticación arquitectónica de esta civilización.

Hoy día usamos el término *azteca* para referirnos a los habitantes que poblaban el área central de México en el s. XV. Los aztecas adoptaron el calendario, el sistema numérico y la escritura de otras culturas, pero su escritura no tenía la complejidad de la escritura maya. La ciudad de Tenochtitlán era uno de los centros urbanos más importantes del Imperio Azteca cuando el español Hernán Cortés decidió conquistar esos territorios. Cortés **asedió**[2] Tenochtitlán durante tres meses y el 13 de agosto de 1521 la ciudad **se rindió**[3].

---

1. *frozen* 2. *besieged* 3. *surrendered*

Por si acaso

Fechas importantes en la historia del mundo

3500 a.C. Florece la civilización sumeria en Oriente Medio.
2500 a.C. Uso del papiro en Egipto.
776 a.C. Celebración de los primeros Juegos Olímpicos en Grecia.
753 a.C. Fundación de Roma.
221 a.C. Se empieza la construcción de la Muralla China.
44 a.C. El emperador romano Julio César es asesinado.
100 d.C. El imperio romano alcanza su máximo apogeo.
105 d.C. China comienza la manufactura del papel.
711 d.C. Los moros invaden España.
1492 d.C. Los cristianos conquistan Granada (España), última ciudad mora.

Por si acaso

Abreviaturas

En los textos que tratan de historia, frecuentemente se encuentran estas abreviaturas.
s. XV se lee "siglo quince"; el siglo se debe escribir con números romanos.
a. C. (a. de C., a. J. C., a. de J. C.) se lee "antes de Jesucristo".
d. C. (d. De C., d. J. C., d. de J. C.) se lee "después de Jesucristo".

1–2. ¿Comprendiste? Responde a las siguientes preguntas sobre el México prehispánico.

1. ¿Cuándo llegaron a América los primeros habitantes?
2. ¿Cómo llegaron los primeros habitantes?
3. ¿Cuáles son las tres ciudades precolombinas que se mencionan? ¿Qué información se menciona sobre cada una?
4. Haz una lista de las civilizaciones precolombinas que se mencionan y las fechas asociadas con ellas.

BASÍLICA DE NUESTRA SEÑORA DE GUADALUPE

La enorme basílica de Nuestra Señora de Guadalupe en la Ciudad de México es uno de los lugares de **peregrinación**[4] más visitados. La basílica se encuentra en el monte Tepeyac, que era un lugar sagrado ya antes de la llegada del cristianismo a América. En tiempos prehispánicos, en la parte más alta del monte Tepeyac había un templo dedicado a Tonantzin, Madre de los dioses y diosa de la tierra y la fertilidad. Este templo fue un lugar importante de peregrinación para los habitantes de Tenochtitlán, capital azteca situada cerca del monte Tepeyac. Poco tiempo después de la toma de Tenochtitlán por Hernán Cortés en 1521, el templo fue destruido y se prohibieron las peregrinaciones al monte Tepeyac.

El 9 de diciembre de 1531, un indio azteca cristiano bautizado con el nombre de Juan Diego caminaba hacia la iglesia y al pasar cerca del monte Tepeyac oyó una voz de mujer que lo llamaba. Juan Diego subió al monte y vio a una mujer rodeada de luz dorada. La mujer reveló que ella era la madre de Jesucristo y que deseaba que se construyera una iglesia en su honor. Juan Diego le comunicó al obispo el deseo de la Virgen María, pero el obispo no lo creyó, y le dijo a Juan Diego que necesitaba ver una **señal**[5]. Juan Diego, siguiendo las instrucciones de la Virgen, cortó unas rosas que habían crecido en el monte Tepeyac **a pesar de**[6] que era invierno. Las envolvió en un **manto**[7] y se las presentó al obispo. El obispo quedó admirado al ver las rosas y todavía más al ver la imagen de María **estampada**[8] en el manto. El obispo interpretó esto como una señal y empezó la construcción de la iglesia de la Virgen de Guadalupe. La iglesia se ha reconstruido en varias ocasiones y hoy día es una gran basílica. Los visitantes pueden ver el manto con la imagen de la Virgen María.

---

4. *pilgrimage* 5. *sign* 6. *even though* 7. *cloak* 8. *printed*

1-3. Más detalles. Usen la información que leyeron en la sección anterior para responder a estas preguntas.

1. ¿Qué tienen en común la Virgen de Guadalupe y Tonantzin?
2. ¿Quién fue Juan Diego?
3. Si vieran ustedes la imagen que vio Juan Diego, ¿cómo creen que reaccionarían? ¿Por qué? Justifiquen sus respuestas.

1-4. Síntesis y opinión. En parejas, elijan una de las dos opciones que se presentan a continuación y respondan a las preguntas.

1. ¿Cómo creen que afectó la llegada de los españoles la vida cotidiana en la ciudad de Tenochtitlán? ¿Creen que la conquista llevó cambios positivos para los habitantes de la ciudad? ¿Y negativos? Expliquen sus respuestas.
2. ¿Qué opinan de la historia del indio Juan Diego? ¿Creen que es una historia verídica o una leyenda? ¿Creen que puede considerarse un milagro? Expliquen sus respuestas.

ATENCIÓN A LA ESTRUCTURA

Preterit and Imperfect Tenses in Contrast

You have already studied the preterit and imperfect tenses. You know that both tenses talk about different aspects of the past. Your choice of which tense to use in talking about the past is influenced by what you want to convey. The following is a list of the main uses of each tense.

Preterit

1. The preterit conveys an action, event, or condition that is viewed as completed in the past.

   Los primeros pobladores de América **llegaron** hace 40.000 años.

   *The first settlers **arrived** in America 40,000 years ago.*

2. When two actions are expressed in the past and one interrupts the other, the ongoing action is in the imperfect. The preterit is used for the interrupting action.

   Me **dormí** cuando **leía** un libro sobre la invasión de Tenochtitlán.

   *I **fell asleep** while I **was reading** a book on the invasion of Tenochtitlán.*

3. The preterit is used when the end or duration of an action is emphasized. How long the action went on doesn't matter. If you are expressing that it had a beginning and an ending, use the preterit.

   Preparé mi presentación sobre la cuestión indígena en cuatro horas.

   *I **prepared** my presentation on the indigenous issue in four hours.*

Imperfect

The imperfect . . .

1. describes background information, physical, mental, and emotional states, and sets the scene for another action (in the preterit) to take place.

   La ciudad de Tenochtitlán **era** uno de los centros urbanos más importantes del imperio azteca cuando Hernán Cortés la **invadió**.

   *The city of Tenochtitlán **was** one of the most important urban centers of the Aztec empire when Hernán Cortés **invaded** it.*

2. conveys habitual past actions.

   Moctezuma II no **trataba** bien a las personas de clase baja.

   *Moctezuma II **did** not **treat** the lower class people well.*

3. expresses age in the past.

   Moctezuma II **tenía** 40 años cuando murió.

   *Moctezuma II **was** 40 years old when he died.*

4. expresses time in the past.

   Eran las dos de la mañana cuando terminé mi investigación sobre las organizaciones indígenas de México.

   *It **was** two in the morning when I finished my research on the indigenous organizations of Mexico.*

5. describes two actions ongoing at the same time.

   Esta mañana, mientras yo **estudiaba** para mi examen de historia, mi compañero de cuarto **preparaba** el desayuno.

   *This morning, while I **was studying** for my history exam, my roommate **was preparing** breakfast.*

6. conveys indirect speech.

   La instructora dijo que **iba** a visitar las ruinas de Tenochtitlán.

   *The instructor said that she **was going** to visit the ruins of Tenochtitlán.*

Verbs that Convey Different Meanings in the Preterit and the Imperfect

Imperfect

conocía (*I/He/She knew, was acquainted with*)

Al principio, Cortés no **conocía** la leyenda del dios Quetzalcóatl.

*At first, Cortés **did** not **know** about the Quetzalcóatl legend.*

sabía (*I/He/She knew, knew how to, had knowledge that*)

Moctezuma II no **sabía** con certeza que Cortés no era el dios Quetzalcóatl.

*Moctezuma II **did** not **know** with certainty that Cortés was not the god Quetzalcóatl.*

podía (*I/He/She could, was able to*)

Moctezuma y su gente no **podían** imaginar su destino.

*Moctezuma and his people **couldn't** imagine their destiny.*

quería (*I/He/She wanted to*)

Cortés y sus hombres no **querían** revelar sus verdaderas intenciones.

*Cortés and his men **didn't** **want** to reveal their real intentions.*

Preterit

conocí (*I met, made the acquaintance of*)

Finalmente, Cortés **conoció** a Moctezuma II.

*Finally, Cortés **met** Moctezuma II.*

supe (*I learned, found out*)

Finalmente Moctezuma II **supo** que los españoles no eran sus amigos.

*Finally, Moctezuma II **learned** that the Spaniards were not his friends.*

pude (*I was able to and did*)

Los alumnos **pudieron** finalmente comprender la problemática indígena en México.

*The students **were** finally **able** to understand the indigenous problems in Mexico.*

quise (*I tried to*)

Juan Diego **quiso** convencer al obispo pero el obispo no le creyó.

*Juan Diego **tried** to convince the bishop, but the bishop didn't believe him.*

For information on spelling changes in the preterit, see *Apéndice gramatical 1.*

1–5. Identificar y explicar. En parejas, lean el siguiente párrafo y determinen por lo menos tres razones por las que se usa el tiempo imperfecto en lugar del pretérito para narrar estos hechos.

En el culto religioso azteca, los sacrificios humanos eran un elemento fundamental. Eran la compensación o pago que los hombres daban a los dioses. El sacrificio más frecuente consistía en arrancar el corazón de la víctima, ofreciéndoselo inmediatamente al dios. En el sacrificio intervenían cinco sacerdotes: mientras cuatro sujetaban (*held*) al sacrificado sobre una piedra, un quinto sacerdote ejecutaba el sacrificio con un cuchillo. También había meses consagrados al sacrificio de niños; estos sacrificios se hacían para atraer la lluvia.

1–6. Datos históricos. Elige **uno** de estos dos párrafos y conjuga los verbos en el tiempo pasado correcto, según la información y el significado que quieras transmitir. Después, explícale a tu compañero/a las razones por las que elegiste el pretérito o el imperfecto en cada lugar.

1.　　　　Moctezuma generalmente _____ (seguir) el mismo ritual a la hora de comer: mientras él _____ (comer) músicos y bailarinas _____ (entrar) en el comedor para entretenerlo. La mayoría de los conquistadores no _____ (conocer) a Moctezuma, porque él murió al principio de la conquista de América. Los conquistadores tampoco _____ (saber) mucho sobre los rituales indígenas.

2.　　　　En invierno, no _____ (haber) flores en el monte Tepeyac, por eso el obispo _____ (interpretar) las rosas de Juan Diego como un milagro. Juan Diego _____ (decir) que la Virgen María le _____ (hablar) a él cuando _____ (ir) de camino a la iglesia. Después, la imagen de María _____ (quedar) estampada en el manto. Ese mismo día _____ (comenzar) los planes para la construcción de la iglesia.

1–7. Encuentros entre Cortés y Moctezuma. En algunos casos es necesario elegir el tiempo correcto para contar una historia exactamente tal y como ocurrió. Este párrafo describe un momento específico de la historia. Determina el tiempo correcto en cada caso.

Cuando Moctezuma (1. terminar) de comer, (2. visitar) a Cortés y a sus hombres en sus habitaciones. Moctezuma (3. decir) que él (4. estar) muy complacido de conocer a un hombre tan valiente. Cortés le (5. contestar) diciendo que él no (6. saber) cómo agradecerle su hospitalidad. En una ocasión Moctezuma les (7. mostrar) sus armas a los españoles. Estas armas (8. cortar) más que muchas de las espadas de los hombres de Cortés.

MODELO

1. Un ejército de moros llegó a España. Detalles: El ejército llevaba diez meses viajando. Los soldados estaban cansados y enfermos.

2. Los soldados arrasaron las ciudades y tomaron el control.

1–8. ¿Y tú? Hay muchas películas famosas sobre el tema de la Conquista (*La Misión* o *1492* son buenos ejemplos). Si no has visto ninguna de estas películas, piensa en una película popular conocida por la mayoría que esté relacionada con la invasión de un pueblo por otro. No le digas el nombre de la película a tu compañero/a y sigue los siguientes pasos.

1. Escribe 4 ó 5 oraciones que indiquen los eventos principales de la película.
2. Verifica que los verbos estén en el tiempo pasado más apropiado.
3. Añade por lo menos dos detalles adicionales sobre cada punto.
4. Intercambia tu papel con el de tu compañero/a.
5. Determina de qué película se trata.
6. Si necesitas más detalles sobre algún punto, tu compañero/a puede darte la información oralmente.

CHIAPAS

Población total: 3.920.515

Población indígena: 60%

Lengua: 57 lenguas indígenas, predomina el monolingüismo

Sociedad y política: el primero de enero de 1994 el pueblo chiapaneco protagonizó una protesta masiva contra el gobierno federal mexicano. La protesta fue coordinada por un grupo rebelde, el Ejército Zapatista para la Liberación Nacional (EZLN). El pueblo de Chiapas reivindica entre otras cosas una reforma agraria justa, acceso a la educación y la protección de sus propios recursos naturales.

1–9. Chiapas. En grupos de cuatro, busquen más información sobre Chiapas y el problema indígena en esta región y organicen un pequeño debate sobre **uno** de los siguientes puntos.

1. El racismo que existe en Chiapas es muy diferente del racismo que encontramos en Europa o en Estados Unidos. ¿Es cierta esta oración? ¿Por qué?

2. El racismo está presente en todas las sociedades. En el pasado el racismo se espresaba más abiertamente, hoy en día, el racismo continúa existiendo en todas las sociedades, pero no se expresa tan abiertamente como antes.

Refranes

Los refranes son frases cortas, a veces metafóricas, que contienen una enseñanza o una moraleja (*moral*). Las personas mayores tienden a usar refranes más que los jóvenes. Muchos refranes hispanos tienen un equivalente cercano en inglés, por ejemplo, *A bird in the hand is worth two in the bush* en español es *Más vale pájaro en mano que ciento volando.*

1–10. Refranes. Indica cuál es el significado de la columna B que corresponde al refrán de la columna A. Trata de pensar en el equivalente en inglés si existe.

A	**B**
Refranes	Significado
1. Perro que ladra, no muerde.	a. Por ejemplo, tú sabes español y tu padre tiene que pagar a un traductor para traducir una carta del español al inglés.
2. Ojos que no ven, corazón que no siente.	b. Una persona que se queja (*complaints*) mucho de una situación pero no actúa tan drásticamente como suenan sus palabras.
3. En casa del herrero, cucharas de palo.	c. Las cosas que no vemos o que no sabemos no nos pueden hacer sentirnos mal, precisamente porque las ignoramos.

1–11. Reconstruir un refrán. Ordenen estas palabras de forma lógica y tendrán un refrán. Después, intenten crear un nuevo refrán en inglés para expresar una idea similar. ¡Sean creativos!

librillo   cada   su   tiene   maestrillo

España: Su lugar en la Comunidad Económica Europea

NORTEAMÉRICA

ESPAÑA

Madrid

Islas Baleares

Mar Mediterráneo

Islas Canarias

ÁFRICA

Mar Caribe

OCÉANO ATLÁNTICO

PANORAMA CULTURAL

SUDAMÉRICA

Capital:	Madrid
Población:	40 millones de habitantes
Grupos étnicos:	europeos
Idiomas:	español (castellano) 74%, catalán 17%, gallego 7%, vasco 2%
Moneda:	euro
Área:	aproximadamente dos veces el tamaño de Oregón

Entrando en materia

1–12. ¿Qué sabes de España? Lee las siguientes oraciones sobre España y decide si son ciertas o falsas.

1. España tiene frontera con Portugal y Francia solamente.
2. Los tacos son un tipo de comida española.
3. España, como el Reino Unido, tiene una monarquía.
4. La tortilla española es semejante a la tortilla mexicana.
5. Gibraltar está en la costa sur de España.

PERFIL

DECADENCIA DEL IMPERIO ESPAÑOL, DICTADURA Y DEMOCRACIA

Durante los siglos XVI y XVII, España poseía un gran imperio que incluía territorios en América, Europa y el norte de África. La derrota de la Armada Invencible (la flota española) por parte de los ingleses en 1588, marcó el comienzo de la decadencia del Imperio Español en Europa. En el siglo XIX, España perdió control de las colonias americanas; su última colonia, Cuba, se independizó en 1898.

España vivió los primeros treinta y nueve años del siglo XX en aguda inestabilidad política y **estancamiento**[1]

económico. Esta situación culminó en una guerra civil que comenzó en 1936 y terminó en 1939 con la victoria del General Francisco Franco. Exhausta después de la guerra civil, España se declaró neutral durante la Segunda Guerra Mundial. Su neutralidad y la dictadura de Franco mantuvieron a España **aislada**[2] del resto de Europa económica y políticamente. Por esta razón, en 1960 España era uno de los países más pobres de Europa.

Entre 1961 y 1973 se produjo una revolución económica marcada por un aumento de intercambio económico con otros países, una liberalización de la economía y la promoción turística del país. En 1969 Franco nombró como su sucesor al Príncipe Juan Carlos, nieto del rey Alfonso XIII, quien se había exiliado de España en 1931. Dos días después de la muerte de Franco en 1975, Juan Carlos I fue proclamado rey de España. Con él se **reinstauró**[3] una monarquía constitucional y democrática. Las primeras elecciones democráticas después de la muerte de Franco tuvieron lugar en 1977.

1. *stagnation* 2. *isolated* 3. *restored*

1–13. ¿Comprendiste? Completa las siguientes ideas sobre España.

1. En los siglos XVI y XVII el territorio del Imperio Español incluía...
2. El acontecimiento que marca la decadencia del imperio español es...
3. La última colonia española en América fue...
4. De 1900 a 1939 la situación política y económica...

5. La guerra civil española terminó con la victoria de...

6. Entre 1961 y 1973 la revolución económica fue el resultado de...

7. La monarquía se reinstauró...

PENÉLOPE CRUZ

Penélope Cruz Sánchez nació en Madrid (España) en 1974 y tiene un hermano y una hermana. Sus padres siempre la han apoyado en todas sus decisiones. A los cinco años ingresó en una academia de baile y a los catorce empezó a trabajar como modelo. Más tarde recibió una oferta para hacer el **papel**[4] de protagonista en *Las edades de Lulú*, pero tuvo que rechazarlo por ser menor de edad. Con la película *Belle Époque* de Fernando Trueba, que recibió el Oscar a la mejor película extranjera en 1993, Penélope Cruz se convirtió en una de las actrices españolas más **destacadas**[5]. Tuvo un papel importante en *Todo sobre mi madre*, de Pedro Almodóvar, película que recibió el Oscar a la mejor película extranjera en 1999. Su primera película estadounidense fue *Hi-Lo Country*. En 2001 protagonizó *Vanilla Sky* junto a Tom Cruise. Se llama Penélope por una canción de Joan Manuel Serrat, titulada *Penélope*, que era la preferida de sus padres. Los que la conocen la llaman Pe. La comida que más le gusta es la japonesa y sus colores son el blanco y el negro. Frases que ha dicho: "Soy una cosa a la que hacen fotos", "Todas las experiencias son positivas. Si no hay sombras, no puede haber luz".

4. *role* 5. *visible*

1–14. Más detalles. Responde a las preguntas sobre Penélope Cruz usando la información que leíste y tu propia opinión.

1. ¿Cómo crees que es la relación entre Penélope y sus padres?

2. ¿Por qué no pudo aceptar el papel que le ofrecieron en *Las edades de Lulú*?

3. Explica qué quiere decir Penélope con "Todas las experiencias son positivas. Si no hay sombras, no puede haber luz".

4. ¿Qué opinión tienes de Penélope? ¿Por qué?

ATENCIÓN A LA ESTRUCTURA

Present Perfect Tense

Formation

The present perfect tense has two parts, the first one is the present tense of the auxiliary verb **haber**, the second one is the past participle of the main verb.

Present tense (**haber**)	+	Past participle
yo **he**		
tú **has**		
él/ella/usted **ha**		-ar -er -ir
nosotros **hemos**		hablado, comido, dormido
vosotros **habéis**		
ellos/ellas/ustedes **han**		

To form the past participle, drop the last two letters of the infinitive and add **-ado** for **-ar** verbs, and **-ido** for **-er** and **-ir** verbs. Some verbs feature an irregular past participle. The most common ones are listed below.

abrir	→	abierto		hacer	→	hecho		romper	→	roto
decir	→	dicho		morir	→	muerto		ver	→	visto
escribir	→	escrito		poner	→	puesto		volver	→	vuelto
freír	→	frito		resolver	→	resuelto			

Any verbs that derive from the verbs above also have irregular past participles, e.g., **describir, refreír, deshacer, imponer, componer, prever,** and **devolver.**

Uses of the Present Perfect

The present perfect is used in Spanish in very much the same way it is used in English.

> España y Portugal **han recibido** mucha ayuda económica de la Unión Europea.
>
> *Spain and Portugal **have received** a lot of financial help from the European Union.*

The present perfect is a past tense used when the speaker perceives the action with results bearing upon the present time. That is why certain temporal references such as **hoy, esta mañana, hace una hora, este mes, este año,** and **este siglo** are compatible with the present perfect but expressions like **ayer, el año pasado,** and **la semana pasada** preclude the use of the present perfect and call for the preterit instead.

> **Este mes** hemos tenido muchos exámenes.
>
> ***This month** we have had many tests.*
>
> **Ayer** tuve un examen.
>
> ***Yesterday** I had a test.*

At times, the present perfect is interchangeable with the preterit.

> **Hoy** he bebido café tres veces.
>
> ***Today** I have drunk coffee three times.*
>
> **Hoy** bebí café tres veces.
>
> ***Today** I drank coffee three times.*

No word can come between the auxiliary verb and the past participle, therefore in negative sentences **no** is always placed before the auxiliary verb.

> —¿Has estudiado para el examen ya? —No, **no** he estudiado todavía.
>
> *Have you studied for the test yet? No, I have **not** studied yet.*

1–15. Identificación. Aquí tienes una nota de prensa sobre una visita del presidente de EE.UU. a España. Léela fijándote en los verbos que aparecen en el presente perfecto y subráyalos. ¿Puedes cambiarlos al pretérito? ¿Cambia el significado o se mantiene igual?

Noticias de España

El presidente de EE.UU. ha llegado a Madrid esta mañana. Uno de los temas de su visita es la lucha contra el terrorismo. Durante la cena ofrecida al presidente de EE.UU., el rey de España dijo: "España ha superado (*overcome*) muchos obstáculos a lo largo de la historia y está preparada para superar el problema del terrorismo local e internacional".

Durante el último año, España y EE.UU. han colaborado estrechamente (*closely*) en la lucha contra el terrorismo internacional.

1–16. Lo que hemos aprendido. Usa la forma apropiada del presente perfecto de los verbos en paréntesis para completar esta sinopsis de lo que has aprendido en esta unidad.

En esta unidad nosotros (1. estudiar) varios aspectos de la historia y la cultura de España. Es impresionante ver cómo se (2. transformar) España en sólo unas décadas. La manera en que los españoles se (3. adaptar) a la democracia en tan poco tiempo es ejemplar. Ellos (4. hacer) un gran esfuerzo para integrarse política y económicamente en la Europa occidental. Yo (5. leer) un artículo que decía que algunos países gobernados bajo dictaduras (6. examinar) el caso de España para usarlo como ejemplo y facilitar su transición a la democracia. Yo (7. aprender) mucho sobre este tema y voy a buscar más información en Internet.

1–17. Un día en la vida del rey. En parejas, completen este párrafo para descubrir cómo pasa un día el rey de España. Deben conjugar los verbos de la lista en el tiempo pasado más apropiado (el imperfecto, el pretérito o el presente perfecto). ¡Atención, estos verbos pueden tener un participio pasado irregular!

Mucha gente piensa que un rey no tiene nada que hacer. Sin embargo, un rey moderno tiene muchas responsabilidades. Por ejemplo, hoy el rey Don Juan Carlos (1) ___ de una visita a Costa Rica y (2) ___ diez cartas, todas ellas sobre importantes temas de estado. Por la tarde él y la reina (3) ___ varios problemas durante una cena oficial para los dignatarios de la Unión Europea. El rey también (4) ___ varias llamadas telefónicas a diferentes ministros del gobierno. Durante la cena oficial el rey no (5) ___ mucho porque estaba muy cansado.

> volver
> decir
> resolver
> hacer
> escribir

1–18. ¿Y tú? ¿Tiene tu rutina algo en común con la rutina diaria del rey? Explica en diez oraciones o menos qué ha pasado o no ha pasado esta semana, qué has hecho tú y qué han hecho las personas con las que te relacionas. Selecciona entre estos verbos para formar <u>cinco</u> de tus oraciones.

> abrir   escribir   freír   hacer   morir   poner   resolver   romper   ver   volver

Entrando en materia

1–19. ¿Qué saben de la Unión Europea? Usen lo que ya saben sobre la política mundial para determinar si estas oraciones son ciertas o falsas. Si pueden, corrijan las falsas.

1. Europa quiere ser una potencia (*power*) económica comparable a EE.UU. o Japón.
2. El ruso es una de las lenguas oficiales de la Unión Europea.
3. Los términos **Europa** y **Unión Europea** son sinónimos.
4. Los miembros de la Unión Europea son: Portugal, España, el Reino Unido, Irlanda, Francia, Grecia, Alemania, Italia, Austria, Finlandia, Suecia, Dinamarca, Bélgica, Holanda y Luxemburgo.
5. La Unión Europea permite que sus miembros tengan gobiernos no democráticos.

1–20. Vocabulario en contexto.

A. Vas a oír las oraciones siguientes en la miniconferencia. Usando el contexto de las oraciones, indica cuál de estos sinónimos corresponde a las palabras en negrita.

> dar   activar   pedir   situada   unión

1. El proceso de **adhesión** de España a la Unión Europea fue largo.
2. Un objetivo importante de la Unión Europea es **estimular** la economía.
3. La ciudadanía europea **confiere** a los españoles una serie de privilegios.
4. España está **ubicada** geográficamente al sur de Francia y al este de Portugal.
5. España **solicitó** la entrada en la Unión Europea en 1960.

B. Indica cuál de estos antónimos corresponde a las palabras en negrita en contexto.

> disminución   salida   occidental

1. La Unión Europea quiere ampliar la Unión y ahora se prepara para la quinta **ampliación**.
2. La Unión Europea quiere incluir a países de la Europa **oriental**.
3. El **ingreso** en la Unión Europea no fue fácil para España.

Antes de escuchar

¿Qué sabes ya sobre la Unión Europea? ¿Tienes una idea general del tipo de información que vas a escuchar? ¿Sabes cuáles son algunos de los requisitos para ingresar en la UE? Usa la información que ya tienes o simplemente tu "sentido común" para escribir una lista con 4 ó 5 puntos que crees que son importantes al decidir qué países están preparados para ingresar a la Unión. Después de escuchar la conferencia, revisa tu lista. ¿Acertaste en tus predicciones?

Democracia y economía: Requisitos para ingresar en la Unión Europea

Ahora tu instructor/a va a presentar una miniconferencia.

1–21. Recapitulación. Responde a las siguientes preguntas según lo que escuchaste.

1. ¿Qué otros nombres ha recibido la Unión Europea en el pasado?
2. ¿Cuántas fases de adhesión ha tenido la Unión Europea?
3. Menciona tres aspectos en que los países de la Unión Europea quieren tener una política común.
4. ¿Qué requisitos necesita cumplir un país para ser aceptado en la Unión Europea?
5. ¿Cómo quiere ampliar la Unión Europea el número de países miembros?

1–22. Hablemos del tema. En la miniconferencia se menciona que España solicitó entrar a la Unión Europea en 1975, después de la muerte del dictador Francisco Franco. La Unión Europea no aceptó a España por considerar que el país no había consolidado su transición de la dictadura a la democracia. Ahora tú y tus compañeros van a representar una situación relacionada con ese hecho histórico.

Estudiantes A y B:

Dos representantes del gobierno español piden la entrada de España en la Unión Europea. Su objetivo es persuadir a los representantes de la Unión de que España está bien preparada para ser admitida y que no aceptarla sería un tremendo error. Preparen una lista de argumentos sólidos y convincentes (*convincing*). Sean creativos.

Estudiantes C y D:

Dos representantes de la Unión Europea expresan acuerdo o desacuerdo con los argumentos y comentarios de los representantes españoles. Finalmente, les comunican su decisión. Sean creativos.

Por si acaso

Expresiones para persuadir

Esta es una idea clave que merece su atención.
This is a key idea that deserves your attention.
Es muy importante que consideren todos los detalles.
It is very important that you consider every detail.
Este es un argumento convincente porque...
This is a convincing argument because . . .
Nuestra petición está justificada porque...
Our request is justified because . . .

Expresiones para expresar acuerdo o desacuerdo

(No) Estoy de acuerdo
I agree/disagree
(No) Tiene/s razón
You're right/wrong
Esa es una idea plausible pero . . .
That is a plausible idea but . . .
De acuerdo, pero no olvide/s que...
OK, but don't forget that . . .

1–23. Test: Euroinformación. ¡Pon a prueba tus conocimientos sobre la Unión Europea!

1. EE.UU. apoya la Unión Europea.
   a. cierto   **b.** falso

2. La población de la Unión Europea es superior a la de EE.UU.
   a. cierto   **b.** falso

3. El euro fue adoptado por todos los países de la Unión Europea en el 2002.
   a. cierto   **b.** falso

4. Suiza es miembro de la Unión Europea.
   a. cierto   **b.** falso

5. La bandera europea es azul y tiene 12 estrellas amarillas.
   a. cierto   **b.** falso

6. La representación de cada país en el parlamento europeo es proporcional al número de habitantes que tiene cada país.
   a. cierto   **b.** falso

7. Una de las caras del euro tiene exactamente el mismo diseño en todos los países.
   a. cierto   **b.** falso

8. El número de estrellas de la bandera europea es igual al número de países en la UE.
   a. cierto   **b.** falso

9. La tasa de desempleo de la UE es superior a la de EE.UU.
   a. cierto   **b.** falso

10. El territorio de EE.UU. es mayor que el de la UE.
   a. cierto   **b.** falso

Resultados:
0–3 euroinconsciente   4–7 euroconsciente   8–10 eurosnob

México y España: Su rivalidad y reconciliación

Entrando en materia

1–24. ¿Qué esperas leer? Lee los títulos de *Perfil*. ¿Qué información esperas encontrar?

1. México se independiza de España
2. Plaza de las Tres Culturas

1–25. Términos y asociaciones. En parejas, expliquen qué ideas, conceptos o hechos históricos de su cultura u otras culturas asocian con los siguientes términos.

> **MODELO** invasión
> Los moros invadieron España en el año 711.

1. período colonial
2. independencia
3. revolución
4. guerra civil
5. monarquía absoluta

PERFIL

MÉXICO SE INDEPENDIZA DE ESPAÑA

España se resistió durante mucho tiempo a reconocer la independencia de México, que entonces se llamaba Nueva España. La guerra de independencia de la Nueva España duró 11 años (1810–1821). Durante esos años murieron algunos de sus principales líderes, como el padre Miguel Hidalgo, ejecutado en 1811, y el padre José María Morelos, ejecutado en 1815, además de miles de hombres y mujeres patriotas. Finalmente la lucha por la independencia **alcanzó**[1] su objetivo el 27 de septiembre de 1821. Después de esta fecha, en 1829 España intentó recuperar México, pero no lo consiguió.

1. *reached*

Mapa de Nueva España

Varios factores inspiraron el deseo de independencia en México. Los criollos, blancos nacidos en territorio colonial, empezaron a cuestionar los privilegios de los nacidos en España, a los que se les llamaba **despectivamente**[2] *gachupines*. Los criollos no tenían acceso a los puestos influyentes en la administración civil y eclesiástica de Nueva España. Además, estos criollos no veían la posibilidad de mejorar la economía en Nueva España porque los españoles no tenían interés en su prosperidad y utilizaban los recursos de las colonias para enriquecerse **a sí mismos**[3]. Igualmente, la población indígena y mestiza estaba descontenta por la pobreza en la que vivía.

En la escena internacional, EE.UU., que había conseguido su independencia en 1783 después de seis años de guerra con los británicos, fue un ejemplo para Nueva España. Además, las nuevas corrientes filosóficas de liberales afectaron las ideas políticas de los indígenas, criollos y mestizos. La filosofía liberal se oponía al poder absoluto de la monarquía y defendía ideas democráticas: la **soberanía**[4] del pueblo y la división de los poderes ejecutivo, legislativo y judicial.

Al romper la relación con España, los mexicanos adoptaron las ideas políticas republicanas como **rechazo**[5] de su pasado colonial, que se asociaba con la monarquía.

---

2. *derogatorily* 3. *themselves* 4. *sovereignty* 5. *rejection*

1–26. ¿Comprendiste? Indica qué idea de la columna B completa la idea de la columna A.

A	B
1. Por mucho tiempo, España no reconoció…	**a.** hombres y mujeres de ascendencia española que nacieron en territorio mexicano.
2. Miguel Hidalgo y José María Morelos…	**b.** EE.UU había tenido éxito (*success*) en su lucha por la independencia.
3. Los criollos eran…	**c.** a México como país independiente.
4. Los criollos se inspiraron en EE.UU. porque…	**d.** fueron héroes de la guerra de la independencia mexicana.

PLAZA DE LAS TRES CULTURAS

Se encuentra en México, D.F. Su nombre representa la fusión de los tres períodos culturales de México: prehispánico, hispánico y moderno. Tiene elementos de las tres culturas: la primera está representada por las ruinas de Tlatelolco, un centro ceremonial azteca; la segunda, por la Iglesia de Santiago Tlatelolco, construida en 1609, junto con el Colegio de Santa Cruz de Tlatelolco (1535); y finalmente, la tercera está representada por la Secretaría de Relaciones Exteriores, construida en 1970 y otros edificios modernos.

1–27. Comparación. Elige **uno** de los puntos siguientes y contesta las preguntas en un párrafo de unas 40 a 50 palabras. Puedes consultar la lectura, indicar datos, dar opiniones o incluso preparar un gráfico que refleje tu visión de la respuesta.

1. ¿Qué diferencias o semejanzas crees que hay entre la independencia de EE.UU. y la de México? ¿Crees que estas diferencias o semejanzas tuvieron mucha importancia en el proceso de independencia?

2. Fíjate en la foto de la Plaza de las Tres Culturas. ¿Puedes pensar en algún lugar que conozcas que represente la fusión de varias culturas? Describe ese lugar con tanto detalle como puedas y explica cómo está representada cada cultura.

ATENCIÓN A LA ESTRUCTURA

Prepositions por, para, de, a, en

Except for the idiomatic uses of prepositions, we can define a preposition as a word that establishes a relationship between its most immediate words, e.g., mesa **de** madera, caminamos **por** dos días, vivo **en** Puebla. In these examples **de, por,** and **en** indicate a relationship of substance, time, and location respectively.

Only a few Spanish prepositions feature a one-to-one correspondence with English. The norm is for a Spanish preposition to have different translations in English depending on the context. In addition, while a certain phrase may not require a preposition in English, the Spanish equivalent may require it, e.g., *I'm afraid to speak.* ➔ Tengo miedo **de** hablar.

The focus of this unit is on the use of the prepositions **por, para, de, a,** and **en**. Some of the information you may recall from first-year Spanish and some of it may be new.

Uses of **por** and **para**

Por

place of transit (**por** = *through*)

    Los revolucionarios no quisieron pasar **por** la capital de México.

    *The revolutionaries did not wish to pass **through** the capital of Mexico.*

duration (**por** = *for*)

    Los rebeldes lucharon **por** once años.
    *The rebels fought **for** eleven years.*

because of, in exchange for (**por** = *for*)

    Los rebeldes lucharon **por** la libertad.
    *The rebels fought **for** liberty.*

Para

place of destination (**para** = *to*)

    Algunos revolucionarios insistieron en ir **para** la capital de México.

    *Some revolutionaries insisted on going **to** the capital of Mexico.*

goal or recipient or beneficiary (**para** = *for, in order to*)

    Los campesinos no tenían dinero **para** comprar comida.

    *The peasants did not have any money **in order to** buy food.*

Las asociaciones no lucrativas
no trabajan **por** dinero.

*Non-profit origanizations
do not work **for** money.*

Los campesinos no tenían dinero **para** comida.
*The peasants did not have any money **for** food.*

Los campesinos trabajaron **para** los dueños
de las haciendas.
*The peasants worked **for** the owners of the ranches.*

Uses of **de**

1. Characteristic or condition (**de** = *in, with*)

   El hombre **del** sombrero es Pancho Villa.

   *The man **in** the hat is Pancho Villa.*

   El hombre **de** ojos marrones e intensos
   es Emiliano Zapata.

   *The man **with** intense brown eyes
   is Emiliano Zapata.*

2. Time and time span (**de** = *at, during, from*)

   Los revolucionarios atacaban **de** noche.

   *The revolutionaries attacked **at** night.*

   Los campesinos trabajaban **de** día.

   *The peasants worked **during** the day.*

   Los campesinos trabajaban **de** cinco de
   la mañana a ocho de la noche.

   *The peasants worked **from** five in the morning
   until eight in the evening.*

3. Authorship (**de** = *by*)

   La historia "Los novios" es **de** un
   autor desconocido.

   *The story "Los novios" is **by** an unknown
   author.*

   Estoy leyendo una novela **de** un
   autor mexicano.

   *I am reading a novel **by** a Mexican author.*

Uses of **a**

1. Time expressed in reference to clock hours (**a** = *at*)

   Los revolucionarios se levantaron **a**
   las seis de la mañana.

   *The revolutionaries got up **at** six in the
   morning.*

2. After verbs of motion (**ir, venir, llegar, volver, caminar, correr**) (**a** = *to*)

   Los revolucionarios fueron **a** la
   capital de México.

   *The revolutionaries went **to** the capital
   of Mexico.*

3. In the construction **al** + *infinitive* to express an event that triggers
   another (**a** = *on/upon*)

   Al llegar los revolucionarios, la población
   indígena los aplaudió.

   ***Upon** the arrival of the revolutionaries, the
   indigenous population applauded.*

4. **a** + **la** + *feminine adjective* (of geographical origin) to indicate the style
   in which something is done (**a** + **la** + *feminine adjective* = *in the style*)

   Muchas personas en EE.UU. comen **a**
   la mexicana.

   *Many people in the US eat **in the**
   Mexican style.*

Uses of **en**

1. Location (**en** = *at*)

   Los campesinos tendrán una fiesta **en**
   la plaza del pueblo.

   *The peasants will have a party **at**
   the town square.*

2. Location (**en** = *on*)

Emiliano Zapata puso la pistola **en** la mesa.   *Emiliano Zapata put the gun **on** the table.*

3. Time in the past or in the future expressed in quantity (**en** = *in, within*)

Estudiaremos más sobre Emiliano
Zapata **en** dos semanas.

*We will study more about Emiliano Zapata
in two weeks.*

México ha cambiado mucho **en** los
últimos cinco años.

*Mexico has changed greatly **within** the last
five years.*

For a review of the use of
personal **a** and **ser** vs. **estar**,
see *Apéndice gramatical 1.*

1–28. Identificación y producción.

A. Identifica el uso de las preposiciones en negrita en las oraciones siguientes.
Después escribe una oración sobre tu vida personal o académica con el mismo
uso de la preposición en el ejemplo.

MODELO   Me gusta pasear **por** México, D.F.
Use: **place of transit**
**Todas las mañanas paso por El Centro Estudiantil
de camino a mis clases.**

1. España ha experimentado un gran avance económico **en** los últimos diez años.
2. Tienes que ver México, D.F. **de** noche.
3. El primer ministro español, José María Aznar, voló **a** México ayer.
4. ¿Cuándo vas **para** España?
5. He estudiado **para** este examen **por** veinte horas.
6. España invirtió 1,5 billones de dólares **en** México en el año 2000.
7. **Al** ver al primer ministro Aznar, los periodistas se acercaron **para** tomar fotos.
8. El primer ministro Aznar bailó **a la mexicana**.
9. El hombre **del** poncho rojo es de Chiapas.
10. Los rebeldes se sacrificaron **por** México.

B. Ahora decide si necesitas **por** o **para**.

1. Aznar visitó México (por / para) negociar acuerdos bilaterales.
2. Los mexicanos quieren trabajar más (por / para) un futuro mejor.
3. El día de la Virgen de Guadalupe, cientos de personas saldrán temprano
(por / para) el santuario de la Virgen.
4. Muchos españoles vivieron en México (por / para) muchos años después de
la guerra civil española.
5. A muchos turistas les gusta pasear (por / para) la Plaza de las Tres Culturas.

1–29. La boda del presidente Fox. Escoge la preposición apropiada usando la lista de preposiciones incluida en la sección anterior. ¡Ojo, es posible que haya más de una opción para algunas oraciones!

1. En esta foto, la señora ____ traje azul es la esposa del presidente Vicente Fox, Martha Sahagún.
2. A Martha le gustan los poemas ____ Octavio Paz, poeta mexicano.
3. Hoy, 2 de julio de 2001, el presidente Fox se levantó ____ las seis de la mañana y estuvo en su boda civil ____ siete y media a ocho de la mañana.
4. El presidente Fox y Martha Sahagún se casaron ____ la casa presidencial Los Pinos.
5. Después de la boda, fueron ____l Palacio Nacional.
6. El presidente y su esposa estuvieron muy ocupados con una visita oficial ____ las cinco horas después de su boda.
7. ___l terminar la ceremonia civil, un sacerdote les dio la bendición.
8. Después de la boda, recibieron al presidente Aznar con una cordialidad ____ la mexicana.

SITUACIONES

Inmigración en Estados Unidos

Según cálculos anteriores, se esperaba que la población hispana en Estados Unidos sería más numerosa que la afroamericana en 2009. La fuerte inmigración hispana (en gran parte mexicana) y la tasa de nacimientos adelantaron la fecha prevista. Una nota de prensa publicada por la Oficina del Censo de Estados Unidos en enero de 2003, confirma oficialmente este hecho.

	Julio 2001	Abril 2000	Variación 2000–2001	
			Numérica	Porcentual
Población total	284,8	281,4	3,4	1,2
Hispanos y latinos (de todas las razas)	37,0	35,3	1,7	4,7
Una sola raza	208,7	277,5	3,2	1,2
Blancos	230,3	228,1	2,2	1,0
Blancos excluyendo hispanos y latinos	196,2	195,6	0,6	0,3
Negros o afroamericanos	36,2	35,7	0,5	1,5
Indios americanos e indígenas de Alaska	2,7	2,7	0,1	2,3
Asiáticos	11,0	10,6	0,4	3,7
Indígenas de Hawai y otras islas del Pacífico	0,5	0,5	----	3,0
Dos o más razas	4,1	3,9	0,2	4,6

las cifras de esta tabla representan millones, excepto en la columna de variación porcentual

1–30. Inmigrantes en Estados Unidos. En grupos de cuatro personas, analicen los datos de la tabla anterior. Piensen en algunos movimientos migratorios hacia EE.UU., como la llegada de la población judía de Alemania entre 1939 y 1945, la llegada de la población coreana entre 1950 y 1953 y la población mexicana que ha llegado en los últimos veinte años. Después, debatan sus opiniones sobre los siguientes puntos.

1. ¿Por qué creen que se han producido esos movimientos migratorios?
2. ¿Cómo han contribuido estos grupos económica y socialmente al país?
3. ¿Qué grupos han recibido más aceptación? ¿Por qué?
4. ¿Cómo creen que puede influir en el futuro de Estados Unidos la gran minoría latina?
5. Si tuvieran que emigrar a otro país, ¿qué país escogerían? ¿Por qué?

COLOR Y FORMA

El padre Miguel Hidalgo y la independencia nacional, de José Clemente Orozco

José Clemente Orozco (1883–1949) nació en el estado de Jalisco, México. Este pintor popularizó la técnica del fresco y es uno de los mejores muralistas de la cultura occidental. Trabajó en EE.UU. entre 1927 y 1934. Durante esta época pintó los murales de la biblioteca Baker en Dartmouth College, en los cuales se representa la historia de América. El movimiento pictórico que más influyó en su arte fue el simbolismo. Orozco fue un hombre activo en política durante el período de la Revolución Mexicana (1910 a 1920). Su preocupación por la justicia social se muestra en sus murales y en sus caricaturas.

1–31. Mirándolo con lupa.

1. Describe los objetos y los colores que observas en el cuadro.
2. Explica la relación entre las imágenes del cuadro y el título.
3. Dale un título diferente a la obra y explica tu selección.
4. Explica la relación entre el tema de este cuadro y el tema de esta unidad.
5. ¿Comprarías este cuadro? Explica.

Lo mejor de México y España

MÉXICO

Golfo de México

● **México, D.F.**

ESPAÑA

OCÉANO ATLÁNTICO

Madrid ●

Mar Mediterráneo

PANORAMA CULTURAL

Entrando en materia

1–32. Anticipar. Antes de entrar en materia, fíjate en los títulos de la sección *Perfil.* ¿Sabes qué significan las palabras **neurólogo** y **bioquímica**? Si no lo sabes, averígualo antes de leer la sección. Así podrás hacerte una idea sobre el tipo de trabajo que hacen o hacían las dos personas que se presentan en las lecturas.

SANTIAGO RAMÓN Y CAJAL, NEURÓLOGO ESPAÑOL

Santiago Ramón y Cajal fue un neurólogo español cuyo trabajo sobre el sistema nervioso humano le mereció el Premio Nobel de medicina en 1906. De joven tuvo vocación de artista y tenía una gran habilidad para el dibujo. Sin embargo, su padre, que era instructor de anatomía, lo convenció para que estudiara medicina. Sus primeras investigaciones se dieron a conocer en el congreso de la Sociedad alemana de anatomía en Berlín, en 1895. Entre los trabajos que publicó se encuentran *Manual de anatomía patológica* y *Textura del sistema nervioso del hombre y los vertebrados* y más de cien artículos escritos en francés y en español. A lo largo de su carrera recibió premios y reconocimientos en todo el mundo. Su trabajo es la base de la neurología actual: describió el modelo básico para el estudio del sistema nervioso y su funcionamiento, y logró aislar la unidad de la célula nerviosa, lo que hoy se conoce como neurona.

1–33. ¿Comprendiste? Usando la información que acabas de leer, di si las oraciones siguientes son ciertas o falsas y corrige las falsas para que sean ciertas.

1. Desde que era joven, Santiago Ramón y Cajal quería ser médico.
2. Ramón y Cajal es conocido por su trabajo sobre el sistema nervioso humano.
3. El trabajo de Ramón y Cajal sólo fue reconocido después de su muerte.

EVANGELINA VILLEGAS, BIOQUÍMICA MEXICANA

La Dra. Evangelina Villegas, en colaboración con el científico hindú Surindar K. Vasal, ha desarrollado una nueva variedad de maíz enriquecido con proteína. Los dos científicos han trabajado en este proyecto durante tres décadas. Las investigaciones se llevaron a cabo en el Centro Internacional de Mejoramiento de Maíz y **Trigo**[1] y fueron galardonadas con el Premio Mundial de Alimentación 2000.

Esta nueva planta tiene el mismo aspecto y sabor que el maíz normal, pero con una diferencia fundamental: contiene el doble de aminoácidos esenciales para la salud y la nutrición humanas. Su valor nutritivo es similar al de la leche descremada. La creación de esta nueva variedad de maíz ha tenido una gran importancia ya que el maíz es el cereal más cultivado en todo el mundo y es la base de la alimentación de muchos países.

1. *wheat*

1–34. Análisis. En parejas, repasen la información de *Perfil* y sigan estos pasos.

1. Escriban una oración describiendo la aportación de la doctora Villegas a la ciencia.
2. Comparen el tipo de trabajo de Ramón y Cajal con el de Villegas.
3. Pónganse de acuerdo sobre cuál les resulta más interesante a ustedes.
4. Piensen cuál es el que más puede beneficiar a la humanidad.
5. Por último, imaginen que ustedes pudieran convertirse en los autores de uno de estos dos descubrimientos, ¿por cuál se decidirían? ¿Por qué?

1–35. Preparación. Aquí tienen varios folletos turísticos. En parejas, y antes de leer, preparen una lista breve incluyendo el tipo de información que normalmente se encuentra en folletos turísticos. Incluyan tantos puntos como sea posible. Después de leer, repasen su lista para comprobar si sus predicciones eran acertadas.

Qué ver en Oaxaca

EL ESTADO DE OAXACA

En su vasta geografía encontrarás playas, montañas, bosques y valles; zonas arqueológicas, arquitectura colonial, enormes recursos de biodiversidad, todas las comodidades del mundo moderno, tradiciones centenarias y folclore. Todos estos aspectos hacen de Oaxaca uno de los destinos preferidos por el turismo nacional y extranjero.

LA CIUDAD DE OAXACA

La ciudad de Oaxaca se distingue por la belleza y armonía de su arquitectura, la riqueza de sus costumbres y tradiciones, la extensa variedad de su comida y su clima primaveral.

El centro histórico de la ciudad fue declarado Patrimonio de la Humanidad por la Organización de las Naciones Unidas para la Educación, las Ciencias y la Cultura (UNESCO). La Plaza de la Constitución o Zócalo de la ciudad es una de las más hermosas de México. El andador Macedonio Alcalá o "Andador Turístico" es una calle peatonal y es donde están los museos, las antiguas casas coloniales, las galerías, los restaurantes y las más distinguidas tiendas de artesanía y joyería.

RUTA DE LA CULTURA PREHISPÁNICA

La ruta Monte Albán-Zaachila comprende la zona arqueológica de Monte Albán, la ciudad más

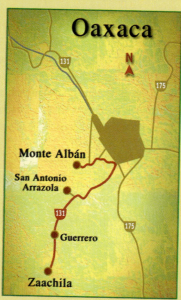

representativa de la cultura zapoteca por su desarrollo cultural y su arquitectura. En el poblado de Atzompa se elaboran hermosas piezas de barro natural y verde vidriado[2].

LA COSTA OAXAQUEÑA

¡Huatulco tiene de todo, menos invierno! Es uno de los lugares más bellos de la costa del Pacífico mexicano. Huatulco también es uno de los complejos turísticos más ambiciosos del país, porque en todos sus megaproyectos se ha buscado proteger la belleza natural del lugar y conservar su ecología.

EL SABOR DE OAXACA

La cocina oaxaqueña es una de las más ricas de México. En la cocina de Oaxaca el ingrediente prehispánico es fundamental. El platillo más tradicional es el "mole oaxaqueño", en sus siete variedades dependiendo del tipo de chile que se utiliza, comenzando desde el mole más sencillo hasta el más elaborado; hay mole negro, amarillo, almendrado, de chichilo, verde y colorado. Además sobresalen los chiles rellenos, el quesillo, las tlayudas, los tamales y los "chapulines"[3] preparados con sal. Se dice que aquéllos que los prueban siempre regresan a Oaxaca. Y entre las bebidas típicas del estado se encuentra el "mezcal".

2. *glass crafts* 3. *grasshopper*

El Camino de Santiago: Turismo espiritual

La red[4] de caminos que conducen a Santiago de Compostela (España) recibe el título de Primer Itinerario Cultural Europeo por su función difusora de las manifestaciones culturales y creadora de una identidad común entre los pueblos de Europa. Es sin duda la primera gran ruta que conduce por tierras de España a viajeros de todo el mundo.

Desde hace más de ocho siglos, el culto al Apóstol Santiago tiene como consecuencia un flujo interminable de peregrinos[5]. El itinerario del Camino de Santiago tiene una función espiritual y cultural. En la ruta resalta[6] la gran variedad cultural de las regiones que se recorren, la hospitalidad de sus gentes y el variado paisaje.

La ruta mejor y más conocida es la que se conoce como el camino francés. Entra en España por Somport u Orreaga-Roncesvalles en los Pirineos y se unifica después en Puente la Reina. El objetivo de la ruta es visitar la tumba del Apóstol Santiago, que se encuentra en la ciudad de Santiago de Compostela, específicamente en la catedral de esta ciudad.

La ciudad del Apóstol está llena de monumentos, y recorrer sus calles, plazas y rincones es el mejor atractivo antes de probar la excelente cocina. Las fiestas para honrar al Apóstol Santiago son los días 24 y 25 de julio.

Entre los famosos que han sido peregrinos en el Camino de Santiago están Shirley McLaine y Anthony Quinn.

4. *network* 5. *pilgrims* 6. *stands out*

1–36. Comprensión y preferencias. En parejas, sigan los siguientes pasos. Imaginen que tienen que hacer varias recomendaciones para sus amigos sobre algunos de los lugares mencionados en los folletos. Uno de sus amigos quiere hacer turismo arqueológico; a otro le interesa mucho la gastronomía y a su amiga Marta le fascina la playa durante las vacaciones.

- Primero indiquen qué lugar les parece más indicado para cada viajero.
- Después, incluyan información sobre las actividades disponibles en cada lugar.
- Finalmente, incluyan sus preferencias personales y explíquenles por qué ustedes preferirían ir a un sitio u otro.

1–37. Una postal. Imagínate que acabas de pasar tus vacaciones en uno de los lugares de *Ven a conocer*. Escribe una postal de unas 50 a 75 palabras y explícale a tu instructor a dónde fuiste y qué hiciste en los lugares de tu elección. Recuerda que debes dirigirte a tu instructor formalmente, usando usted, y presta atención a los tiempos verbales del pasado.

PONLO POR ESCRITO

Relaciones entre México y España desde la Conquista hasta nuestros días

1–38. Un resumen. La Enciclopedia Iberoamericana necesita una entrada (*entry*) de 250 a 300 palabras que resuma la historia de las relaciones entre México y España desde la Conquista hasta nuestros días. Escribe el artículo usando la información de esta unidad o de fuentes adicionales.

Preparación

1. Repasa las lecturas de esta unidad y toma nota de la información sobre las relaciones entre México y España.
2. Organiza la información en dos o tres subtemas, por ejemplo, política, sociedad, economía, etc.
3. ¿Cómo crees que debe ser el tono de este artículo: objetivo o subjetivo?

A escribir

4. Da un título a tu resumen.
5. Escribe una breve introducción que anticipe los temas que vas a tratar.
6. Desarrolla cada uno de los temas en un párrafo. Debes introducir cada tema con una oración temática (la idea central del párrafo) y continuar el resumen con dos o tres detalles que expliquen esa idea central.

> **MODELO**
>
> Párrafo 1
>
> Oración temática ➔ **Las relaciones sociales entre México y España durante la época de la conquista eran...**
>
> Detalle 1 ➔ **Entre otros factores, los conquistadores no respetaban la identidad cultural del pueblo indígena…**

7. Escribe una conclusión que resuma los puntos más importantes.

Revisión

1. Escribe el número de borradores que te indique tu instructor/a y revisa tu texto usando la guía de revisión del Apéndice C.
2. Escribe la versión final y entrégasela a tu instructor/a.

EL ESCRITOR TIENE LA PALABRA

1–39. Anticipar. Antes de leer, respondan a las siguientes preguntas para identificar lo que ya saben sobre el tema que trata esta leyenda.

1. El título *Los novios* sugiere:

   a. una historia de misterio.　　　**b.** una historia de amor.

2. Lean la primera frase. ¿Conocen otras historias que empiezan de esa forma? ¿Qué tipo de historias son?

3. ¿Qué personajes creen que van a encontrar en *Los novios*?

4. Miren la ilustración de la historia y preparen una hipótesis sobre qué representan los dos volcanes. Después de leer la leyenda, revisen su hipótesis y corrijan los elementos necesarios.

Los novios, Leyenda anónima

Hace mucho tiempo había un gran emperador azteca cuyo mayor tesoro era su hija, la muy hermosa Ixtaccíhuatl. Los aztecas, como toda nación poderosa, tenían muchos enemigos. Un día, el emperador recibió malas noticias. Sus peores enemigos planeaban un ataque contra su pueblo. El emperador era ya viejo y no podía ser el jefe de sus soldados en una lucha **despiadada**[1] y cruel. Por eso, convocó en el salón del **trono**[2] a todos los **guerreros**[3] jóvenes y valientes del imperio. El emperador les dijo:

—He recibido noticias terribles. Nuestros peores enemigos están planeando un ataque enorme contra nuestras fronteras. Yo ya soy viejo y no puedo mandar las tropas. Necesito un jefe para mi ejército. **Elijan**[4] entre ustedes al guerrero más valiente, más fuerte y más inteligente, y yo lo nombraré capitán de mis ejércitos. Si ganamos la guerra, no sólo le daré todo mi imperio, sino también mi joya más preciada: mi hija, la bella princesa Ixtaccíhuatl.

En la sala hubo mucho **alboroto**[5], un gran **rugido**[6] se elevó de las **gargantas**[7]; todos los guerreros gritaron al mismo tiempo un solo nombre:

—¡Popocatepetl! ¡Popocatepetl! Popocatepetl es el más valiente, Popocatepetl es el más fuerte y el más inteligente. Popocatepetl va a **derrotar**[8] a nuestros enemigos. ¡Viva Popocatepetl!

Los jóvenes guerreros **levantaron a Popocatepetl en hombros**[9] y lo llevaron hasta el emperador. Este lo miró a los ojos y le dijo:

—Popocatepetl, la **suerte**[10] de nuestro pueblo está en tus manos. Tú eres el nuevo jefe del ejército azteca. El enemigo es poderoso. Si **vences**[11], te daré mi trono y la mano de mi hija, la bella princesa Ixtaccíhuatl. Pero si eres **derrotado**[12], no vuelvas.

Popocatepetl tenía una tarea muy difícil ante él. Estaba preocupado y feliz: preocupado por la guerra, pero ¿por qué estaba feliz? Nadie lo sabía. El secreto que guardaba era que él e Ixtaccíhuatl se amaban. Se habían conocido hacía un año caminando entre **aguacates**[13], y el amor floreció en sus ojos desde la **primera mirada**[14]. La guerra sería dura, sería difícil, sería terrible; pero con la victoria, sus sueños de amor se verían cumplidos.

La noche antes de partir para la lucha, Popocatepetl fue a despedirse de Ixtaccíhuatl. La encontró paseando entre los canales. La princesa estaba muy triste, le dijo a su amado:

—Tengo miedo de que mueras, ten mucho cuidado, mi amor. Regresa **sano**[15] y vivo. Sé que no podré seguir viviendo si tú no estás conmigo.

—Volveré, volveré por ti. Nos casaremos y siempre, siempre, permaneceré a tu lado —contestó Popocatepetl.

---

1. *merciless*
2. *throne*
3. *warriors*
4. *Choose*
5. *uproar*
6. *roar*
7. *throats*
8. *defeat*
9. *carried on their shoulders*
10. *fate*
11. *win*
12. *defeated*
13. *avocado trees*
14. *first sight*
15. *healthy*

Popocatepetl salió de la capital **al mando de**[16] los jóvenes soldados. La guerra resultó sangrienta, larga, feroz. Pero Popocatepetl era el más fuerte. Popocatepetl era el más inteligente. ¡Nadie era más valiente que Popocatepetl! ¡Viva Popocatepetl!

El ejército azteca triunfó contra sus enemigos. Todos los guerreros se alegraron. Todos celebraron la victoria. ¿Todos? Había un guerrero que no se alegró, un guerrero que no celebró la victoria. ¿Qué pasaba? Este guerrero tenía celos de Popocatepetl. Deseaba todo lo que Popocatepetl poseía. Él quería ser el nuevo jefe del ejército azteca y él deseaba casarse con la princesa Ixtaccíhuatl.

Los soldados aztecas se prepararon para regresar a la capital. Sin embargo, el guerrero celoso salió más pronto, corrió tan rápidamente que llegó un día antes que el resto del ejército. Fue donde el emperador. **Se arrodilló**[17] a sus pies y le anunció que Popocatepetl había muerto en el primer día de lucha; que él, y no Popocatepetl, fue el guerrero más fuerte y valiente; que él, y no Popocatepetl, fue el jefe del ejército en la batalla.

El emperador, quien apreciaba de verdad a Popocatepetl, se entristeció profundamente. Su **rostro**[18] se oscureció de dolor; pero él había hecho una promesa y tenía que cumplirla. Le ofreció al guerrero celoso todo el imperio azteca y la mano de su hija. Al día siguiente hubo una gran fiesta en el palacio con flores, música, bailes y concursos de poesía. Ese día se celebraban las bodas de la bella princesa y de aquel guerrero. **De repente**[19], en mitad de la ceremonia, Ixtaccíhuatl gritó: ¡Ay mi pobre Popocatepetl! No podré vivir sin ti. Y ella cayó muerta en el suelo.

En ese momento, los otros guerreros aztecas con Popocatepetl a la cabeza entraron ruidosamente en el palacio. Popocatepetl quería su recompensa y sus ojos buscaron a su amada por las salas. Nadie habló. Un gran silencio ocupó todas las estancias. Las miradas se dirigieron a la princesa muerta. Popocatepetl vio a Ixtaccíhuatl. Corrió a su lado. La tomó en sus brazos, le **acarició**[20] el pelo y **sollozando**[21] le **susurró**[22]:

—No te preocupes, amor mío. No te dejaré nunca sola. Estaré a tu lado hasta el fin del mundo. La llevó a las montañas más altas. La puso en un **lecho**[23] de flores y se sentó a su lado, para siempre, lejos de todos. Pasó tiempo y, por fin, uno de los buenos dioses se compadeció de los dos amantes: los transformó en volcanes.

Desde entonces, Ixtaccíhuatl ha sido un volcán tranquilo y silencioso: permanece dormido. Pero Popocatepetl tiembla de vez en cuando. Cuando su corazón sangra, **suspira**[24] y **vierte**[25] lágrimas **teñidas**[26] de fuego. Entonces, todo México sabe que Popocatepetl llora por su amor, la hermosa Ixtaccíhuatl.

16. *in charge of*

17. *He kneeled down*

18. *face*

19. *Suddenly*

20. *caressed*
21. *sobbing*
22. *whispered*
23. *bed*

24. *sighs*
25. *sheds*
26. *tinged*

1–40. Nuestra interpretación de la obra. Responde a las siguientes preguntas.

1. Selecciona la idea que mejor resume la trama (*plot*) de la leyenda:
   a. Una historia de amor.
   b. Una explicación mítica o fantástica del origen de dos volcanes.
2. ¿Qué semejanzas encuentras entre la leyenda y la trama de *Romeo y Julieta*?
3. Haz una lista de los personajes de la leyenda y describe su personalidad brevemente.
4. ¿Con qué personaje te identificas? Explica.
5. ¿Cuál es la parte más dramática de la historia?
6. ¿Cuál es la parte mítica o fantástica de la historia?

1–41. Ustedes tienen la palabra. En parejas, seleccionen una parte de la historia para representarla en clase. Pueden utilizar el diálogo original, o adaptarlo de forma creativa para cambiar el final. Escriban el diálogo y ensayen de 5 a 10 minutos antes de representarlo.

a causa de	*as a result of, because of*
adhesión *f*	*membership*
alentar	*to encourage*
ampliar	*to enlarge*
apoyar	*to support*
botánica *f*	*botany*
caber + *inf*	*can, may*
conferir (ie, i)	*to give*
conocedor/a	*knowledgeable*
desgarrar	*to tear*
en cuanto a	*in reference to*
enclave *m*	*place*
estar a punto de	*to be about to*
estimular	*to stimulate*
ingreso *m*	*admission*
ley *f*	*law*
oriental	*eastern*
pena *f*	*pity*
premiar	*to award*
propender a	*to have a tendency to*
pureza *f*	*purity*
secuela *f*	*consequence*
sobrevenir	*to ensue*
solicitar	*to request*
tejido *m*	*fabric*
ubicado/a	*located*

Culturas hispanas del Caribe: Paisajes variados

San Juan (Puerto Rico)

Santo Domingo (República Dominicana)

Caracas (Venezuela)

Mira las fotos y cuéntale a tu compañero/a lo que sabes de los lugares que figuran en las imágenes. ¿Has estado en alguno de ellos? Descríbeselo a tu pareja. Si no has visitado ninguno de estos lugares, ¿tienes interés en visitarlos? ¿Adónde irías primero y por qué?

La Habana (Cuba)

Cuba: Las dos caras de la moneda

OCÉANO ATLÁNTICO

Golfo de México

La Habana

C U B A

PANORAMA CULTURAL

Capital:	La Habana
Población:	12 millones de habitantes
Grupos étnicos:	mulato 51%, blanco 37%, negro 11%, otro 1%
Idiomas:	español
Moneda:	peso
Área:	aproximadamente del tamaño de Pennsylvania

Entrando en materia

2–1. ¿Qué sabes de Cuba? Lee las siguientes oraciones sobre Cuba y decide si son ciertas o falsas. Si puedes, corrige las falsas.

1. La isla de Cuba es la más grande de las Antillas Mayores.
2. Cuba tiene un régimen de gobierno comunista.
3. El jefe del gobierno de Cuba es Fidel Castro.
4. Las relaciones entre EE.UU. y Cuba han sido siempre excelentes.
5. Últimamente, Cuba se ha convertido en uno de los centros turísticos más importantes del Caribe.

PERFIL

CUBA: LA INDEPENDENCIA. DE BATISTA A CASTRO

Después de lograr la independencia de España en 1898, Cuba pasó por años de inestabilidad política, caracterizados por una serie de **gobiernos dictatoriales**[1]. En 1933 el dictador Fulgencio Batista tomó el control del gobierno hasta 1959, año en que fue **derrocado**[2] por Fidel Castro. En 1961, Castro anunció que su gobierno tenía una ideología marxista y formó una alianza con la Unión Soviética. Así comenzó un período de tensión política entre Cuba y Estados Unidos que todavía existe. En 1961 el gobierno de EE.UU. organizó una invasión de Cuba, pero fracasó. En 1962 la Unión Soviética intentó aumentar su poder militar y comenzó a instalar misiles nucleares en Cuba. El presidente John F. Kennedy estableció un bloqueo económico hacia Cuba. Este bloqueo económico, que todavía existe, tiene el objetivo de **aislar**[3] económicamente a Cuba limitando su relación comercial con otros países. El resultado ha sido el **empobrecimiento**[4] de Cuba. Miles de cubanos se han exiliado de Cuba y han buscado refugio político en Estados Unidos.

La revolución cubana ha tenido efectos positivos en la salud pública, la educación, las artes, el ejército y los deportes. Sin embargo, el gobierno de Cuba no ha hecho énfasis en la mejora de la vivienda, las comunicaciones y otras necesidades básicas.

1. *dictatorships* 2. *overthrown* 3. *isolate* 4. *impoverishment*

2–2. Una prueba. ¿Cuánto saben sobre la historia de Cuba? En parejas, respondan a las preguntas y después pónganse la nota que les corresponda. Cada respuesta correcta vale 2 puntos.

1. ¿Cuándo consiguió Cuba la independencia de España?
2. ¿Qué presidente estadounidense inició un bloqueo económico contra Cuba?
3. ¿En qué consiste el bloqueo económico?
4. ¿Cuáles han sido algunas de sus consecuencias?
5. ¿Por qué se exiliaron tantos cubanos en el año 1959?

Puntos	Nota
10	A
8	B
6	C
4	D
2	F

Son dos cantantes cubanos contemporáneos con carreras musicales independientes. Son parte de un movimiento musical/político llamado *La Nueva Trova Cubana* que comenzó en los años sesenta a raíz de la revolución de Cuba. Su música, suave y melodiosa, tiene un mensaje poético pero especialmente político. Muchos caracterizan su música como representante de la canción de protesta.

2–3. ¿Comprendiste? Lee las oraciones y determina si describen el tipo de música de los cantantes Silvio Rodríguez y Pablo Milanés.

1. Cantan música rock.
2. Su música es parte de un movimiento ideológico de los años 60.
3. Sus canciones dicen cosas buenas sobre el gobierno de Cuba.

Ahora piensa en otros cantantes que conoces que también son famosos por este tipo de "canción de protesta". ¿Qué nombres podrías incluir? ¿Crees que las canciones de artistas como Bob Dylan o Joan Báez han tenido algún impacto en la política de tu país? ¿Por qué?

ATENCIÓN A LA ESTRUCTURA

Review of the Subjunctive in Noun Clauses

The subjunctive mood is used mostly in dependent clauses. There are three types of dependent clauses: noun clauses, adjective clauses (later in this unit), and adverb clauses (later in **Unidad 4**). In this section you are going to review and practice the use of the present and imperfect subjunctive in noun clauses. Let's begin by reviewing the forms.

Infinitive	*Yo* Form Present Indicative	Present Subjunctive	
caminar	camino	camine	caminemos
		camines	caminéis
		camine	caminen
comer	como	coma	comamos
		comas	comáis
		coma	coman
escribir	escribo	escriba	escribamos
		escribas	escribáis
		escriba	escriban

Infinitive	Third-Person Plural Preterit	Imperfect Subjunctive*	
caminar	caminaron	caminara	camináramos
		caminaras	caminarais
		caminara	caminaran
comer	comieron	comiera	comiéramos
		comieras	comierais
		comiera	comieran
escribir	escribieron	escribiera	escribiéramos
		escribieras	escribierais
		escribiera	escribieran

*There is an alternative spelling of the past subjunctive using the ending -se instead of -ra. The -se form is less commonly used in Latin America than the -ra form. In Spain, both forms are used interchangeably.

caminar: caminase, caminases, caminásemos…
comer: comiese, comieses, comiésemos…
escribir: escribiese, escribieses, escribiésemos…

Uses

Use the subjunctive in the dependent clause when the main verb in the independent clause expresses:

- uncertainty, doubt, or denial.
- advice, suggestion, or recommendation.
- personal judgment, opinion, emotion, reaction.

1. Some verbs and expressions of uncertainty or doubt are:

ser (im)posible que

no ser seguro que

no ser cierto que

no estar seguro de que

ser (im)probable que

ser dudoso que

no creer que

Independent Clause	Dependent Clause
No creo	que las relaciones entre EE.UU. y Cuba **mejoren** en un futuro cercano.
I don't think	*that the relations between the US and Cuba **will improve** in the near future.*

2. Some verbs and expressions of advice, recommendation, or suggestion are:

aconsejar que	permitir que
recomendar que	sugerir que
querer que	prohibir que
insistir en que	decir que
desear que	mandar que
ser mejor que	ser necesario que
ser preciso que	ser urgente que

Independent Clause	Dependent Clause
Las agencias de viaje recomiendan	que sus clientes **vayan** de vacaciones a Cuba.
Travel agencies recommend	*that their clients **go** to Cuba on vacation.*

3. Some verbs and expressions of opinion, judgment, reaction, and emotion are:

estar contento/ triste de que…

tener miedo de que…

preocuparse de que…

molestar que…

sentir que…

(no) gustar que…

odiar, detestar que…

ser bueno (malo, fantástico, increíble, interesante, importante, etc.) que…

Independent Clause	Dependent Clause
Al gobierno cubano le preocupa	que el gobierno estadounidense **continúe** con el bloqueo económico.
The Cuban government is worried	*that the American government **will continue** with the economic blockade.*

Present Subjunctive or Imperfect Subjunctive?

If the dependent clause requires the subjunctive, how do we tell which tense to use?

Here are the rules:

1. When the verb or impersonal expression in the independent clause is in the present, present perfect, future, or is a command, use the <u>present subjunctive</u> in the dependent clause.

2. When the verb or impersonal expression in the independent clause is in the preterite or imperfect, use the <u>imperfect subjunctive</u> in the dependent clause.

Independent Clause	**Dependent Clause**
Present, present perfect, future, command	Present subjunctive
Preterit, imperfect	Imperfect subjunctive

Independent Clause	Dependent Clause
Me parece increíble	que los discursos públicos de Fidel Castro **sean** tan largos.
I can't believe	*that Fidel Castro's public speeches **are** that long.*
La clase alta cubana temía	que el gobierno de Castro le **quitara** todas sus riquezas.
The Cuban upper class were afraid	*that the Castro regime **would strip them** of all their riches.*

See irregular verbs and verbs with spelling changes in the present and imperfect subjunctive in *Apéndice gramatical 2.*

2–4. Identificación y producción. En parejas, hagan una lista de siete recomendaciones o sugerencias para un estudiante cubano que acaba de venir a Estados Unidos por primera vez. Combinen las expresiones de la columna A con las de la columna B para hacer sus sugerencias. Fíjense en los verbos, identifiquen la forma verbal de la cláusula independiente y decidan qué forma requiere la cláusula dependiente. Pueden añadir otras recomendaciones.

> **MODELO** Te recomiendo que comas en McDonalds, es muy barato.

A	B
aconsejar	no acostarte muy tarde porque…
ser importante	llamar o escribir a tu familia porque…
ser necesario	estudiar mucho inglés porque…
ser esencial	¿…?
sugerir	¿…?
recomendar	¿…?

2–5. Conocimientos históricos. En parejas, repasen la información de la sección *Perfil* y contesten estas preguntas. Pueden comentar sus opiniones con el resto de la clase.

1. Batista fue un dictador, igual que Castro, pero sus dictaduras han sido muy diferentes. ¿Por qué creen que Castro no quería que continuara la dictadura de Batista?

2. ¿Cómo eran las relaciones de Cuba con Estados Unidos en la década de los sesenta? ¿Y con la Unión Soviética? ¿Por qué creen que eran así?

2–6. Cuando salí de Cuba. Como ya saben, en los años sesenta muchos cubanos se exiliaron en Estados Unidos. Celia Cruz, una famosa cantante cubana, fue una de estas personas. ¿Qué recomendaciones creen que le hicieron su familia y amigos antes de salir del país? Usen la lógica y lo que saben de los dos países para escribir cuatro o cinco recomendaciones útiles. Aquí tienen algunos verbos que pueden ayudarles a escribir sus recomendaciones.

sugerir	recomendar	pedir	desear	aconsejar
esperar	querer			

> **MODELO** Su madre le pidió que le escribiera a menudo.

Su esposo
Su padre
Su amiga de la infancia
Otros cantantes cubanos
Su agente artístico
¿…?

2–7. ¿Y tú? Imagina que eres un/a turista en Cuba y acabas de conocer a una estudiante cubana de tu edad. Ella te habla sobre las costumbres de Cuba. Expresa tu opinión o reacción por escrito sobre al menos cuatro de los comentarios de tu nueva amiga. Puedes usar los verbos y expresiones siguientes. ¡Ojo! Algunas de estas expresiones requieren el uso del indicativo y otras el uso del subjuntivo.

creer	no creer	estar seguro	ser importante
ser evidente	ser bueno	ser interesante	ser sorprendente
ser increíble	ser extraño	ser natural	

MODELO **No creo que en Cuba sea obligatorio estudiar inglés en la escuela secundaria.**

1. Muchos jóvenes cubanos hablan ruso porque han estudiado en la Unión Soviética.
2. El 50% de las mujeres cubanas son profesionales que trabajan fuera de la casa.
3. La gente de Cuba no es tan religiosa como la de otros países de Latinoamérica.
4. En Cuba algunos alimentos son escasos. Las tiendas llamadas "tiendas del dólar" tienen todos los productos necesarios, pero sólo los turistas pueden comprar ahí.
5. En Cuba, para dirigirte a una persona que no conoces debes decir **compañero** o **compañera** (*comrade*). También se usa **señor** o **señora**.

SITUACIONES

LOS CUBANOS HABLAN. CUBA: DOS VISIONES, UNA ISLA

La Habana, Cuba
de Lucía Peña, enviada especial

Hasta hace algún tiempo, el pueblo cubano no se atrevía a hablar abiertamente sobre el gobierno de la isla ni sobre sus dirigentes. Últimamente, esta situación ha ido cambiando, y cada vez son más los que no temen expresar sus opiniones, incluso sus críticas, al régimen del comandante Castro. El domingo por la tarde, nos acercamos a hablar con varias personas que paseaban por los alrededores de la catedral. Estos son algunos de los comentarios sobre la situación actual de su país.

Opiniones en contra

"El gobierno cubano le dice al pueblo que a la gente que se va de Cuba le va muy mal".

"En las tiendas para turistas no falta nada, pero el pueblo cubano no tiene acceso a ellas".

"Uno de los problemas que tenemos en Cuba es que no tenemos libertad para salir del país".

Opiniones a favor

"Hay que admirar la tenacidad y energía de Fidel Castro, después de cuarenta años Castro todavía tiene el carisma de un buen líder".

"Me parece admirable la lealtad de Castro al ideal socialista, que no se ha adulterado en Cuba. Castro es lo que podríamos llamar un purista".

"Si comparamos Cuba con el resto de Latinoamérica, yo diría que Castro ha dado a Cuba una dignidad y autonomía políticas que muchos países, sujetos al arbitrio de EE.UU., no han tenido".

2–8. Cuba: Dos visiones, una isla. Lean el texto *Los cubanos hablan.*

A. ¿Cuáles comentarios creen ustedes que son más acertados? ¿Con cuál de las dos visiones se identifican ustedes? ¿Cuáles creen que son las afirmaciones más objetivas? ¿Por qué?

B. Después, piensen en su propio gobierno y entre los cuatro, usen las expresiones de *Por si acaso* para expresar tres afirmaciones a favor y tres afirmaciones en contra de la actitud del gobierno de Estados Unidos hacia Cuba.

Por si acaso

En mi opinión/ A mi parecer... *In my opinion . . .*

Me parece que... *I think that . . .*

Es posible que... *It is possible that . . .*

Estoy seguro/a de que... *I am sure that . . .*

Sugiero/ Recomiendo que... *I suggest/recommend that . . .*

Es un tema muy controvertido pero... *It is a very controversial topic but . . .*

2–9. Chistes de Fidel. Primero, trata de explicar el significado de estos chistes con la información que has aprendido sobre Cuba. Todos estos chistes tienen un mismo objetivo y un mismo comentario social, ¿cuál es? ¿Crees que el humor puede ser útil para expresarse en situaciones donde la censura no permite la expresión libre? Comparte tus opiniones con la clase y con tu instructor/a.

Fidel va a su astrólogo y le pregunta:
—¿Qué día moriré?
—Comandante, morirá un día de fiesta nacional.

¿Cuál es la relación monetaria entre el dólar, la libra y el peso cubano?
—Que una libra de pesos cubanos vale un dólar.

Un periodista le pregunta a un cubano en la calle:
—¿Usted se considera señor o compañero?
—Yo me considero señor. Compañero es aquel que va en el Mercedes.

Chistes de Cuba

2da. edición
500 chistes
160 páginas

República Dominicana: Raíces de su música

OCÉANO ATLÁNTICO

REPÚBLICA DOMINICANA

Santo Domingo

PANORAMA CULTURAL

Capital:	Santo Domingo
Población:	8 millones de habitantes
Grupos étnicos:	blanco 16%, negro 11%, mezcla de amerindio/ europeo/ africano 73%
Moneda:	peso
Idiomas:	español
Área:	dos veces el tamaño del estado de Vermont

Entrando en materia

2–10. ¿Qué sabes de la República Dominicana? Decide si las siguientes oraciones son ciertas o falsas. Si puedes, corrige las falsas.

1. La República Dominicana está en las Antillas Mayores.
2. La isla donde se encuentra la República Dominicana es tan grande como la de Cuba.
3. Tanto en Haití como en la República Dominicana se habla español.
4. Los indígenas que vivían en la isla cuando llegaron los conquistadores eran taínos, al igual que los de otras islas del Caribe.

PERFIL

COMIENZO DE UNA RAZA

Al igual que en otras islas del Caribe, en la República Dominicana, los conquistadores encontraron tribus de indios taínos y caribes que vivían en las islas. La raza indígena fue prácticamente exterminada. La isla fue llamada *La Española* y fue la primera colonia europea del Nuevo Mundo. En su capital, Santo Domingo, se originaron las primeras instituciones culturales y sociales coloniales, se construyeron las primeras **fortalezas**[1], las primeras iglesias, la primera catedral, el primer hospital, los primeros monumentos y la primera universidad.

En 1697 España le cedió a Francia la parte occidental de la isla. Nació así

una nueva nación, Haití, colonizada por los franceses.

La ocupación del país entre 1916 y 1924 por Estados Unidos ayudó a la reorganización de la vida política y aportó cierta estabilidad económica. A la ocupación estadounidense le siguió el período del gobierno del dictador Leónidas Trujillo que comenzó en 1930. En 1960, Trujillo nombró presidente a Joaquín Balaguer, cuyo gobierno de **derechas**[2] se caracterizó por la introducción de reformas democráticas después de la muerte de Trujillo.

En 1965 Estados Unidos volvió a ocupar el territorio dominicano para luchar contra el gobierno de Juan Bosch, líder de **izquierdas**[3] que había ganado las primeras elecciones libres en 38 años. El gobierno de Bosch fue derrocado y sustituido de nuevo por el mandato de derechas de Balaguer. El sistema democrático ha dominado la vida política dominicana, con elecciones cada cuatro años, aunque quizás en algunos casos se haya tratado de elecciones **fraudulentas**[4].

---

1. *forts* 2. *right-wing* 3. *left-wing* 4. *dishonest*

2–11. ¿Comprendiste? Escribe una lista de cuatro puntos que indiquen momentos importantes en la historia de la República Dominicana, según la información que acabas de leer. Después, piensa en la historia de tu país durante esos años y escribe qué pasó en esas mismas fechas.

SANTO DOMINGO

Santo Domingo es la capital y la ciudad más grande del país. Tiene un claro sabor colonial pero también es el centro industrial y comercial del país. La ciudad fue fundada en 1496 por Bartolomé Colón, hermano de Cristóbal Colón, y fue la primera colonia establecida en el Nuevo Mundo. En los últimos años el turismo se ha convertido en una de las fuentes de ingresos más importantes.

2–12. Una prueba.

1. En parejas, preparen una prueba de cuatro preguntas sobre la información que acaban de leer en las dos partes de *Perfil*.
2. Después, intercambien su prueba con la de otra pareja y háganse oralmente las preguntas. Deben responder sin consultar el texto.

MODELO ¿Como llamaron los colonizadores a la isla de Santo Domingo?

Review of the Subjunctive in Adjective Clauses

What is an adjective clause? An adjective clause, also known as relative clause, is a dependent clause that describes a preceding noun.

El merengue es <u>la música</u> **que prefiere la mayoría de los dominicanos.**

Merengue is the music *preferred by the majority of Dominicans.*

La música is the preceding noun to the adjective clause **que prefieren los dominicanos**. This clause qualifies the word **música**.

When do I use the subjunctive in an adjective clause?

1. Use the subjunctive in an adjective clause when the antecedent is unknown, unspecific, or uncertain.

   Ese estudiante quiere viajar a <u>un lugar de la República Dominicana</u> **que no sea demasiado turístico.**

   *That student wants to travel to a place in the Dominican Republic **that is not too touristy**. (The place the student is going to is not known.)*

2. When the antecedent refers to someone or something that is known to exist, the indicative is used.

   Ese estudiante quiere viajar <u>a ese lugar de la República Dominicana</u> **que tiene más turistas.**

   *That student wants to travel to that place in the Dominican Republic **that has more tourists**. (The place is specific and known to exist.)*

Experienced or known reality → Indicative

Unknown, unspecific reality → Subjunctive

Buscar, querer, necesitar

These verbs and other such verbs commonly trigger subjunctive in the dependent clause. Nevertheless, they may also refer to known or specific objects or people. When that is the case, the indicative must be used in the adjective clause:

Busco **un hotel en Santo Domingo** que tenga todas las comodidades.

*I'm looking for **a hotel in Santo Domingo** that has all the comforts.*

Busco **el hotel de Santo Domingo** que ofrece una noche gratis para los recién casados.

*I'm looking for **the hotel in Santo Domingo** that offers a free night stay to newlyweds.*

Do I need to use the present subjunctive or the imperfect subjunctive?

The rule is the same as the one you learned for noun clauses.

1. When the verb or impersonal expression in the independent clause is in the present, present perfect, future, or is a command, then the present subjunctive needs to be used in the dependent clause.

Quiero hablar con una persona **que conozca bien la cultura dominicana.**

*I want to speak with someone **that knows well the Dominican culture.***

2. When the verb or impersonal expression in the independent clause is in the preterit or imperfect, the imperfect subjunctive needs to be used in the dependent clause.

Después de Trujillo, el pueblo dominicano quería un presidente **que tuviera ideas democráticas.**

*After Trujillo, the Dominican people wanted a president **who had democratic ideas.***

2–13. Identificación y producción. Identifica el verbo principal en las siguientes oraciones. Después completa cada oración de forma lógica usando el imperfecto de subjuntivo. Por último, ordena las oraciones cronológicamente. Puedes usar estos verbos para completar las oraciones.

tener	dar	poder
proporcionar	denunciar	comparar
ser	garantizar	mantener

1. El gobierno español quería colonizar territorios que…
2. Durante el gobierno de Rafael Leónidas Trujillo, los dominicanos buscaban un gobernante que…
3. EE.UU. luchó contra el gobierno de Juan Bosch porque EE.UU. prefería un gobierno que...
4. Los conquistadores que llegaron a la República Dominicana necesitaban trabajadores que…
5. Después de la dictadura de Trujillo el pueblo dominicano esperaba elecciones que…

2–14. Santo Domingo. Ustedes están a cargo de preparar unos folletos turísticos sobre Santo Domingo para aumentar el turismo. Aquí tienen alguna información que les puede ayudar a preparar su folleto. Sigan los siguientes pasos.

A. Primero, seleccionen uno de los verbos entre paréntesis y escriban cada oración usando el indicativo o subjuntivo según convenga.

B. Después, organicen las ideas de forma lógica e incluyan otra información interesante para animar a los turistas a visitar Santo Domingo.

C. Inventen un título llamativo para su folleto.

D. Intercambien su folleto con sus compañeros de clase para ver cuál resulta más efectivo.

1. El turista en Santo Domingo se encuentra con una ciudad que (tener / necesitar) muchos edificios de la época colonial.
2. Los dominicanos van a agradecer el dinero de los turistas que (distribuir / contribuir) a aumentar los ingresos del país.
3. La ciudad de Santo Domingo recibe a turistas que (venir / ir / buscar) desde varias partes del mundo.
4. Santo Domingo fue la primera colonia que los españoles (descubrir / establecer) en el Nuevo Mundo.
5. Bartolomé Colón, hermano de Cristóbal Colón, fue la persona que (visitar / fundar) Santo Domingo.

2–15. Entrevista. En parejas, imaginen que una persona es un/a escritor/a que va a ir a la República Dominicana por primera vez. La otra persona es un/a guía turístico/a que se especializa en preparar viajes específicamente al gusto de cada persona. Sigan estos pasos y después, cambien de papeles.

Turista: Vas a viajar a la República Dominicana para buscar información sobre el país, para un libro nuevo que estás escribiendo. Debes encontrar información sobre lugares y personajes históricos, artistas famosos, comidas típicas, el sistema político, etc. Hazle tres o cuatro preguntas al guía turístico para que busque las mejores opciones para tu viaje.

Guía: Tú no sabes mucho sobre la República Dominicana, pero necesitas conseguir a este cliente para no perder tu trabajo. Usa la información que has aprendido aquí para convencer al cliente de que sabes dónde encontrar todo lo que busca.

MODELO

Turista: ¿Puede buscarme alojamiento en algún hotel histórico?
Guía: Sí, conozco el sitio perfecto para usted. Está junto a la catedral.

3 **2–16. ¿Y ustedes?** Dos de ustedes están preparando unas vacaciones para ir una semana a la República Dominicana. La tercera persona trabaja en una agencia de viajes. Sigan las instrucciones para completar la conversación, y después, represéntenla frente a sus compañeros de clase. ¡No se olviden de incluir detalles creativos!

La pareja de turistas	El/La agente de viajes
Greet the travel agent.	Respond to your new clients and offer assistance.
Tell the agent what you need. Include where you want to go, when, for how long, and how many people are going to travel.	Respond logically. Ask in what city your clients want to stay and whether they prefer to stay in a hotel or apartment.
Answer the agent's question. Tell the agent you prefer to stay in a hotel.	Respond logically to your clients' request.
Tell the agent that you are looking for a hotel that is next to the ocean, with tennis courts and a big pool.	Tell your clients that Hotel (*invent a name*) is a place that has all those things.
Tell the agent that you need a room for two people that has a view of the ocean.	Tell your clients that Hotel (*invent a name*) is a place that seems to fit their needs. It also has a very good price.
Make the reservation.	Write down your clients' names, addresses, phone numbers, and credit card numbers.
Ask when the tickets will be ready.	Respond to your clients' question.
Say goodbye.	Say goodbye.

Entrando en materia

2–17. Ritmos populares. ¿Puedes adivinar cuál es el origen de estos ritmos populares? Selecciona la respuesta que te parezca correcta. Si no estás seguro/a, vuelve a mirar tus respuestas después de escuchar la miniconferencia.

1. Jazz

    a. Viene de la música africana de la época de la esclavitud en el siglo XIX.

    b. Se origina en Nueva Orleans a principios del siglo XX.

2. Rock-and-roll

    a. Se establece como género en los años 50.

    b. Se establece como género en los años 30.

3. Blues

    a. Es una variedad del jazz con el mismo origen.

    b. El origen del blues es desconocido.

4. Rap o hip-hop

    a. Un ritmo que comenzó en los años setenta en la comunidad hispana.

    b. Comenzó en los años setenta entre las comunidades afroamericanas e hispanas de Nueva York.

2–18. Vocabulario en contexto. Vas a escuchar estas expresiones en la miniconferencia. Identifica las expresiones de la lista que tienen un cognado en inglés, para familiarizarte un poco con el vocabulario.

teoría	Upa habanera	posibilidad	instrumento
inventar	La Tumba	improbable	nacer
incierto	origen	época	extender
plausible			

La miniconferencia de esta unidad trata sobre el origen del merengue. Antes de escuchar, piensa en lo que sabes sobre la música latina. ¿Hay algún elemento que diferencie la música latina de otros tipos de música? ¿Qué tipo de instrumentos crees que son más comunes en los países del Caribe? Piensa en lo que has aprendido sobre la cultura y las gentes de estos países. ¿Crees que su música va a reflejar su estilo de vida? Anota tus observaciones y presta atención al texto que vas a escuchar, para ver si estabas en lo cierto.

Bandurria

Cuatro

El origen del merengue

Ahora tu instructor/a va a presentar una miniconferencia.

2–19. ¿Comprendiste? Después de escuchar la miniconferencia, en parejas, intenten dar la siguiente información. Si tienen dudas, respondan con la información que les parezca más lógica, basándose en lo que han aprendido.

1. El número de teorías sobre el origen del merengue.
2. La teoría más plausible o lógica de todas.
3. ¿Qué dice cada una de las teorías del origen?
4. ¿Por qué se hizo el merengue popular tan rápidamente?

2–20. Hablemos del tema. En parejas, cada uno de ustedes va a preparar una prueba sobre el tema de la miniconferencia.

A. Elijan cuatro palabras de la lista siguiente y asegúrense de que conocen bien su significado. Después, van a turnarse para decir en voz alta cada una de las palabras que han seleccionado y pedirle a su compañero/a que explique lo que significan con sus propias palabras. Pueden explicar el significado con sinónimos, antónimos o usando la palabra en el contexto de una oración.

MODELO teoría sinónimo de *hipótesis*, o
La teoría de la evolución de Darwin.

inventar	Upa habanera	posibilidad	instrumento
incierto	La Tumba	improbable	nacer
plausible	origen	época	extender

B. Por último, cada uno/a de ustedes va a escribir un par de líneas sobre la música latina en donde deben emplear las palabras que seleccionó su compañero/a.

"El costo de la vida", canción de Juan Luis Guerra

Juan Luis Guerra es un popular cantante de salsa y merengue. En 1991 grabó el disco *Bachata Rosa*, que tuvo un gran éxito y por el cual recibió un Grammy en EE.UU. Su música es tan popular en la República Dominicana como en otros países de habla hispana, incluyendo la comunidad hispana de Estados Unidos. Sus canciones son alegres y bailables con un mensaje poético y social.

Lee la letra de este popular merengue de Juan Luis Guerra. Sólo necesitas comprender las ideas principales.

2–21. Anticipar el contenido. Primero lee el título y decide de qué trata este merengue.

1. tema amoroso
2. tema social y político
3. una combinación de los dos temas

El costo de la vida

I.

El costo de la vida sube otra vez
el peso que baja, ya ni se ve
y las habichuelas no se
pueden comer
ni una libra de arroz, ni una
cuarta de café
a nadie le importa qué piensa usted
será porque aquí no hablamos inglés
Ah, ah es verdad
do you understand? Do you, do you?

II.

Y la gasolina sube otra vez
el peso que baja, ya ni se ve
y la democracia no puede crecer
si la corrupción juega ajedrez
a nadie le importa qué piensa usted
será porque aquí no hablamos francés
Ah, ah vous parlez?
ah, ah non, Monsieur

III.

Somos un agujero
en medio del mar y el cielo

quinientos años después
una raza encendida
negra, blanca y taína
pero quién descubrió a quién

IV.

Ay, el costo de la vida
eh, ya ves, pa-arriba tú ves
y el peso que baja
eh, ya ves, pobre ni se ve
y la medicina
eh, ya ves, camina al revés
aquí no se cura
eh, ya ves, ni un callo en el pie

V.

Ay, ki-iki-iki
eh, ya ves, ay ki-iki-é
y ahora el desempleo
eh, ya ves, me mordió también
a nadie le importa
eh, ya ves, pues no hablamos inglés
ni a la Mitsubishi
eh, ya ves, ni a la Chevrolet

VI.

La corrupción pa-rriba
eh, ya ves, pa-rriba tú ves
y el peso que baja
eh, ya ves, pobre ni se ve
y la delincuencia
eh, ya ves, me pilló otra vez
aquí no se cura
eh, ya ves, ni un callo en el pie
Ay, ki-iki-iki
eh, ya ves, ay ki-iki-é
y ahora el desempleo
eh, ya ves, me mordió también
a nadie le importa, no

eh, ya ves, pues no hablamos inglés
ni a la Mitsubishi
eh, ya ves, ni a la Chevrolet

Oye!

La recesión pa-rriba
eh, ya ves, pa-rriba tú ves
y el peso que baja
eh, ya ves, pobre ni se ve
y la medicina
eh, ya ves, camina al revés
aquí no se cura
eh, ya ves, ni un callo en el pie

VII.

Ay, ki-iki-iki
eh, ya ves, ay ki-iki-é
y ahora el desempleo
eh, ya ves, me mordió también
a nadie le importa, no
eh, ya ves, pues no hablamos inglés
ni a la Mitsubishi
eh, ya ves, ni a la Chevrolet

2–22. En otras palabras. A continuación tienes la idea general de cada una de las estrofas de la canción. Identifica la estrofa que corresponde a la idea general.

1. Otro problema es la delincuencia (el crimen) y nadie quiere hacer nada para solucionarlo.
2. Hay tanta inflación en la República Dominicana que ni los productos básicos como el café, las habichuelas (frijoles) y el arroz se pueden comprar.
3. Repetición de otra estrofa con algunas variaciones.
4. Los servicios médicos son escasos y poco eficientes.
5. Los dominicanos no sólo tienen problemas para adquirir productos de primera necesidad sino que también tienen que vivir bajo la corrupción del gobierno.
6. No hay trabajo para todos en el país.
7. Quinientos años después del Descubrimiento, la República Dominicana es todavía un lugar olvidado por todos, habitado por personas que representan la mezcla étnica de tres culturas.

Puerto Rico: Encontrando su identidad

O C É A N O
A T L Á N T I C O

PUERTO RICO

San Juan

Capital:	San Juan
Población:	3,5 millones de habitantes
Grupos étnicos:	europeo 80,5%, africano 8%, mezcla de amerindio/ europeo/ africano 10,9%
Moneda:	dólar americano
Idiomas:	español e inglés
Área:	aproximadamente el tamaño del estado de Maryland

Entrando en materia

2-23. ¿Qué sabes de Puerto Rico? Lee las siguientes oraciones sobre
Puerto Rico y determina si son ciertas o falsas. Si puedes, corrige las falsas.

1. Puerto Rico es una isla del Caribe con una extensión comparable al estado
   de Florida.
2. El gobierno de Puerto Rico es un gobierno democrático e independiente,
   parecido al gobierno de la República Dominicana.
3. El jefe del gobierno de Puerto Rico es el presidente de Estados Unidos.
4. En Puerto Rico, la mayoría de la gente quiere seguir formando parte de
   Estados Unidos.

PERFIL

DEL DOMINIO ESPAÑOL AL NORTEAMERICANO

Los puertorriqueños se rebelaron contra el
dominio español en 1868, lo que ocasionó
tensiones políticas con España. Estas
tensiones terminaron cuando España cedió
Puerto Rico a Estados Unidos después de
perder la guerra hispano-americana en
1898. La Ley Jones de 1917 convirtió a todos
los puertorriqueños en ciudadanos
estadounidenses y Puerto Rico se convirtió
en territorio anexado a Estados Unidos.
Poco a poco el gobierno estadounidense ha
dado a los puertorriqueños cierta autonomía
en la elección de sus representantes en el
gobierno local, la elección de un representante
en Washington (sin derecho a votar) y
autonomía para escribir su propia constitución.
Con la Constitución de 1952, Puerto Rico
pasó a llamarse EstadoLibre Asociado de
Puerto Rico (*Commonwealth of Puerto
Rico*). La asociación política con Estados
Unidos no ha anulado el interés de los
puertorriqueños por mantenerse **fieles**[1] a su
cultura y sus tradiciones. La asociación
entre Puerto Rico y Estados Unidos ha
originado una nueva cultura híbrida que se
observa en las costumbres y hasta en el
lenguaje. La dominación sobre Puerto Rico
por parte de Estados Unidos es un tema muy
controvertido. Los independentistas quieren
la separación absoluta para convertirse en
una nación independiente; otro grupo apoya
el estatus presente, y un tercer grupo quiere
la estadidad, es decir, convertir a Puerto
Rico en el estado 51 de la Unión.

1. *sought-after*

2-24. ¿Comprendiste? Completa las ideas de las siguientes oraciones
según el contenido que acabas de leer en la sección de *Perfil*.

1. España le cedió Puerto Rico a EE.UU. porque…
2. La Ley Jones, aprobada en 1917, dice que…
3. Los puertorriqueños no tienen derecho a votar en las elecciones de EE.UU.
   debido a que…
4. En Puerto Rico hay tres posturas acerca de la asociación de la isla con
   EE.UU. Son…

SILA M. CALDERÓN

Sila M. Calderón nació en San Juan el 23 de septiembre de 1942. Estudió en el Colegio Sagrado Corazón de las Madres en Santurce, donde se graduó con Primer Honor de su clase. Obtuvo su Bachillerato en Artes con honores de Manhattanville College en Purchase, Nueva York.

De enero de 1997 a diciembre de 2000 ocupó el cargo de alcaldesa de San Juan, capital de Puerto Rico, puesto que obtuvo en noviembre de 1996 con el 51% de los votos.

El 7 de noviembre de 2000 fue elegida gobernadora de Puerto Rico e hizo historia al convertirse en la primera mujer gobernadora del Estado Libre Asociado de Puerto Rico. La señora Calderón está casada con el empresario Adolfo Krans, y es madre de ocho hijos.

2–25. Reflexiones. Piensa en las preguntas siguientes y escribe un párrafo breve que sirva de respuesta a esas preguntas. Después, comparte lo que escribiste con tus compañeros de clase.

1. ¿Por qué crees que no hubo otras mujeres gobernadoras de Puerto Rico antes de Sila M. Calderón?
2. ¿Crees que el ser mujer dificultó su carrera política?
3. ¿Cómo ves la participación de la mujer en la vida política de Estados Unidos?

ATENCIÓN A LA ESTRUCTURA

Another Look at the Indicative and Subjunctive Moods

When do I use subjunctive or indicative?

Noun Clauses

Always use the subjunctive in the dependent clause when the subject of the main clause . . .

1. gives advice, a recommendation, or attempts to influence someone's behavior.

   Te recomiendo que **visites** Ponce durante tus vacaciones en Puerto Rico.

   *I recommend that **you visit** Ponce during your vacation in Puerto Rico.*

2. expresses doubt, uncertainty, or denial.

   No creo que el 80% de los puertorriqueños **desee** la independencia.

   *I don't think that 80% of Puerto Ricans **want** independence.*

3. expresses a value judgement, opinion, or emotional reaction.

Es importante que **aprendas** a hablar español antes de ir a Puerto Rico.

*It is important that **you learn** to speak Spanish before going to Puerto Rico.*

Always use the indicative . . .

1. if the main clause simply transmits information.

Los independentistas dicen que el gobierno de Puerto Rico **debe** ser de los puertorriqueños.

*The independents say that the Puerto Rican government **should** belong to the Puerto Ricans.*

2. after expressions of certainty or belief.

Estoy segura de que la vida en San Juan no **es** tan estresante como la vida en Nueva York.

*I am sure that life in San Juan **is** not as stressful as life in New York.*

Adjective Clauses

Always use the subjunctive when the adjective clause refers back to an antecedent that is either unknown, indefinite, or may not exist at all.

No hay nadie en Puerto Rico que no **hable** español. (**nadie** *is the antecedent*)

*There is nobody in Puerto Rico that **does** not **speak** Spanish.*

Always use the indicative when the adjective clause refers back to an antecedent that is known or specific to the speaker.

Voy a pasar una semana en el hotel que **tiene** los precios más altos de todo el mundo.

*I am going to spend a week in the hotel that **has** the highest rates in the world.*

Infinitive Instead of Subjunctive

In noun clauses, when the verb in the main clause expresses recommendations, suggestions, or wishes and the verb in the dependent clause has the same subject, the infinitive is used instead of the subjunctive. In this case **que** is not used.

(yo) Quiero que **(tú) vengas** a visitarme a la isla el próximo verano.

*I **want you to come** visit me on the island next summer.*

but

(yo) Quiero visitar la isla el próximo verano.

*I **want to visit** the island next summer.*

2–26. Cuando vaya a Puerto Rico. Estás planeando unos días de vacaciones en Puerto Rico. ¿Qué vas a hacer allí? Completa la descripción siguiente.

En San Juan quiero quedarme en un lugar que _____.

También me interesa conocer a gente que _____. Voy a

visitar todos los monumentos que _____. Me interesa

especialmente conocer los fuertes que _____ para proteger

la isla contra los ataques de los piratas. Necesito quedarme en un hotel que

_____ porque no tengo mucho dinero.

2–27. Reacciones de los puertorriqueños. ¿Cómo crees que reaccionaron los puertorriqueños en los siguientes momentos históricos? Escribe tus respuestas. Recuerda que debes usar el subjuntivo después de expresiones de opinión y el indicativo después de expresiones de certeza. Puedes usar estas expresiones.

molestar	gustar
importar	estar/no estar de acuerdo
parecer interesante	pensar
parecer estupendo	creer
parecer horrible/ intolerable/ aceptable/ extraordinario	estar seguro
	etc...

MODELO

Los piratas atacaban constantemente la isla de Puerto Rico en el siglo XV.
A los puertorriqueños les parecía intolerable que los piratas atacaran la isla constantemente.

1. España le cedió Puerto Rico a Estados Unidos al perder la guerra.
2. Estados Unidos le dio a Puerto Rico la autonomía para elegir a su gobernador.
3. Puerto Rico se convirtió en Estado Libre Asociado.
4. El gobierno de Estados Unidos eliminó la obligación de pagar impuestos federales para los residentes de la isla.

SITUACIONES

PUERTO RICO, ESTADO LIBRE ASOCIADO

En diciembre de 1998 los puertorriqueños votaron para decidir si querían continuar como Estado Libre Asociado de Estados Unidos. Los resultados de esa votación fueron los siguientes:

Estado Libre Asociado: 50.2% de votos

Estado 51 de la Unión (o estadidad): 46.5% de votos

Independencia: 3.3% de votos

Estado 51 de la Unión (o estadidad): 46.5 % de votos

Estado Libre Asociado: 50.2% de votos ─

Independencia: 3.3% de votos ─

2–28. Estado Libre Asociado. En grupos de cuatro personas, analicen los resultados de la gráfica y piensen en razones por las que los puertorriqueños votaron así. Tengan en cuenta el posible efecto de cada tipo de gobierno en aspectos como los impuestos, la educación, las tradiciones, el idioma, los servicios sociales, etc.

A. Preparen un pequeño párrafo con dos o tres recomendaciones para el gobierno de Estados Unidos con respecto a su intervención en la política de Puerto Rico.

B. Compartan sus recomendaciones oralmente con el resto de la clase y determinen qué párrafo podría ser mejor aceptado por el gobierno. Repasen las expresiones para dar sugerencias y recomendaciones y no se olviden de usar el subjuntivo cuando sea necesario.

COLOR Y FORMA

José Alicea en su estudio

José Alicea es un artista puertorriqueño que hace diseño gráfico. La fotografía que ves aquí muestra al artista en su taller, rodeado de sus diseños.

2–29. Mirándolo con lupa. Mira la fotografía con atención durante un par de minutos y habla de tus impresiones con tu compañero/a. Sigue estos pasos.

1. Describe en detalle lo que ves en la fotografía.
2. ¿Qué imágenes puedes distinguir en el póster que tiene el artista en sus manos?
3. Observa los posters que se ven mejor; ¿qué títulos les pondrías?

Venezuela: Diversidad de paisajes

Mar Caribe

Caracas

VENEZUELA

PANORAMA CULTURAL

Capital:	Caracas
Población:	22 millones de habitantes
Grupos étnicos:	mestizo 67%, blanco 21%, africano 10%, una variedad de grupos amerindios 2%
Idiomas:	español, varias lenguas indígenas
Moneda:	bolívar
Área:	más o menos el doble del tamaño de California

Entrando en materia

2–30. ¿Qué sabes de Venezuela? Responde a estas preguntas con **Sí** o **No**.

1. ¿Es Venezuela un país caribeño únicamente?
2. ¿Es Venezuela uno de los países productores de petróleo más importantes del mundo?
3. ¿Es Venezuela un país con clima tropical?
4. ¿Es Venezuela el único país del continente sudamericano en la costa del mar Caribe?

PERFIL

LA LLEGADA DE LOS ESPAÑOLES

Colón llegó por primera vez a las costas de Venezuela en su tercer viaje en 1498. El territorio estaba habitado por tribus **indígenas**[1] dedicadas a la agricultura y a la pesca. El nombre Venezuela se debe a las aldeas de **palafitos**[2] que los colonizadores asociaron con Venecia. Américo Vespucio le dio el nombre *Veneciola*, palabra que en italiano significa "pequeña Venecia".

Muchos exploradores fueron a Venezuela para buscar **perlas**[3] y otras riquezas. España no tenía mucho interés en estas tierras, de forma que Carlos V les cedió a banqueros alemanes el derecho de explotar y colonizar el territorio. El interés de los alemanes en Venezuela era sólo económico y la abandonaron cuando no encontraron las riquezas que esperaban.

Después de la independencia, el gobierno de Venezuela se caracterizó por una serie de dictaduras y gobiernos corruptos.

---

1. *indigenous* 2. *constructions built on stilts* 3. *pearls*

2–31. ¿Comprendiste? Responde a las siguientes preguntas usando la información que leíste en la sección anterior.

1. ¿De dónde proviene el nombre de Venezuela?
2. ¿A qué se dedicaban los indígenas venezolanos antes de la llegada de los españoles?
3. ¿A quiénes cedió Venezuela el rey español?
4. ¿Por qué los alemanes abandonaron Venezuela?

VENEZUELA DEMOCRÁTICA

En el año 1958 terminó el mandato del dictador Pérez Jiménez y desde entonces Venezuela ha vivido en democracia. El general Hugo Chávez intentó en 1993 dar un **golpe de estado**[4] durante el gobierno de Carlos Andrés Pérez, a quien acusaban de corrupción, pero **no tuvo éxito**[5]. Hugo Chávez fue elegido presidente de Venezuela en las elecciones de 1998.

Venezuela es un país con enormes riquezas naturales. La producción de petróleo es muy importante. Venezuela es el tercer país productor de petróleo del mundo. En los años 70, con la subida del precio del petróleo la economía venezolana mejoró inmensamente. Fueron unos años de abundancia y bienestar general. Esta situación ha cambiado desde los años ochenta hasta el presente, debido a la baja de los precios del petróleo, que es la fuente económica esencial del país.

4. *coup d'état* 5. *didn't succeed*

2–32. Resumir la idea principal. En parejas, escriban una oración como tesis para cada segmento sobre la Venezuela actual. Después, intercambien sus oraciones con las de otra pareja y determinen qué oraciones expresan la idea principal de cada párrafo con más claridad. Justifiquen su selección y traten de ser objetivos.

VEN A CONOCER

2–33. Anticipar el tema. Mira el texto y la fotografía a continuación. Habla con tu compañero/a de lo siguiente.

A. 1. De qué creen que trata este texto.
   2. A qué tipo de público está dirigido.
   3. En qué medio se puede encontrar un texto como éste.

B. 1. Qué tipo de lugar es Canaima.
   2. Dónde se encuentra (ubícalo en el mapa de Venezuela de la sección de *Perfil*).

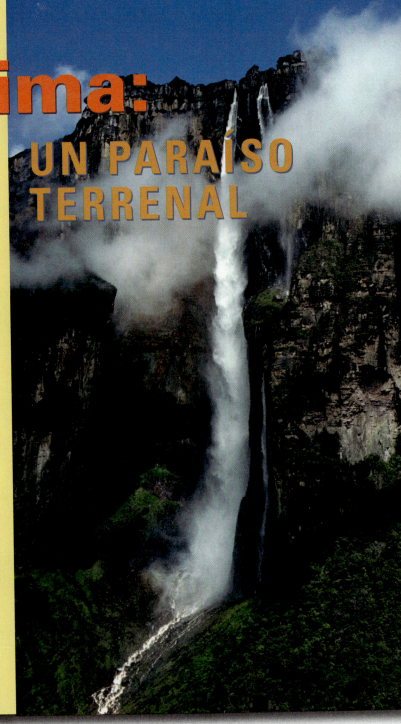

Canaima:

UN PARAÍSO TERRENAL

TOUR CANAIMA Y SALTO ÁNGEL

Excursión de aventura en uno de los parques nacionales más grandes del mundo. Ubicado al sur del río Orinoco, Canaima es un paraíso con una variedad infinita de recursos naturales y asombrosos paisajes. En esta expedición usted tendrá la oportunidad de apreciar los hermosos paisajes de Canaima, sin duda uno de los lugares más espectaculares del mundo.

Nuestro destino más famoso es el Salto Ángel en la selva venezolana. El Salto Ángel tiene más de 3.000 pies de altura y la caída libre de agua más alta del mundo. La mejor época del año es la temporada de lluvia, de junio a noviembre. ¡Usted podrá ver otras cascadas y pasear sobre algunos rápidos! En este recorrido viajaremos río arriba en "curiaras" (canoas indígenas que ahora tienen motores fuera de borda), acompañados por guías bilingües conocedores de la zona y que con gusto responderán a las miles de preguntas que tanto usted como sus acompañantes quieran hacer.

Visitará también el no menos famoso Salto Sapo, atracción muy singular y única en el mundo en la que vivirá la experiencia de caminar detrás de una cortina de toneladas de agua. Se encontrará en esta excursión con visitantes de todas partes del mundo, amantes de la naturaleza, que han encontrado en Canaima, la pureza y tranquilidad de una tierra virgen y mágica llena de leyendas y personajes.

TOURS DURANTE TODO EL AÑO:

Canaima en Verano, 2 días y 1 noche.

Incluye: Excursiones a Salto Sapo, medio día. Yuri-Lú, (Playa y Salto Yuri) medio día. Paseo en la Laguna Canaima. Alojamiento en Posada (hab. con camas y baño privado): US$240,00

Alojamiento en Campamento Rústico en hamacas: US$220,00

Sobrevuelo al Salto Ángel (Opcional): US$50,00

Canaima en Verano, 3 días y 2 noches.

Incluye: Excursiones a Salto Sapo, medio día. Yuri-Lú, (Salto y Playa Yuri) medio día. Expedición a Isla de Orquídea, rápidos de Mayupa y Pozo de la Felicidad, Paseo en la Laguna Canaima. Alojamiento en Posada (hab. con camas y baño privado): US$370,00

Alojamiento en Campamento Rústico en hamacas: US$260,00

Sobrevuelo al Salto Ángel (Opcional): US$50,00

EXCURSIONES EN TEMPORADA DE LLUVIA:

Canaima, 3 días y 2 noches.

Incluye: Expedición hasta Salto Ángel, navegación río arriba por el Río Carrao (pasando por los Rápidos de Mayupa) hasta llegar al Campamento en la Isla de Orquídea. Viaje al pie del Salto Ángel y caminata por la selva tropical. Regreso a Canaima de llegada a las 11:00 de la mañana aproximadamente.

Alojamiento en Campamento Rústico: US$240.00

Alojamiento en Posada con camas y baños privados: US$395.00

Sobrevuelo al Salto Ángel (Opcional): US$50.00

Todas las excursiones incluyen:

Asistencia al pasajero en el aeropuerto de Canaima. Un guía exclusivo en cada excursión. Traslados terrestres y fluviales. Todas las comidas y bebidas (exceptuando bebidas alcohólicas). Alojamiento en posadas o campamento rústico (de acuerdo al plan seleccionado). Chaleco salvavidas para cada pasajero.

Sugerimos traer:

Identificación o pasaporte * suéteres o chaquetas * botas o zapatos de tenis * jeans y camisetas * pantalones cortos deportivos * linterna pequeña * impermeable * trajes de baño y toallas * repelente de mosquitos y protector solar

El costo del impuesto de entrada al Parque Nacional Canaima no está incluido * Los niños menores de 7 años pagan 50% * Las excursiones con alojamiento en los campamentos de selva no están recomendadas para personas de edad avanzada ni con problemas físicos o de salud * Si el pasajero renuncia injustificadamente a nuestro servicio la compañía no hará devoluciones

2–34. Comprensión.

1. ¿Qué es el Salto Ángel? Descríbelo con tus propias palabras.
2. ¿Por qué es la temporada de lluvia la mejor época para visitar el salto?
3. ¿Qué tipo de alojamiento seleccionarías tú si fueras de viaje a Canaima? Explica tu respuesta.
4. Según el texto, ¿es éste un tipo de excursión recomendable para personas mayores? ¿Por qué?
5. ¿Te interesaría hacer un viaje a Canaima? ¿Por qué?

2–35. Vacaciones en Canaima. Un amigo está a punto de salir de viaje para Canaima con uno de estos paquetes de viaje y les envía este mensaje electrónico para pedir consejo. Usando la información del texto, háganle cinco recomendaciones a su amigo.

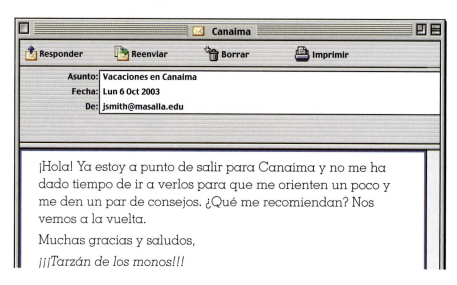

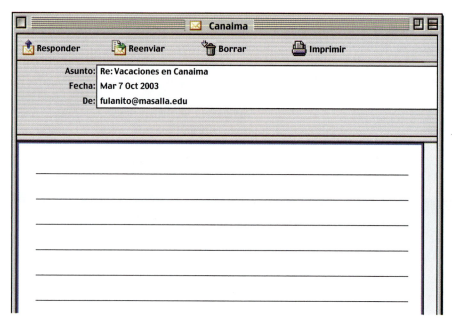

2–36. Un anuncio. El club de español de tu universidad está organizando un viaje para las vacaciones de primavera y te ha pedido que escribas un noticia anunciando el viaje. El anuncio se publicará en la hoja informativa (*newsletter*) del departamento de español. Los estudiantes del programa de español son el público a quien va dirigido el texto. Necesitas captar el interés de los lectores hacia este lugar e intentar convencerlos de que no hay un lugar mejor en el mundo para pasar las vacaciones de primavera.

Preparación

Para escribir el anuncio debes seguir los siguientes pasos.

1. Seleccionar un lugar de tu interés en el Caribe y buscar información sobre ese lugar en Internet u otras fuentes.
2. Hacer una lista de la información que quieres incluir.
3. Seleccionar qué elementos de la lista son los más atractivos para el posible visitante.

A escribir

1. **Introducir**
   Escribe una introducción que capte el interés de los lectores. Recuerda que quieres convencer a tus lectores de que no hay un lugar en el mundo mejor que éste.

2. **Describir**
   Escribe un resumen descriptivo de la información encontrada en las fuentes.

3. **Expresar tu opinión** con la intención de convencer a los lectores.
   - ¿Qué aspectos hacen que este lugar sea tan especial y único?
   - ¿Por qué deben tus lectores elegir este lugar para sus vacaciones de primavera y no otro lugar?
   - Consulta la información gramatical de la unidad y repasa el uso del subjuntivo.

4. **Conclusión**
   Escribe una conclusión que resalte los puntos más importantes de tu ensayo.

Revisión

1. Escribe el número de borradores que te indique tu instructor/a y revisa tu texto usando la guía de revisión del Apéndice C.
2. Escribe la versión final y entrégasela a tu instructor/a.

EL ESCRITOR TIENE LA PALABRA

No sé por qué piensas tú, de Nicolás Guillén

NICOLÁS GUILLÉN (1902–1989) es el poeta más conocido de los autores que escriben literatura afroantillana. Es conocido por sus poemas sobre la vida afrocubana y sobre la protesta política y social.

Ha tenido mucha influencia en el mundo literario y también en la vida de muchos cubanos y otros latinos. Guillén nació en Camagüey, Cuba, el diez de julio de 1902. Como su padre, Guillén fue activista a favor de la Revolución cubana durante toda su vida.

Durante el gobierno de Batista estuvo exiliado por sus actividades rebeldes. Vivió en Buenos Aires hasta que Fidel Castro tomó el poder en Cuba y permitió que Guillén regresara. Murió en Cuba en 1989.

2–37. Entrando en materia.

1. Haz una lectura rápida del poema a continuación y escribe una lista de cinco palabras que sabes y cinco palabras que no sabes. Compara tu lista con la de tu compañero/a y ayúdense mutuamente (*help each other*) a comprender el significado de las palabras que no saben.
2. ¿Cuál crees que es el tema central del poema?

No sé por qué piensas tú

No sé por qué piensas tú,
soldado, que te odio yo,
si somos la misma cosa
yo,
tú.

Tú eres pobre, lo soy yo;
soy de abajo, lo eres tú;
¿de dónde has sacado tú,
soldado, que te odio yo?

Me duele que a veces tú
te olvides de quién soy yo;
caramba, si yo soy tú,
lo mismo que tú eres yo.

Pero no por eso yo
he de malquererte, tú;
si somos la misma cosa,
yo,
tú,
no sé por qué piensas tú,
soldado, que te odio yo.

Ya nos veremos yo y tú,
juntos en la misma calle,
hombro con hombro, tú y yo,
sin odios ni yo ni tú,
pero sabiendo tú y yo,
a dónde vamos yo y tú…
¡no sé por qué piensas tú,
soldado, que te odio yo!

2–38. Nuestra interpretación de la obra.

1. La idea principal del poema es:
   a. describir a un soldado cubano.
   b. describir los sentimientos del poeta sobre la igualdad social.
2. ¿En qué estrofa del poema compara el poeta sus orígenes con los del soldado?
3. El poeta usa el término *soldado* para simbolizar:
   a. a la gente de color de la clase trabajadora con la que el poeta se identifica.
   b. a la gente de la clase alta en el poder.
4. ¿Qué expresiones usa el poeta para enfatizar la idea de igualdad social? Identifica las partes del poema que tengan esta idea.

MODELO
La expresión *somos la misma cosa* enfatiza la idea de igualdad social.

4 **2–39. Ustedes tienen la palabra.** En grupos de cuatro, escriban la estrofa de un poema de 4 versos (*lines*) usando algunas de las palabras que se incluyen a continuación. Presten atención a la rima (*rhyme*) de las palabras al final de cada verso. Por ejemplo, las palabras **melón** y **pantalón** pueden estar al final de dos versos haciendo rima. Todos los miembros del grupo deben contribuir por lo menos un verso. ¡Buena suerte y que se diviertan!

> **MODELO**
>
> **El otro día se me cayó un pedazo de melón**
> **encima de mi hermoso pantalón**

habitante	improbable	incierto/a	estudiante	instrumento
intento	inventar	comprar	comprensión	legítimo/a
lograr	nacer	perla	poseer	rancho
sucesión	crecer	responsable	cuento	infierno

acercamiento *m*	*approach*
aislar	*to isolate*
apoyar	*to support*
bienestar *m*	*well being*
ciudadano/a	*citizen*
derechos *m*	*rights*
derramamiento (de sangre) *m*	*bloodshed*
derrocar	*to overthrow*
desempleo *m*	*unemployment*
época *f*	*time, period*
equivocado/a	*wrong*
extender (ie)	*to extend*
ganado *m*	*cattle*
gobierno *m*	*government*
habitante *m/f*	*inhabitant*
improbable	*unlikely*
incierto/a	*uncertain*
instrumento *m*	*instrument*
intento *m*	*attempt*
inventar	*to invent*
invertir (ie, i)	*to invest*
legítimo/a	*legitimate*
lograr	*to achieve*
nacer	*to be born*
perla *f*	*pearl*
poseer	*to own*
rancho *m*	*hut; ranch*
sucesión *f*	*sequence*
tener éxito	*to be successful*
teoría *f*	*theory*
transcurrir	*to pass, go by*
Tumba *f*	*Cuban rhythm*
Upa habanera *f*	*Cuban rhythm*

3

Centroamérica: Mirada al futuro sin olvidar el pasado

Centroamérica ofrece la oportunidad de observar la historia en vivo, ya que las comunidades indígenas han mantenido muchas tradiciones milenarias. Hoy Centroamérica empieza a encontrar el equilibrio entre la tradición y la modernidad. ¿Crees que es posible mantener este equilibrio? ¿Cuáles son las posibles dificultades?

Guatemala: Lo maya en Guatemala

GUATEMALA

Ciudad de ● Guatemala

Capital:	Ciudad de Guatemala
Población:	11 millones
Grupos étnicos:	mestizo 55%, amerindio 43%, blanco 2%
Idiomas:	español y 21 lenguas indígenas
Moneda:	quetzal
Área:	aproximadamente el tamaño de Tennessee

Entrando en materia

3–1. ¿Qué sabes de geografía? Mira la información de la página anterior y el mapa que sigue, y describe la situación geográfica de Guatemala. Incluye lo siguiente.

1. La situación geográfica de Guatemala con respecto a otros países.
2. Identifica las áreas montañosas y las áreas costeras del país.
3. ¿Cuál es la capital de Guatemala?
4. Usa la información anterior como base para elaborar una hipótesis sobre la presencia indígena en Guatemala.

Por si acaso

a la derecha de	to the right of
a la izquierda de	to the left of
abajo de	below
arriba de	above
al este de	east of
al norte de	north of
la frontera	border
el océano	ocean
el país	country

México · Mar Caribe · Belice · Honduras · Guatemala · El Salvador · Nicaragua · Océano Pacífico · Panamá · Costa Rica

Tikal

Los mayas desarrollaron un sistema numérico muy sofisticado basado en puntos y barras. El punto equivalía a una unidad y la barra, a cinco unidades. Estas cifras se usaban para los cálculos de la vida diaria, y también para medir el tiempo. El calendario maya era muy sofisticado y mucho más exacto que el que se usaba en Europa en aquellos tiempos.

Los mayas usaron un complejo sistema jeroglífico para representar sus cálculos matemáticos y su escritura. Fue el sistema de escritura y representación numérica más complejo del continente. Los mayas cubrieron sus monumentos con numerosas inscripciones y también "escribieron" misteriosos mensajes jeroglíficos (con figuras humanas y animales) usando la corteza de los árboles como papel.

LA CIVILIZACIÓN MAYA

La civilización maya floreció por toda el área guatemalteca hace más de dos mil años y se extendió también a territorios de México, Belice y Honduras. Se especula que la población maya llegó a los tres millones durante el período clásico (300 a 900+ d.C.). Los miembros de esta brillante civilización se dedicaban esencialmente a la agricultura y vivían en pequeñas aldeas cercanas a centros ceremoniales. Tikal fue el mayor centro urbano del período clásico maya. La ciudad tenía plazas, templos y palacios majestuosos.

Los mayas tenían piel oscura, baja estatura y cabezas redondas con la frente plana. La frente plana era signo de belleza. También apreciaban la estética de los ojos **bizcos**[1], una "moda" maya comparable a las lentillas que se usan para cambiar el color de los ojos.

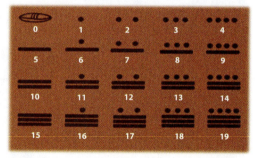

La civilización maya desapareció misteriosamente alrededor del año 900. No se ha podido explicar el motivo del colapso del pueblo maya. Una hipótesis indica que los mayas tenían conflictos bélicos con otros pueblos que contribuyeron a su desaparición.

---

1. *cross-eyed*

3–2. ¿Comprendiste? Repasa la sección anterior tomando nota de los puntos más importantes de la lectura. Después utiliza la información para asociar los elementos de la columna A con los elementos de la columna B de la tabla siguiente.

A	**B**
1. Sistema jeroglífico	**a.** Período clásico maya
2. 3 millones	**b.** Complejos y misteriosos símbolos
3. 300–900 d.C.	**c.** Desaparición de la civilización maya
4. Tikal	**d.** Los mayas del período clásico
5. 900 años d.C.	**e.** Ciudad maya más importante

LOS ÚLTIMOS QUINCE AÑOS

En 1993, Ramiro de León Carpio fue nombrado presidente de Guatemala. Su presidencia ha contribuido notablemente a la reducción de la corrupción y a la consolidación del proceso de **paz**[2] entre las diferentes facciones políticas y militares. Entre 1994 y 1995 el gobierno firmó **tratados**[3] de derechos humanos, derechos indígenas y reinserción de personas desplazadas.

Una de las personas que más se destacó por su lucha en favor de los derechos humanos, la paz y los derechos de los pueblos indígenas es Rigoberta Menchú Tum, quien en 1992 recibió el Premio Nobel de la Paz. Ella considera

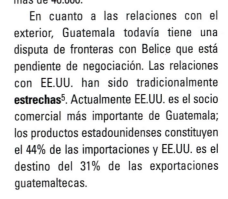
Rigoberta Menchú Tum

este premio como un reconocimiento simbólico a las víctimas de la represión, el racismo y la **pobreza**[4] en el continente americano, así como un homenaje a las mujeres indígenas.

Álvaro Arzu ganó las elecciones presidenciales en enero de 1996. A finales de 1999 terminó su mandato y se llevaron a cabo nuevas elecciones. En 1997 la UNESCO le concedió el premio de paz Houphouet-Boigny por haber negociado el final de la guerra civil entre las guerrillas y el gobierno. Esta negociación dio fin a 36 años de guerra civil en la que murieron más de 150.000 personas y desaparecieron más de 40.000.

Álvaro Arzu

En cuanto a las relaciones con el exterior, Guatemala todavía tiene una disputa de fronteras con Belice que está pendiente de negociación. Las relaciones con EE.UU. han sido tradicionalmente **estrechas**[5]. Actualmente EE.UU. es el socio comercial más importante de Guatemala; los productos estadounidenses constituyen el 44% de las importaciones y EE.UU. es el destino del 31% de las exportaciones guatemaltecas.

---

2. *peace* 3. *treaties* 4. *poverty* 5. *close*

3–3. Resumir la información. Repasa la sección y después completa el cuadro de abajo escribiendo qué ocurrió en las fechas indicadas.

Cronología de momentos importantes en la historia reciente de Guatemala	
1. 1992	
2. 1993	
3. 1994–1995	
4. 1996	
5. 1997	
6. 1999	

ATENCIÓN A LA ESTRUCTURA

The Future Tense to Talk About What Will Happen and to Express Possible or Probable Situations in the Present

The future tense is used to talk about what will happen, and to express possible situations in the present.

The future tense in Spanish corresponds to the English *shall/will*. Conjugating the future tense is quite easy since this tense uses the entire infinitive as the stem. Here is how you do it:

1. Take the infinitive of a verb,
2. add the endings **-é, -ás, -á, -emos, -éis, -án**.

Use of the Future Tense

1. To express future actions

You basically use the future tense in Spanish in the same situations you would use future tense in English (*shall/will* + verb).

La clase de español **viajará** a Guatemala este verano.

*The Spanish class **will travel** to Guatemala this summer.*

Spanish speakers tend to use the future tense less frequently than English speakers. They commonly substitute this tense with either the simple present or the **ir a** + *infinitive* construction.

Mañana **voy** a la universidad en autobús.

Mañana **voy a ir** a la universidad en autobús.

Mañana **iré** a la universidad en autobús.

*Tomorrow **I'll go** to the university by bus.*

See verb tables and *Apéndice gramatical 3* for a review on irregular future.

2. To express probability or conjecture

The future tense can be used to express conjecture about an event that may be happening in the present. In English we express conjecture with *probably* + present tense or *may* + verb.

With non-action verbs such as **ser, estar, parecer,** and **tener** the simple future is used.

> ¿Dónde está tu hermana?
>
> *Where is your sister?*

> No sé, **estará** en casa de su mejor amiga.
>
> *I don't know, **she may be(is probably)** at her best friend's house.*

With action verbs such as **correr, escribir, caminar, viajar,** and **llegar,** the future progressive is used. The progressive form of any tense is formed by conjugating the verb **estar** and using the action verb in the present participle form (stem + **-ando** or **-iendo**). The future progressive is formed by conjugating the verb **estar** in the future tense plus the present participle of a verb.

> Me pregunto si mi amigo Miguel **estará llegando** a
>   Guatemala ahora.
>
> *I wonder whether my friend Miguel **may be arriving** in Guatemala right now.*

3. Future tense in **si** (*if*) clauses to express possible or probable situations

Si clauses are used to talk about an event that will happen only if certain conditions are met. The **si** clause has a verb in the present tense and expresses the condition. The clause with the future tense expresses the result of the condition.

> **Si** tengo bastante dinero, **iré** a Guatemala este verano.
>
> *If I have enough money, **I'll go** to Guatemala this summer.*

> or

> **Iré** a Guatemala este verano si tengo bastante dinero.
>
> ***I'll go** to Guatemala this summer if I have enough money.*

3–4. Identificación. Lee estas predicciones que un profeta maya hizo sobre la desaparición de su civilización. Identifica los verbos que expresan futuro. Después, vuelve a escribir el párrafo, sustituyendo estos verbos por la construcción **ir a** + infinitivo para expresar futuro.

> **MODELO**
>
> Nuestro pueblo, tal y como lo conocemos hoy, dejará de existir.
> Nuestro pueblo, tal y como lo conocemos hoy, **va a dejar** de existir.

Los dioses me han revelado terribles noticias. Nuestro pueblo, tal y como lo conocemos hoy, dejará de existir. La vegetación de la selva cubrirá y sepultará nuestras casas, templos y monumentos. Éstos quedarán olvidados durante cientos y cientos de años. Pero un día, dos hombres extranjeros con apariencia y ropas extrañas encontrarán los restos de nuestra civilización y todos los pueblos del mundo conocerán y admirarán nuestra cultura.

3–5. No estoy seguro/a pero me imagino que… A continuación tienes una serie de preguntas sobre Guatemala; responde a cada una de ellas expresando conjeturas usando el futuro de probabilidad. No te preocupes si no sabes alguna respuesta, sólo necesitas dar la que tú consideres acertada. Escribe las respuestas en tu cuaderno. Después, puedes pedirle ayuda a tu instructor/a para comprobar cuáles son las respuestas correctas.

1. ¿Cuántos años crees que duró la guerra civil en Guatemala?

    a. 15 años   **b.** 24 años   **c.** 36 años

    No estoy seguro/a pero me imagino/ creo que…

2. ¿Cómo es el nivel de vida de la población indígena guatemalteca?

    a. alto   **b.** aceptable   **c.** muy bajo

3. ¿Cuál es la religión predominante en Guatemala?

    a. católica   **b.** protestante   **c.** maya

4. ¿Cuál es el índice de alfabetización en Guatemala?

    a. 23%   **b.** 55%   **c.** 80%

5. ¿Cuál es la fuente más importante de ingresos económicos para el país?

    a. la agricultura   **b.** el turismo   **c.** el petróleo

3–6. Estudiante de intercambio. En parejas, una persona va a hacer el papel de Luis, un estudiante de la Universidad de Guatemala que va a pasar el verano en EE.UU. La otra persona es Roberto, el estudiante estadounidense que va a recibir a Luis. Antes de salir de viaje, Luis llama por teléfono a Roberto para preguntarle algunas cosas. Representen la conversación entre los dos estudiantes siguiendo las preguntas 1 a 4. Después cambien de papel y representen la conversación con las preguntas 5 a 8.

> **MODELO**
>
> **¿Qué pasará... si llego a casa a las dos de la mañana?**
> **Si llegas a casa a las dos de la mañana, mi madre se pondrá furiosa.** *o*
> **Mi madre se pondrá furiosa si llegas a casa a las dos de la mañana.**

¿Qué pasará…

1. si llevo 1.000 quetzales solamente (un dólar equivale a 7 quetzales)?
2. si llevo sólo ropa elegante?
3. si no aprendo a hablar inglés perfectamente antes de viajar?
4. si fumo en tu casa?
5. si llevo sólo ropa informal?
6. si a tu familia no le gustan mis hábitos?
7. si no me gusta la comida de tu país?
8. si quiero conocer otras partes del país?

3–7. ¿Y tú? Después de aclarar las dudas de Luis, Roberto le pregunta sobre sus planes para el próximo semestre, las próximas vacaciones y para después de graduarse de la universidad. Continúen la conversación telefónica anterior haciéndose preguntas sobre sus planes futuros.

> **MODELO**
>
> **Roberto: ¿Qué vas a hacer el próximo semestre, Luis?**
> **Luis: El próximo semestre tomaré dos clases más de literatura.**
> **Roberto: ¿Y qué planes tienes para las próximas vacaciones?**
> **Luis: Pues creo que iré a visitar a mi primo que vive en El Salvador.**

No se olviden de intercambiar los papeles para poder practicar preguntas y respuestas.

3 **3–8. La máquina del tiempo.** Imaginen que son miembros de la tripulación de una máquina del tiempo que ha viajado al año 300 d.C. La máquina aterriza en Tikal, donde conocen a un grupo de jóvenes mayas de su edad. Estos jóvenes mayas quieren usar la máquina del tiempo para visitar la época en la que ustedes viven. Ayúdenlos a prepararse para su viaje escribiendo un documento explicándoles qué cosas sorprendentes y avances tecnológicos encontrarán en el siglo XXI.

SITUACIONES

¿Qué haremos en Guatemala?

Cerca del lago Atitlán se encuentran varios poblados en los que el tiempo parece haberse detenido. Aquí los indígenas viven de forma tradicional; sus artesanías son un claro reflejo de la herencia maya.

San Pedro La Laguna está situado al pie del volcán San Pedro. Aquí, todos los domingos, se puede visitar uno de los mercados de artesanía local más importantes de la región.

2 **3–9. ¿Qué haremos en Guatemala?** Imaginen que son una pareja de novios. Uno/a de ustedes está planeando un viaje a Guatemala y quiere que su novio/a le acompañe, pero él/ella no quiere. Preparen un pequeño diálogo: La persona que quiere viajar a Guatemala, debe describir las actividades que podrán hacer cuando visiten el país. (Usen los conocimientos que ya tienen sobre el país, Internet u otras fuentes.) La otra persona debe oponerse al viaje. ¡Usen la imaginación! Después representen sus diálogos ante la clase y decidan cuál es el mejor (evalúen imaginación, credibilidad, sentido del humor, etc.).

Recuerden que pueden usar **ir a** + **infinitivo** para sustituir el uso del futuro en español.

CURIOSIDADES

3–10. Crucigrama. Completa el crucigrama según las pistas horizontales y verticales.

HORIZONTALES

3. La frente de los mayas era...
5. El grupo racial más numeroso de Guatemala
6. Tipo de escritura maya

VERTICALES

1. Nombre de un pájaro y de la moneda guatemalteca
2. El nombre de la cultura indígena precolombina en Guatemala
3. Rigoberta Menchú recibió el Premio Nobel de la...
4. Un país de habla inglesa donde existió la cultura maya
5. El país que está al norte de Guatemala

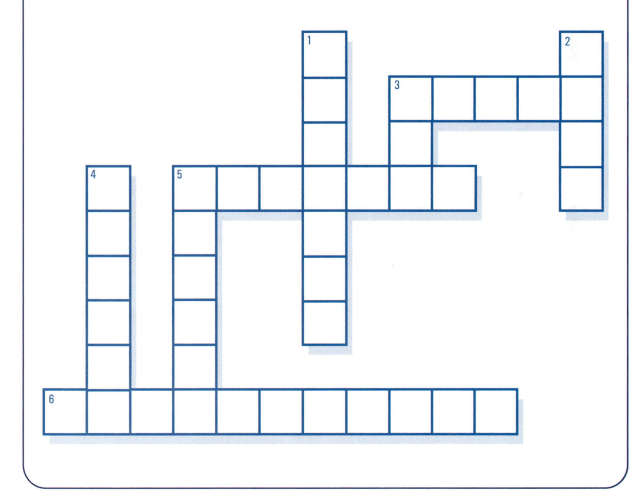

El Salvador, Honduras, Nicaragua: Un futuro prometedor

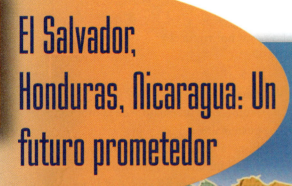

Mar Caribe

HONDURAS

Tegucigalpa

EL SALVADOR

San Salvador

NICARAGUA

Managua

OCÉANO PACÍFICO

PANORAMA CULTURAL

El Salvador

Capital:	San Salvador
Población:	más de 6 millones de habitantes
Grupos étnicos:	mestizo 90%, amerindio 1%, blanco 9%
Idiomas:	español, náhuatl
Moneda:	colón
Área:	un poco más pequeño que Massachusetts

Honduras

Capital:	Tegucigalpa
Población:	más de 6 millones de habitantes
Grupos étnicos:	mestizo 90%, amerindio 7%, negro 2%, blanco 1%
Idiomas:	español, algunas lenguas indígenas
Moneda:	lempira
Área:	un poco más grande que Tennessee

Nicaragua	
Capital:	Managua
Población:	aproximadamente 5 millones de habitantes
Grupos étnicos:	mestizo 69%, blanco 17%, negro 9%, amerindio 5%
Idiomas:	español, algunas lenguas indígenas
Moneda:	córdoba
Área:	un poco más pequeño que el estado de Nueva York

Entrando en materia

3-11. ¿Qué sabes de El Salvador, Honduras y Nicaragua? Indica si estas oraciones son ciertas o falsas. Si puedes, corrige las falsas.

1. De los tres países, El Salvador es el único que no tiene costa en el mar Caribe.
2. Los tres países son exclusivamente católicos.
3. Los tres países actualmente tienen un sistema de gobierno democrático.
4. Los tres países tienen volcanes activos en su territorio.

PERFIL

AYER Y HOY

El Salvador

Consiguió la independencia de España en 1821. En 1992, bajo la supervisión de las Naciones Unidas, se terminó una guerra civil que duró doce años. Los acuerdos de paz de 1992 establecieron las bases para una reforma militar, judicial y agraria: el personal militar se redujo a la mitad, se formó una nueva fuerza policial de carácter civil, se ha revisado el código penal y se ha establecido un programa de redistribución de tierras. Todas estas reformas están incrementando el nivel de confianza de los inversores, los cuales están contribuyendo a un mejoramiento de la economía. El Salvador es hoy una república democrática gobernada por un presidente y una asamblea legislativa. El presidente es elegido por sufragio universal y gobierna durante cinco años.

Honduras

Se independizó de España en 1821. Después de más de veinte años de dictaduras militares, se celebraron elecciones, y en 1982 se estableció un gobierno civil. De 1980 a 1989, Honduras fue refugio para los contras, grupo que luchaba contra el gobierno marxista nicaragüense.

Honduras es el segundo país del mundo en el sector de las maquiladoras. Debido a sus necesidades económicas y de seguridad nacional, el apoyo político y económico de Estados Unidos es vital para Honduras. Estados Unidos es hoy el principal destinatario del intercambio comercial de Honduras.

Nicaragua

Nicaragua también consiguió la independencia de España en 1821. En 1978, el pueblo se rebeló contra el gobierno corrupto. Esto resultó en una guerra civil que culminó con la toma del poder por parte de las guerrillas marxistas sandinistas en 1979. El apoyo de Nicaragua a los rebeldes izquierdistas en El Salvador provocó la intervención de EE.UU. entre 1980 y 1989. Esta intervención tuvo lugar en forma de apoyo económico y militar a las guerrillas contra. Los sandinistas perdieron las elecciones libres en 1990 y 1996.

En la actualidad, la libertad de expresión está garantizada por la constitución. A pesar de que Nicaragua es el segundo país más pobre del Hemisferio Occidental, después de Haití, su estabilidad política promete una progresiva recuperación económica.

3-12. ¿Comprendiste? Responde a las siguientes preguntas.

1. ¿Qué representa la fecha de 1821 para El Salvador, Honduras y Nicaragua?
2. ¿Quiénes fueron los contras?
3. ¿Con qué país asocias a los sandinistas?
4. Señala algún aspecto positivo de la historia más reciente de estos países.

FIGURAS HISTÓRICAS

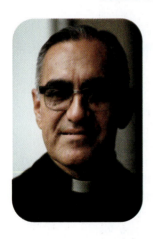

Óscar Romero nació en Ciudad Barrios (El Salvador) en 1917 y estudió teología en la Universidad Gregoriana de Roma, donde en 1942 fue ordenado sacerdote. En 1977 asumió el puesto de arzobispo de San Salvador. En 1978 el parlamento inglés lo presentó como candidato al Premio Nobel de la Paz.

Romero hizo un llamado al presidente de Estados Unidos mediante una carta, en la cual le pedía que el gobierno estadounidense suspendiera las ayudas militares a El Salvador, las cuales se transformaban en una sangrienta represión para el pueblo.

En una **homilía**[1] en la catedral, monseñor Romero hizo referencia explícita al ejército y pidió a los soldados que **rehusaran**[2] obedecer órdenes de matar a campesinos inocentes y desarmados. Al día siguiente, monseñor Romero fue asesinado por un **francotirador**[3].

---

1. *sermon, homily* 2. *refuse* 3. *sniper*

Lempira (1499–1537) fue uno de los pocos líderes amerindios que resistió con éxito a los españoles. Aunque la resistencia amerindia terminó con la muerte de Lempira, este amerindio es hoy uno de los héroes de Honduras, y su nombre, que significa "hombre de montaña", simboliza el orgullo de la herencia indígena.

Según la leyenda, como los españoles no pudieron vencerle con tácticas militares, tuvieron que **recurrir**[4] al **engaño**[5]. Los españoles persuadieron a Lempira de que asistiera a una reunión para negociar la paz y en esa reunión Lempira fue asesinado.

---

4. *resort to* 5. *trickery, deception*

Augusto César Sandino nació en 1895 en Niquinohomo, un pueblo de Nicaragua. Pasó varios años en México, donde se familiarizó con diversas ideologías políticas. Las ideas de Sandino tenían un tono nacionalista y antiimperialista. Sandino estaba en contra del control estadounidense sobre Nicaragua. La resistencia de Sandino y sus seguidores forzó a Estados Unidos a cesar su intervención en 1933. A cambio, Sandino se comprometió a desarmar a sus seguidores, pero cambió de opinión al ver que la Guardia Nacional, un cuerpo policial de nueva creación y bajo la dirección de Anastasio Somoza, adquiría un gran poder. En 1934, Somoza, que temía ver su poder disminuido, asesinó a Sandino.

3–13. Síntesis. En grupos de tres, cada persona debe elegir a un personaje de la sección anterior y hacer un esquema con los puntos más importantes de la biografía de ese personaje. Después, comparando los tres esquemas que han hecho, determinen:

1. Qué aspectos tienen en común estas tres personas.
2. Quiénes de estas tres personas critican la actuación de EE.UU. ¿Por qué?, ¿Están de acuerdo con su crítica?
3. Por qué las tres personas murieron violentamente. ¿Creen que la violencia es algo constante en la historia de estos países? ¿Por qué?

ATENCIÓN A LA ESTRUCTURA

The Conditional to Express Probability, Future Within a Past Perspective, and Politeness

The conditional is used to express probability, future within a past perspective, and politeness.

The conditional tense in Spanish corresponds to the English *should/would*. Conjugating the conditional tense is similar to conjugating the future since this tense also uses the entire infinitive as the stem. Here is how to do it:

1. Take the infinitive of a verb,
2. add the endings **-ía, -ías, -ía, -íamos, -íais, -ían**.

Uses of the Conditional Tense

1. Probability in the past

You learned to use the future to express conjecture about an event that may be happening in the present. To express probability or conjecture about a past event you may use the conditional.

> Ayer no fui a clase; me pregunto qué **explicaría** el profesor sobre la historia de Nicaragua.
>
> *Yesterday I didn't go to class; I wonder what my professor **must have explained** about the history of Nicaragua.*

See verb tables and *Apéndice gramatical 3* for a review of the irregular conditional.

2. Future when the reference point is a past action

The conditional may function as the counterpart of the future when it expresses a future event within a past perspective. Therefore, when in direct speech the future tense appears, in indirect speech the conditional tense is used.

Direct speech:	El próximo año el gobierno **estimulará** más el turismo.
	*Next year the government **will stimulate** tourism more.*
Indirect speech:	El presidente dijo que el próximo año el gobierno **estimularía** más el turismo.
	*The president said that next year the government **would stimulate** tourism more.*

3. The conditional to convey politeness or wish

The use of the conditional to convey politeness or a wish with a polite tone is usually limited to **gustar** + *infinitive*, **poder, desear,** and **preferir**.

¿Le **gustaría** tomar un café? Me **gustaría** conocer El Salvador.
***Would you like** to have a cup of coffee?* ***I would like** to visit El Salvador.*

See irregular verb forms and additional information on the conditional in *Apéndice gramatical 3.*

3–14. Identificación. Prepara una tabla en la que se reflejen los tres usos del condicional que acabas de estudiar. Después, lee los artículos que siguen y escribe un ejemplo en cada columna utilizando frases de los artículos.

Honduras después del huracán Mitch

Unos días después del huracán, muchos hondureños le preguntaron al gobierno si les darían casa a las personas afectadas. El gobierno les aseguró que proporcionarían casas y controlarían los precios de los productos básicos.

La primera dama nicaragüense y superstición importada

¿Sería verdad lo que dijeron en la televisión ayer? La primera dama, que vivió mucho tiempo en EE.UU., le pidió al presidente que cancelara su viaje a Taiwán porque la fecha era un viernes trece.

Cartas al director

Leo su periódico semanalmente y en general me parece muy buena la sección de noticias internacionales. Sin embargo, me gustaría ver noticias positivas de El Salvador. Todo lo que publican sobre este país es muy negativo. Sería deseable ver noticias sobre algún aspecto cultural, por ejemplo, las costumbres culinarias o el paisaje salvadoreño.

3–15. Redacción de noticias. El periódico de la universidad quiere publicar una serie de biografías de personas que luchan o han luchado por los derechos del pueblo. A ti te han asignado la biografía de Óscar Romero. El editor quiere que comiences con un párrafo que enumere algunas cosas que Óscar Romero dijo durante su vida. Utiliza la lista de abajo para escribir un pequeño párrafo que empiece: **"Óscar Romero, arzobispo de San Salvador y defensor del pueblo, dijo que..."**

1. La semilla (*seed*) de la justicia crecerá algún día.
2. Juntos mejoraremos las condiciones de vida del pueblo salvadoreño.
3. No abandonaré a mi pueblo.
4. Correré todos los riesgos que mi ministerio exige.
5. Si me matan, resucitaré en el pueblo salvadoreño.

3–16. Conjeturas. Ayer el profesor de historia latinoamericana llegó muy serio a clase. En parejas, hagan una lista de cinco posibles razones por las que estaba tan preocupado y después, con cada una de esas razones, escriban una oración que responda a la pregunta **¿qué le pasaría al profesor ayer?**

> **MODELO**
>
> Estaría deprimido porque oyó las noticias sobre las revueltas en Venezuela.

3–17. ¿Y ustedes? Su clase acaba de ganar un premio de un viaje para toda la clase y pueden elegir cualquier lugar de Centroamérica como destino. Tienen que poner por escrito sus preferencias. Trabajen en parejas para preparar el documento.

A. Háganse preguntas sobre sus preferencias acerca de los siguientes temas: país, campo/ ciudad/ playa, tipo de hotel, duración del viaje.

> **MODELO**
>
> ¿En qué época del año preferirías ir?
> Preferiría ir en otoño.
> ¿Preferirías unas vacaciones en el campo o en la playa?
> Preferiría ir a una playa del Caribe.

B. Traten de llegar a un acuerdo sobre las vacaciones ideales para escribir un informe corto y entregárselo a su instructor/a. Recuerden que deben escribir el informe en plural para expresar las preferencias de los dos.

Entrando en materia

3-18. Tipos de viajes. En parejas, identifiquen las diferencias y semejanzas de los tipos de viaje de la lista. Pueden hablar sobre los siguientes aspectos: contacto con otras personas, precio, autonomía para planear, contacto con la naturaleza, contacto con áreas urbanas, efecto positivo o negativo de los visitantes. ¿Qué tipo de viaje les resultaría más interesante?

1. crucero (*cruise*)
2. safari
3. exploración de las selvas tropicales
4. viaje a Tegucigalpa (en Honduras)

3-19. Vocabulario en contexto. Usa el contexto de la oración para deducir el significado de la palabra. Después responde a la pregunta.

1. **medio ambiente**

   El **medio ambiente** es el grupo de elementos que hacen posible la vida, por ejemplo, el agua, el aire y la naturaleza.

   explica: Da un ejemplo de actividades buenas para el medio ambiente.

2. **dañino**

   Hay actividades que son **dañinas** para la salud, por ejemplo, fumar.

   explica: Da un ejemplo de actividades dañinas para la salud de una persona.

3. **fauna**

   La **fauna** es el grupo de especies diferentes de animales que viven en una región.

   explica: Nombra algún animal típico de la fauna de tu región.

4. **flora**

   La **flora** es el grupo de especies diferentes de plantas que viven en una región.

   explica: Nombra alguna planta típica de la flora de tu región.

5. **disfrutar**

   Disfrutar es tener una experiencia positiva.

   explica: De tus viajes, ¿cuál has disfrutado más?

6. **paisaje**

   El **paisaje** es el conjunto de elementos que uno puede ver cuando visita un área rural o natural, por ejemplo las montañas.

   explica: Describe el paisaje de las afueras de tu ciudad o pueblo.

Antes de escuchar

¿Has oído hablar del ecoturismo? Teniendo en cuenta que la palabra "ecoturismo" procede de la combinación de **ecología** (*ecology*) y **turismo**, ¿puedes escribir tres características del ecoturismo o de las personas que lo practican? Después de escuchar la miniconferencia, comprueba si tus predicciones han sido correctas.

MINICONFERENCIA

Una alternativa al turismo convencional: El ecoturismo

Ahora tu instructor/a va a presentar una miniconferencia.

3–20. Palabras en acción. Responde a las preguntas usando el vocabulario y la información que acabas de escuchar.

1. ¿Cuál es la ciencia que estudia la relación entre los organismos y el medio ambiente?
2. ¿Qué ofrece Centroamérica a la creciente industria del ecoturismo?
3. Explica los factores que se tienen en cuenta para determinar el grado de ecología de un viaje.
4. Además de disfrutar del paisaje, ¿qué otros aspectos motivan al ecoturista?

3–21. Hablemos del tema. Ahora, en parejas, comenten sus ideas sobre el ecoturismo. Pueden centrarse en los puntos siguientes.

1. ¿Creen que el ecoturismo será bueno o malo para Centroamérica? ¿Por qué?
2. ¿Cuáles son los aspectos más atractivos del ecoturismo? ¿Y los menos atractivos?
3. ¿Creen que el ecoturismo es más atractivo a una edad determinada? ¿Por qué?
4. ¿Qué tipo de ecoturistas les gustaría ser? Justifiquen sus respuestas.

Humor político

—Chiste hondureño anónimo

El presidente de Honduras se dirige a la nación después de una reunión con dignatarios internacionales:

> Estimado pueblo, les traigo buenas y malas noticias. Les doy primero las buenas: ya no tenemos deuda exterior. Ahora las malas: tenemos veinticuatro horas para salir del país.

3–22. Humor centroamericano. ¿Crees que este chiste tendría sentido en tu país? ¿Por qué? Intenta adaptar el chiste para reflejar un asunto de tu país usando el mismo formato. Después, intercambia tu chiste con tu compañero/a para ver si lo entiende.

Costa Rica: La "Suiza" de Centroamérica

Capital:	San José
Población:	3. 604.642 habitantes
Grupos étnicos:	blanco 80%, mestizo 17%, africano 2%, amerindio 1%
Idiomas:	español
Moneda:	colón
Área:	el doble del estado de Vermont

Mar Caribe

Monteverde

San José

COSTA RICA

OCÉANO PACÍFICO

PANORAMA CULTURAL

Entrando en materia

3–23. ¿Qué sabes de Costa Rica? Basándote en tu conocimiento previo, determina cuáles de estas oraciones son falsas y cuáles son ciertas. Si puedes corrige las falsas.

1. Costa Rica es un país conocido por su belleza natural, sus parques nacionales y sus reservas biológicas.
2. La mayoría de los habitantes de este país es de origen africano o indígena.
3. Costa Rica, bañada por el mar Caribe y el océano Pacífico, limita con Nicaragua al norte y con Panamá al sur.
4. La historia contemporánea de Costa Rica está caracterizada por los conflictos políticos.

PERFIL

COSTA RICA: UNA DEMOCRACIA EFECTIVA Y VIABLE

En el s. XX Costa Rica se distinguió por ser el país más democrático de Latinoamérica. En 1947, Pepe Figueres Ferrer, fundó el Partido de Liberación Nacional (PLN). En 1953 ganó las elecciones y fue presidente hasta 1958. Su gobierno liberal y reformista fue un ejemplo de preocupación por el bienestar y los intereses del pueblo. Tras varios períodos presidenciales, durante los cuales el PLN alternó el poder con la oposición conservadora, Pepe Figueres fue elegido presidente otra vez en 1970.

Todos los presidentes posteriores a Figueres han mantenido los ideales democráticos y reformistas que éste inició. Entre estos presidentes, cabe

destacar a Óscar Arias Sánchez, quién fue elegido presidente de Costa Rica en 1986.

Unas de las principales preocupaciones de Óscar Arias durante su mandato fueron resolver el problema de la deuda externa de 4.000 millones de dólares y luchar por la paz en la región. En 1987 Arias recibió el Premio Nobel de la Paz por sus esfuerzos para promover la paz en los países centroamericanos. Estos esfuerzos dieron lugar a la firma de un acuerdo de paz en Guatemala el 7 de agosto de 1987. Este acuerdo fue firmado por Guatemala, Costa Rica, El Salvador, Nicaragua y Honduras.

Costa Rica es una de las democracias latinoamericanas más viables y efectivas que ha sabido mantener su estabilidad democrática en medio de una región caracterizada por conflictos políticos, dictaduras y guerras civiles.

En 1949 se abolió el ejército para proteger al país de gobiernos dictatoriales y para dedicar más dinero a la educación escolar. El índice de alfabetización de Costa Rica es del 95%. Solo un 5% de la población no sabe leer ni escribir.

3-24. ¿Comprendiste? Completa las siguientes ideas sobre Costa Rica.

1. El Partido de Liberación Nacional de Pepe Figueres tiene una ideología con las siguientes características:...
2. Las dos principales preocupaciones de Óscar Arias fueron...
3. Óscar Arias recibió el Premio...
4. El índice de alfabetización de Costa Rica es...

EL BARRIO AMÓN

El señor Amón Fasileau Duplantier llegó a Costa Rica a finales del siglo XIX. Era representante de la firma Tournón, que tenía una gran plantación de café en el lado norte de lo que ahora es el Barrio Amón. En 1892, el señor Duplantier propuso a la municipalidad de San José construir el barrio que lleva su nombre.

El Barrio Amón reunió a una parte de la burguesía, por lo que se convirtió en el primer barrio elegante de San José. Allí se construyeron elegantes residencias de diversos estilos: victoriano, ecléctico y neoclásico entre otros. Actualmente, algunas todavía siguen utilizándose como residencias, mientras que otras están ocupadas por hoteles, restaurantes y tiendas de antigüedades, siempre conservando su elegancia original.

Tanto los costarricenses como los extranjeros que visitan el barrio deberían hacer un recorrido a pie, para poder apreciar los maravillosos detalles que encierra este lugar. El Barrio Amón es en San José lo que Georgetown es en la ciudad de Washington.

3-25. Síntesis. En parejas, respondan a las siguientes preguntas sobre este famoso barrio costarricense.

1. ¿Les recuerda el Barrio Amón a algún lugar que conocen?
2. Describan las características del Barrio Amón.
3. Expliquen si el Barrio Amón les parece interesante o no. ¿Por qué?

Conditional Clauses with si (*if*): Indicative vs. Subjunctive

In *Tema 9* you studied how to use the future tense in **si** clauses.

Remember, the **si** (*if*) clause expresses the condition to be met. In English as well as in Spanish, the **si** clause can be placed either before or after the clause that states the result.

> **Si** voy a Costa Rica, visitaré el Barrio Amón.
>
> *If I go to Costa Rica, I will visit the Amón district.*
>
> Visitaré el Barrio Amón **si** voy a Costa Rica.
>
> *I will visit the Amón district **if** I go to Costa Rica.*

Let's focus on the tense and mood of the verb in the **si** clause. The **si** clause can introduce the following types of conditions:

1. Possible or probable conditions: Use the indicative:

If, in the mind of the speaker, the condition is likely or will possibly take place, the indicative mood is used in both clauses.

Si Clause	Clause that States Result
present	present
present	future
imperfect	imperfect

> Si no **estudio,** no **puedo** aprender.
>
> *If I don't **study,** I **can't** learn.*
>
> Si **voy** a Costa Rica, **visitaré** el Barrio Amón. (*It is very possible that I will visit Costa Rica.*)
>
> *If **I go** to Costa Rica, **I will visit** the Amón district.*
>
> Cuando era pequeña, si **terminaba** la tarea pronto, **podía** jugar con mis amigas.
>
> *As a child, if **I finished** my homework early, I **could play** with my friends.*

2. Improbable or contrary-to-fact conditions: Use the subjunctive:

When referring to the present or the future, if the situation is improbable or expresses something that is contrary to fact, use the imperfect subjunctive in the **si** clause. Note that the order of the two clauses can also be altered.

Si Clause	Clause that States Result
imperfect subjunctive	conditional

Si **tuviera** tiempo y dinero, **haría** ecoturismo en Costa Rica. (*I don't have the time and money and it's unlikely that I ever will.*)

If **I had** time and money, I **would do** ecotourism in Costa Rica.

Hablaría mucho español si **fuera** a San José el verano próximo. (*I probably won't go to San José.*)

*I would speak a lot of Spanish if **I were to go** to San José next summer.*

Como si: Imperfect Subjunctive

The expression **como si** is always followed by the past subjunctive in Spanish. This phrase always signals improbability or contrary-to-fact situations.

Ese muchacho habla **como si fuera** un "tico".

*That young man speaks **as if he were** a "Tico."*

> See improbable or contrary-to-fact **si** clauses describing a past action in *Apéndice gramatical 3.*

3–26. Identificación. Lee con atención las siguientes oraciones condicionales con **si**. Determina qué oraciones expresan una situación probable o improbable.

1. Si hablara español me gustaría viajar a Costa Rica.
2. El nivel de alfabetización de Costa Rica seguirá mejorando si el gobierno continúa dedicando fondos a la educación.
3. Si la geografía de Costa Rica no fuera tan atractiva, el país recibiría muchos menos turistas al año.
4. El equilibrio económico de Costa Rica mejorará si la política de sus países vecinos en Centroamérica se estabiliza.
5. Si los alumnos de esta clase estuvieran interesados en hacer ecoturismo, organizarían una expedición a uno de los parques nacionales de Costa Rica.

3-27. Si vienen a estudiar aquí. Imagina que tienes dos amigos por correspondencia (*pen pals*) que son de Costa Rica. Ellos son estudiantes universitarios y están pensando en venir juntos a estudiar en tu universidad durante el semestre de otoño. Haz una serie de predicciones para informarles sobre qué pasará si vienen a tu universidad. Usa la información de las columnas.

Condición

1. No comer la comida del comedor universitario.
2. No traer ropa de abrigo para combatir el frío.
3. No tener buenas notas para la mitad del semestre.
4. Comprar los libros en Costa Rica.
5. Vivir en un apartamento en las afueras.

Resultado

a. Tener problemas de sobrepeso en el aeropuerto.
b. Pasar frío en enero y febrero.
c. Necesitar un carro.
d. Recibir una carta de aviso (*warning*) de la oficina de asuntos académicos.
e. Gastar mucho dinero en restaurantes.

MODELO

Llegar antes del comienzo de las clases. / Poder familiarizarse mejor con la vida del campus.
Si llegan antes del comienzo de las clases, podrán familiarizarse mejor con la vida del campus.

3-28. ¿Y tú? Aquí tienes una serie de situaciones en las que te podrías encontrar.

A. Primero, completa estas oraciones explicando cuál sería tu reacción personal en cada situación. ¡Sé creativo/a!

MODELO

Si me siento triste...
Si me siento triste, llamo a mi mejor amigo/a por teléfono.

1. Si los estudios no me van bien...
2. Si mi amigo me dice que necesita relajarse...
3. Si no tengo nada que hacer...
4. Si mi mejor amigo/a no cumple sus promesas...
5. Si tengo ganas de tomarme unas vacaciones anticipadas...

B. En parejas, intercambien sus reacciones a las situaciones anteriores. ¿Reaccionaron de forma similar? ¿de forma diferente? ¿Por qué creen que las reacciones de los dos son parecidas o diferentes? ¿Creen que un "tico" reaccionaría de la misma manera en estas situaciones? Justifiquen sus respuestas.

Centro Creativo de Monteverde necesita voluntarios.

El Centro Creativo de Monteverde busca tres jóvenes voluntarios para ayudar en la instrucción de matemáticas, arte, historia, gramática inglesa y educación física para niños de nivel escolar elemental (desde Kinder hasta quinto grado). Las personas cualificadas deben tener experiencia de trabajo con niños y una gran motivación y entusiasmo por hacer trabajo voluntario.

3–29. Voluntarios en Monteverde, Costa Rica. La nota anterior, publicada en el tablón de anuncios de su universidad, ofrece una buena oportunidad para conocer Costa Rica mientras trabajan como voluntarios. Uno/a de ustedes va a ser un estudiante que ha presentado su solicitud para este puesto. El/la otro/a va a ser el jefe de estudios del programa. Ahora, el jefe de estudios va a entrevistar al solicitante (*applicant*). Pónganse de acuerdo para representar la entrevista. ¡Sean creativos!

Estudiante A: Jefe de estudios

Comienza la entrevista haciendo preguntas de tipo general; por ejemplo, sobre datos biográficos y de tipo personal. Continúa con preguntas de tipo profesional, sobre la experiencia, la preparación académica, etc. Termina la entrevista adecuadamente.

Estudiante B: Solicitante

Responde a las preguntas de tu entrevistador con el mayor número de detalles posibles. Recuerda que tienes que demostrar tus méritos para conseguir el puesto que solicitas.

Por si acaso

Expresiones útiles

¿Cuánto tiempo ha trabajado usted con/ en...?
How long have you worked with/in . . . ?

Estoy muy bien preparado/a para el puesto.
I am well qualified for the job.

Mi experiencia es/ no es muy relevante.
My experience is (is not) quite relevant.

La compensación que espero es...
The compensation I am hoping for is . . .

Ya le avisaremos cuando tomemos una decisión.
We will let you know when a decision is made.

El puesto es suyo. ¡Enhorabuena!
The position is yours. Congratulations!

Ciudad centroamericana, de Ricardo Ávila

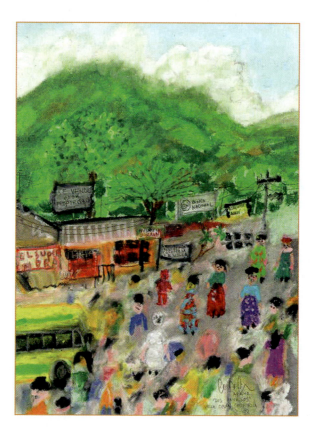

Ricardo Ávila es un pintor autodidacta de estilo naïve. Nació en San José, Costa Rica, en 1966. Sus pinturas siempre representan un mundo idílico, donde el ser humano vive en armonía con su entorno.

3–30. Mirándolo con lupa. En parejas, completen los siguientes pasos para analizar la obra de este artista.

1. ¿Qué colores abundan en el cuadro?
2. ¿Qué imágenes son recurrentes?
3. ¿Qué te gusta más sobre este cuadro?
4. ¿En qué tipo de espacio colocarías este cuadro? Explica.
5. Si pudieran entrevistar al artista, ¿qué le preguntarían?

Panamá: Su nueva identidad

Mar Caribe

Panamá

PANAMÁ

PANORAMA CULTURAL

Capital:	Panamá
Población:	casi 3 millones
Grupos étnicos:	mestizo 60%, negro y mulato 20%, blanco 10%, amerindio 10%
Idiomas:	español (lengua oficial), inglés
Moneda:	balboa y dólar estadounidense
Área:	un poco más pequeño que Carolina del Sur

Entrando en materia

3–31. ¿Qué sabes de Panamá? Indica si estas oraciones son ciertas o falsas. Si puedes, corrige las falsas.

1. Panamá está al sur de Costa Rica y al norte de Colombia.
2. El Canal de Panamá está bajo el control de EE.UU.
3. El inglés se habla frecuentemente en Panamá.
4. Panamá tiene un ejército.

PERFIL

ÉPOCA PRECOLOMBINA Y COLONIAL

Antes de la llegada de los conquistadores en 1501, el territorio estaba habitado por los indios kuna, los guayamí y los chocó.

La independencia, en 1821, fue pacífica y sin confrontación directa con España.

La importancia geográfica y económica de Panamá, atrajo la atención de españoles, franceses y estadounidenses. Los españoles construyeron el Camino Real, una **carretera**[1] pavimentada con piedras que conectaba la capital, Panamá, en el Pacífico, con Portobelo, en el Atlántico. En 1855 los estadounidenses construyeron un **ferrocarril**[2] para conectar las costas atlántica y pacífica de Panamá.

Los franceses comenzaron la construcción de un canal y fracasaron. Finalmente EE.UU. **llevó a cabo**[3] la construcción del canal, que fue inaugurado en 1914.

En Panamá hoy no existe el riesgo de gobiernos militares, ya que el país abolió su ejército en 1994. Su defensa militar todavía hoy depende de EE.UU.

Panamá está intentando diversificar sus coaliciones internacionales estrechando **vínculos**[4] con otros países de Latinoamérica y con Europa. En el área de la política interna, un objetivo importante es el proteger su riqueza natural y utilizarla para atraer más turismo.

1. *road* 2. *railroad* 3. *carried out* 4. *links*

3–32. ¿Comprendiste? ¿Qué acontecimientos históricos fueron importantes en Panamá? En parejas, tracen una línea cronológica para ordenar los siguientes acontecimientos y fechas de la historia de Panamá.

1. 1994   **a.** Declaración de independencia
2. 1855   **b.** Inauguración del canal
3. 1821   **c.** Llegada de los conquistadores
4. 1914   **d.** Abolición del ejército panameño
5. 1501   **e.** Construcción del ferrocarril para conectar las dos costas

MIREYA MOSCOSO

Nació en la ciudad de Panamá, el 1 de julio de 1946. Pertenece a la familia Moscoso, una de las familias fundadoras de Pedasí, un pueblo en la región de Los Santos. Mireya Moscoso comenzó su carrera política en 1964, año en que participó en la campaña electoral a favor de la candidatura de Arnulfo Arias, la cual fue desfavorecida por un fraude con participación militar. Fue gerente de ventas en una empresa cafetera de 1966 a 1968. En 1969 contrajo matrimonio con Arnulfo Arias, que fue presidente de Panamá y fue derrocado y exiliado con la intervención del ejército. La Sra. Moscoso y su esposo, vivieron en EE.UU. durante casi diez años de exilio.

En 1999 ganó las elecciones a la presidencia, la cual será su responsabilidad hasta el año 2004. Uno de los acontecimientos más importantes de la historia reciente de Panamá es el traspaso del control del Canal, que tuvo lugar en 1999. Mireya Moscoso, primera mujer en llegar a la presidencia de Panamá, presidió este momento histórico.

3–33. Su opinión. En parejas, comenten sus respuestas a estas preguntas.

1. ¿En qué aspectos consideran que Panamá es un país afortunado?
2. ¿En qué aspectos consideran que Panamá es un país desafortunado?
3. ¿Qué creen que representa Mireya Moscoso para los panameños?
4. Como estadounidenses, ¿cuál es su reacción frente al traspaso del control del Canal?

VEN A CONOCER

Panamá: Lugares de interés histórico y recreativo

3–34. Anticipación. Lee rápidamente la sección siguiente y clasifica los seis lugares en una (o varias) de estas categorías.

1. Interés histórico
2. Interés técnico
3. Cultura indígena
4. Actividades acuáticas
5. La naturaleza

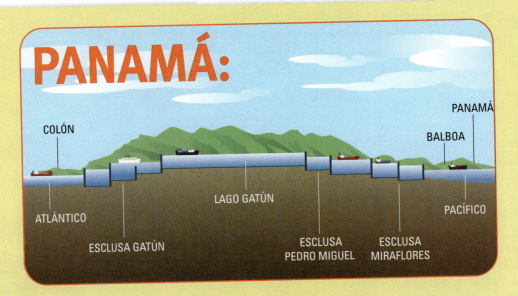

PANAMÁ:

COLÓN

PANAMÁ

BALBOA

ATLÁNTICO

LAGO GATÚN

PACÍFICO

ESCLUSA GATÚN

ESCLUSA
PEDRO MIGUEL

ESCLUSA
MIRAFLORES

Lugares de interés histórico y recreativo

EL CANAL DE PANAMÁ

El Canal de Panamá es un lugar de interés no sólo por su importancia económica, política y comercial sino también porque es una de las obras de ingeniería más impresionantes que existen. Es posible observar cómo funciona el Canal desde las esclusas de Gatún o Miraflores, por las que circulan anualmente 13.056 barcos.

COLÓN

Con la atmósfera característica de una ciudad portuaria, Colón está ubicada a la entrada de la costa caribeña y es famosa por su Zona Libre, bazares orientales, hermosas playas y fortalezas coloniales españolas.

ISLA GRANDE

A sólo 29 millas de la ciudad de Colón, Isla Grande es una belleza natural del Caribe con hermosas playas; cerca de allí está Isla Mamey, un paraíso para los amantes del buceo.

ISLA DE SAN BLAS

Está a 20 minutos por avión de la ciudad de Panamá. Aquí visitarás las islas de los indios kunas, quienes mantienen su antiguo estilo de vida y tradiciones. Las mujeres usan blusas adornadas con las famosas "Molas", un complejo diseño que es la expresión del arte indígena. Puedes encontrar pequeñas, pero cómodas habitaciones en algunas de las 365 islas del archipiélago. El buceo y la natación son los deportes más populares.

EL VALLE DE ANTÓN

Está a sólo dos horas por carretera desde la ciudad de Panamá. Aquí es donde los campesinos llegan a vender sus frutas, vegetales y artesanías. En este mercado, también puedes comprar esculturas de "piedra de jabón", tallas en madera, sombreros de paja, mesas talladas, bandejas y flores. El Valle, como generalmente se le llama, tiene una fresca temperatura, atracciones tanto arqueológicas como naturales y cómodos hoteles. Este Valle es el hogar de las famosas ranas doradas y los asombrosos árboles cuadrados.

PORTOBELO

Está cerca de Colón y a hora y media en carro desde la ciudad de Panamá. Durante los siglos XVII y XVIII, Portobelo sirvió como puerto español para los productos del Perú y de otras colonias. El puerto estaba protegido por cinco fuertes. Arrecifes, corales y esponjas hacen de Portobelo un sitio favorito para fotógrafos marinos y buceadores en el Caribe.

EXPEDICIÓN Y TRABAJO VOLUNTARIO

Además de visitar estos lugares, hay otras dos maneras de conocer el país y su gente. Si estás en buena forma física y te gusta caminar, hay compañías que ofrecen itinerarios de quince días para viajar a pie y a caballo. La otra manera no tradicional es viajar a un área del país para hacer trabajo voluntario. Hay organizaciones que necesitan voluntarios para preservar áreas históricas o forestales, para construir casas o educar a niños.

3–35. En detalle. Contesta las siguientes preguntas sobre Panamá para verificar tu comprensión de la lectura.

1. ¿Qué lugares son interesantes para ir de compras? ¿y para hacer buceo (*snorkeling*)?
2. ¿Qué lugares son interesantes para visitar monumentos históricos?
3. ¿Qué hay de interés en Valle Antón?
4. ¿Cuál de las dos maneras alternativas de visitar Panamá prefieres y por qué?

3–36. Personalidad y preferencias. En parejas, van a relacionar características de lugares y personalidades. Sigan los siguientes pasos.

a. Primero, hagan una lista de los lugares descritos en *Ven a conocer* y sus características.
b. Anoten qué tipos de actividades pueden hacerse en cada lugar.
c. Hablen sobre la personalidad de la persona que se sentiría atraída por cada lugar.
d. Escriban una oración para cada lugar, explicando los resultados de su discusión.

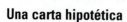
Una carta hipotética

3–37. Una carta hipotética. En esta unidad has estudiado algunas particularidades de la antigua cultura maya. Una de las cosas que más cambia con el paso del tiempo y de una cultura a otra es el concepto de belleza. Visita www.halfmoon.org/beauty.html para conocer algunas de las ideas de los mayas sobre la belleza y la moda. ¿Qué te parece?

Ahora, imagínate que tienes que enviar una carta hacia el pasado para informar a los mayas sobre las modas y costumbres de la sociedad contemporánea. Además de la descripción de algunas de las costumbres actuales, tu carta debe incluir una sección en la que les comunicas a los mayas cómo crees que reaccionarían ellos frente a nuestras modas y costumbres.

Preparación

1. Lee el artículo de *halfmoon* sobre la belleza maya.
2. Haz una lista de siete u ocho modas y costumbres contemporáneas.
3. En otra lista, describe brevemente qué reacciones tendría el destinatario (*recipient*) maya de tu carta ante tres o cuatro modas contemporáneas de tu elección.
4. ¿Cómo crees que debe ser el tono de esta carta, formal o informal?

A escribir

1. Comienza la carta. Por ejemplo, puedes decir "Estimada comunidad maya:…"
2. Preséntate y escribe una breve introducción hablando acerca de ti mismo/a.
3. Menciona el objetivo de tu carta.
4. Explícales a los mayas las particularidades de algunas modas contemporáneas.
5. Explícales a los destinatarios (*recipients*) de tu carta cómo crees que reaccionarían ante las tres o cuatro modas contemporáneas de tu elección.

MODELO Si las personas mayores se tiñeran (*dyed*) las canas ustedes pensarían que esas personas están locas.

6. Termina tu carta apropiadamente.

Revisión

1. Escribe el número de borradores que te indique tu instructor/a y revisa tu texto usando la guía de revisión del Apéndice C.
2. Escribe la versión final y entrégasela a tu instructor/a.

EL ESCRITOR TIENE LA PALABRA

Claribel Alegría

Nació en Nicaragua en 1924; sin embargo, ella se considera salvadoreña porque vivió en este país desde la niñez. A los 18 años se trasladó a Estados Unidos, donde se doctoró en Filosofía y Letras. Allí conoció a su mentor poético Juan Ramón Jiménez. Bajo su estímulo y dirección Claribel publicó su primer libro de poemas. Hasta el presente ha publicado un total de 14 libros de poemas, varias novelas cortas y seis libros de testimonio en colaboración con su esposo. El cuento *La abuelita y el Puente de Oro* proviene del libro *Lucía en el país de las realidades.* (Pág. 31 y 32.)

3–38. Entrando en materia. Responde a las siguientes preguntas antes de leer.

1. ¿Qué tipo de historia te sugiere el título *La abuelita y el Puente de Oro*?
2. Lee las dos primeras líneas de la historia. ¿Quién crees que será el personaje principal?
3. ¿Qué parte de las dos primeras líneas sugiere que la abuela de Manuel no es convencional?

La abuelita y el Puente de Oro, de Claribel Alegría

Manuel tenía una cantidad infinita de anécdotas acerca de su abuela loca que tenía una **choza**[1] y un terrenito a medio kilómetro del Puente de Oro*.

—Era loca, pero muy **emprendedora**[2] —sonrió—, estaba orgullosa de su gran **puente colgado sobre el Lempa***[3]. "Mi puentecito", le decía.

Manuel era **dirigente**[4] de una organización de campesinos que había venido de Europa a dar una serie de charlas.

—¿Qué tenía de loca? —preguntó Luisa.

—Bueno, desde que **prendió**[5] la guerra, el ejército puso **retenes**[6] a cada extremo del puente para protegerlo. A mi abuela se le ocurrió que iba a hacer fortuna sirviéndole de cocinera a la tropa. Cada mañana se levantaba a las cuatro, para cocinar frijoles, echar tortillas y hacer una olla de arroz. Ponía todo en su **carretilla**[7] y se iba a servirles el desayuno a los soldados del lado más cercano. Después cruzaba el puente, casi dos kilómetros, ¿se imagina?, para darles el desayuno a los del otro lado. De allí se iba a su casa a prepararles el almuerzo y otra vez a empujar la carretilla.

—Muy enérgica, pero de loca nada —observó Luisa.

—La locura era que les **cobraba**[8] tan barato por una comida tan rica y tan abundante, que no ganaba nada. Por si eso fuera poco, después de que los **compas**[9] volaron "su puente" se le ocurrió **teñirse**[10] el pelo de colorado.

—¿Cómo? —lo miró Luisa incrédula.

—Hubo un enfrentamiento **bien**[11] tremendo antes de que los compas lo volaran. Tuvieron que **aniquilar**[12] a los retenes de los dos lados para que el equipo de **zapadores**[13] pudiera colocar los explosivos. En la **refriega**[14] cayó un compa y le encontraron el plano de las trincheras defensivas, los **nidos de ametralladoras**[15] y el número exacto de **efectivos**[16] instalados a cada lado. Días después una señora del mercado le advirtió a mi abuela que la guardia buscaba a la cocinera de la tropa. Lo único que se le ocurrió a la bendita señora fue conseguir **achiote**[17] y un lápiz de labios

*Este puente, sobre el río Lempa, fue destruido en la guerra civil de la década de 1980. *El río *Lempa* está en *El Salvador*.

Marginal glossary:

1. hut
2. entrepreneurial
3. hanging bridge over the Lempa river
4. leader
5. started
6. police roadblocks
7. little cart
8. charged
9. comrades, friends
10. dye
11. quite, very
12. kill
13. sapper
14. scuffle
15. machine-gun nests
16. military personnel
17. a substance used for coloring or dying

y regresar a su **finquita**[18]. Una pareja de guardias se apareció al día siguiente preguntando por ella. Mi abuela sin inmutarse les dijo:

—Debe ser la vieja a la que le alquilé la finca hace una semana. La **voladura**[19] del puente le destrozó los nervios y me dijo que se iba a San Vicente, donde estaba su hija.

—¿Y usted quién es? —le preguntaron los guardias.

—Soy la respetable dueña de una casa de placer en Suchitoto —les respondió—, pero con **los subversivos hostigando el cuartel**[20] constantemente, se me acabó la clientela y tuve que jubilarme. Así es la guerra —suspiró.

Luisa y Manuel se echaron a reír y Manuel prosiguió:

—La historia no termina allí. Unas semanas después me encontraba en un campamento, a la **orilla**[21] del río Lempa, cuando veo venir a mi abuelita pelirroja remando fuerte contra la corriente en una **lanchita llena de canastas**[22].

—Vendo **jocotes**[23], papaya, limones, naranja dulce, ¿quién me compra?

—**pregonaba**[24].

—Hola, Mamá Tancho —la saludó el primer responsable. **Como**[25] no sabía que era mi abuela me dijo: Esa es la vieja que nos facilitó los planos para el ataque al Puente de Oro.

Le ayudamos a amarrar la lanchita debajo de un árbol y me abrazó quejándose.

—Ay, Memito —me dijo—, cada día esos babosos me hacen la vida más difícil. Desde que volaron el puente, todos los días tengo que venir **remando**[26] hasta aquí.

El jefe guerrillero le preguntó riéndose:

—¿Y que más nos **traés**[27], Mamá Tancho?

Ella quitó una **capa**[28] de mangos de una de las canastas y siguió cantando con su voz de pregonera:

—**Granadas de fragmentación, cartuchos para G-3, obuses de mortero 81**[29]. ¿Quién me compra?

---

18. *little property, ranch*

19. *blow-up*

20. *rebels harassing the barracks*

21. *river bank*
22. *little launch full with baskets*
23. *type of fruit*
24. *hawked*
25. *Since*

26. *rowing*

27. **vos** *form of the verb* **traer**
28. *layer*
29. *fragmentation grenade, cartridges for G-3, mortar shells*

3–39. Nuestra interpretación de la obra. Responde a las siguientes preguntas para verificar tu comprensión de la lectura.

1. Haz una lista de los personajes del cuento. ¿Qué relación hay entre ellos?
2. ¿Qué expresión cariñosa usaba la abuela para referirse al puente?
3. ¿En qué aspectos no representa la abuela el estereotipo de una abuela convencional?
4. ¿Cómo le afecta a la abuela la destrucción del puente?
5. ¿Qué opinas sobre las actividades de la abuela?

3–40. Ustedes tienen la palabra. En parejas, imaginen cómo continúa el cuento y escríbanlo en forma de un diálogo entre Manuel y su abuela. Después, pónganse de acuerdo para representar dicho diálogo. Uno/a de ustedes debe hacer el papel de Manuel y la otra persona el papel de la abuela. Ensayen durante unos minutos y representen su diálogo ante la clase. Si quieren, pueden traer ropa y materiales apropiados para que la representación resulte más convincente.

al nacer	*as a newborn*
apuntarse	*to enroll, to register, sign up*
atuendo *m*	*outfit*
bizco/a	*cross-eyed*
cerebro *m*	*brain*
cráneo *m*	*skull*
creciente *m/f*	*growing*
dañino/a	*harmful*
desconocido/a	*unknown, unfamiliar*
disfrutar	*to enjoy*
dispuesto/a	*to be ready*
echar una mano	*to give a hand, to help*
en voz alta	*out loud*
fauna *f*	*fauna*
flora *f*	*flora*
fracaso *m*	*failure*
grado de *m*	*level of*
inalterado/a	*undisturbed*
maíz *m*	*corn*
medio ambiente *m*	*environment*
paisaje *m*	*landscape*
perdedor/a	*loser*
puente nasal *m*	*nasal bridge*
sinfín *m*	*endless*
sonrisa *f*	*smile*
tatuaje *m*	*tattoo*
uña postiza *f*	*fake finger nail*
valer la pena	*to be worthwhile*
vencido/a	*defeated*

Países andinos: Sudor del Sol y lágrimas de la Luna

Sudor del Sol y lágrimas de la Luna, título de esta unidad, son metáforas incas para referirse al oro y a la plata, metales que se encuentran en los cuatro países de esta unidad. ¿Qué otros aspectos crees que tienen en común Colombia, Ecuador, Perú y Bolivia? Piensa en aspectos históricos, económicos o sociales.

La cordillera de los Andes atraviesa Colombia, Ecuador, Perú y Bolivia. ¿Cómo crees que este aspecto geográfico ha influido en estos países? Piensa en la ecología, las comunicaciones y la sociedad.

Colombia: Origen de la leyenda de El Dorado

OCÉANO
PACÍFICO

Bogotá

COLOMBIA

Capital:	Bogotá
Población:	40.349.388 habitantes
Grupos étnicos:	mestizo 58%, blanco 20%, mulato 14%, negro 4%, mezcla de negro y amerindio 3%, amerindio 1%
Idiomas:	español y más de sesenta lenguas amerindias
Moneda:	peso colombiano
Área:	aproximadamente del tamaño de Texas, California y Arkansas juntos

Entrando en materia

4–1. ¿Qué sabes de Colombia? Decide si las oraciones de abajo son ciertas o falsas. Si puedes, corrige las oraciones falsas.

1. Colombia sólo tiene costa en el mar Caribe.
2. Colombia tiene población amerindia y negra.
3. El nombre del país tiene su origen en el nombre de Cristóbal Colón.
4. Nunca nieva en Colombia.
5. Colombia no tiene buenas relaciones diplomáticas con EE.UU.

PERFIL

EL PLAN COLOMBIA

Este plan es una iniciativa de la administración del presidente Andrés Pastrana, que asumió la presidencia del país en 1998. El plan presenta como objetivo muy importante la reducción de la producción y distribución de drogas en un cincuenta por ciento para el año 2004. Este objetivo es de vital importancia, **ya que**[1] así se disminuirá el poder de las guerrillas, que ahora están financiadas por los narcotraficantes. El Plan Colombia aspira a terminar cuarenta años de conflicto con las guerrillas. Este proyecto aspira también a generar empleo, modernizar las fuerzas armadas y la policía, controlar la corrupción en las instituciones del gobierno, garantizar el respeto a los **derechos humanos**[2], desarrollar el cultivo de productos alternativos en las plantaciones de coca, e implementar servicios sociales para las personas **desplazadas**[3] por los conflictos con la guerrilla y para otros grupos vulnerables. El plan tiene un costo de siete mil millones de dólares. EE.UU. y Europa están dispuestos a ayudar a Colombia económicamente, ya que el **éxito**[4] del Plan Colombia contribuirá a controlar la demanda mundial de narcóticos.

1. *since* 2. *human rights* 3. *displaced* 4. *success*

4–2. ¿Comprendieron? En parejas, hablen sobre las últimas noticias que han leído o escuchado sobre Colombia, la guerrilla y el problema de la droga. Luego, basándose en su conversación y en la información de la sección anterior, contesten estas preguntas.

1. ¿Cuál es la conexión entre las guerrillas y las drogas en Colombia?
2. ¿Qué es el Plan Colombia y cuáles son los objetivos sociales que incluye?
3. ¿Cómo creen ustedes que afecta la guerrilla a la población colombiana?
4. ¿Por qué creen que EE.UU. quiere ayudar a Colombia en la ejecución de este plan?

SHAKIRA

Nació en Barranquilla el 2 de febrero de 1977. Desde niña sintió vocación artística, una vocación que sus padres apoyaron desde que la popular cantante tenía ocho años.

A los 24 años, Shakira ya se había convertido en uno de los personajes más importantes de Colombia y en la mayor artista de exportación de todos los tiempos. Esta ex **niña prodigio**[5], ha sabido conquistar un lugar importante en la música latina e internacional. Su álbum *Laundry Service*, con canciones en inglés y español, le ha dado especial relieve en el mundo del

pop internacional. Todo indica que esta cantante de voz y belleza extraordinarias va a seguir teniendo éxitos en los próximos años.

---

5. *gifted child*

 **4–3. Síntesis e imaginación.** En parejas, hagan el papel de entrevistador/a y entrevistado/a. La persona que hace la entrevista trabaja para una revista internacional. La persona entrevistada va a representar a Shakira. Sigan los siguientes pasos.

1. Decidan quién va a hacer el papel de cada personaje.
2. **Entrevistador/a:** Haz un mínimo de 4 preguntas, dos sobre la vida personal de la cantante y dos sobre su vida profesional.

   Entrevistado/a: Contesta las preguntas de tu compañero/a, usando la información de la sección anterior y tu imaginación.

ATENCIÓN A LA ESTRUCTURA

Adverbial Clauses with the Present Tense

Adverbial clauses are dependent clauses introduced by an adverbial expression. The adverbial clause functions in ways similar to those of an adverb. An adverb usually adds information about the place (**aquí, fuera**), time (**mañana, hoy**), or mode (**así, alegremente**) of the action expressed by a verb.

You will use the subjunctive in some adverbial clauses; in others, you will use the indicative.

Expressions that Always Take the Indicative

These adverbial expressions call for the use of the indicative because they introduce information that is factual or known.

puesto que	*since*	**ya que**	*since*	**porque**	*because*

No compro los boletos para Colombia **porque/ ya que/ puesto que** los precios están muy altos.

*I don't buy tickets for Colombia **because** the prices are very high.*

Expressions that Always Take the Subjunctive

These adverbial expressions call for the use of subjunctive because they introduce an action that will happen in the future or is speculative or non-factual.

a fin de que	*in order to, so that*	**antes de que**	*before*
para que	*so that*	**con tal (de) que**	*provided that, as long as*
a menos que	*unless*	**en caso de que**	*in case that*

El gobierno colombiano tiene que negociar la paz **para que (a fin de que)** el turismo aumente.

*The Colombian government has to negotiate peace **so that** tourism increases.*

El turismo no aumentará **a menos que** el gobierno negocie la paz.

*Tourism will not increase **unless** the government negotiates the peace.*

Las guerrillas deben parar sus ataques **antes de que** el gobierno empiece la negociación de paz.

*The guerrillas have to stop their attacks **before** the government begins peace negotiations.*

Expressions that May or May Not Require the Use of the Subjunctive

These adverbial expressions call for the use of subjunctive only when they introduce an action that will happen in the future or is speculative or non-factual.

Time Expressions

cuando	*when*	**en cuanto**	*as soon as*	**hasta que**	*until*
después de que	*after*	**tan pronto como**	*as soon as*		

Siempre llueve **cuando** viajo a Colombia. (*fact*)

*It always rains **when** I travel to Colombia.*

Me llevaré un paraguas **cuando** viaje a Colombia en abril. (*event to come*)

*I will carry my umbrella **when** I travel to Colombia in April.*

Siempre me quedo en Colombia **hasta que** el dinero se me acaba. (*fact*)

*I always stay in Colombia **until** I run out of money.*

Me quedaré en Colombia **hasta que** el dinero se me acabe. (*event to come*)

*I'll stay in Colombia **until** I run out of money.*

Other Expressions

aunque	although, even if	donde	where, wherever

Aunque tengo dinero, este año no iré a Colombia. (*fact*)

***Although** I have money, I won't go to Colombia this year.*

Aunque ahorre suficiente dinero, este año no iré a Colombia.
(*speculation/event to come*)

***Even if** I save enough money, this year I won't go to Colombia.*

Siempre viajo a **donde** puedo hacer ecoturismo. (*fact*)

*I always travel **where** I can do ecotourism.*

Este año viajaré a **donde** pueda hacer ecoturismo. (*event to come*)

*This year I will travel **where** I can do ecotourism.*

See *Apéndice gramatical 4* for more details on adverbial clauses.

4–4. Identificación. Primero, identifica las cláusulas adverbiales en estos titulares de noticias de Bogotá. Después, conjuga los verbos entre paréntesis en el modo verbal adecuado (recuerda que el subjuntivo muchas veces requiere el uso de **que** antes del verbo).

Noticias de Bogotá

1.

> **El gobierno ha diseñado un sistema de transporte público llamado Transmilenio para que los bogotanos no (depender) tanto de sus carros.**

2.

> **Los bogotanos tienen muchas esperanzas en la mejora del transporte público, ya que el gobierno (pensar) terminar el sistema Transmilenio en un plazo relativamente corto.**

3. El sistema Transmilenio estará completamente finalizado antes de (terminar) 2010.

4. Los bogotanos no sabrán qué pensar cuando Antanas Mockus, el alcalde de Bogotá, (anunciar) una nueva regulación excéntrica.

5. Los bogotanos ahorrarán después de (pasar) las Navidades.

4–5. Publicidad turística. A continuación tienes algunas frases extraídas de un folleto turístico sobre Colombia. Completa estas frases publicitarias con las expresiones apropiadas.

cuando	porque/ ya que/ puesto que
para que/ a fin de que	después de que
en cuanto	antes de que

1. Te esperamos en la bella Bogotá, ven a Colombia _____ quieras.

2. Para venir a Colombia no necesitas amigos _____ todos los colombianos te esperan con los brazos abiertos.

3. Compra la tarjeta Transmilenio _____ viajes más barato en Bogotá.

4. _____ termine el semestre, regálate un viaje a Colombia.

5. Compra tu billete a Cartagena _____ los billetes se acaben.

4–6. Viaje y condiciones. Un amigo va a ir a Colombia este verano y te ha invitado a acompañarlo. Tu puedes ir sólo bajo ciertas condiciones. Escribe una oración completa usando una cláusula adverbial con cada condición, para explicarle tu situación a tu amigo.

MODELO   mis padres / darme permiso
Iré a Colombia con tal que mis padres me den permiso

Iré a Colombia con tal que…
1. yo / no tener que trabajar en el verano
2. mi hermano / ir conmigo
3. yo / ahorrar suficiente dinero
4. mis mejores amigos / viajar conmigo
5. yo / aprobar todas las asignaturas
6. nuestro equipo de fútbol / no tener partidos en esa fecha

4–7. Datos objetivos. A continuación tienes un pequeño párrafo en el que se presenta información objetiva sobre Colombia. Complétalo, usando las expresiones adecuadas.

> antes de que
> porque/ ya que/ puesto que
> aunque
> a menos que
> hasta que

Colombia es un país con un gran potencial económico (1)_____ tiene importantes reservas de petróleo, carbón (*coal*) y minerales. Muchos saben que el café colombiano es un producto popular, (2)_____ hay quienes no saben que Colombia exporta una gran cantidad de esmeraldas y flores. Si el gobierno colombiano implementa los planes correctos, la economía de Colombia será más fuerte (3)_____ termine el año. Pero para lograr sus objetivos económicos, Colombia necesita la ayuda de otros países. La comunidad internacional no apoyará a Colombia (4)_____ el gobierno colombiano consiga (*achieves*) sus objetivos de paz. El país también necesita ayuda internacional en otros campos, porque Colombia no puede proteger el área amazónica (5)_____ la comunidad internacional ayude.

4–8. ¿Y tú? En la vida diaria hacemos cosas por muchas razones. Por ejemplo, nos alimentamos bien para mejorar la salud. En parejas, piensen en cosas que hacen por alguna razón específica. Hagan una lista de 4 ó 5 de estas cosas y después, entrevístense para saber las razones por las que la otra persona hace cada cosa en su lista.

> **MODELO**
> Hacer una carrera universitaria
> Estudiante A: ¿Para qué haces una carrera universitaria?
> Estudiante B: Hago una carrera para que mi futuro sea mejor.

El tesoro Quimbaya y el Museo del Oro de Bogotá

En las sociedades amerindias de la época de la conquista el oro tenía un valor simbólico. Cuando un jefe heredaba el poder, su gobierno se iniciaba con un ritual que es el origen de la leyenda de El Dorado. En el ritual, el nuevo jefe cubría su cuerpo con polvo de oro y luego se bañaba en el lago Guatavita. Los objetos de oro también servían para simbolizar el rango social o para expresar devoción religiosa. Hoy día se pueden apreciar magníficas muestras de artefactos de oro indígenas en el Museo del Oro de Bogotá.

El Tesoro Quimbaya, que se compone de 112 piezas de oro, es la colección más valiosa de artefactos indígenas de oro. En 1892, Colombia le regaló a España este tesoro por su función como mediadora en una disputa de fronteras entre Colombia y Venezuela. En aquella época, las autoridades colombianas no conocían la importancia arqueológica de la colección. El Museo del Oro de Bogotá ahora está negociando la recuperación del tesoro.

4–9. El tesoro Quimbaya. Ustedes cuatro forman parte de las comisiones encargadas de negociar la devolución del Tesoro. La pareja A representará a la comisión del Museo del Oro en Bogotá y la B, a la comisión del Museo de las Américas en Madrid.

Antes de comenzar las negociaciones, cada pareja debe preparar sus argumentos y anticipar posibles desacuerdos. Usen la información de *Por si acaso* para preparar su presentación. Tienen 10 minutos para llegar a un acuerdo ¡Adelante!

Por si acaso

Ofrezcan algo para persuadir a sus oponentes

Les proponemos este plan...	*We propose this plan . . .*
Nosotros les damos... y a cambio ustedes nos dan...	*We give you . . . and in exchange you give us . . .*

Prometan algo de valor para sus oponentes

Les prometemos que...	*We promise you that . . .*

Razonen lógicamente

Su/ Nuestro plan tendrá consecuencias graves/negativas/positivas para...	*Your/Our plan will have grave/ negative/positive consequences for . . .*
Esto nos beneficiará a todos porque...	*This will work well/be advantageous to all of us because . . .*
Piensen en lo que pasará si...	*Think about what will happen if . . .*

Díganle a los miembros de la otra comisión algunas de las cosas que ellos quieren oír

Admiro su inteligencia/ dinamismo/ cualidades.	*I admire your intelligence/ energy/ character.*
¡Qué buen trabajo han hecho en su museo!	*What a nice job you've done in your museum!*

Chistes colombianos de presidentes

Parecidos

—¿En qué se parecen Tarzán y el Presidente?

—En que los dos están rodeados de animales.

—¿Y en qué se diferencian?

—En que a Tarzán los animales le prestan atención.

Meter la pata (*to put one's foot in one's mouth*)

—¿Por qué le llaman "clutch" al Presidente?

—Porque primero mete la pata y luego hace los cambios.

Misión imposible

—¿Cómo llaman al Presidente?

—Misión imposible, porque cada vez que habla se autodestruye.

4–10. ¿Dónde está el chiste? En parejas, respondan a estas preguntas. Pídanle ayuda a su instructor/a si la necesitan.

1. ¿Qué tienen en común estos chistes en cuanto al tono?
2. ¿Por qué creen que los chistes sobre figuras políticas tienden a enfatizar aspectos negativos de la persona?
3. ¿Cuál de los chistes les parece más gracioso? ¿Pueden explicar por qué?
4. Para demostrar que han comprendido los chistes, piensen en tres personajes de la política o del mundo del entretenimiento de Estados Unidos a los que se pueda aplicar cada uno de estos chistes. Expliquen sus razones para hacer cada elección.

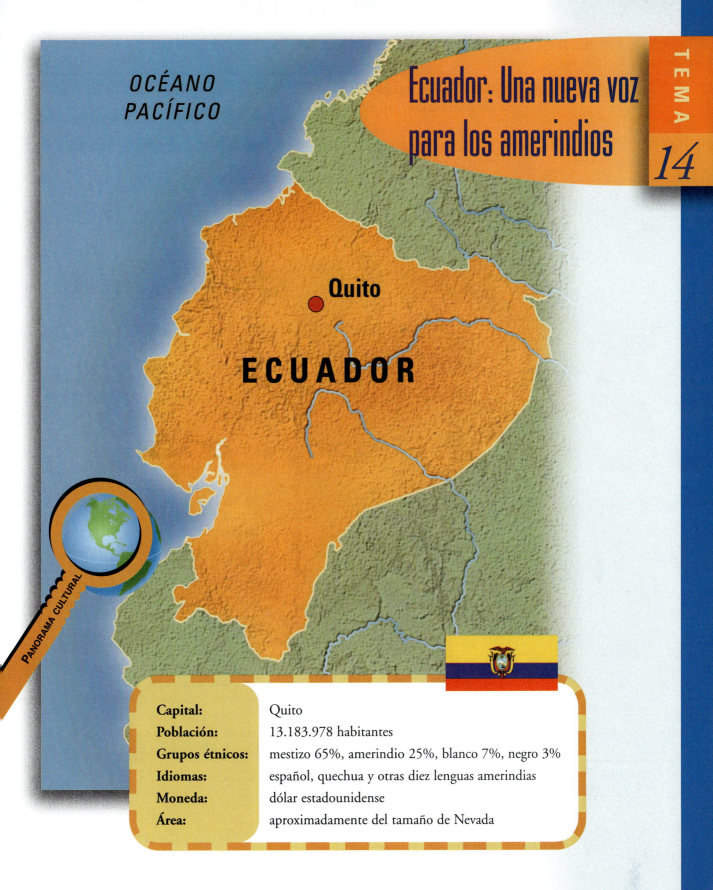

OCÉANO
PACÍFICO

Ecuador: Una nueva voz
para los amerindios

Quito

ECUADOR

PANORAMA CULTURAL

Capital:	Quito
Población:	13.183.978 habitantes
Grupos étnicos:	mestizo 65%, amerindio 25%, blanco 7%, negro 3%
Idiomas:	español, quechua y otras diez lenguas amerindias
Moneda:	dólar estadounidense
Área:	aproximadamente del tamaño de Nevada

Entrando en materia

4–11. ¿Qué sabes de Ecuador? Decide si estas oraciones son ciertas o falsas. Si puedes, corrige las falsas.

1. Ecuador tiene costa en el océano Atlántico.
2. La línea equinoccial no pasa por territorio ecuatoriano.
3. Los sombreros llamados sombreros de Panamá se fabrican en Ecuador.
4. El territorio ecuatoriano es más grande que el colombiano.
5. Las Islas Galápagos son territorio ecuatoriano.

PERFIL

DEL ECUADOR PRECOLOMBINA A LA INDEPENDENCIA

Quito fue un centro político y cultural de la civilización inca. Los incas invadieron Quito en la mitad del s. XV y la dominaron a finales del mismo siglo. Los incas construyeron una carretera que unía Cuzco (en Perú), capital del Imperio Inca, y Quito. Cuzco fue la **sede**[1] política del imperio hasta que el emperador Huayna Cápac murió. Después de su muerte, gobernaron sus hijos; Atahualpa gobernaba parte del imperio desde Quito y Huáscar la otra parte desde Cuzco. Los dos hermanos tenían diferencias entre sí que provocaron una guerra civil entre los **seguidores**[2] de uno y de otro. Atahualpa ganó la guerra, pero Huáscar lo traicionó y **se alió**[3] con las fuerzas de Francisco Pizarro. Atahualpa, el último emperador inca, fue ejecutado por el conquistador Francisco Pizarro en 1533.

En 1822 Ecuador consiguió su independencia de España y se unió a la República de la Gran Colombia, que comprendía Venezuela y la actual Colombia. Finalmente, en 1830, los territorios incluidos en la Gran Colombia se constituyeron en repúblicas independientes **unas de otras**[4] y se formó la República de Ecuador.

---

1. *headquarters* 2. *followers* 3. *allied himself* 4. *from each other*

4–12. ¿Comprendiste? Tomando como referencia la información de la sección anterior indica con qué hechos históricos asocias las fechas siguientes.

Fechas

1. 1822
2. 1533
3. s. XV
4. 1830

Hechos históricos

a. Los incas invaden y conquistan el territorio ecuatoriano.

b. El último emperador inca es asesinado.

c. Ecuador se declara independiente de España.

d. La República de la Gran Colombia se disuelve.

DOLORES CACUANGO

Es una de las pioneras del movimiento indígena ecuatoriano, el cual empezó a mediados del s. XX. En 1944 fundó la Federación Ecuatoriana de Indios (FEI), que es una de las primeras organizaciones indígenas de Ecuador. **Consciente**[5] de las terribles condiciones que sufrían los niños indígenas no hispanohablantes en las escuelas, Cacuango fundó cuatro escuelas bilingües (quechua-español) en la zona de Cayambe en 1945. El propósito de estas escuelas era alfabetizar a los alumnos en los dos idiomas. Estas escuelas funcionaron durante dieciocho años, **a pesar de que**[6] el gobierno presionaba para prohibirlas. En 1963, el gobierno cerró las escuelas y prohibió el uso del quechua en la **enseñanza**[7]. Dolores Cacuango, llamada **cariñosamente**[8] Mama Dulu, murió en 1971. En 1988, el Ministerio de Educación reconoció la necesidad de mejorar la educación entre la población indígena y creó la Dirección Nacional de Educación Intercultural Bilingüe.

5. *Aware* 6. *in spite of* 7. *teaching* 8. *affectionately*

 **4–13. Proyecto sobre educación bilingüe.** En grupos de cuatro van a preparar un proyecto sobre la educación bilingüe para presentarlo en forma de mural al resto de la clase. Aquí tienen las instrucciones para cada miembro del grupo.

Estudiante A: Busca más información acerca de los proyectos de educación bilingüe de Dolores Cacuango y sobre sus razones e ideas para apoyar este proyecto.

Estudiante B: Busca información sobre las reacciones del gobierno ecuatoriano a los proyectos de la Sra. Cacuango y sus argumentos para cerrar las escuelas bilingües.

Estudiante C: Busca información actual de grupos e instituciones que defiendan la educación bilingüe en Estados Unidos.

Estudiante D: Busca información actual de grupos e instituciones que se opongan a la educación bilingüe en Estados Unidos.

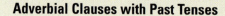
Adverbial Clauses with Past Tenses

In *Tema 13* you studied the concept of adverbial clauses and how adverbial expressions introducing these clauses may or may not call for the use of present indicative or present subjunctive.

When you are referring to the past, use the same rules to decide whether to use the preterit or imperfect indicative versus past subjunctive in adverbial clauses.

Always Indicative		Always Subjunctive		Could Use Indicative or Subjunctive	
puesto que	*since*	**a fin de que**	*in order to, so that*	**1.** Time expressions	
ya que	*since*			**cuando**	*when*
porque	*because*	**para que**	*so that*	**después (de) que**	*after*
		a menos que	*unless*		
		antes de que	*before*	**en cuanto**	*as soon as*
		con tal (de) que	*provided that, as long as*	**tan pronto como**	*as soon as*
		en caso de que	*in case that*	**hasta que**	*until*
				2. Other	
				aunque	*although*
				donde	*where, wherever*

Indicative

Atahualpa murió **porque** su hermano Huáscar lo traicionó.

*Atahualpa died **because** his brother Huáscar betrayed him.*

Subjunctive

El gobierno ecuatoriano adoptó el dólar **para que** la economía se estabilizara.

*The Ecuadorian government adopted the dollar **so that** the economy would stabilize.*

El gobierno adoptó el dólar **antes de que** la economía empeorara.

*The government adopted the dollar **before** the economy worsened.*

Indicative or Subjunctive Depending on the Context

1. Time expressions

De joven, viajaba a Ecuador **después de que** pasaba la estación de lluvia.
(*fact*)

*In my youth, I used to travel to Ecuador **after** the rainy season was over.*

El año pasado yo quería viajar a Ecuador **después de que** pasara la estación de lluvia. (*event to come*)

*Last year I wanted to travel to Ecuador **after** the rainy season was over.*

2. Other

Aunque tuviera dinero, no visitaría el área del Amazonas otra vez.
(*speculation/event to come*)

***Even if** I had money, I would not visit the Amazon area again.*

Aunque ahorré suficiente dinero, este año no viajé. (*fact*)

***Although** I saved enough money, this year I didn't travel.*

4–14. Identificación. Identifica qué tipo de cláusulas adverbiales introducen las expresiones en negrita según el sentido de la oración principal y escribe una cláusula para completar cada ejemplo, usando las pistas entre paréntesis.

Noticias de Ecuador

1. El Banco Mundial prestó a Ecuador cincuenta millones de dólares **para que** (mejorar / situación de las comunidades indígenas y negras).

2. El gobierno de Ecuador realizó muchos proyectos en las comunidades indígenas, **ya que** (recibir / préstamo grande del Banco Mundial).

3. El presidente anunció que visitaría algunas comunidades étnicas **en cuanto** (volver de / viaje a EE.UU.).

4. El presidente visitó algunas comunidades étnicas **cuando** (volver de / viaje a EE.UU.).

5. El presidente dijo que aprobaría más ayuda para las comunidades étnicas **aunque** (conservadores / no estar de acuerdo).

4–15. Economía. Selecciona la conjunción apropiada para enunciar algunos hechos sobre la economía ecuatoriana.

a menos que
antes de que
porque/ ya que/ puesto que
aunque
hasta que

1. Ecuador experimentó el boom del cacao y la banana / el petróleo se descubriera en el noreste.
2. Muchos dijeron que el petróleo no solucionaría los problemas económicos / el precio del petróleo fuera suficientemente alto.
3. El petróleo mejoró la economía / los precios internacionales bajaron.
4. Los liberales dijeron que tenían que diversificar la economía / el petróleo ecuatoriano fuera abundante.
5. El año pasado el gobierno tuvo que restringir las áreas de prospección petrolífera / muchos grupos étnicos estaban perdiendo sus tierras.

4–16. Comunidades indígenas. En el párrafo siguiente se habla sobre la relación del gobierno de Ecuador con los grupos indígenas, pero faltan algunos verbos. Completa el texto con las formas verbales adecuadas.

Aunque durante mucho tiempo los conservadores se (1. oponer) a proteger a las comunidades étnicas, finalmente el gobierno empezó a dialogar con esas comunidades. Antes de que las comunidades indígenas se (2. organizar), el gobierno no prestaba atención a su situación. Cuando se (3. formar) la Confederación de Nacionalidades Indígenas del Ecuador (CONAIE), los grupos étnicos se hicieron más visibles. El año pasado el Banco Mundial prestó dinero a Ecuador para que el gobierno (4. ayudar) a esas comunidades. El presidente dijo que en cuanto se (5. invertir) ese préstamo, la situación de las comunidades indígenas mejoraría notablemente.

4–17. ¿Qué te dijo tu amigo/a? ¿Recuerdan las condiciones que debían cumplirse para que ustedes pudieran viajar a Colombia en el *Tema 13*? En parejas, intercambien oralmente las frases que escribieron en la actividad 4–6. Después, escriban una lista explicando las condiciones necesarias para que su compañero/a pueda ir de viaje.

> **MODELO**
>
> Iré a Colombia en cuanto mis padres me den permiso.
> Mi compañero me dijo que iría de viaje en cuanto sus padres le dieran permiso.

Entrando en materia

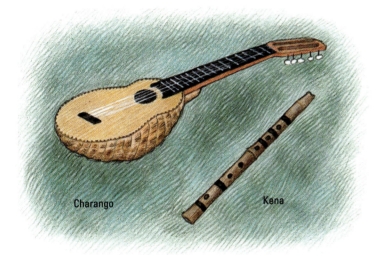

Charango   Kena

4–18. Instrumentos musicales. Asocia los siguientes instrumentos musicales con los tipos de música correspondientes.

Instrumentos musicales	Tipo de música
1. flauta	a. blue grass
2. guitarra	b. rock
3. guitarra eléctrica	c. jazz
4. violín	d. clásica
5. trompeta	e. flamenco

4–19. Vocabulario en contexto. Usa el contexto de cada oración para deducir el significado de la palabra en negrita. Después, responde a la pregunta.

1. **complejidad**

   La **complejidad** de la música ecuatoriana está relacionada con la diversidad étnica.

   explica: ¿Puedes dar ejemplos que ilustren la complejidad de la música estadounidense?

2. **costumbres**

   Dieciséis grupos étnicos mantienen sus **costumbres** e identidad.

   explica: ¿Qué costumbres mantiene tu familia o comunidad?

3. **pura**

   Hay pocos ejemplos de música indígena **pura**.

   explica: ¿En qué áreas del mundo se pueden encontrar las tradiciones más puras?

4. **de cuerda**

   La música precolombina no usaba instrumentos musicales **de cuerda**. La guitarra es un instrumento de cuerda.

   explica: ¿Qué instrumentos de cuerda conoces?

5. **caja**

   La **caja** de la guitarra clásica es de madera.

   explica: ¿Qué instrumentos musicales tienen caja de madera?

6. **difusión**

   La televisión hace posible la **difusión** rápida de noticias.

   explica: ¿Qué otros medios de comunicación contribuyen a la difusión rápida de noticias?

7. **injusticia**

   La **injusticia** social es un problema en los países ricos y en los pobres.

   explica: Da un ejemplo de un caso de injusticia social en tu ciudad o país.

8. **grabar**

   Actualmente los cantantes prefieren **grabar** discos compactos y no casetes.

   explica: Explica las ventajas de grabar en discos compactos.

Antes de escuchar

La miniconferencia de esta unidad trata sobre la música popular de Ecuador. Piensa en tu música favorita, ¿sabes cuál es su origen? ¿qué influencias tiene? Los instrumentos que se usan para producir esa música, ¿sabes cuáles son? Presta atención a la miniconferencia para identificar los instrumentos musicales y tipos de música que dan lugar a la música popular ecuatoriana. ¿Tiene esta música algo en común con tu música favorita?

La música popular de Ecuador

Ahora tu instructor/a va a presentar una miniconferencia.

4–20. Palabras en acción. Responde a las preguntas usando el vocabulario en negrita.

1. ¿Cómo se explica la **complejidad** de la tradición musical en Ecuador?
2. ¿Cuándo se toca la música indígena en su forma más **pura**?
3. ¿En qué se diferencia el charango de muchos instrumentos **de cuerda**?
4. ¿En qué años ocurre la **difusión** de la música andina ecléctica?
5. ¿Quiénes **grabaron** la canción "El cóndor pasa"?

4–21. Hablemos del tema. En grupos de tres, hablen sobre lo que han escuchado en la miniconferencia.

A: Primero pónganse de acuerdo para responder a las preguntas siguientes.
1. ¿Qué aspectos negativos y positivos tiene el mantener las costumbres y resistirse a la innovación?
2. ¿En qué condiciones pueden convivir (*live together*) la tradición y la innovación?
3. ¿Cuál creen que ha sido la contribución de la música andina ecléctica a la cultura de los países andinos? ¿y al resto del mundo?
4. ¿Qué creen que opinan las personas de otros países sobre el rock americano?

B: Ahora piensen en la situación siguiente: En un pueblo de los Andes se están haciendo planes para celebrar el Inti Raymi o Fiesta del Sol. El dilema es que los jóvenes quieren que la celebración sea menos tradicional este año, pero los mayores no están de acuerdo. Representen un pequeño debate, según esta información.

Estudiante A: Representas los intereses tradicionales. Aquí tienes información sobre los jóvenes de la comunidad:
1. No quieren hablar quechua.
2. No quieren aprender las canciones tradicionales, sólo les gusta el rock.
3. No quieren participar en rituales de la comunidad.
4. No quieren llevar el traje tradicional en ninguna ocasión.

Estudiante B: Representas los intereses innovadores de los jóvenes. Aquí tienes información sobre las personas mayores de la comunidad.
1. Siempre critican la música que escuchan los jóvenes.
2. Critican la manera de vestir de los jóvenes.
3. Quieren que los jóvenes les ayuden en las tareas del campo y que sean más religiosos.
4. No entienden el propósito de tener estudios universitarios.

Estudiante C: Eres el moderador de la discusión. Tienes que intervenir durante la conversación para mantener un tono civilizado y mediar para llegar a un acuerdo.

C U R I O S I D A D E S

La influencia del quechua en el español

El español es la lengua oficial de Ecuador pero en el país se hablan otras nueve lenguas. Entre estas lenguas, el quechua, llamado quichua en Ecuador, es la lengua más hablada después del español. La constitución reconoce el derecho a usar el quechua y las otras lenguas y a recibir instrucción escolar en ellas. El quechua es la lengua original del imperio inca. El quechua nunca tuvo forma escrita, ni antes del imperio inca ni durante el mismo. Después de la conquista, el quechua se empezó a escribir usando el alfabeto romano. El contacto entre el español y el quechua ha originado préstamos (*borrowings*) lingüísticos.

4–22. Préstamo lingüístico. En la tabla de abajo, clasifica las siguientes palabras de origen quechua en una de las tres categorías semánticas. Después, escribe una oración breve con cada palabra.

1. coca
2. cóndor
3. inca
4. llama
5. papa
6. puma

PLANTA	ANIMAL	PERSONA

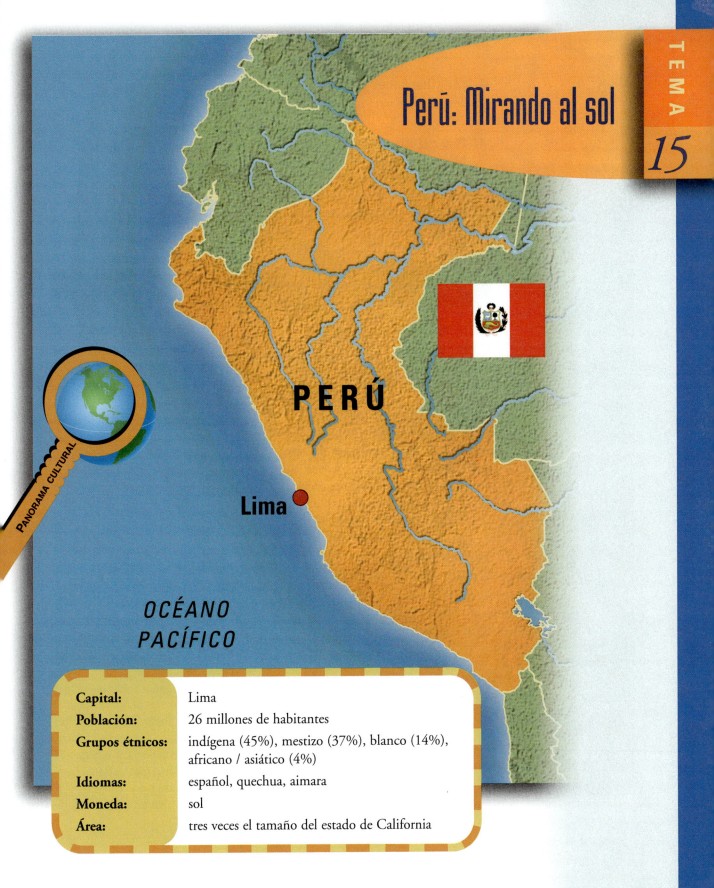

Perú: Mirando al sol

PERÚ

Lima

OCÉANO
PACÍFICO

PANORAMA CULTURAL

Capital:	Lima
Población:	26 millones de habitantes
Grupos étnicos:	indígena (45%), mestizo (37%), blanco (14%), africano / asiático (4%)
Idiomas:	español, quechua, aimara
Moneda:	sol
Área:	tres veces el tamaño del estado de California

Entrando en materia

4–23. ¿Qué sabes de Perú? Basándote en tus conocimientos previos, decide si las siguientes oraciones sobre Perú son ciertas o falsas. Si puedes, corrige las falsas.

1. Perú está atravesado por la cordillera de los Andes.
2. Muchos habitantes de este país son de origen indígena.
3. El español es la única lengua que se habla en Perú.
4. La civilización inca floreció exclusivamente en este país.
5. Perú limita (*is bound*) con Colombia y Ecuador al norte y con Bolivia y Chile al sur.

PERFIL

LOS INCAS Y LA HERENCIA INDÍGENA EN EL PRESENTE

La civilización inca tuvo sus orígenes hacia el año 1200 d.C., cerca del lago Titicaca. Los incas no conocieron la escritura y su civilización no alcanzó el esplendor y sofisticación arquitectónica de los aztecas o los mayas. Cuzco, su capital, fue una ciudad importante donde residían el emperador inca y su corte, en espléndidos palacios de piedra. Las construcciones que han **sobrevivido**[1] hoy en día muestran la perfección y precisión de las técnicas de construcción de los incas. Otra ciudad importante fue Picchu (nombre original de Machu Picchu). Picchu fue una "llacta" o ciudad burocrática en la que residían administradores y funcionarios, junto con sirvientes y artesanos. Picchu fue la "llacta" más bella del imperio porque se construyó como residencia de la

aristocracia en caso de un ataque por sorpresa.

El verdadero mérito de los incas fue militar y administrativo. Los **dirigentes**[2] incas comprendieron que para crear un imperio poderoso era necesario no sólo conquistar territorios, sino integrar a su gente dentro de una cultura común. Por lo tanto, a los pueblos que conquistaban le imponían su lengua, el quechua, y su religión, el culto al dios Sol. Como parte de su proyecto de expansión territorial, los incas construyeron una magnífica red de comunicaciones que les permitió controlar sus vastos territorios.

Aunque ciertos elementos de las sociedades precolombinas fueron modificados o destruidos por los europeos, muchos de sus rasgos distintivos permanecen en la cultura amerindia actual. La herencia cultural prehispánica es mayor dónde hay más población indígena. El **apego**[3] a la tierra, unido a cierto fervor religioso que sienten muchos amerindios probablemente tiene su origen en el amor precolombino a la *Pacha Mama* (la Madre Tierra).

---

1. *survived* 2. *rulers* 3. *attachment*

Gran parte de la dieta de los descendientes de los incas se basa en los alimentos que formaban la dieta de sus antepasados: papa, yuca, cacao, chiles, frijoles, tomates, calabaza y pescado. La música indígena, aunque transformada hoy con técnicas de instrumentación europeas, sirve para recordar a la civilización de los antepasados amerindios.

4–24. ¿Comprendiste? Responde a las siguientes preguntas sobre los incas y su herencia.

1. ¿Qué diferencias se mencionan entre las culturas azteca y maya y la cultura inca?
2. ¿Qué hacían los incas cuando conquistaban a otro pueblo? Da un ejemplo de otra situación similar en la historia pasada o reciente.
3. ¿Qué es la *Pacha Mama*? ¿Por qué es importante para las culturas indígenas?
4. Menciona dos manifestaciones de la cultura precolombina en la vida contemporánea.

FABIOLA DE LA CUBA

Fabiola de la Cuba estudió arquitectura, pero su pasión siempre fue la música. Ella es una cantante limeña que empezó su carrera musical cantando con el grupo *Los vecinos de Juan*. La música de este grupo estaba dirigida fundamentalmente al público universitario. Pero en los últimos años Fabiola ha ampliado su público y se ha dedicado a cantar música criolla.

El espectáculo *Fabiola... de suspiro y barro* es un sueño hecho realidad que mantuvo a Fabiola ocupada por un año. Este espectáculo musical incluye a más de cincuenta artistas, música, danza, teatro y videoarte. Su música recopila canciones compuestas por famosas compositoras peruanas como son Rosa Mercedes Ayarza, Chabuca Granda, Serafina Quinteras y Victoria Santa Cruz, entre otras. Este espectáculo, que también se ha grabado en disco, recupera una música que ya muchos han olvidado, especialmente los jóvenes, y la presenta con una nueva imagen. El espectáculo es también un homenaje a las mujeres, ya que todas las canciones que Fabiola canta han sido compuestas por mujeres.

4–25. Nota de prensa. Imagina que Fabiola de la Cuba va a presentar su espectáculo en tu ciudad. El director del periódico universitario quiere incluir una reseña sobre Fabiola en su próximo número, y te ha pedido que redactes una breve nota de prensa, anunciando el espectáculo y explicando quién es Fabiola de la Cuba.

1. Comienza la reseña anunciando el lugar, el día, la hora y el nombre del espectáculo.
2. Proporciona alguna información sobre Fabiola.
3. Explica brevemente en qué consiste el espectáculo.
4. Resume en una oración por qué este espectáculo puede ser interesante para el público universitario.

Passive Voice

Every verb tense you have studied up to this point in *Más allá de las palabras* has been in the active voice. In the active voice, the agent, or doer of the action, is the subject of the sentence, and the receiver of the action is the direct object.

subject	active verb	object
Los incas	adoraban	al Sol.
The Incas	*adored*	*the Sun.*

In the passive voice, the above structure is reversed: the receiver of the action is the subject, and the agent/doer of the action is preceded by the preposition **por** (*by*).

subject	passive verb	agent/doer
El Sol	era adorado	por los incas.
The Sun	*was adored*	*by the Incas.*

There are two ways in Spanish to express the passive voice: with **ser** and with **se**.

Passive Voice with ser

The passive voice is formed with the verb **ser** in any tense and the past participle of the main verb. The past participle (habl**ado**, com**ido**, roto) agrees in gender and number with the subject of the sentence.

Active: Pizarro capturó a Atahualpa.   *Pizarro captured Atahualpa.*

Passive: Atahualpa fue captur**ado** por Pizarro.   *Atahualpa was captured by Pizarro.*

Active: Los incas dominaron muchas regiones.   *The Incas controlled many regions.*

Passive: Muchas regiones fueron domin**adas** por los incas.   *Many regions were controlled by the Incas.*

Passive Voice with se

The passive voice with **ser** is not as frequently used in Spanish as in English. In every day use the passive with **se** is more common. When a passive **se** construction is used, we no longer need to mention the agent or doer of the action since this element becomes irrelevant. The verb in **se** constructions is always in the third person singular or plural.

Note how the sample sentences presented presented on p. 307 change when expressed with the passive **se**.

Passive with *ser*: Atahualpa fue capturado por Pizarro.	*Atahualpa was captured by Pizarro.*
Passive with *se*: Se capturó a Atahualpa.	*Atahualpa was captured.*
Passive with *ser*: Muchas regiones fueron dominadas por los incas.	*Many regions were controlled by the Incas.*
Passive with *se*: Se dominaron muchas regiones.	*Many regions were controlled.*

4–26. Identificación. Identifica el uso de la voz pasiva con **ser** y la voz pasiva con **se** en las siguientes oraciones. Después transforma las oraciones pasivas con **ser** a pasivas con **se** y viceversa. Recuerda que en las oraciones pasivas con **se** no es necesario mencionar al agente.

1. El término "inca" se usaba en la época precolombina para designar a la clase aristocrática.
2. En la civilización inca no se conocía la escritura.
3. El dios Sol era adorado fervientemente por toda la población inca.
4. Atahualpa fue capturado por Pizarro en el año 1532.

4–27. Datos históricos. Usando la voz pasiva con **ser**, escribe oraciones para informar sobre los siguientes hechos históricos.

MODELO
La ciudadela de Machu Picchu / descubrir / Hiram Bingham en 1911
La ciudadela de Machu Picchu fue descubierta por Hiram Bingham en 1911.

1. Perú / conquistar / españoles en 1532
2. Una extraordinaria red de comunicaciones / construir / el pueblo inca
3. Varios elementos de la sociedad precolombina / tranformar / los europeos
4. Las tropas de Pizarro / recibir / el desprevenido Atahualpa

4–28. ¿Y tú? El departamento de español quiere organizar un acto cultural aprovechando la presencia de Fabiola de la Cuba en la ciudad, y les ha pedido sugerencias para preparar el acto. En grupos de cuatro, piensen en 3 ó 4 cosas que podrían contribuir al éxito del acto y preparen un documento escrito para presentárselo al departamento. Usen oraciones con **se** para hacer sus sugerencias. ¡Ojo! Como se trata de sugerencias, los verbos de la cláusula dependiente deben estar en subjuntivo.

MODELO
Invitar a Fabiola a presidir el acto.
Sugerimos que se invite a Fabiola a presidir el acto.

MATRIMONIOS

Muchas costumbres y conceptos han cambiado totalmente a lo largo de la historia. Sin embargo, aún podemos encontrar algunas semejanzas entre costumbres antiguas y costumbres actuales. Aquí tienes algunos detalles sobre el matrimonio en tiempos de los incas.

- El paso anterior al matrimonio, el compromiso, era un acto oficial.
- El matrimonio del hombre y la mujer de pueblo era monógamo.
- El matrimonio de las clases privilegiadas era polígamo.
- Estaba prohibido casarse con gente de distinta clase social.
- Al casarse, el indio recibía tierras para el cultivo.
- En las clases populares los parientes construían la casa del nuevo matrimonio.
- Las parejas convivían juntas antes de casarse para comprobar si se llevaban bien.
- Si el hombre y la mujer no se llevaban bien, la mujer volvía con sus padres, lo cual no tenía efectos negativos a nivel social o moral.
- Una vez realizado el matrimonio definitivo, la separación era muy difícil.

4–29. Matrimonios. En parejas, lean la lista anterior.

A. Hablen sobre el matrimonio en la época de los incas. Busquen al menos dos semejanzas y dos diferencias entre el matrimonio en esa época y el matrimonio en nuestros días. Una persona va a analizar el caso de la sociedad inca; la otra, la sociedad actual. Usen oraciones pasivas con **se** cuando sea posible.

> **MODELO** Importancia del compromiso y del matrimonio
> **Estudiante A: En la sociedad inca se daba mucha importancia al compromiso de la pareja.**
> **Estudiante B: En la sociedad moderna se le da más importancia al matrimonio.**

1. Características diferentes para el matrimonio de la clase aristocrática
2. Libertad para casarse con una persona de otra clase
3. Implicaciones sociales y morales del divorcio o la separación de la pareja
4. Forma de obtener un hogar (*home*) para una pareja de recién casados

B. En la actualidad, muchas parejas también pasan un período de prueba. Imaginen que su compañero/a es su pareja. Tras unos meses de vivir juntos, ustedes hablan sobre si deben seguir juntos o no. Preparen esta situación y represéntenla ante la clase. ¡Sean creativos!

Estudiante A:

La mujer piensa que su pareja tiene las siguientes virtudes y defectos.

Virtudes	Defectos
Es guapo y fuerte.	Es muy vago; no le gusta trabajar.
Tiene mucha energía y buen sentido del humor.	Da demasiada importancia a la opinión de sus amigos.
Le compra regalos de vez en cuando.	Se pasa los días tirado en el sofá mirando el fútbol.

Estudiante B:

El hombre piensa que su pareja tiene las siguientes virtudes y defectos.

Virtudes	Defectos
Es muy bonita y cariñosa.	No le gusta limpiar la casa.
Tiene una buena formación, es una profesional.	Se pasa la semana hablando con sus amigas o en casa de sus padres.
Cocina muy bien.	Le gusta demasiado salir por la noche a bailar.

Por si acaso

Tenemos que hablar.
We need to talk.
Déjame en paz.
Leave me alone.
(No) tengo ganas de hablar de eso.
I (don't) feel like talking about it.
No sé de lo que me estás hablando.
I don't know what you are talking about.
Te comprendo.
I understand.
Tienes razón.
You are right.
No tienes razón.
You are wrong.
Eso es absurdo/ ridículo.
That is absurd/ridiculous.
La culpa es tuya/ mía.
It is all your/my fault.
Esto tiene/ no tiene solución.
This can/cannot be solved.

LAS MISTERIOSAS LÍNEAS DE NAZCA

El pueblo nazca, perteneciente a una cultura anterior a la civilización inca, nos ha dejado este impresionante regalo artístico en la costa sur del país, al sur de

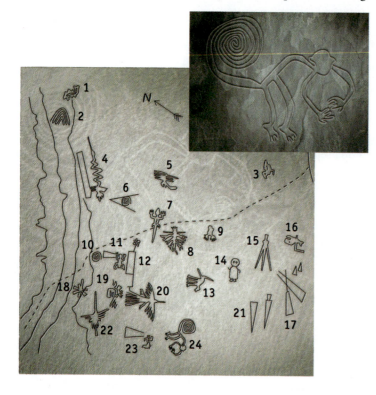

Lima, la capital. Las líneas son una serie de enormes dibujos trazados en la arena del desierto. Se han logrado identificar 167 dibujos de diversos tamaños, repartidos en un área de 350 kilómetros cuadrados.

Lo misterioso de estos dibujos es que sólo se pueden observar y apreciar bien desde el aire, desde un avión. En otras palabras, los indígenas que los hicieron, crearon obras de arte que no podían ver en toda su gloriosa perspectiva.

Existen varias teorías sobre el propósito de estas líneas. Algunos expertos dicen que fueron calendarios astronómicos gigantes; otros dicen que representan diferentes constelaciones y estrellas; otros opinan que las líneas indicaban las épocas de siembra (*sowing*) y de cosecha (*harvest*). También se ha llegado a sugerir que fueron pistas de aterrizaje (*runways*) de naves extraterrestres.

4–30. Mirándolo con lupa. El mapa de arriba representa un conjunto de imágenes numeradas de las líneas en una extensión de muchos kilómetros.

A. Identifica las imágenes del mapa que corresponden a cada uno de los números.

1. _____	8. _____	13. _____
4. _____	9. _____	14. _____
7. _____	11. _____	15. _____

B. Ahora contesta las siguientes preguntas.

1. ¿Qué tipo de imágenes abunda más? ¿Qué crees que significa esta abundancia?
2. ¿Con qué teoría sobre el propósito de las líneas estás de acuerdo?
3. Si pudieras viajar al pasado, ¿qué le preguntarías al pueblo nazca?
4. Elabora una teoría personal sobre el propósito de las líneas. ¡Sé creativo/a!

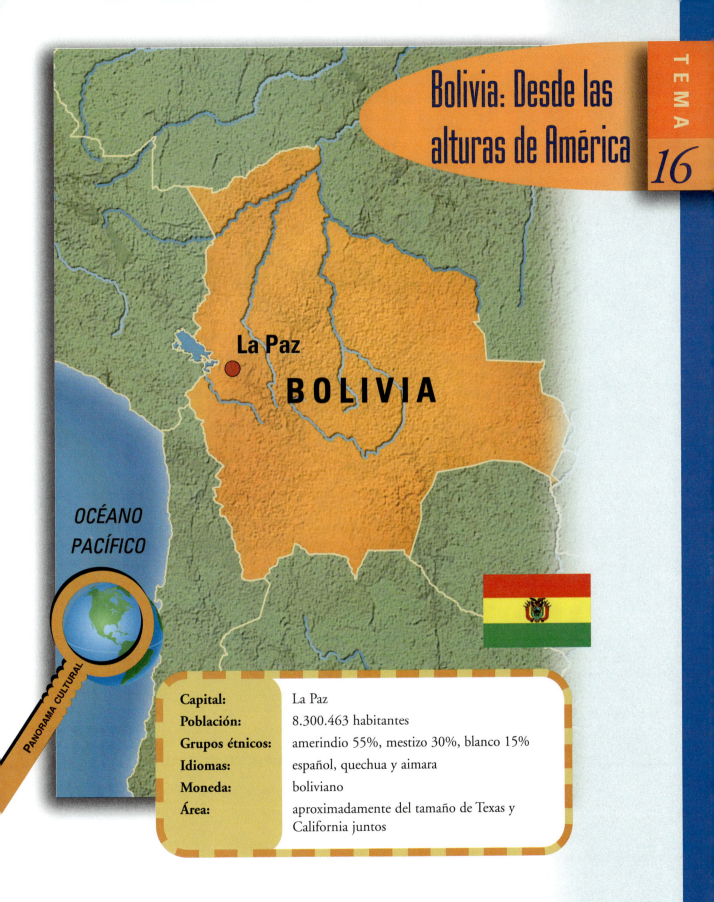

Bolivia: Desde las alturas de América

La Paz

BOLIVIA

OCÉANO
PACÍFICO

PANORAMA CULTURAL

Capital:	La Paz
Población:	8.300.463 habitantes
Grupos étnicos:	amerindio 55%, mestizo 30%, blanco 15%
Idiomas:	español, quechua y aimara
Moneda:	boliviano
Área:	aproximadamente del tamaño de Texas y California juntos

Entrando en materia

4–31. ¿Qué sabes de Bolivia? Decide si las siguientes oraciones son ciertas o falsas. Si puedes, corrige las falsas.

1. El nombre del país se deriva del nombre de Simón Bolívar.
2. Aunque se habla quechua y aimara, solamente el español es lengua oficial.
3. El lago Titicaca es parte peruano y parte boliviano.
4. Bolivia no formó parte del imperio inca.
5. El área geográfica de Bolivia es comparable a la de Colombia.

PERFIL

DE LA ÉPOCA PRECOLOMBINA A LA INDEPENDENCIA

La civilización de Tiahuanaco, cerca del lago Titicaca, floreció antes de la llegada de los incas. El imperio tiahuanaco se expandió rápidamente en los años 1000 y todavía hoy no se comprende su rápida decadencia hacia 1200. La caída del imperio tiahuanaco resultó en la formación de ocho reinos aimaras. Los aimaras eran un pueblo **belicoso**[1]. Las comunidades aimaras vivían en ciudades fortificadas en la parte más alta de las montañas. En la segunda mitad del s. XV, los incas invadieron y conquistaron el territorio aimara.

Durante la época colonial, la actividad minera tuvo una gran importancia. Las minas de plata del área de la ciudad de Potosí convirtieron al país en el mayor exportador de plata del mundo en la primera década de 1600. La ciudad era tan rica en esta época que la frase "vale un Potosí" se generalizó como sinónimo de "vale mucho". La decadencia de Potosí comenzó cuando la plata empezó a **agotarse**[2] hacia finales del s. XVIII.

Bolivia se declaró independiente en 1825 y nombró como primer presidente a Simón Bolívar. Un año más tarde, Bolívar dejó la presidencia y el general Antonio José de Sucre ocupó el cargo. El país, que antes de la independencia se llamaba Alto Perú, tomó su nombre del apellido de Simón Bolívar.

---

1. *prone to warfare* 2. *to run out*

4–32. ¿Comprendiste? Asocia la época con el acontecimiento, fecha, lugar o personaje correspondiente.

Épocas	Acontecimientos, fechas, lugares y personajes	
1. época precolombina	a. Antonio José de Sucre	e. Simón Bolívar
2. exploración y colonización	b. reinos aimaras	f. los incas
3. independencia	c. minas de plata	g. Alto Perú
	d. civilización tiahuanaca	

VÍCTOR PAZ ESTENSSORO

Nació el 2 de octubre de 1907 en la ciudad de Tarija. Murió el 7 de junio de 2001 en su ciudad natal, después de una intervención quirúrgica que se complicó. Abogado de profesión, Paz Estenssoro fue uno de los hombres más influyentes del país en el siglo XX. Protagonista central de la Revolución de abril de 1952, fue presidente en cuatro ocasiones, siendo sus medidas más importantes la nacionalización de las minas, la reforma agraria y el sufragio universal, durante su primera administración (1952–1956). En su último gobierno (1985–1989) tomó medidas extremas para combatir la crisis económica y logró controlar la inflación; sin embargo, sus iniciativas económicas provocaron una crisis social. Como consecuencia de sus reformas económicas, el sector minero **se declaró en huelga**[3] repetidamente porque el gobierno liberalizó el sector y muchos mineros perdieron su trabajo.

3. *went on strike*

4–33. Tu opinión. En parejas, usen la información de esta sección y sus propias opiniones para responder a estas preguntas.

1. ¿Cuáles fueron los mayores logros (*achievements*) y fracasos (*failures*) de Estenssoro?
2. Estenssoro fue presidente cuatro veces, ¿cómo creen que afectó este factor a la vida política, social y económica del país?
3. ¿Por qué creen que los presidentes estadounidenses pueden optar a la presidencia solamente dos veces?

VEN A CONOCER

4–34. Anticipación. Lee los títulos de la lectura en la página siguiente y decide cuáles de los siguientes temas aparecen posiblemente en el texto.

1. Excursión planeada día por día
2. Dimensiones del lago
3. Turismo urbano
4. Turismo rural
5. Cómo se formó el lago
6. Lugares a visitar en el lago

El lago Titicaca

ORIGEN DEL LAGO

Todavía no existe una explicación científica definitiva sobre cómo se formó este lago. Una de las hipótesis es que el lago es el cráter de un volcán inactivo. Sin embargo, hay muchas leyendas acerca del lago Titicaca y su origen. Una de ellas dice que el lago nació de las lágrimas del dios Sol, que lloró cuando unos pumas devoraron a los hombres que habitaban la región. Otra leyenda dice que en el fondo del lago hay tesoros que los incas lanzaron allí para que los españoles no pudieran robarlos.

Este lago está situado a 65 km (35 millas) de La Paz y es el lago más alto del mundo (3.808 m — 12.500 pies— sobre el nivel del mar). Tiene 196 km (106 millas) de largo, 56 km (30 millas) de ancho y el área más profunda tiene 350 m (1.148 pies). La mitad oeste del lago pertenece a Perú y la mitad este a Bolivia. La palabra aimara "Titicaca" significa "puma de piedra".

4–35. ¿Qué opinas? Escribe un párrafo breve sobre tu impresión de la lectura acerca del lago. Ten en cuenta los puntos que se indican abajo. Después intercambia tu párrafo con un/a compañero/a para ver si han coincidido en algún punto.

1. El aspecto geográfico del lago que te parece más impresionante.

COPACABANA Y LAS ISLAS

En el lago hay unas cuarenta islas que se pueden explorar a pie o en bicicleta. Entre ellas está Isla del Sol. Aquí el visitante encontrará varios lugares de interés arqueológico y una roca sagrada en forma de puma. Para llegar a la isla, muchos viajeros toman un barco desde Copacabana, un pueblo situado a orillas del Titicaca. Una de las mejores fechas para estar en Copacabana es el 5 de agosto, cuando se celebra la fiesta de la Virgen de la Candelaria, también llamada Virgen de Copacabana, que es la patrona de Bolivia.

Cerca de la Isla del Sol, está la Isla de la Luna, donde se pueden ver las ruinas del templo tiahuanaco de las Vírgenes del Sol.

Otra de las atracciones del lago Titicaca es la Isla Suriqui, donde el visitante puede observar cómo se hace una balsa de totora. La totora es una planta que crece en el lago y también se usa para hacer pequeñas islas flotantes donde pueden vivir pequeños grupos de personas. Los uros viven en estas islas.

LUGAR SAGRADO

El lago Titicaca era un lugar sagrado para las civilizaciones que vivieron a su alrededor y todavía lo es para mucha gente. La presencia de los chamanes (*healers*) kallahuayas enfatiza el aura sagrada que muchas personas perciben cuando visitan el lago. Los chamanes kallahuayas piensan que las enfermedades son el resultado de un desequilibrio de energías en el cuerpo y usan hierbas, piedras, amuletos y rituales para restablecer el equilibrio.

2. Los aspectos del lago que te parecen más intrigantes.
3. Las razones que pueden tener muchas personas para querer visitar el lago.
4. Cómo crees que el lago puede ofrecer una experiencia espiritual a los visitantes.
5. El tipo de actividades que se podrían recomendar a una persona que quiera tener una experiencia espiritual en el lago Titicaca.

Un ensayo informativo

4–36. Un ensayo informativo. En esta sección vas a profundizar sobre uno de los temas presentados en esta unidad. Vas a escribir un ensayo en el que analizarás con más detalle el tema de tu elección. Tu objetivo es informar a los lectores sobre el tema. Para escribir este ensayo, debes consultar como mínimo dos fuentes. Busca la información relevante en Internet o en la biblioteca. Al final, incluye una sección de "Referencias".

Preparación

1. Selecciona el tema general que más te interese de la lista a continuación. Puedes seleccionar otros temas relacionados con la unidad con la aprobación de tu instructor/a.

> El mito de El Dorado
> La música andina
> La cultura andina indígena en la sociedad moderna
> La civilización inca
> Las líneas de Nazca
> ¿Otro?

2. Limita el aspecto del tema general que vas a explorar. Por ejemplo, si el tema de tu elección es "Las líneas de Nazca", ¿cuál será la idea central (tesis) de tu ensayo?

3. Cuando hayas limitado el tema, escribe las preguntas de enfoque sobre ese tema. Las respuestas a estas preguntas te servirán para desarrollar el contenido de tu ensayo.

Consulta con tus compañeros o instructor/a para confirmar si tu tema está correctamente limitado.

Mira el modelo de tema y preguntas de enfoque a continuación. Usa este modelo para preparar el tema general de tu elección.

Tema general:	**Tema limitado:**
Las líneas de Nazca	Diferentes interpretaciones sobre el objetivo de las líneas

Preguntas de enfoque sobre el tema:

1. ¿Qué son las líneas de Nazca? ¿Dónde se encuentran? ¿Quiénes las dibujaron?

2. ¿Por qué han sido estas líneas objeto del interés y estudio de muchos?

3. ¿Cuáles son las distintas teorías que se han dado para explicar su propósito?

4. Según las fuentes consultadas, ¿qué teoría parece objetivamente más plausible?

A escribir

1. Usa tus preguntas de enfoque para organizar el ensayo en varios párrafos. Por ejemplo, las preguntas de enfoque sobre "Las líneas de Nazca" pueden dar lugar a la siguiente organización:

Pregunta 1   ➜   Párrafo 1
Introducción del ensayo
Pregunta 2   ➜   Párrafo 2
Propósito del ensayo y declaración de la tesis
Preguntas 3 y 4 ➜   Párrafo 3
Informar sobre las varias teorías
Conclusión   ➜   Párrafo 4
Resumir brevemente la información presentada

2. Recuerda la gramática estudiada en esta unidad: las oraciones pasivas con **ser** y con **se** y los conectores adverbiales. Las construcciones pasivas de ambos tipos son muy frecuentes en los ensayos informativos. Presta mucha atención a las partes donde debas usar esta construcción.

Conectores adverbiales útiles

porque	*because*
para que	*in order to*
en caso de que	*in case*
antes de que	*before*
después de que	*after*
donde	*where*
cuando	*when*
tan pronto como	*as soon as*
aunque	*although; even though*

Revisión

Escribe el número de borradores que te indique tu instructor/a y revisa tu texto usando la guía de revisión del Apéndice C. Escribe la versión final y entrégasela a tu instructor/a.

EL ESCRITOR TIENE LA PALABRA

Comentarios reales, del Inca Garcilaso de la Vega

El Inca Garcilaso de la Vega nació en Cuzco (Perú) en 1539. Su madre era una princesa inca y su padre un conquistador español. Se supone que su lengua materna fue el quechua, ya que su madre no hablaba español. También se cree que empezó a hablar español hacia 1551. Su condición de mestizo le dio al autor una perspectiva bicultural de su época. Su obra es un testimonio valioso de la vida colonial ya que ofrece el punto de vista del indígena y del conquistador. En 1558 fue a estudiar a España, de acuerdo con los deseos de su padre. Murió en 1616 en Córdoba (España). Sus restos se encuentran en la catedral de esta ciudad.

4–37. Entrando en materia. Contesta las siguientes preguntas antes de leer el texto literario.

1. Lee el título del texto literario. ¿En qué período de la lista crees que ocurre la acción de la historia?
   a. pocos años antes de la llegada de los conquistadores
   b. después de la llegada de los conquistadores
   c. muchos años antes de la muerte de Atahualpa
2. ¿Qué temas esperas encontrar en esta historia?
   a. amor romántico entre un hombre y una mujer
   b. un dios quiere dar una vida mejor a los hombres
   c. la destrucción de la Tierra
3. ¿Qué personajes esperas encontrar en esta historia?
   a. un monstruo
   b. un hombre o mujer enviado/a por un dios
   c. un animal

4–38. Hace años. Haz una lectura rápida del texto en busca de detalles que muestren que fue escrito hace años. Indica un ejemplo de cada uno de los siguientes elementos característicos del español de la época.

1. Alguna palabra que tenga un significado distinto en el texto al significado que conoces en el español actual.
2. Uso de algún tiempo verbal diferente al uso actual.
3. Uso de alguna persona verbal diferente al uso actual.
4. Una preposición o conjunción que no se use en el español actual.

Comentarios reales
Origen de los incas, reyes del Perú

NOTA: *Éste es un fragmento del capítulo 15 que se encuentra en el libro titulado* Comentarios reales, *que publicó el Inca Garcilaso de la Vega hacia 1609. El fragmento es parte de un diálogo entre el autor y su tío. En este fragmento el tío le cuenta al autor el origen de los reyes incas.*

Sabrás que en los siglos antiguos toda esta región de tierra que ves eran unos grandes montes y **breñales**[1], y las gentes en aquellos tiempos vivían como fieras y animales **brutos**[2], sin religión ni **policía**[3], sin pueblo ni casa, sin cultivar ni **sembrar**[4] la tierra, sin vestir ni cubrir sus **carnes**[5], porque no sabían **labrar**[6] algodón ni lana para hacer de vestir; vivían de dos en dos y de tres en tres, como acertaban a juntarse en las cuevas y

resquicios de peñas y cavernas de la tierra. Comían, como bestias, yerbas del campo y raíces de árboles y la fruta **inculta**[7] que ellos daban de suyo y carne humana. Cubrían sus carnes con hojas y cortezas de árboles y **pieles**[8] de animales; otros andaban **en cueros**[9]. En suma, vivían como **venados y salvajinas**[10], y aun en las mujeres **se habían**[11] como los brutos, porque no supieron tenerlas propias ni conocidas.

[…]

1. *scrubs*

2. *fierce*
3. *manners*

4. *sow*

5. *flesh*

6. *weave*

7. *uncultivated*
8. *hides*
9. *naked*
10. *deers and savages*
11. *behaved*

Dijo el Inca: —Nuestro Padre el Sol, viendo los hombres tales como te he dicho, se apiadó y **hubo lástima**[12] de ellos y envió del cielo a la tierra un hijo y una hija de los suyos para que los adoctrinasen en el conocimiento de Nuestro Padre el Sol, para que lo adorasen y lo tuviesen por su Dios, y para que les diesen preceptos y leyes en que viviesen como hombres en razón y urbanidad, para que habitasen en casas y pueblos poblados, supiesen labrar las tierras, cultivar las plantas y mieses, **criar los ganados**[13] y **gozar**[14] de ellos y de los frutos de la tierra como hombres racionales y no como bestias. Con esta orden y mandato puso Nuestro Padre el Sol estos dos hijos suyos en la laguna Titicaca, que está a ochenta **leguas**[15] de aquí, y les dijo que fuesen **por do quisiesen**[16] y, **doquiera**[17] que parasen a comer o a dormir, **procurasen hincar**[18] en el suelo una **barrilla**[19] de oro de media **vara**[20] en largo y dos dedos en grueso que les dio para señal y muestras que, donde aquella barra se les **hundiese**[21] con solo un golpe que con ella diesen en tierra, allí quería el Sol Nuestro Padre que parasen e hiciesen su asiento y corte. A lo último les dijo: "Cuando hayáis reducido esas gentes a nuestro servicio, los mantendréis en razón y justicia, con piedad, clemencia y **mansedumbre**[22], haciendo, en todo, oficio de padre piadoso para con sus hijos tiernos y amados, a imitación y semejanza mía, que a todo el mundo hago bien, que les doy mi luz y claridad para que vean y hagan sus haciendas, y les caliento cuando **han**[23] frío y crío sus **pastos y sementeras**[24], hago fructificar sus árboles y multiplico sus ganados, lluevo y sereno a sus tiempos y tengo cuidado de **dar una vuelta**[25] cada día al mundo por ver las necesidades que en la tierra se ofrecen, para las proveer y **socorrer**[26] como sustentador y bienhechor de las gentes. Quiero que vosotros imitéis este ejemplo como hijos míos, enviados a la tierra sólo para la doctrina y beneficio de esos hombres, que viven como bestias. Y desde luego os constituyo y nombro por Reyes y señores de todas las gentes que así doctrináredes con vuestras buenas razones, **obras**[27] y gobierno".

12. *had pity*

13. *to breed livestock*
14. *to enjoy*

15. *leagues*
16. *anywhere*
17. *wherever*

18. *try to stick into*
19. *little bar*
20. *yard*

21. *go deep into*
22. *gentleness*

23. *are*
24. *pasture and sown land*
25. *go around*
26. *assist*

27. *deeds*

4–39. ¿Cómo lo dirías hoy? Vuelve a escribir las siguientes oraciones con tus propias palabras, para que tengan un lenguaje y estilo contemporáneo.

1. Las gentes vivían como fieras y animales brutos, sin religión ni policía. Comían como bestias yerbas del campo y la fruta inculta.

2. Nuestro Padre el Sol, se apiadó y hubo lástima de ellos y envió a la tierra un hijo y una hija de los suyos.

3. Cuando hayáis reducido a esas gentes a nuestro servicio, los mantendréis en razón y justicia, haciendo, en todo, el oficio de padre piadoso para con sus hijos tiernos y amados.

4. Yo les doy mi luz y claridad, les caliento cuando han frío y tengo cuidado de dar una vuelta cada día al mundo por ver las necesidades que en la tierra se ofrecen, para las proveer y socorrer.

5. Os nombro por Reyes y señores de todas las gentes que así adoctrináredes con vuestras buenas razones, obras y gobierno.

4–40. Ustedes tienen la palabra. En grupos de tres, imaginen la situación del pueblo inca antes de que el dios Sol aconsejara a los primeros reyes. Basándose en la lectura, se podría desarrollar una historia en varias etapas:

1. El Padre Sol está disgustado por la situación en la que viven los humanos y decide enviar a la Tierra a un hijo y una hija suyos.

2. El Padre Sol llama a sus hijos y les explica los planes que tiene para ellos.

3. Los hijos están asustados porque son jóvenes y tienen poca experiencia. No saben por dónde empezar su misión en la Tierra.

4. Poco a poco, el Padre Sol les explica lo que deben hacer.

5. Los hijos interrumpen varias veces sus explicaciones para pedir más aclaraciones, para protestar o para mostrar su entusiasmo con la misión que el padre les encomienda.

6. Los hijos preguntan qué recompensa tendrán por llevar a cabo una labor tan difícil.

7. Por último, todo está claro y los hijos se despiden del Padre Sol antes de partir.

Imaginen cuál sería la conversación entre el Padre Sol y sus hijos desde el momento en que decide que los va a enviar a la Tierra, hasta el momento de la despedida. Escriban un diálogo entre el Padre y sus dos hijos.

Tengan en cuenta que los hijos son jóvenes y que los jóvenes no siempre aceptan inmediatamente lo que los padres les dicen. Pueden mostrarse en desacuerdo con el padre. Él es bueno y condescendiente con sus hijos, pero no olviden que deben respetarlo siempre, no sólo como padre, sino también como dios.

Cuando terminen el diálogo, ensáyenlo y luego represéntenlo ante la clase.

acaparar	*to hoard*
bruto/a	*raw, unrefined*
caja *f*	*soundbox*
complejidad *f*	*complexity*
compromiso *m*	*engagement*
costumbre *f*	*custom*
cronista *m/f*	*chronicler*
cuerda, de *f*	*string (of)*
desmesurado/a	*uncontrolled, boundless*
difusión *f*	*dissemination*
emparejamiento *m*	*matching*
ganado *m*	*cattle*
grabar	*to record*
injusticia *f*	*injustice*
jerarquía *f*	*hierarchy*
llevarse bien	*to get along*
matrimonio de ensayo *m*	*trial marriage*
puro/a	*pure*
rango *m*	*rank, status*
según	*according to*

Países del Cono Sur: Superación de indecibles obstáculos

Varios de los países incluidos en esta unidad han sufrido dictaduras que han dejado una profunda marca en su memoria colectiva. Sin embargo, estos mismos países han encontrado maneras de superar las adversidades. ¿Cómo crees que un gobierno dictatorial puede alienar a los habitantes de un país?

Chile: Consolidación de una democracia joven

CHILE

OCÉANO PACÍFICO

● **Santiago de Chile**

OCÉANO ATLÁNTICO

PANORAMA CULTURAL

Capital:	Santiago de Chile
Población:	15.328.467 habitantes
Grupos étnicos:	mestizo 90%, amerindio 6%, blanco 2%, otros 2%
Idiomas:	español
Moneda:	peso chileno
Área:	aproximadamente un poco más grande que Texas

Entrando en materia

5–1. ¿Qué sabes de Chile? Decide si las oraciones de abajo son ciertas o falsas. Si puedes, corrige las falsas.

1. La cordillera de los Andes atraviesa Chile de norte a sur.
2. El país se llama Chile porque produce muchos pimientos chile.
3. El gobierno de Chile es una dictadura.
4. Es el país de Sudamérica con menos kilómetros de este a oeste.
5. EE.UU. importa vinos de Chile.

PERFIL

RECUPERACIÓN DE LA DEMOCRACIA

La dinámica de la política después de la independencia estableció unas bases que prometían la creación de una democracia moderna. Sin embargo, la evolución hacia esa democracia fue interrumpida en 1973. Ese año, un **golpe militar**[1] apoyado por EE.UU. y dirigido por Augusto Pinochet derrocó el gobierno del presidente Salvador Allende.

El clima social y económico favoreció el éxito del golpe militar. Salvador Allende había nacionalizado varios sectores de la industria, las minas de cobre y algunas haciendas, lo cual causó descontento entre la clase media. En los dos últimos años de la presidencia de Allende, la economía se deterioró, en parte por falta de inversión extranjera, y empezaron a escasear productos y la inflación se descontroló.

Durante la dictadura de Pinochet (1973–1989), un millón de chilenos se exiliaron del país y miles desaparecieron o fueron ejecutados sumariamente. La libertad de expresión quedó abolida. En el aspecto económico, su gobierno adoptó una línea económica que mantuvo bajo control la inflación y que sentó las bases del progreso económico del Chile de hoy.

Después de diecisiete años de dictadura bajo el mando de Augusto Pinochet, la democracia se restableció en Chile con las elecciones de 1989. En la actualidad, el ambiente político y económico del país es de los más estables en América del Sur. La minería continúa siendo muy importante en la economía del país, de hecho Chile es uno de los mayores exportadores de cobre y nitrato, llamado comúnmente salitre.

El gobierno actual está investigando cómo identificar y juzgar a los militares responsables de las violaciones de derechos humanos ocurridos durante la dictadura de Pinochet.

En diciembre de 1989 se celebraron elecciones y Patricio Aylwin fue elegido presidente. Aylwin, cofundador del Partido Demócrata Cristiano, dirigió el país de 1990 a 1994. Antes de llegar a ser presidente, fue senador en 1965 y presidente del Senado entre 1971 y 1972, bajo el gobierno de Salvador Allende. En la década de 1980, Aylwin fue uno de los defensores del restablecimiento de la democracia. Después de los años de dictadura, una de las tareas más difíciles que tuvo que enfrentar durante su presidencia fue iniciar el proceso de reconciliación entre los **partidarios**[2] y los detractores de Pinochet.

---

1. *military coup* 2. *followers*

5-2. ¿Comprendieron? En parejas, pónganse de acuerdo para responder a las preguntas siguientes.

1. ¿Quién era el presidente de Chile cuando Pinochet llevó a cabo el golpe de estado?
2. ¿Qué factores influyeron en el éxito del golpe militar?
3. ¿Cuántos años duró la dictadura de Pinochet?
4. ¿Creen que Aylwin era un buen candidato para la transición a la democracia? ¿Por qué?
5. ¿Cómo creen que era el ambiente político de Chile en 1990?

ISLA DE PASCUA

El nombre aborigen de la isla es Rapa Nui. Se encuentra a 3.700 km (2.300 millas) de la costa de Chile. La isla presenta varios aspectos interesantes y misteriosos. Se sabe que sus habitantes son de origen polinesio, pero no se sabe cómo llegaron a la isla. Otro misterio es el origen del sistema de escritura de los **isleños**[3] y su lectura. Tampoco se sabe el significado de las estatuas moai. Hay seiscientas estatuas en total en diferentes partes de la isla. Es interesante visitar el lugar donde se **esculpían**[4] los moais. Al visitar este lugar, los viajeros se preguntan cómo se transportaron las estatuas moais a lo largo de miles de kilómetros hasta los lugares donde se encuentran hoy.

Esta isla es el escenario perfecto para leer libros como *Kon Tiki*, de Thor Heyrdahl o *The Space Gods Revealed* de Erik Von Daniken. El primero relata un famoso viaje en canoa desde Perú para **probar**[5] el origen peruano de sus habitantes y el segundo presenta una teoría extraterrestre sobre el origen de las estatuas moai.

Desde 1888, la isla es territorio chileno. La isla tuvo poco contacto con el exterior hasta 1967, fecha en la que se construyó un aeropuerto. En la isla hoy viven tres mil personas.

3. *islanders* 4. *used to sculpt* 5. *prove*

5–3. Síntesis e imaginación. En parejas, completen los pasos a continuación.

1. Basándose en la información que tienen, hagan una descripción breve del tipo de viajero que estaría interesado en visitar esta isla.
2. Ahora, imaginen que ustedes dos tienen la oportunidad de pasar el tiempo que quieran en la isla, con todos los gastos pagados y todo el tiempo libre que deseen. Preparen un plan de actividades para su estancia en la isla. ¡Recuerden que pueden quedarse allí todo el tiempo que quieran, y que el único límite es su imaginación!
3. Reúnanse con otra pareja de estudiantes, explíquenles su plan y escuchen los planes que hizo la otra pareja.

ATENCIÓN A LA ESTRUCTURA

Present Perfect

In *Unidad 1, Tema 2,* you studied the present perfect. Remember that this tense is used when the speaker perceives a past action as having some bearing on the present time. Certain temporal references such as **hoy, esta mañana, hace una hora, este mes, este año,** or **este siglo** usually accompany the present perfect. The present perfect consists of two parts: **haber** in the present tense + past participle of another verb.

> Este año, el presidente Ricardo Lagos **ha viajado** mucho a Europa.
>
> *This year, president Ricardo Lagos **has traveled** a lot to Europe.*

Past Perfect

The formation of the past perfect requires the use of the auxiliary verb (**haber**) in the imperfect tense plus the past participle of a verb.

Imperfect tense (**haber**) + past participle

yo hab**ía**
tú hab**ías**
usted hab**ía**
él/ella hab**ía**
nosotros/as hab**íamos**
vosotros/as hab**íais**
ustedes hab**ían**
ellos/as hab**ían**

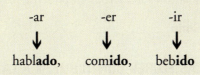

     -ar   -er   -ir

hab**lado**,   com**ido**,   beb**ido**

As is in the present perfect, no word can come between the auxiliary verb and the past participle, therefore in negative sentences **no** is always placed before the auxiliary verb.

> Mi compañera me dijo que **no** había estudiado mucho para el examen de español.
>
> *My classmate told me that she had not studied much for the Spanish exam.*

The past perfect is used in Spanish as much as it is used in English. Also, in both languages, the preterit may be used sometimes instead of the past perfect. The past perfect conveys a past action that occurred before another past action.

> Ya **habíamos estudiado** para el examen de español cuando empezó nuestro programa de televisión favorito.
>
> *We **had already studied** for the Spanish test when our favorite TV show began.*

A very common use of the past perfect is in indirect speech, that is, when the sentence reports on what someone else said or thought. The following sentence, "No estoy contento porque ustedes no **han estudiado** mucho para el examen" (*I'm not happy because you have not studied much for the test*), when reported by someone becomes:

> El profesor dijo que no estaba contento porque no **habíamos estudiado** mucho para el examen. (*The professor said that he was not happy because we **had not studied** much for the test.*)

Notice how the verb in the second part of this sentence uses the past perfect.

See *Apéndice gramatical 5* for information on **ya/ todavía**, present perfect subjunctive and past perfect subjunctive.

5–4. Identificación.

A. Primero, identifica los verbos en presente perfecto y en pasado perfecto.

Noticias de Chile

1.
> ## LAS FLORES CONTRIBUYEN A LA DIVERSIFICACIÓN ECONÓMICA DE CHILE. ANTES DE 2001 CHILE NO HABÍA EXPORTADO TANTAS FLORES COMO RECIENTEMENTE.

2. Se ha creado un programa intercultural de salud en el que se combinará la medicina convencional con conceptos mapuches sobre la salud.

3. El Presidente anunció que los acuerdos económicos con Chile habían estimulado la economía.

4. Antes del restablecimiento de la democracia, los derechos humanos no habían recibido mucha atención del gobierno. Hoy día Chile trabaja diligentemente en la protección de los derechos humanos.

5. El objetivo de intensificar las relaciones internacionales es una realidad. Estamos en enero y el presidente ya ha viajado a muchos países, entre ellos, EE.UU., China, Portugal e Inglaterra.

B. Ahora, en parejas, determinen cómo cambiaría el mensaje de cada oración si usaran un tiempo pasado diferente. Por ejemplo, si el verbo está en presente perfecto y lo cambian al pasado perfecto o si el verbo está en el pasado perfecto y lo cambian al presente perfecto. Comenten sus opiniones con el resto de la clase.

5-5. ¿Qué dijo el Presidente? Tú eres periodista y estás preparando un informe sobre las cosas que dijo el Presidente durante la rueda de prensa. Usa tus notas para preparar el informe en el tiempo verbal adecuado.

MODELO
Hoy los chilenos han confirmado su apoyo (*support*) a la democracia.
El presidente dijo que los chilenos habían confirmado su apoyo a la democracia.

1. Juntos hemos construido un Chile mejor.
2. El gobierno ha formado un comité para integrar más efectivamente las diversas culturas del país.
3. Se han construido más escuelas en las áreas rurales.
4. Se ha mejorado el acceso de las escuelas a la tecnología.
5. El sector del turismo ha crecido.

5-6. Chile, 1973. Un exiliado chileno está recordando el momento en que ocurrieron los hechos que obligaron a su familia a abandonar el país. En parejas, completen cada oración con el verbo en el pasado perfecto según se indica.

> **MODELO**
>
> yo no / cumplir aún ocho años
> Yo no había cumplido aún ocho años.
> Cuando los golpistas asaltaron la Casa de la Moneda, yo no había cumplido aún ocho años. Recuerdo que…

1. unos días antes del golpe, papá / recibido la confirmación de su nuevo cargo
2. mis tíos / venir a felicitar a papá y hubo una gran fiesta en la casa
3. cuando supimos que Allende había muerto, todos nos dimos cuenta de que / comenzar momentos difíciles para nuestra familia
4. nuestra casa se llenó de gente y papá dijo que / llegar el momento de tomar decisiones muy serias
5. todos los mayores se reunieron para hablar; a nosotros nos / mandar ir a jugar
6. más tarde, cuando los mayores entraron en la habitación, ya / hacerse de noche
7. nos dijeron que ya / prepararlo todo para irnos
8. de noche, salimos callados de la casa en la que siempre / vivir, en la que yo / pasar los mejores años de mi niñez, sin saber bien a donde íbamos, sin tener conciencia todavía de lo que era el exilio

5-7. ¿Y ustedes? Aquí tienen varias fechas claves en la historia de Estados Unidos. ¿Qué habían hecho ustedes ya para esas fechas? ¿Qué no habían hecho? ¿Qué estaban haciendo? En parejas, relacionen cada fecha con momentos de su vida o de la de su familia. ¿Son parecidas o diferentes sus respuestas?

> **Momentos históricos:**
>
> 1. 1981: Lanzamiento de la nave espacial Columbia (primera nave reutilizable)
> 2. 1982: Andy Warhol presenta la serie de oxidaciones
> 3. 1984: Olimpiadas de Los Ángeles. Boicoteo de los países socialistas.
> 4. 1989: El petrolero Exxon Valdez encalla en el golfo de Alaska.
> 5. 1990: Estreno de *Dances with Wolves*
> 6. 1991: Guerra del Golfo
> 7. 1996: La NASA anuncia el hallazgo de indicios de vida en Marte.

> **MODELO**
>
> 1982: *Thriller* de Michael Jackson
> Cuando salió a la venta *Thriller* de Michael Jackson, yo no había escuchado ninguno de sus discos anteriores.

REGRESO DEL EXILIO

Al iniciarse la dictadura de Pinochet, muchos chilenos se exiliaron. Algunos de ellos se instalaron a vivir en Canadá. Tras el restablecimiento de la democracia, algunos exiliados regresaron a Chile, pero no todos tuvieron la misma suerte.

Querido Luis:

Como bien sabes, yo regresé a Chile con una situación económica bastante buena. Creía que este regreso sería fácil. Pero al llegar vi que el Chile de hace veinte años ya no existe. Yo pensaba que tenía muchos amigos aquí, pero ahora me doy cuenta de que eran menos. Sin embargo, no me quejo. He tenido la suerte de que mis hijos se han adaptado muy bien al regreso, a los pocos días de llegar ya tenían amigos aquí. También me preocupaba la adaptación de mi esposa, que es canadiense. En esto también tuve suerte. Ella se adaptó muy bien a la nueva situación y al nuevo país. Tu sabes que si volví a Chile no fue porque no me gustaba Canadá. Yo ya me había acostumbrado a vivir allí, pero sentía la necesidad de que mis hijos conocieran el país y la cultura de sus antepasados...

Querido Carlos:

Es extraño estar otra vez en Canadá. Los primeros años en el exilio, sentía una gran nostalgia de Chile. Nuestro querido país siempre estaba presente en las conversaciones con mi esposo Julio y otros exiliados chilenos. Cuando decidimos regresar a Chile, el Chile que Julio y yo recordábamos era el de las conversaciones en el exilio. Al llegar, todo era diferente. El país nos recibió con indiferencia. Allí a nadie le interesa saber nada de los exiliados. Por otra parte, nuestra situación económica no era muy buena y esto hizo la situación más difícil. Por último, los niños no lograban adaptarse a su nueva vida. Pensaban continuamente en Canadá, y decían que aquí la vida es mejor y más fácil. Finalmente, Julio y yo decidimos volver otra vez a Canadá. Quizá el Chile de nuestros recuerdos era un Chile perfecto que nunca existió y eso es lo que esperaban encontrar nuestros hijos...

5–8. Regreso del exilio.

A. Comparen las dos cartas y elaboren una tabla que refleje las semejanzas y diferencias de la situación en que se encuentra cada una de las personas que escriben las cartas.

	Su familia	Su situación económica	Sus recuerdos de Chile	Su adaptación al "nuevo" Chile
Exiliado 1:				
Exiliado 2:				

B. Ustedes son dos exiliados chilenos que viven en EE.UU. Un amigo suyo, Sebastián, está planeando regresar a Chile. Discutan los pros y los contras de la decisión de Sebastián. Ustedes tienen esta información sobre la situación de Sebastián.

Es instructor de español.

Su esposa es estadounidense y no habla español.

Su esposa trabaja en un banco y gana más que Sebastián.

Ninguno de sus tres hijos habla español. Los hijos tienen seis, quince y diecisiete años.

La familia tiene 150.000 dólares ahorrados.

Estudiante A: Tú estás a favor del regreso. Tú inicias la conversación.

Estudiante B: Tú estás en contra del regreso.

Por si acaso

Iniciar y mantener una discusión

Usa estas expresiones para iniciar y mantener una discusión sobre cualquier tema.

¿(No) Crees que...?	Do (Don't) you believe that . . . ?
¿Cuál es tu reacción ante...?	What is your reaction to . . . ?
Mira/e	Look
¿Bueno?	OK?
¿Verdad?	Is it? Isn't it? Does it? Doesn't it?

Expresar acuerdo y desacuerdo enfáticamente

Acuerdo enfático

Eso es absolutamente / totalmente cierto.	That is totally true.
Tiene(s) / Le / Te doy toda la razón.	You are absolutely right.
Creo / Me parece que es una idea buenísima.	I think that it is a great idea.
Por supuesto que sí.	Absolutely.

Desacuerdo enfático

No tiene(s) ninguna razón.	You are absolutely wrong.
Creo / Me parece que es una malísima idea.	I think it is a terrible idea.
Lo que dice(s) no tiene ningún sentido.	You are not making any sense.

Trabalenguas

Los trabalenguas son juegos lingüísticos en los que un sonido aparece repetidamente en la frase. Otra característica de los trabalenguas es que las frases no siempre tienen significado. La palabra **trabalenguas** está compuesta de **trabar** "obstaculizar" y **lengua** "órgano que está en el interior de la boca".

5–9. Trabalenguas. Practiquen estos trabalenguas en parejas. ¡A ver quién consigue decirlos más rápidamente y sin equivocarse!

1. Compré pocas copas, pocas copas compré y como compré pocas copas pocas copas pagué.
2. Pedro Pérez Pita, pintor perpetuo, pinta paisajes por poco precio, para poder partir pronto para París.
3. Tres tristes tigres trigaban en un trigal.
4. Me han dicho
   que has dicho un dicho,
   un dicho que he dicho yo,
   ese dicho que te han dicho
   que yo he dicho, no lo he dicho;
   y si yo lo hubiera dicho,
   estaría muy bien dicho
   por haberlo dicho yo.

5–10. Reconstruir un trabalenguas. Con las palabras que tienes a continuación, forma un trabalenguas que tenga significado. El trabalenguas debe tener dos líneas y debe incluir las mismas palabras en un orden un poco diferente.

clavito   Pablito   un   clavó

Argentina: La inmigración y las riquezas naturales forjan un país

PANORAMA CULTURAL

Buenos Aires

ARGENTINA

OCÉANO ATLÁNTICO

Capital:	Buenos Aires
Población:	37.384.816 habitantes
Grupos étnicos:	blanco 97%, mestizo, amerindio y otros 3%
Idiomas:	español
Moneda:	peso
Área:	aproximadamente un tercio del tamaño de EE.UU.

Entrando en materia

5-11. ¿Qué sabes de Argentina? Indica si estas oraciones son ciertas o falsas. Si puedes, corrige las falsas.

1. La carne argentina no es famosa mundialmente.
2. El territorio argentino contiene el área habitada más cercana al Polo Sur del mundo.
3. El *gaucho* es el vaquero (*cowboy*) argentino.
4. Eva Perón fue una líder en la vida política argentina.
5. El origen del tango no es argentino.

PERFIL

LAS DICTADURAS Y LA RECIENTE SITUACIÓN ECONÓMICA

En 1816, Argentina proclamó su independencia bajo el liderazgo de José de San Martín. Después de la independencia, hubo una larga secuencia de gobiernos poco estables y dictaduras militares. En la vida política del siglo XX **destaca**[1] la figura de Juan Domingo Perón, que fue elegido como presidente en 1946, 1952 y 1974, siendo su primera época presidencial la más exitosa. Perón tenía el apoyo de los trabajadores y su esposa, Evita, le proporcionó un importante punto de apoyo en su carrera política. La figura de Perón y su programa político de justicia social o justicialismo dieron origen al peronismo, movimiento político que pretendía encontrar un punto intermedio entre el capitalismo y el comunismo.

Tras la muerte de Perón en 1974, el país entró en una época de inestabilidad política que culminó con el golpe de estado que llevó a Videla a la presidencia en marzo de 1976. Entre 1976 y 1983 tuvo lugar la llamada Guerra Sucia, uno de los períodos más sangrientos de la historia de Argentina caracterizado por **secuestros**[2], torturas y asesinatos. Miles de personas desaparecieron en esta época. Estas desapariciones inspiraron la formación del grupo Madres de la Plaza de Mayo, que forzó al gobierno a investigar las violaciones de los derechos humanos durante la Guerra Sucia.

En octubre de 1983 se celebraron elecciones y Raúl Alfonsín fue nombrado presidente. Debido a la grave crisis económica, Alfonsín entregó el mando a Carlos Menem seis meses antes de concluir su período. La situación económica se ha deteriorado tanto en los últimos años que los argentinos forzaron la dimisión del presidente Fernando de la Rúa en diciembre de 2001.

En la economía argentina, la ganadería es un sector muy importante. Argentina es uno de los mayores exportadores de carne del mundo. Sin embargo, el país tiene un gran potencial para desarrollar su economía por medio del sector de la energía, ya que cuenta con importantes reservas de petróleo y gas natural. La reducción de la deuda externa, el desempleo y la inflación son temas prioritarios en la vida argentina. Se predice que la economía se estabilizará pronto. Por el momento, la crisis económica puede tener un efecto negativo en Mercosur, la unión económica a la que pertenecen Brasil, Uruguay, Paraguay y Argentina.

---

1. *stands out* 2. *kidnappings*

5–12. ¿Comprendiste? Indica con qué eventos y personajes asocias las siguientes fechas.

Eventos y personajes	Fechas
1. Guerra Sucia	**a.** 1816
2. Dimisión de Fernando de la Rúa	**b.** 1983
3. Primer mandato de Juan Domingo Perón	**c.** 1976
4. Golpe de estado de Videla	**d.** 1976–1983
5. Raúl Alfonsín es elegido presidente	**e.** 2001
6. Independencia	**f.** 1946

GABRIELA BEATRIZ SABATINI

Gabriela Beatriz Sabatini nació en Buenos Aires, Argentina, el 16 de mayo de 1970. Empezó a jugar al tenis cuando tenía ocho años. En 1984, se consagró como Campeona Mundial Juvenil con apenas 13 años. En 1985 debutó como profesional en el **Abierto de Francia**[3] (Roland Garros) a los 15 años. En pocos años fue ganando torneos internacionales que le permitieron ubicarse, en una época extremadamente competitiva a nivel internacional, en el tercer lugar del ranking mundial.

Fue la mejor deportista del tenis femenino argentino, y ella y Guillermo Vilas son los únicos argentinos que han logrado ganar torneos de Gran Slam. Entre los torneos que ganó se encuentran el Abierto de Estados Unidos del 8 de septiembre de 1990, en el que derrotó a la número uno de ese momento, la alemana Steffi Graff. Se jubiló como tenista en 1996.

Desde su jubilación, ha lanzado varios perfumes, la muñeca "Gaby" y ha escrito una autobiografía. Hoy día alterna su residencia entre Buenos Aires y Miami.

3. *French Open*

Source: *www.analitica.com/va/deportes/hazanas/1546360.asp.*

5–13. Síntesis. En parejas, representen una entrevista entre Gabriela Sabatini y un/a periodista estadounidense. Aquí tienen sus instrucciones.

Entrevistador/a: Te encanta el tenis y tienes mucho interés en conocer a Gabriela. También te gustaría saber qué piensa la famosa tenista de la situación actual de Argentina. Dedica unos minutos a preparar 4 ó 5 preguntas para Gabriela.

Gabriela: Tú siempre hablas de tenis en tus entrevistas pero ahora estás muy preocupada por la situación de Argentina y quieres decir lo que piensas públicamente.

Prepositional Pronouns

In **Unidad 1**, *Tema 3* you studied the prepositions and the uses of **por, para, de, a,** and **en**. When these or any other preposition (**ante, bajo, con, contra, sin, sobre,** and others) are followed by a pronoun, you need to use the following set of pronouns: **mí, ti, él, ella, usted, nosotros/as, vosotros/as, ustedes, ellos, ellas**. These are called prepositional pronouns because they follow a preposition.

Note that only the first-person singular and the informal second-person singular have special forms. The rest are the same as subject pronouns.

> Si quieres ver algo diferente, Ushuaia es para **ti**.
>
> *If you want to see something different, Ushuaia is for **you**.*

The rest of the prepositional pronouns are the same as the subject pronouns you are already familiar with (**usted, él/ella, nosotros/as, vosotros/as, ustedes, ellos/as**).

> Si quieren ver algo diferente, Ushuaia es para **ustedes**.
>
> *If you want to see something different, Ushuaia is for **you**.*

The preposition **con** (*with*) followed by **mí** or **ti** becomes **conmigo** and **contigo** respectively.

> ¿Quieres viajar **conmigo** a Ushuaia?
>
> *Do you want to travel to Ushuaia **with me**?*
>
> Quiero viajar **contigo** a Ushuaia.
>
> *I want to travel to Ushuaia **with you**.*

The preposition **entre** (*between*) does not cause the first-person singular pronoun and the second-person singular pronoun to become **mí** and **ti** respectively.

> No quiero problemas **entre tú** y **yo**.
>
> *I don't want any problems **between you** and **me**.*

Prepositional Verbs

1. Verbs followed by a different preposition in Spanish and in English

There are about forty fairly common verbs that require a preposition in Spanish that differs from its English counterpart. The following is a selected list.

consistir en	*to consist of*	**enamorarse de**	*to fall in love with*
pensar en	*to think of*	**felicitar por**	*to congratulate on*
depender de	*to depend on*	**llegar a**	*to arrive in/at*
despedirse de	*to say goodbye to*		

2. Verbs followed by a preposition in Spanish but not in English

There are about twenty fairly common verbs that are followed by a specific preposition in Spanish whereas their English counterparts require none.

These verbs should be learned with the preposition. The following is a selected list.

acordarse de	*to remember*	**empezar a**	*to begin (to do something)*
aprender a	*to learn how (to do something)*		
		casarse con	*to marry*
asistir a	*to attend (a place)*	**salir de**	*to leave (a place)*

3. Verbs followed by a preposition in English but not in Spanish

buscar	*to look for*	**esperar**	*to wait for*	**pedir**	*to ask for*

See *Apéndice gramatical 5* for information on personal **a**.

5–14. Identificación. Lee esta nota de prensa sobre Argentina e identifica: a) los pronombres preposicionales, b) los verbos preposicionales y c) los verbos que necesitan una preposición en inglés.

Noticias de Argentina

1. **EL PRESIDENTE DIJO: "EL PARTIDO DE LA OPOSICIÓN NO QUIERE NEGOCIAR CONMIGO".**

2. **DOS DE LOS POSIBLES ESLÓGANES DE LA CAMPAÑA ELECTORAL SON "SIN TI NO PODEMOS CAMBIAR EL FUTURO" Y "CONTIGO CAMBIAREMOS EL FUTURO".**

3. **La nueva política económica consiste en liberalizar el mercado. El éxito de esta nueva política dependerá de muchos factores.**

4. **El Presidente felicitó al pueblo argentino por su participación en las últimas elecciones.**

5. **EL PRESIDENTE ARGENTINO LLEGÓ AYER A WASHINGTON Y PEDIRÁ AYUDA ECONÓMICA.**

5–15. Compañeros de viaje. A este diálogo le faltan algunos pronombres. ¿Sabes cuáles son?

PEDRO: ¿Tienes planes para las vacaciones de verano?

MARTA: Sí, voy a ir a Ushuaia, pero no me gusta viajar sola, quiero que alguien viaje (1) _____.

PEDRO: Pues a (2) _____ me gustaría viajar (3) _____, si quieres viajamos juntos.

…

PEDRO: Tengo noticias para (4) _____. Juan y Cecilia saben que tú y yo vamos a viajar a Ushuaia y ellos quieren venir con (5) _____, ¿qué piensas?

MARTA: Prefiero viajar sin (6) _____ porque creo que combinar las preferencias de cuatro personas será difícil.

5–16. Un día desastroso. Después de su entrevista, Gabriela Sabatini tenía que jugar en un partido importante, pero había tanto tráfico que llegó tarde. Aquí tienes la nota que le dejó a su novio explicándole la situación. Completa las preposiciones que falten.

Hoy especialmente tenía que asistir (1) _____ l partido puntualmente para poder prepararme antes de jugar, pero llegué (2) _____ la cancha tarde. Salí (3) _____ mi casa a tiempo pero tuve que esperar (4) _____ el tráfico por casi una hora. Pensé (5) _____ tomar un taxi pero no llevaba suficiente dinero. Finalmente llegué y empecé (6) _____ hacer ejercicios de calentamiento, pero no me acordaba (7) _____ la hora exacta del partido. Le pedí (8) _____ mi entrenador que cancelara el partido completo pero él se negó y me dijo que tenía que aprender (9) _____ ser puntual.

5–17. ¿Y tú? En parejas, elijan uno de los siguientes temas para entrevistar a su compañero/a. Después, la otra persona debe elegir un tema diferente. Preparen algunas preguntas interesantes y después, compartan sus respuestas con otras parejas.

1. Las características de su pareja ideal
2. La persona más única o inolvidable que han conocido
3. Las cosas que les gustaría aprender si tuvieran todo el tiempo necesario
4. De qué depende el éxito de un estudiante

Entrando en materia

5-18. Baile y música.
Escribe una descripción breve de los movimientos corporales que se hacen con los siguientes tipos de baile/ música. ¿Con qué grupo de personas asocias cada tipo de baile/ música? ¿Cuál prefieres bailar? ¿Cuál prefieres ver? ¿Cuál quieres aprender? ¿Cuál te parece más difícil?

> **MODELO**
>
> flamenco: movimientos con las manos y los dedos; los brazos se alzan; se hace ruido con los zapatos; se dan palmas, etc.

1. rock
2. tango
3. vals (*waltz*)
4. salsa
5. hip-hop

5-19. Vocabulario en contexto.
Por el contexto de las oraciones, deduce el significado de las palabras en negrita. Luego, en la tabla de abajo, indica qué idea de la columna de la derecha le corresponde a cada palabra de la izquierda.

1. En 1810, Argentina estaba **escasamente** habitada.
2. El bajo número de personas era un obstáculo para el progreso de Argentina, **es decir** que el progreso de Argentina dependía de aumentar la población.
3. En algunos territorios no vivía nadie; estos territorios estaban **deshabitados**.
4. Argentina necesitaba **poblar** los territorios donde no vivía nadie.
5. Los inmigrantes preferían vivir en la ciudad **en lugar de** vivir en el campo.
6. En español es incorrecto decir "eres no bajo"; el verbo y la negación deben estar en orden **inverso**, "no eres bajo".

1. escasamente	a. implica la idea de "sustituir"
2. es decir	b. sin gente
3. deshabitados	c. opuesto de abundantemente
4. poblar	d. opuesto
5. en lugar de	e. en otras palabras
6. inverso	f. habitar

Antes de escuchar

En Estados Unidos, los diferentes grupos de inmigrantes han aportado muchas cosas a la cultura del país. ¿Puedes pensar en dos o tres cosas (música, comida, dialectos) que los inmigrantes hayan aportado a la parte del país donde tú vives? En la miniconferencia que vas a escuchar se describe una situación similar en otro país. Usando tu propio país como referencia, anota los puntos que creas que se van a tratar en este texto. ¿Qué grupos de inmigrantes crees que se van a mencionar? ¿Qué culturas pueden haberse mezclado en Argentina?

MINICONFERENCIA

Lunfardo y tango, dos creaciones de los inmigrantes

Ahora tu instructor/a va a presentar una miniconferencia.

5–20. Palabras en acción. Completa las siguientes oraciones con una de las siguientes expresiones.

> es decir   deshabitados   poblar   en lugar (de)   híbrida

1. Había muchas nacionalidades entre los inmigrantes; la población de Buenos Aires era una población _____.

2. Los territorios _____ no eran atractivos para muchos inmigrantes.

3. Los argentinos del s. XIX preferían bailar el vals _____ del tango.

4. El gobierno necesitaba _____ las áreas rurales.

5. El lunfardo y el tango no tenían prestigio en siglo XIX, _____ que la clase social alta los consideraba de mal gusto.

5–21. Hablemos del tema. Ustedes dos están en la Embajada argentina en París en 1917. Están preparando un acto cultural y no saben si incluir un espectáculo de tango o no. Sólo tienen cinco minutos para llegar a una conclusión. Sigan estos pasos.

Estudiante A: Tú eres el ministro francés de cultura, eres un entusiasta del tango y sabes bailarlo. Presenta tu opinión dando razones para incluir el tango en el acto cultural.

Estudiante B: Tú eres el embajador de Argentina. Sientes una absoluta repulsión por el tango-música, el tango-baile y el tango-canción. Debes ser educado con el ministro francés pero no debes permitir que él te diga qué debes hacer en tu embajada.

Por si acaso

Iniciar y mantener una conversación

¿Qué piensa/s de...?	*What is your opinion of . . . ?*
¿(No) Cree/s que...?	*Do (Don't) you believe that . . . ?*
¿No te/le parece que...?	*Doesn't it seem that . . . ?*
Es un tema muy controvertido pero...	*It is a very controversial topic, but . . .*
Es verdad.	*It's true.*
Eso mismo pienso yo.	*I think the same.*
Exactamente lo que pienso yo.	*Exactly what I think.*
Mira/e.	*Look.*
¿Bueno?	*OK?*
¿Verdad? ¿No?	*Is it? Isn't it? Does it? Doesn't it?*
Perdona/e, pero...	*Pardon me, but . . .*

Persuadir y convencer

Te/Le propongo este plan...	*I propose this plan . . .*
Yo te/le doy... y a cambio tú/usted me da/s...	*I give you . . . and in exchange you give me . . .*
Te/Le prometo que...	*I promise you that . . .*

CURIOSIDADES

5–22. ¡Uno, dos, tres, quiero saber! Vamos a jugar una vez más con toda la clase.

Instrucciones para jugar:

El/La instructor/a saca (*draws*) una pregunta del **Baúl de las preguntas** y dice: —En treinta segundos, nombra países hispanohablantes con costa en el Atlántico. Por ejemplo, **España**. UNO, DOS, TRES, QUIERO SABER. El/La primer/a jugador/a puede responder usando el ejemplo.

Uno, dos, tres, quiero saber marca el comienzo del juego. El/La instructor/a o un/a estudiante dice "**tiempo**" al final de los treinta segundos.

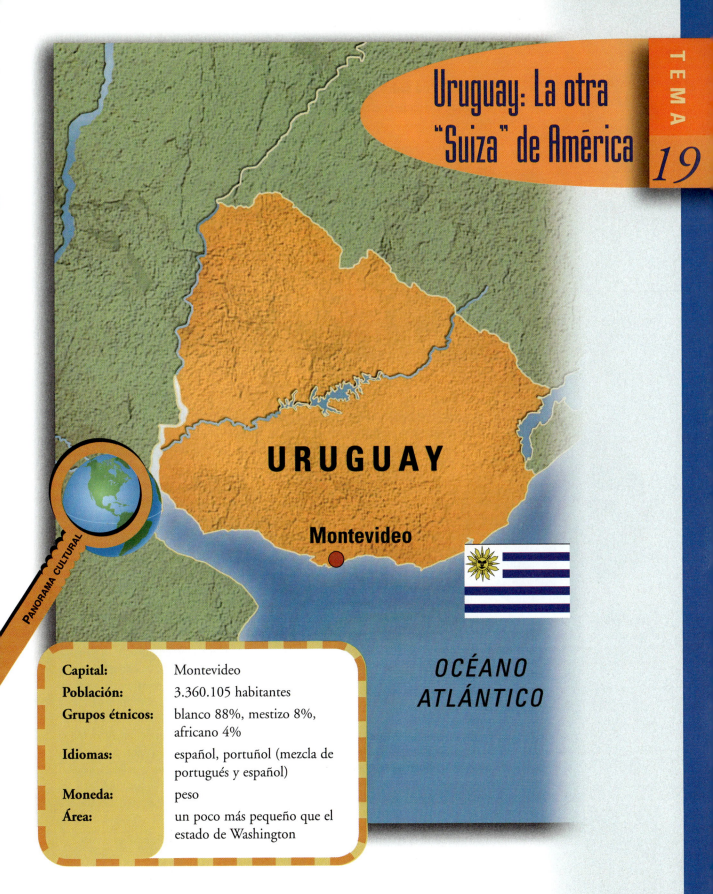

Uruguay: La otra "Suiza" de América

URUGUAY

Montevideo

OCÉANO
ATLÁNTICO

PANORAMA CULTURAL

Capital:	Montevideo
Población:	3.360.105 habitantes
Grupos étnicos:	blanco 88%, mestizo 8%, africano 4%
Idiomas:	español, portuñol (mezcla de portugués y español)
Moneda:	peso
Área:	un poco más pequeño que el estado de Washington

Entrando en materia

5–23. ¿Qué sabes de Uruguay? Mira el mapa y la información sobre Uruguay y decide si estas oraciones son ciertas o falsas. Si puedes, corrige las falsas.

1. Uruguay limita con Brasil al norte y con Chile al sur.
2. La mayoría de los habitantes de este país son de origen europeo.
3. El portuñol se habla en Uruguay porque es un país vecino de Brasil, donde se habla portugués.
4. El portuñol se habla sólo en Uruguay, dado que es el único país del Cono Sur que limita con Brasil.
5. Al igual que Costa Rica, Uruguay también se conoce como la "Suiza de América".

PERFIL

DE LA INESTABILIDAD A LA ESTABILIDAD DEMOCRÁTICA

Jorge Batlle,
Presidente desde 1999

Desde que Uruguay se independizó de España en 1825, el país ha experimentado frecuentes períodos de inestabilidad política. El origen de esta inestabilidad ha sido esencialmente la división entre dos grupos políticos en oposición: los Blancos (conservadores), y los Colorados (liberales). Bajo el régimen progresista del líder colorado José Batlle Ordóñez entre 1903 y 1915, Uruguay comenzó a experimentar prosperidad económica. Batlle Ordóñez gobernó en dos períodos presidenciales (1903–1907 y 1911–1915) y bajo su gobierno se **sentaron**[1] las bases de una democracia progresista estable.

El país experimentó una relativa paz hasta mediados de los años 1960, por lo que se ganó el nombre de la "Suiza de América". A partir de los años 70 comenzó una época de inestabilidad económica que dio lugar a conflictos **laborales**[2] y al surgimiento de la guerrilla de los tupamaros. Estos guerrilleros **izquierdistas**[3] querían transformar radicalmente el país. Creían que la crisis económica de Uruguay se debía a la ineptitud del gobierno para diversificar la economía y **desenfatizar**[4] la centralización del desarrollo económico en Montevideo en detrimento del resto de las provincias del país.

La crisis económica de los años 60 y 70 dio lugar a un clima de violencia, ley marcial, represión de las libertades constitucionales, **secuestros**[5] de políticos y ciudadanos, **asaltos**[6] a bancos y desorden político en general. Este país, que había servido de modelo democrático para otros países de Latinoamérica, perdió su prestigio y privilegiada posición.

En 1973, el presidente Juan María Bordaberry, **apoyado**[7] por un grupo de militares, asumió plenos poderes, disolvió el Parlamento y lo sustituyó por un Consejo de Estado. Posteriormente, los

---

1. *established* 2. *labor* (adj.) 3. *leftist* 4. *deemphasize* 5. *kidnappings* 6. *robberies*, 7. *supported*

militares derrocaron a Bordaberry y lo sustituyeron por otro presidente más fácil de manejar. Tras una serie de intentos para "aparentar"[8] que el gobierno era constitucional, los militares tomaron directamente el gobierno del país. Este gobierno represivo militar duró doce años y devastó la economía del país. El descontento social y la situación económica dieron lugar al exilio de más de 300.000 uruguayos.

En 1986 el gobierno acordó el retorno del régimen democrático civil. Después de doce años de dictadura militar, el pueblo uruguayo eligió como presidente a Julio Sanguinetti (del partido Colorado). Al gobierno de Sanguinetti le han seguido una serie de gobiernos democráticos que luchan por recuperar y revitalizar la estabilidad económica y social.

---

8. *feign*

5–24. ¿Comprendieron? En parejas, una persona va a preparar una pruebita (*quiz*) de tres preguntas sobre la primera parte de la sección anterior y su compañero/a debe hacer lo mismo con la segunda parte de la sección. Háganse las preguntas entre sí oralmente para ver si pasan la prueba de su compañero/a. Aquí tienen los temas para las preguntas.

Temas para el estudiante A

1. El partido Blanco y el partido Colorado
2. Régimen de José Batlle Ordóñez
3. Objetivos de los tupamaros

Temas para el estudiante B

1. Política de Uruguay en los años 60 y 70
2. Efectos de la dictadura
3. Situación política de 1990 al presente

MARIO BENEDETTI

Mario Benedetti nació en Montevideo el 14 de septiembre de 1920. Entre 1938 y 1941 residió casi continuamente en Buenos Aires. Es uno de los autores más importantes de habla hispana y su obra está comprometida con la realidad política y social de su país.

En 1945, de vuelta en Montevideo, fue miembro del equipo de redacción del periódico *Marcha*. En 1949 publicó *Esta mañana*, su primer libro de cuentos y, un año más tarde, la colección de poemas *Sólo mientras tanto*. La novela *La Tregua*, que apareció en 1960, le dio fama internacional. Esta novela tuvo más de un centenar de ediciones, fue traducida a diecinueve idiomas y llevada al teatro, la radio, la televisión y el cine. En 1973

Benedetti tuvo que abandonar su país por razones políticas. Durante sus doce años de exilio vivió en Argentina, Perú, Cuba y España.

5-25. Síntesis II. En parejas, completen los siguientes pasos. ¡OJO! El segundo paso requiere investigación, así que tendrán que completarlo después de clase.

A. Primero, contesten estas preguntas sobre las secciones anteriores.

1. ¿Cuál ha sido la obra más popular de Mario Benedetti?
2. ¿Qué ideología política define a Mario Benedetti?
   Pista: Estuvo exiliado del país en los años 1970.
3. ¿Qué tipo de gente hace turismo en Punta del Este? ¿Qué diferencia hay entre el turismo en Maldonado y Punta del Este? ¿Les recuerda Punta del Este a algún punto turístico en Estados Unidos?

B. Visiten la biblioteca o Internet para encontrar algún dato curioso o interesante sobre la vida o la obra de Mario Benedetti. Pueden elegir un poema, un cuento corto o simplemente una anécdota de su vida. Después, preparen un breve informe oral para presentar lo que encontraron al resto de sus compañeros durante la próxima clase.

ATENCIÓN A LA ESTRUCTURA

Progressive Tenses

Formation

The progressive tense is formed with the verb **estar** plus the gerund of a verb. In English, the gerund ends in *-ing* (*talking, walking*). In Spanish, the gerund ends in **-ando** for **-ar** verbs and **-iendo** for **-er** and **-ir** verbs.

aceptar ➔ acept**ando**   mantener ➔ maten**iendo**   residir ➔ resid**iendo**

There are some irregular forms you need to remember.

1. Stem-changing verbs from **e ➔ i** and **o ➔ u** show the stem change in the gerund.

sentir ➔ s**i**ntiendo   dormir ➔ d**u**rmiendo

2. When the stem of an **-er** or **-ir** verb ends in a vowel, the **i** of the **-i**endo ending changes to **y**.

le-er ➔ le**y**endo   o-ír ➔ o**y**endo

In the progressive tenses only the verb **estar** is conjugated; the **-ando/-iendo** ending never changes.

Forms of the Indicative

Present	estoy habl**ando**	Future	estaré durm**iendo**
Preterite	estuve dic**iendo**	Conditional	estaría estud**iando**
Imperfect	estaba le**yendo**		

Forms of the Subjunctive

Present	esté escrib**iendo**	Imperfect	estuviera pid**iendo**

Uses

Use the progressive tenses to describe actions that are ongoing or in progress at the moment of speaking.

Do not use the progressive in Spanish to indicate a future or anticipated action. Use the present tense instead.

Nos vamos a/ Salimos para Montevideo esta tarde.

We are leaving for Montevideo this evening.

Gerund (-*ndo* form) versus Infinitive

In English, the gerund can function as a noun. This means that it can be the subject or the object of a sentence. In Spanish, the equivalent of the gerund in this function is the infinitive. The gerund in Spanish can never function as a noun.

Viajar por Uruguay es muy interesante.

Travelling in Uruguay is very interesting.

Me gusta **pasar** el rato con mis amigos uruguayos.

*I like **spending** time with my Uruguayan friends.*

5–26. Identificación. ¿Cuánto tiempo pasas últimamente haciendo estas actividades? Marca con una X la actividad que corresponda y después habla con tu compañero/a sobre tus selecciones.

	Paso mucho tiempo	Paso poco tiempo
1. hablando por teléfono con mis padres	❑	❑
2. saliendo con un/a amigo/a especial	❑	❑
3. estudiando español	❑	❑
4. viendo la tele	❑	❑
5. yendo a fiestas o a bares	❑	❑
6. discutiendo con mi compañero/a de cuarto	❑	❑

5-27. Visita imaginaria a Punta del Este. Punta del Este es un antiguo pueblo de pescadores del sureste de Uruguay que hoy se ha convertido en el primer centro turístico del país.

Estudiante A: Imagina que estás pasando unas vacaciones en una playa de Punta del Este. Visualiza tu estancia en esta playa y dile a tu compañero/a lo que "estás viendo" en tu imaginación. Puedes describir lo que estás haciendo, quiénes están allí, etc.

Estudiante B: Tú tienes que dibujar la escena tal y como la describe tu compañero/a, por eso, necesitas hacerle preguntas para averiguar detalles de las vacaciones que está imaginando. Al final, muéstrale tu dibujo a tu compañero/a para ver si comprendiste su "visión" de sus vacaciones. Después, cambien sus roles. Si lo desean, pueden visualizar unas vacaciones alternativas. Guarden sus dibujos para la próxima actividad.

5-28. ¿Y ustedes? ¿Qué ocurría en la visualización de sus compañeros al mismo tiempo que ustedes estaban haciendo su dibujo? Intercambien sus dibujos con los de otra pareja y determinen qué estaban visualizando sus compañeros según las acciones que estén llevando a cabo las personas dibujadas. Compartan sus comentarios con el resto de la clase.

MODELO

visualizar unas vacaciones en Daytona Beach
Carlos estaba visualizando (visualizaba) unas vacaciones en Daytona Beach al mismo tiempo que yo intentaba dibujar las cosas que describía mi compañero/a.

Viaje a Uruguay

Montevideo: capital turística y cultural

El mate: una de las costumbres uruguayas que no pasa inadvertida.

5–29. ¿Cómo fue su viaje a Uruguay? En grupos de cuatro, imaginen que su grupo acaba de regresar de un viaje a Uruguay.

A. Primero van a decidir cómo fue su viaje.

1. Decidan qué tipo de grupo forman (ejecutivos de una firma comercial, miembros de un equipo deportivo, científicos, conjunto musical, grupo de bailarines o teatro…)
2. Establezcan el motivo del viaje (vacaciones, estudios, negocios, turismo…)
3. Busquen información sobre Uruguay (ciudades, aeropuertos, costumbres, comidas, lugares turísticos, etc.)
4. Hagan una lista de los momentos y lugares más interesantes de su viaje. Hablen sobre la gente que conocieron, las costumbres que les llamaron la atención, las comidas que probaron, etc.

B. Ahora se van a reunir con otro grupo y van a turnarse para hacerse preguntas sobre sus respectivos viajes. Pero antes, deben elaborar un cuestionario de preguntas para el otro grupo con un doble objetivo.

1. Obtener información sobre el país.
2. Saber cómo fue la experiencia personal de los entrevistados.

Los buenos recuerdos, de Cecilia Brugnini

Cecilia Brugnini nació en Montevideo el 8 de septiembre de 1943. Estudió arte en el *Hornsey College of Arts and Crafts* en Londres. A su regreso a Uruguay se dedicó a la tapicería, siendo autodidacta en la materia. Enseñó tapicería en la Universidad del Trabajo de Uruguay, y actualmente imparte clases en su taller de la calle D. F. Berro 808.

5–30. Mirándolo con lupa. Trabajen en parejas para analizar el cuadro.

1. Describan la imagen principal del cuadro. En su opinión, ¿qué representa esta imagen?
2. ¿Por qué creen que la obra se llama "Los buenos recuerdos"?
3. Identifiquen los objetos contenidos dentro de la imagen principal.
4. ¿Creen que este cuadro contiene información autobiográfica sobre la artista? Expliquen.
5. Usando los objetos identificados en 3, reconstruyan una historia o relato sobre los "buenos recuerdos" de la artista.

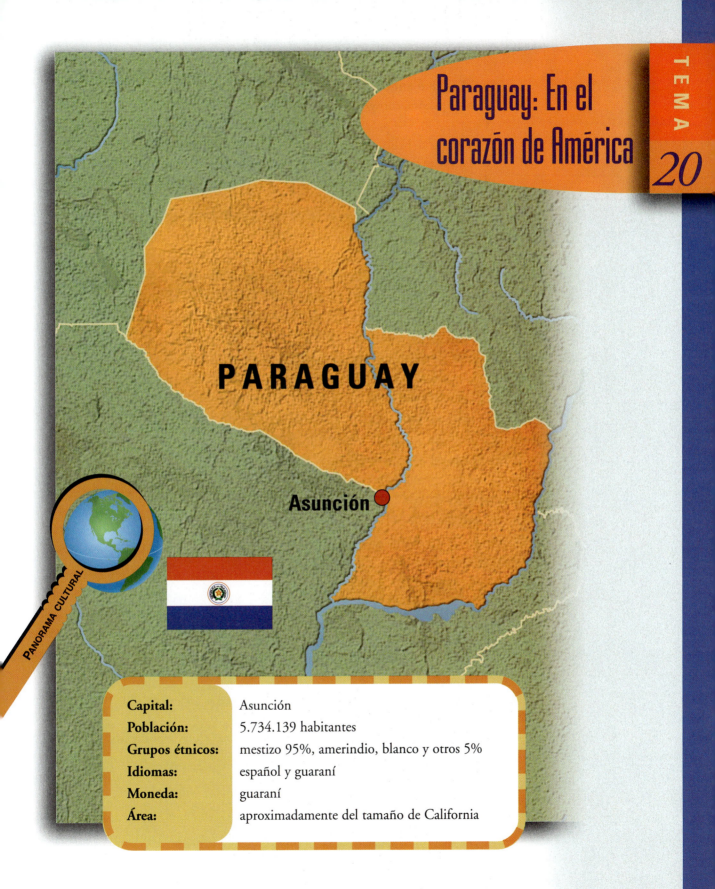

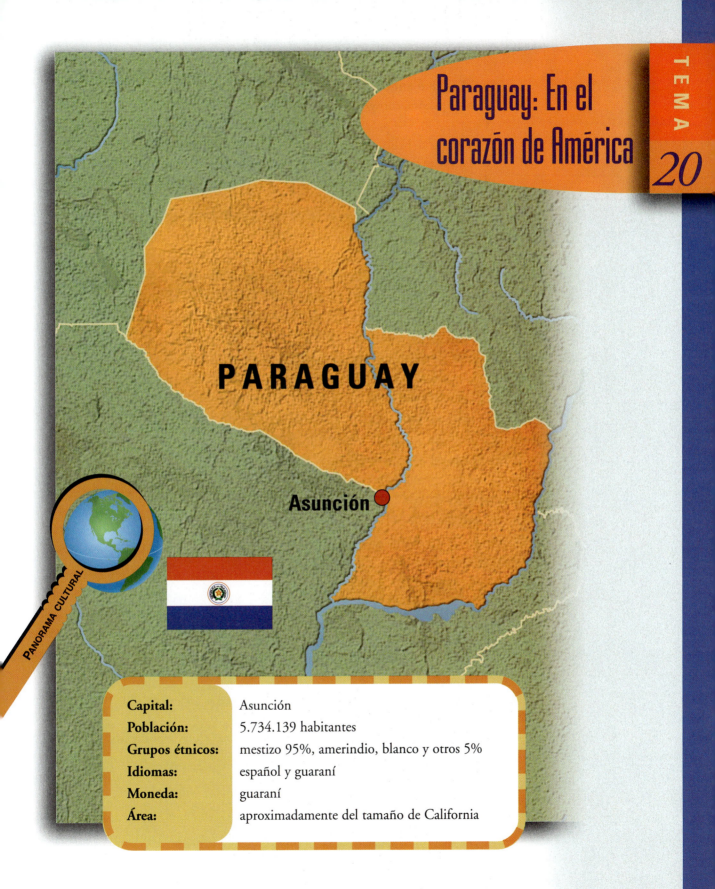

Paraguay: En el corazón de América

TEMA 20

PARAGUAY

Asunción

Capital:	Asunción
Población:	5.734.139 habitantes
Grupos étnicos:	mestizo 95%, amerindio, blanco y otros 5%
Idiomas:	español y guaraní
Moneda:	guaraní
Área:	aproximadamente del tamaño de California

Entrando en materia

5–31. ¿Qué sabes de Paraguay? Decide si estas oraciones son ciertas o falsas. Si puedes, corrige las falsas.

1. El nombre del país se deriva de "paraguas".
2. Aunque se habla guaraní, solamente el español es lengua oficial.
3. Paraguay no tiene costa.
4. Los paraguayos beben mate, que es también una bebida popular en Argentina y Uruguay.
5. La democracia en Paraguay tiene una historia relativamente corta.

PERFIL

DESCUBRIMIENTO DEL TERRITORIO PARAGUAYO

Los aborígenes de Paraguay eran indígenas pertenecientes a varias tribus que compartían una cultura y una lengua común, la guaraní. Su población era muy numerosa cuando el navegante portugués Aleixo García descubrió los territorios del actual Paraguay. Aleixo García, quien formaba parte de la expedición de Juan Díaz de Solís, estaba buscando una ruta hacia los Andes. A su regreso exploró la región de la actual Asunción, lugar donde los indígenas paiaguás lo mataron, alrededor de 1525.

A finales del siglo XVI los jesuitas comenzaron a organizar las primeras misiones jesuíticas —llamadas reducciones—, que eran concentraciones de indígenas para facilitar la evangelización. En estas reducciones se desarrollaba una vida comunitaria muy similar a la que los indígenas llevaban en sus respectivas comunidades. Teniendo una autonomía casi completa de las autoridades civiles y religiosas, los jesuitas se convirtieron en el grupo más poderoso de la época colonial.

5–32. ¿Comprendiste? Contesta las siguientes preguntas para verificar tu comprensión de la sección anterior.

1. ¿Qué cultura y lengua tenían los indígenas de Paraguay cuando llegaron los europeos?
2. ¿Qué grupo religioso fue el más importante en la época colonial?
3. ¿Qué eran las reducciones?
4. ¿Cómo era la vida comunitaria de los indígenas en las reducciones?

UNA COMUNIDAD BILINGÜE

El guaraní es una lengua amerindia hablada hoy día por el 89% de la población, sin embargo el español, hablado por el 55%, ha sido el idioma tradicional en la escuela y en el gobierno. Se estima que el 48% de los habitantes de Paraguay son bilingües.

Uno de los **retos**[1] del gobierno es la implementación de la educación bilingüe. Hasta el establecimiento de la constitución de 1992, el guaraní no se usaba en las escuelas. La nueva constitución reconoce el derecho a la enseñanza bilingüe. Sin embargo, todavía hay mucho por hacer para que la enseñanza bilingüe esté garantizada.

Otro aspecto que requiere atención es la normalización del guaraní como lengua escrita: es necesario establecer reglas sobre cómo escribir el guaraní. También es necesario ampliar el vocabulario para que la lengua sirva de vehículo de comunicación en cualquier contexto.

---

1. *challenges*

5–33. ¿Y ustedes? En parejas, hablen sobre el tema del bilingüismo en Paraguay y luego escriban un párrafo corto para responder a la pregunta siguiente.

¿Qué aspectos positivos o negativos observan en la implementación de la educación bilingüe en Paraguay?

VEN A CONOCER

5–34. Vacaciones y actividades. Descubran qué actividades de la lista prefieren hacer sus compañeros/as durante unas vacaciones al extranjero. Si los miembros del grupo no han viajado al extranjero, pueden imaginar lo que les gustaría hacer si tuvieran la oportunidad. Al final, combinen sus resultados para ver qué actividades son las más populares entre ustedes.

1. pescar
2. tomar el sol
3. caminar
4. estudiar las costumbres de las personas del lugar
5. ver y comprar artesanía
6. tomar fotos
7. comer la comida típica del lugar
8. hacer amigos/as en el lugar

Los admiradores de la artesanía local pueden visitar Itaguá, a sólo veinticinco minutos en carro desde Asunción. Este pueblo es conocido por su **ñandutí**[1]. El visitante podrá observar el proceso artesano de la producción del ñandutí.

Para aquéllos que quieran familiarizarse con un tipo de cultura colonial diferente de la española, la visita a Filadelfia puede ser de interés. Es una comunidad de menonitas en medio de la región del Chaco. Esta comunidad continúa las tradiciones de los primeros menonitas que llegaron a Paraguay en 1927. Un aspecto interesante de esta visita es ver cómo la comunidad menonita ha logrado prosperar en medio de una de las áreas más desoladas y deshabitadas del país. Esta comunidad ha demostrado que la explotación agrícola del territorio es posible.

La cultura colonial española se puede observar en Trinidad, una de las reducciones jesuíticas mejor conservadas. Las paredes originales

Bienvenido /

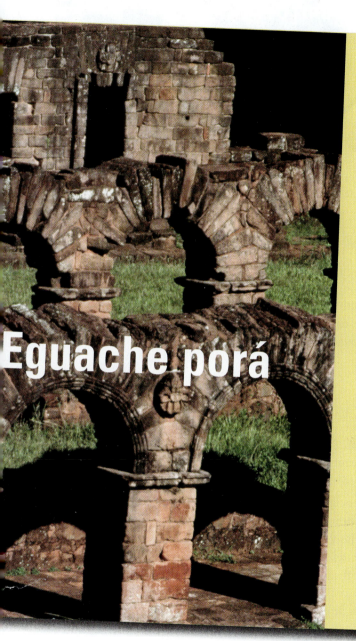

Eguache porá

de la reducción aún se conservan y también el **tallado²** de algunas paredes. El viajero puede usar la ciudad de Encarnación como base y hacer excursiones cortas a diferentes ruinas coloniales, incluyendo las de Trinidad.

La pesca deportiva del dorado, un pez parecido al salmón, es muy popular en el área del río Paraná. Ayolas es un pueblo que atrae a las personas interesadas en la pesca del dorado.

Si te interesan las obras de ingeniería, tienes que visitar la **represa³** de Itaipú, el proyecto hidroeléctrico más grande del mundo. En la misma región se encuentran las cataratas del Iguazú. Estas cataratas no están propiamente en territorio paraguayo, pero Ciudad del Este ofrece un acceso fácil desde el lado brasileño de las cataratas. El otro lado está en Argentina. La Ciudad del Este tiene interés para el turista que quiera comprar sin pagar impuestos.

1. *lace* 2. *carving* 3. *dam*

5–35. Planear un viaje. Tienen quince días de vacaciones para visitar Paraguay. En parejas, planeen un itinerario de viaje basado en la información de la sección *Ven a conocer.* Si tienen tiempo, busquen información sobre vuelos y hoteles disponibles en la región de su preferencia durante esos días y preparen un informe completo para presentarlo en clase. Su instructor/a determinará quién preparó el mejor viaje, según el interés, el costo y la variedad de actividades que incluyan.

Dictadura y democracia

5–36. Dictadura y democracia. En este ensayo vas a informar al lector sobre las diferencias entre dictadura y democracia como formas de gobierno. Vas a usar la técnica de comparación y contraste.

Preparación

Lo primero que debes hacer es recopilar información sobre las características de estos dos tipos de gobierno. Busca información en Internet o en la biblioteca para responder a estas preguntas. Estas pueden ser tus preguntas de enfoque. Si quieres, puedes añadir o cambiar alguna de estas preguntas.

1. ¿Cuáles son las diferencias fundamentales entre dictadura y democracia como formas de gobierno?
2. ¿Cuáles son las ventajas y desventajas de ambos tipos de gobierno?
3. ¿Qué diferencias y semejanzas hay entre diferentes tipos de dictaduras?
4. ¿Qué diferencias y semejanzas hay entre diferentes tipos de democracias?
5. ¿Qué ejemplos históricos en Latinoamérica (u otros países) dan muestra de la eficacia o ineficacia de estos tipos de gobierno?

A escribir

1. Usa tus preguntas de enfoque para organizar el ensayo en varios párrafos.
   Párrafo 1: Introducción que exprese claramente el propósito del ensayo (la tesis)
   Párrafo 2: Pregunta de enfoque 1
   Párrafo 3: Pregunta de enfoque 2
   Párrafo 4: Pregunta de enfoque 3
   Párrafo 5: Pregunta de enfoque 4
   Párrafo 6: Conclusión resumiendo brevemente la información presentada

2. Las siguientes expresiones te servirán para hacer comparaciones y contrastes.

A diferencia de	*Unlike; in contrast to*
Al contrario	*On the contrary*
Al igual que	*The same as*
Compartir las mismas características	*To share the same features*
De la misma manera	*In the same way*
En cambio	*On the other hand; instead*
En contraste con	*In contrast to*
No obstante	*Nevertheless; however*
Tener algo en común	*To have something in common*

Revisión

Escribe el número de borradores que te indique tu instructor/a y revisa tu texto usando la guía de revisión del Apéndice C. Escribe la versión final y entrégasela a tu instructor/a.

EL ESCRITOR TIENE LA PALABRA

Historia de un flemón, de Osvaldo Dragún

Nació en Entre Ríos, Argentina, en 1929 y murió en 1999. Este dramaturgo revitalizó el teatro argentino en la década de 1950. Su teatro incluye crítica social, que generalmente se lleva a cabo por medio de un humor satírico. La obra que se incluye aquí es parte de la colección *Historias para ser contadas* (1957), cuyos temas critican la deshumanización de la sociedad moderna.

5–37. Entrando en materia. Contesta las siguientes preguntas.

1. ¿Qué aspectos de la sociedad estadounidense son criticables? Piensa en comentarios que hace tu familia o que hacen otras familias.

2. ¿Qué medios de expresión sirven para hacer crítica social? Piensa en diferentes formas de expresión artística.

3. Los personajes principales de esta obra de teatro son un vendedor, su esposa y un dentista. ¿Dónde se desarrollará posiblemente la acción?
   a. en la consulta del dentista
   b. en el lugar de trabajo del vendedor
   c. en casa del vendedor y su mujer
   d. en a, b y c

4. Esta obra tiene como propósito hacer crítica social; ¿qué aspectos de la sociedad crees que criticará? Piensa en los personajes.

Historia de un flemón[1]

Prólogo

ACTOR 1: ¡Público de la Feria, somos los nuevos Comediantes!

ACTOR 2: Cuatro actores que van de plaza en plaza, de teatro en teatro...

ACTOR 3: ¡Pero siempre adelante!

ACTRIZ: No se **asombren**[2] de lo que aquí verán. Les traemos la ciudad...

ACTOR 2: Sus hombres...

ACTOR 3: Sus cantos...

ACTOR 1: Sus problemas.

ACTRIZ: Somos solamente cuatro.

ACTOR 3: Yo...

ACTOR 1: Yo...

ACTOR 2: Yo...

ACTORES 1, 2, 3: Y ella.

ACTRIZ: Pero a veces yo seré una hermana, después una madre y en seguida una esposa...

ACTOR 1: ¡Y yo un viejo, o un joven, o un niño!...

ACTOR 2: ¡Y yo un tango, y después una sombra!

ACTOR 3: Traemos para ustedes Tres Historias de la vida cotidiana*. Si tras la sorpresa quedan ustedes pensando, eso es lo que **pretendemos**[3]. Público de la Feria, muchas gracias... (*Sale actor 3.*)

Quedan dos actores y una actriz.

ACTOR 1: Y para comenzar, vamos a contarle la historia...

ACTOR 2: de un flemón...

ACTOR 3: una mujer...

ACTRIZ: y dos hombres.

ACTOR 2: No piensen que nunca sucedió.

ACTRIZ: Y si lo piensan...

ACTOR 1: piensen también que si no sucedió...

TODOS: les puede suceder muy pronto.

HOMBRE: Yo soy el hombre. En la historia, un vendedor callejero, uno de esos que grita: "**¡A la pelotita**[4]..., a la pelotita!**". En

1. *gum abscess*
2. *be amazed*
3. *aim at*
4. *phrase used to call the attention of costumers*
5. *handkerchief*
6. *sighs*

Corrientes y Carlos Pellegrini**. Cuando me ponga este **pañuelo**[5]... (*Se ata el pañuelo alrededor de la cabeza.*)... significará que el flemón ha comenzado a molestarme. No lo olviden. (*Se saca el pañuelo.*)

MUJER: Yo seré en esta historia su mujer. Y si siempre me verán muy seria porque soy su mujer. Tal vez si me hubiese casado con un ingeniero... (***Suspira**[6].*)... como quería mi mamá...

ACTOR 1: En esta historia yo representaré a varios personajes. Pero casi siempre seré el dentista. Para guiarlos, cuando vean que me coloco los anteojos, significa que soy el dentista. No lo olviden. Y no se extrañen de que en esta historia figure un dentista. Ah, me llamo Gutiérrez Nájera.

VENDEDOR: Esta historia comenzó el día 2 de noviembre de 1956. Yo estaba trabajando... (*Lo hace.*) ¡A la pelotita, a la pelotita!...

ESPOSA: Yo estaba cocinando... (*Lo hace.*)

DENTISTA: (*Se pone los anteojos.*) Y yo no los conocía.

VENDEDOR: ¡A la pelotita... a la pelotita! ¡A la pelotita... a la pelotita!... Estoy en la esquina de Carlos Pellegrini y Corrientes. Carlos Pellegrini y Corrientes es famosa por dos cosas. Por abajo pasan tres líneas de subterráneos, y por arriba, como un monumento, han puesto el obelisco. No una pirámide egipcia. El obelisco. ¡A la pelotita..., a la pelotita!

ESPOSA: El obelisco. Siempre me habla del obelisco. No sé qué podrá significar para él. Para los que viajan en avión, sí. Pero para él, que lo mira de abajo... Me imagino que si pensara menos en el obelisco trabajaría más, y yo podría tener una sirvienta.

VENDEDOR: ¡A la pelotita..., a la pelotita! 2 de noviembre de 1956. Les cuento esta historia para que sepan que estas cosas suceden. No creo que puedan ayudarme. Creí que el dentista lo haría y no pudo ayudarme.

* Aquí se presenta sólo una de las historias.
** Carlos Pellegrini y Corrientes son dos calles muy conocidas en Buenos Aires.

DENTISTA: Lo siento. Me llamo Gutiérrez Nájera.

VENDEDOR: Y mi mujer...

ESPOSA: Yo estoy cocinando. Hace trescientos seis días que estoy cocinando.

VENDEDOR: El día es hermoso. Yo estoy trabajando. El día es hermoso. ¡Rhum! El "subte" que va a Palermo.

"¡Palermo, me tenés***

seco y enfermo,

mal vestido y sin

morfar[7]!"

Me alegra que la gente recuerde que hay un "subte" que va a Palermo. ¡A la pelotita..., a la pelotita! Algunos nenes van a la escuela. (*El actor se transforma en un colegial y comienza a pasear delante de él.*) ¿Por qué vas a la escuela?

COLEGIAL 1: Porque queda cerca...

VENDEDOR: ¿Por qué vas a la escuela?

COLEGIAL 2: Porque **me mandan**[8].

VENDEDOR: ¿Por qué vas a la escuela?

COLEGIAL 3: (*Vuelve a pasar.*) Porque mi papá no sabe leer.

VENDEDOR: El día es hermoso. Hace años que vendo por la calle. Antes me hacía sufrir el depender del sí o el no de los otros. Ahora comprendo que todos dependen del no o el sí de los demás, y me acostumbré. Quiero decir que esta mañana era igual a cualquiera. Yo trabajaba...

ESPOSA: Yo cocinaba...

DENTISTA: Y yo no los conocía.

VENDEDOR: ¡A la pelotita..., a la pelotita! Y **de repente**[9] llegamos a la historia: ¡Ay! Comienzo a sentir un dolor en una **muela**[10] ¡A la pelotita..., a la pelotita! En serio que me duele mucho. Bueno, no puedo ir a la farmacia. Y nunca llevo conmigo un **geniol**[11]. ¡A la pelotita..., a la pelotita! ¿Por qué vas a la escuela?

ACTOR: No voy a la escuela. Tengo que trabajar.

VENDEDOR: ¡Eh, pibe!... Debía haberle

*** Letra de un tango

preguntado...; parecía tan chiquito. ¡Pero el dolor no **me deja tranquilo**[12]! ¡Cómo me duele! Yo debo trabajar; tal vez abriendo más la boca... (*Lo hace.*) A-la-pelo-tita..., a-la-pelo-tita! ¡Ahora no puedo cerrar la boca! ¡A la...! ¡**Se está hinchando**[13]!... ¡Este sol del diablo me calienta la cara y me hace doler más fuerte! ¡A la peloti...! Y este viento que me enfría la cara y me hace doler más fuerte... Debo tener un flemón. No sé por qué, pero debo tener un flemón. Cuando tenía cinco años, mamá me ponía un pañuelo. (*Se pone el pañuelo.*)

ESPOSA: Y así fue como ese día 2 de noviembre él llegó a casa con un flemón y con la cara atada con un pañuelo. No es nada, tenés que tomar un geniol.

VENDEDOR: No voy a comer. Me duele mucho.

ESPOSA: No es para tanto. Tenés que comer.

VENDEDOR: ¡Tengo que trabajar..., y no puedo abrir ni cerrar la boca! ¿Cómo voy a trabajar si no puedo abrir ni cerrar la boca?

DENTISTA: En realidad, como yo le dije más tarde, era cuestión de tiempo.

VENDEDOR: ¡No tengo tiempo! Esta tarde debo volver a trabajar...

ESPOSA: ¡Toma un **saridón**[14]! Calma más rápido. Y esta tarde tenés que volver a trabajar...

VENDEDOR: Y esa tarde volví a trabajar. La cara se me hinchaba cada vez más. (*Les muestra.*) **Fíjense**[15]. En otros días me gustaba oír a la gente discutir de política. Hoy **no lo soporto**[16]. Es el flemón. En otros días me quedaba siempre una oreja libre para escuchar a las chicas hablar de sus novios. Hoy el pañuelo me aprieta la cabeza. Es el flemón. Ahora sólo existimos yo y el flemón. No puedo gritar. Y como no puedo gritar, no vendo nada.

ESPOSA: Y cuando volvió me dijo que no había vendido nada. Me pareció absurdo que hiciera eso, justamente a principios de mes. ¡No podés seguir así! Mañana mismo vas al consultorio del dentista.

7. *eat (only in Argentina and Uruguay)*
8. *they send me"*
9. *suddenly*
10. *molar*
11. *pain killer brand*
12. *leave alone*
13. *It's getting swollen*
14. *pain-killer brand*
15. *look*
16. *I can't stand it*

17. *block*

18. *pawn*

19. *Damn*

20. *behaves*

21. *nobody cares*

22. *bursts*

23. *mumps*

24. *(china) set*

25. *take out*

26. *rest*

27. *to collect the fee*

28. *set of cooking pots*

VENDEDOR: ¡No tengo tiempo! Tengo que trabajar.

ESPOSA: ¡Ya sé que no tenés tiempo! Pero si bajás la escalera corriendo, es un minuto; si cruzás la calle en la mitad de la **cuadra**[17] y no pasan coches, son treinta segundos; si vas corriendo al consultorio del dentista, son cinco minutos; si tocás el timbre apenas llegas, son diez segundos...

DENTISTA: Buenas tardes. Por supuesto, usted tiene un flemón.

VENDEDOR: (*Con la boca abierta.*) Ajá.

DENTISTA: Eso es todo.

VENDEDOR: ¿Cuándo me saca la muela? Tengo que trabajar.

DENTISTA: Por supuesto. Primero va a ir a esta dirección para que le hagan una radiografía.

VENDEDOR: ¿Tardará mucho? Tengo que trabajar...

DENTISTA: Dos días nada más. Son cien pesos la visita. (*Al público.*) Me llamo Gutiérrez Nájera, ustedes saben.

VENDEDOR: Y como eran mis últimos cien pesos tuve que **empeñar**[18] el reloj. Y ahora voy corriendo, porque no tengo tiempo, a sacarme la radiografía. Uno, dos, treinta..., bajo la escalera en medio minuto, uno, dos, sesenta...; cruzo la calle en un minuto, uno, dos, trescientos...; llego en cinco minutos.

DENTISTA: Y fue a la clínica. Tenía un flemón, eso era muy claro.

VENDEDOR: Me costó doscientos pesos.

ESPOSA: Volvió a casa con la cara más hinchada que antes. Le di otro saridón, pero no lo calmó. Se sentaba...

VENDEDOR: Me sentaba... ¡**Maldito**[19] dolor!

ESPOSA: Se paraba...

VENDEDOR: Me paraba... ¡Maldito dolor!

ESPOSA: Quise leerle una poesía divina que había visto en un libro... (*El vendedor sale.*)... pero abrió la puerta y se fue. ¿Por qué siempre **se porta**[20] igual? Cuando vuelve a casa, después del trabajo, y quiero contarle

que un astrónomo descubrió una estrella nueva y que la llamó Lucía, como yo, él se queda dormido.

VENDEDOR: ¿Por qué tenía que salirme un flemón? ¡Yo tengo que trabajar! ¡A la pelo...! No puedo, no puedo, ¿Así es Buenos Aires de noche?

"Si supieras

que aún dentro de mi alma

conservo aquel cariño

que tuve para ti..."

¡**A nadie le importa**[21] mi flemón!

ESPOSA: ¡A mí me importaba; y era principios de mes y él no podía trabajar! ¿Qué vas a hacer? ¿Voy a tener que volver a buscar trabajo?

VENDEDOR: ¡Hoy voy a gritar aunque el flemón **se me reviente**[22]! ¡A la pelotita! (*Comienza casi a llorar.*) ¡A la pelotita..., a la pelotita!... ¡Mamá! ¿Te acordás cuando tenía **paperas**[23] y lloraba? No puedo, no puedo, no puedo...

DENTISTA: Y volvió con la radiografía. Estaba más flaco, y casi no lo reconocí.

VENDEDOR: Aquí está, doctor.

ESPOSA: Para pagarla tuvimos que vender el **juego**[24] de té. Total, yo ya me imaginaba que no tomaríamos té por un buen tiempo.

VENDEDOR: Es un flemón. ¿Cuándo me **saca**[25] la muela? Tengo que trabajar.

DENTISTA: Por supuesto, todos tenemos que trabajar. Será muy sencillo. Luego un poco de **reposo**[26], no hablar ni una palabra, y después de siete días estará como nuevo...

VENDEDOR: ¿Qué?...

DENTISTA: No pude terminar de hablar. Me miró como un loco y salió corriendo. Tuve que mandar a la enfermera a **cobrarle**[27].

ESPOSA: Vendimos **la batería de cocina**[28] para pagarle. Además, él no comía.

VENDEDOR: ¡No puedo estar siete días sin hablar! Yo trabajo hablando...

ESPOSA: Trata de hacer un esfuerzo. (*Le toma las* **mandíbulas**[29] *con las manos y empieza a separárselas.*) ¿Ves..., ves como no es tan difícil? Decí ahora a-la-pelo-tita...

VENDEDOR: A la pelotita...

ESPOSA: ¿Ves..., ves? ¡Todo es cuestión de hacer un esfuerzo!

VENDEDOR: Pero no pude. ¡A la pelotita..., a la...! No pude, no pude, no pude.

DENTISTA: Y volvió de nuevo. No hablar ni una palabra, y después de siete días...

VENDEDOR: ¡No tengo tiempo, doctor! Sáqueme la muela. No tengo tiempo.

DENTISTA: Imposible, señor. Si se le infecta yo seré el responsable. Un flemón es un flemón.

ESPOSA: Entonces fui yo a hablar con el dentista.

DENTISTA: Imposible, señora. Si se le infecta yo seré el responsable. Un flemón es un flemón.

ESPOSA: ¡Pero él es muy resistente, doctor! **Parece mentira**[30], tan **esmirriado**[31], y las cosas que soportó en su vida. Sáquele la muela...

VENDEDOR: No me sacó la muela. Y mi cara parecía una sandía. Ya nunca volvería a vivir sin el flemón.

DENTISTA: Yo le advertí que si no se operaba podía subirle el flemón a la cabeza.

ESPOSA: Yo le dije esa tarde que hiciera el último esfuerzo. ¡Pero les juro que dije "último" por decir!

VENDEDOR: Tengo que poder... tengo que poder...

ESPOSA: ¡Claro que tenés que poder! ¿Cómo un dolor te va a impedir trabajar?

VENDEDOR: Y me fui. Cuando salí pensaba en ella... y creo que la odiaba. Y me fui.

ESPOSA: ¿Por qué le dije eso? Recuerdo un día..., íbamos en tranvía y le pisaron un **callo**[32]..., le dolió mucho..., y yo le acaricié durante dos días. Y ahora..., ¿por qué le dije eso? ¿Qué pasó en nuestras vidas que me hizo decirle eso?

VENDEDOR: Carlos Pellegrini y Corrientes... tengo que abrir la boca... ¡A la pelotita! Me duele, me duele tanto... ¡A la pelotita! Tres subtes y el obelisco. A la pelotita... Carlos Pelle-grini... dicen que era un presidente argentino...; era rico, claro... no tenía que hablar... ¡A la pelotita! ¡A nadie le importa mi flemón! Recuerdo que un día pasaba por el cementerio..., **enterraban**[33] a uno, la gente **silbaba**[34] y yo también silbaba. A nadie le importaba mi flemón. ¡Oiganme! Me duele. Me duele mucho. Tengo un flemón...

ACTOR: Un flemón es una molestia.

ACTRIZ: Un flemón es un **trastorno**[35].

ACTOR: Debería consultar con un dentista.

ACTRIZ: ¡Pobrecito!

VENDEDOR: Mamá... tengo paperas y vos me acariciás... ¿Por qué a nadie le importa de mí? ¿Vos sabías que era así? Mamá...

ACTRIZ: ¡Pobrecito!

VENDEDOR: Está anocheciendo... y ya casi no me duele. Ahora mi cara no es una sandía, es un **globo**[36]... ¿Así es Buenos Aires de noche?

"Si supieras

que aún dentro de mi alma..."

¡Oiganme, tiene que importarles de mí..., porque cuando yo muera **va a faltarles un pedazo**[37]! ¡Oiganme! ¡Estos tres subtes solamente sirven si son mi sangre y corren por mis venas! ¡Oiganme! No pasen silbando a mi lado. Ya no me duele, sí..., pero mi cara, ¿no les dice nada? ¿Ninguno de ustedes **se parece**[38] a mi cara? ¿Ninguno de ustedes tiene un flemón? ¡Oiganme entonces y sepan que tengo que trabajar y que no tengo tiempo, y que ahora el obelisco es el monumento a un **faraón**[39] muerto! ¡A la pelotita..., a la pelo...! (*Muere.*)

29. *jaws*
30. *it's incredible*
31. *thin*
32. *(foot) corn*
33. *buried*
34. *whistled*
35. *nuisance*
36. *balloon*
37. *a piece will be missing*
38. *looks like*
39. *pharaoh*

2 **5–38. Nuestra interpretación de la obra.** En parejas, contesten estas preguntas.

1. Describan la relación entre el vendedor y su esposa y apoyen su descripción con ejemplos específicos de la obra.
2. Describan la personalidad del dentista.
3. ¿Qué aspectos sociales critica la obra? Den ejemplos específicos.
4. ¿Por qué creen ustedes que el autor eligió el título *Historia de un flemón*?
5. ¿Qué otros títulos serían apropiados para esta obra?

3 **5–39. Ustedes tienen la palabra.** Representen el segmento de la obra que les asigne su instructor/a. Cada grupo debe decidir quién será el vendedor, quién será la esposa y quién el dentista. Ensayen durante unos minutos y después, representen su mini-obra ante el resto de sus compañeros.

cariño *m*	*affection*
descongestionado/a	*not congested*
deshabitado/a	*uninhabited*
dueño/a	*owner*
en este sentido	*in this respect*
en lugar de	*instead of*
época dorada *f*	*golden era*
equivocarse	*to be mistaken; to make a mistake*
es decir	*that is*
escasamente	*scarcely*
grabar	*to record*
híbrido/a	*hybrid*
incluso	*even*
inesperadamente	*unexpectedly*
inverso/a	*reverse*
más bien	*rather*
poblar (ue)	*to populate*
recorrido *m*	*distance; route; run*
recuerdo *m*	*memories*
regresar	*to return (to a place)*

APÉNDICE GRAMATICAL 1

Demonstrative Adjectives and Pronouns

Demonstrative Adjectives					
Close to the Speaker		Farther from the Speaker		Far from the Speaker	
masculine	feminine	masculine	feminine	masculine	feminine
este *(this)*	esta *(this)*	ese *(that)*	esa *(that)*	aquel *(that)*	aquella *(that)*
estos *(these)*	estas *(these)*	esos *(those)*	esas *(those)*	aquellos *(those)*	aquellas *(those)*

Demonstrative adjectives always precede a noun and agree in gender and number with that noun.

Estas casas son bonitas.	*These houses are nice.*
Este profesor enseña bien.	*This professor teaches well.*
Esos estudiantes de allá son aplicados.	*Those students over there are very diligent.*

Demonstrative Pronouns*								
Close to the Speaker			Farther from the Speaker			Far from the Speaker		
masculine	feminine	neuter	masculine	feminine	neuter	masculine	feminine	neuter
éste *(this one)*	ésta *(this one)*	esto *(this)*	ése *(that one)*	ésa *(that one)*	eso *(that)*	aquél *(that one)*	aquélla *(that one)*	aquello *(that)*
éstos *(these ones)*	éstas *(these ones)*	—	ésos *(those ones)*	ésas *(those ones)*	—	aquéllos *(those ones)*	aquéllas *(those ones)*	—

*NOTE: According to the latest spelling rules published by the Real Academia Española, demonstrative pronouns should not carry an accent mark unless the sentence is ambiguous, such as **¿Por qué compraron aquéllos libros usados?**, where **aquéllos** (*those students/people*) is the subject but could be interpreted as a demonstrative adjective accompanying **libros** without an accent mark. Otherwise, by default, demonstrative pronouns do not carry an accent mark. As time goes on, the acceptance of this new rule will become more widespread. For educational purposes, the accent will be shown on demonstrative pronouns in this book.

Demonstrative pronouns replace the noun they refer to and agree in gender and number with that noun.

Esa casa es más bonita que **aquéllas**.   *This house is nicer than **those**.*

The neuter forms do not refer to anything specific whose gender or noun can be identified; they refer to a situation, an idea, a concept, or a statement. Neuter forms are always singular.

Yo nunca dije **eso**.   *I never said **that**.*

Possessive Adjectives and Pronouns

Short Form Adjectives		Long Form Adjectives and Pronouns	
mi/s	*my*	mío/a/os/as	*my/mine*
tu/s	*your* (informal)	tuyo/a/os/as	*your* (informal)/ *yours* (informal)
su/s	*your* (formal)	suyo/a/os/as	*your* (formal)/ *yours* (formal)
su/s	*his, her, its*	suyo/a/os/as	*his, her, its/ his, hers, its*
nuestro/a/os/as	*our*	nuestro/a/os/as	*our/ours*
vuestro/a/os/as	*your* (informal)	vuestro/a/os/as	*your* (informal)/ *yours* (informal)
su/s	*your* (formal)	suyo/a/os/as	*your* (formal)/ *yours* (formal)
su/s	*their*	suyo/a/os/as	*their/theirs*

Possessive Adjectives

Possessive adjectives always accompany a noun. All of them have a singular and plural form, which agrees with the thing that is possessed. Some forms also show gender, which agrees with the thing that is possessed. The short-form possessive adjectives are the most frequently used.

Mi casa es grande.   *My house is big.*

The long forms are used after the verb **ser** and after a noun to convey emphasis.

Esta casa es **mía**.   *This house is mine.*

Un proyecto **mío** es pasar un año en Puerto Rico.   *A project of mine is to spend a year in Puerto Rico.*

Possessive Pronouns

The possessive pronouns replace nouns. Their forms are the same as the long-form possessive adjectives. A definite article usually precedes the possessive pronoun.

Éste es tu cuarto y aquél es **el mío**.   *This is your room and that one is mine.*

Gustar and Similar Verbs

Sentences with **gustar** do not follow the same pattern as English sentences expressing *to like*. Notice that the Spanish construction has an indirect object and that the verb agrees in number with the subject.

Indirect Object	Verb	Subject
Me	gusta	mi vecino.
Subject	**Verb**	**Direct Object**
I	*like*	*my neighbor.*

Me gusta mi vecino.   *I like my neighbor.*
Me gustan mis vecinos.   *I like my neighbors.*

If the indirect object is a noun or proper name, the preposition **a** precedes the noun or name and the indirect-object pronoun follows.

    A mi esposo **le** gusta nuestro vecino.   *My husband likes our neighbor.*

The preposition **a** + *prepositional pronoun* (**mí, ti, él/ella, usted, nosotros/as, vosotros/as, ustedes**) + *indirect object pronoun* (**me, te, le, nos, os, les**) is used for emphasis or clarification.

    A él le gusta nuestro vecino.   *He likes our neighbor.*

The verbs below follow the **gustar** pattern.

convenir	*to suit*	molestar	*to bother*
doler	*to hurt*	parecer	*to seem*
fascinar	*to fascinate*	preocupar	*to worry*
interesar	*to interest*	sorprender	*to surprise*

Indefinite and Negative Words

Adjective	Negative Adjective
algún/a/os/as	ningún/a
some, any	*any, none*
Pronouns	**Negative Pronouns**
algo	nada
something, anything	*nothing, anything*
alguien	nadie
someone, somebody, anybody	*nobody, anybody, no one*
alguno/a/os/as	ninguno/a
some, any	*any, none*
Adverbs	**Negative Adverbs**
siempre	nunca
always	*never*
también	tampoco
also, too, as well	*neither, either*

Negative words can precede or follow the verb.

- In general, when the negative word follows the verb, use **no** in front of the verb.

    No tengo tiempo **nunca** para estudiar.   *I never have time to study.*

- If the negative word appears before the verb, do not include the word **no**.

    Nunca tengo tiempo para estudiar.   *I never have time to study.*

- The personal **a** is placed in front of indefinite and negative words that refer to people.

    Conozco **a alguien** que habla alemán.   *I know someone who speaks German.*

Alguno and *Ninguno*

They agree in gender and number with the noun they accompany or refer to. **Ninguno** is always used in singular.

    Este semestre no tengo **ninguna**   *This semester I don't have any*
       clase de filosofía, ¿tienes **alguna**?   *philosophy classes, do you have any?*

Alguno and **ninguno** drop the **-o** when they function as adjectives, that is, when they accompany a masculine noun.

    No tengo **ningún** interés en la clase de geografía.   *I have no interest in the geography class.*
    Algún día hablaré español muy bien.   *Some day I'll speak Spanish very well.*

Ser and Estar

Some adjectives can never be used with **estar**. Below is a partial list.

crónico	*chronic*
efímero	*ephemeral*
eterno	*eternal*
inteligente	*intelligent*

Some adjectives can never be used with **ser**. Below is a partial list.

ausente	*absent*
contento	*happy*
enfermo	*sick*
muerto	*dead*
presente	*present*
satisfecho	*satisfied*

Some adjectives have different meanings when used with **ser** or **estar**.

	ser	**estar**
aburrido	*boring*	*bored*
bueno	*good (personality)*	*in good health*
interesado	*selfish*	*interested*
listo	*clever*	*ready*
malo	*bad (personality)*	*in poor health*
molesto	*bothersome*	*bothered*
nuevo	*just made*	*unused*
seguro	*safe*	*sure*
vivo	*lively*	*alive*

Noun-Adjective Agreement

Adjectives agree in gender and number with the nouns they modify.

Tengo un carr**o** roj**o**.

Tengo dos carr**os** roj**os**.

Tengo una cas**a** roj**a**.

Tengo dos cas**as** roj**as**.

Noun-Adjective Gender Agreement

Many adjectives end in **-o** when they are in the masculine form and in **-a** when they are in the feminine form. However, the endings of some adjectives are the same for each.

Mi profesor es **cortés**.	*My (male) professor is couteous.*
Mi profesora es **cortés**.	*My (female) professor is courteous.*

Examples:

audaz	*audacious*
canadiense	*Canadian*
cortés	*courteous* (but *inglés/ inglesa*)
cursi	*corny*
interesante	*interesting*
mejor	*better*
útil	*useful*

Adjectives of nationality that end in a consonant are made feminine by adding **-a**.

Mi profesor no es inglés.	*My (male) professor is not English.*
Mi profesora no es ingles**a**.	*My (female) professor is not English.*

Examples:

alemán/alemana	*German*
español/española	*Spanish*

The adjectives whose masculine form ends in **-n** and **-dor** take an **-a** to form the feminine.

Mi hermano es habla**dor**.	*My brother is talkative.*
Mi hermana es habla**dora**.	*My sister is talkative.*

Examples:

holgazán/ holgazana	*lazy*
juguetón/ juguetona	*playful*
pequeñín/ pequeñina	*tiny*
soñador/ soñadora	*dreamer*
trabajador/ trabajadora	*hard-working*

Some adjectives have an invariable **-a** ending whether they accompany a feminine or a masculine noun.

Mi profesor es **israelita**.   *My (male) professor is an Israeli.*
Mi profesora es **israelita**.   *My (female) professor is an Israeli.*

Examples:

belga	*Belgian*	pesimista	*pessimistic*
hipócrita	*hypocritical*	realista	*realistic*
optimista	*optimistic*	socialista	*socialist*

Some adjectives drop the **-o** when they precede the noun.

Éste es mi **primer** año de español.   *This is my first year of Spanish.*

Examples:

bueno ➔ buen
malo ➔ mal
primero ➔ primer
tercero ➔ tercer

Noun-Adjective Number Agreement

Adjectives ending in a vowel usually form the plural by adding an **-s**.

Mi hermano es inteligent**e**, pesimist**a** y alt**o**.   *My brother is intelligent, pessimistic, and tall.*
Mis hermanos son inteligent**es**, pesimist**as** y alt**os**.   *My brothers are intelligent, pessimistic, and tall.*

Adjectives ending in **-í** and **-ú** are an exception to the previous rule as they add **-es** to form the plural.

Tengo una amiga marroqu**í**.   *I have a Moroccan (female) friend.*
Tengo dos amigas marroqu**íes**.   *I have two Moroccan (female) friends.*
Tengo una amiga hind**ú**.   *I have an Indian (female) friend.*
Tengo dos amigas hind**úes**.   *I have two Indian (female) friends.*

Adjectives ending in a consonant form the plural by adding **-es**.

Esta clase es úti**l**.   *This class is useful.*
Estas clases son útil**es**.   *These classes are useful.*
Mi hermana es auda**z**.   *My sister is audacious.*
Mis hermanas son auda**ces**.   *My sisters are audacious.*
(Note the spelling change **z** ➔ **c**.)

Personal Direct Object + *A* + Prepositional Pronoun

For clarification or emphasis, if the direct object is a person, it is sometimes reinforced with the presence of **a mí, a ti, a usted, a él/ella, a nosotros, a ustedes**.

¿Viste a María y a Juan ayer?   *Did you see María and Juan yesterday?*
Sí, **la** vi **a ella** solamente; él no estaba en casa.   *Yes, I only saw her; he was not home.*

Note that **Vi a ella** would not be a grammatical sentence. If **a ella** functions as a direct object, **la** needs to be added, as in: **La vi a ella**. However, if instead of **a ella**, we say **a María**, **la** is not needed, as in: **Vi a María**.

Passive Voice

Passive-voice sentences look like the sentences below.

Grammatical Subject and Receiver of the Action	Passive-Voice Verb ser (conjugated) + Past Participle	Doer
Esta novela *This novel*	fue escrita *was written*	por Hemingway. *by Hemingway.*

The active-voice counterparts look like the sentences below.

Grammatical Subject and Doer	Active-Voice Verb	Direct Object
Hemingway *Hemingway*	escribió *wrote*	esta novela. *this novel.*

In passive-voice sentences, the receiver of the action is the actual grammatical subject. If the doer of the action is explicitly stated, it is preceded by the preposition **por** (*by*). In active-voice sentences, the roles of grammatical subject and the doer are played by the same part of the sentence.

The passive-voice construction requires a conjugated form of **ser** plus the past participle of a verb. The past participle agrees in gender and number with the grammatical subject. The passive voice is common in Spanish in historical topics, academic writing, and journalistic writing.

Resultant State

In order to express the result of an action, in Spanish you use **estar** plus the past participle of a verb. In this structure (**estar** + *part participle*), the past participle behaves just like an adjective when **estar** + adjective describes a characteristic that is not permanent.

La ventana **está rota** porque ayer hubo una explosión. (**estar** + *part participle*)
The window is broken because yesterday there was an explosion.

Notice that **estar** + *past participle* is used only when there is no adjective to describe the condition. For instance, although there is a past participle form, **ensuciado** (*soiled*) from the verb **ensuciar**, the example below uses **sucia**, which is the adjective that describes the condition of being dirty or soiled.

La ventana **está sucia** porque ayer hubo una tormenta de polvo. (**estar** + *adjective*)
The window is dirty because there was a dust storm yesterday.

No-Fault *se*

With a number of verbs, you can use a **se** structure to convey unplanned or unexpected events.

Se	Verb in Third-Person Singular or Plural	Subject
Se *The document got lost.*	perd**ió**	el documento.
Se *The documents got lost.*	perd**ieron**	los documentos.

In order to indicate who is affected by the event, you may use an indirect-object pronoun (**me, te, le, nos, os, les**) right after **se**.

Se	Indirect-Object Pronoun	Verb in Third-Person Singular or Plural	Subject
Se *I lost the document.*	**me**	perdió	el documento.
Se *I lost the documents.*	**me**	perdieron	los documentos.

The verbs below are usually associated with this structure.

acabar	*to run out*
caer	*to fall*
escapar	*to escape*
estropear	*to go bad; to break*
olvidar	*to forget*
perder	*to lose*
quedar	*to be left*
romper	*to break*

Hacer in Time Expressions

To express an action whose effect is still going on, use the structure below.

Hace + *time expression* + **que** + *verb in present tense*

> **Hace** dos días **que** estudio para mi examen de español.
> *I've been studying for my Spanish exam for two days.*

To express the time elapsed since an action was completed, use the structure below.

Hace + *time expression* + **que** + *verb in preterit tense*

> **Hace** dos días **que** vi a Juan.
> *I saw Juan two days ago.*

Preterit and Imperfect

Some verbs convey different meanings when used in the preterit or the imperfect.

conocer

- It means *to meet for the first time* when used in the preterit.

  Ayer **conocí** a mi instructora de francés.

  I met my French instructor yesterday.

- It means *to be acquainted with (know)* when used in the imperfect.

  El año pasado no **conocía** a mis compañeros de clase bien, pero este año sí.

  Last year I didn't know my classmates well, but I do this year.

haber

- It means *to occur* when used in the preterit.

  Hubo tres muertos en el accidente.

  Three fatalities occurred in the accident.

- When used in the imperfect, it means *there was/were* in the sense of what a witness can see on the scene.

  Había dos médicos y una ambulancia en el lugar del accidente.

  There were two doctors and an ambulance on the scene of the accident.

poder

- It means *to succeed in* when used in the preterit.

  No **pude** visitar a mis padres este semestre.

  I couldn't visit my parents this semester.

- It means *to be able to* when used in the imperfect.

  Ella no **podía** lavar los platos por causa de su alergia al detergente.

  She couldn't wash the dishes because of her allergy to the detergent.

querer

- In the preterit, it means *to try* if the verb is affirmative, and *to refuse* if the verb is negative.

  Ayer **quise** estudiar con María, pero ella **no quiso**.

  Yesterday, I tried to study with María, but she refused.

- In the imperfect, it means *to want* or *to wish*.

  Ayer yo **quería** estudiar con María, pero ella **quería** ir de compras.

  Yesterday, I wanted to study with María, but she wanted to go shopping.

saber

- In the preterit, it means *to find out*.

  Ayer **supe** la nota del examen de historia del arte.

  Yesterday, I found out the grade for the Art History exam.

- In the imperfect, it means *to have knowledge, to know, to be aware*.

  Antes de tomar la clase de español, no **sabía** mucho vocabulario.

  Before taking the Spanish class, I didn't know much vocabulary.

Direct- and Indirect-Object Pronoun Placement

When the direct- and the indirect-object pronouns occur together, the direct-object pronoun follows the indirect-object pronoun, regardless of the form of the verb. However, the form of the verb determines whether the pronouns appear before or after the verb. You have studied the position of both pronouns when accompanied by a conjugated verb.

Yo quería flores y mi padre **me las** compró.
I wanted flowers and my father bought them for me.

Attach both pronouns to the verb after an affirmative command form.

Pása**me** la sal. *Pass me the salt.*   Pása**mela**. *Pass it to me.*

Place both pronouns before the verb that expresses a negative command.

No **me la** pases. *Don't pass it to me.*

With a conjugated verb plus infinitive or present participle, you have a choice of placement. Place both pronouns before the conjugated verb or attach them to the infinitive or present participle.

María quiere pasar**me** la sal. *María wants to pass the salt to me.*

María **me la** quiere pasar. *María wants to pass it to me.*

María quiere pasár**mela**. *María wants to pass it to me.*

María está pasándo**me** la sal. *María is passing me the salt.*

María **me la** está pasando. *María is passing it to me.*

María está pasándo**mela**. *María is passing it to me.*

APÉNDICE GRAMATICAL 3

Infinitive vs. Subjunctive

Using the infinitive or the subjunctive depends on whether or not there is a new subject in the dependent clause. With impersonal expressions that convey doubt, emotion, and recommendation the verb in the dependent clause is in the subjunctive.

Es necesario que estudies más.   *It is necessary for you to study more.*

However, if there is no subject in the dependent clause, the verb is used in the infinitive form.

Es necesario estudiar más.   *It is necessary to study more.*

After an independent clause bearing a verb of doubt, emotion, or recommendation, use the subjunctive if the subject noun or pronoun changes in the dependent clause. Use the infinitive if the subject stays the same. Compare these two sentences.

Yo quiero que **mi hermana** estudie más.   *I want my sister to study more.*

Yo quiero estudiar más.   *I want to study more.*

Indicative vs. Subjunctive Following *Decir*

Decir causes the use of the indicative in the dependent clause when it means *to state*, but **decir** causes the use of subjunctive in the dependent clause when it means *to suggest* or *to request*. Compare the two sentences below.

Ella dice que su hermano viene mañana.   *She says that her brother is coming tomorrow.*

Ella dice que comencemos la fiesta a las nueve de la noche.   *She says (suggests) that we start the party at nine in the evening.*

Relative Pronouns

Que

Que can be used in both restrictive (no commas) and nonrestrictive (with commas) clauses.

Éste es el carro **que** me compré ayer.   *This is the car that I bought myself yesterday.*

Mi carro, **que** ahora está en reparación,   *My car, which is now at the mechanic's,*
      costó poco dinero.   *cost little money.*

El que, la que, los que, las que are used when a preposition (e.g., **a, de, con, entre**) precedes them.

Éstos son los estudiantes **de los que** te hablé.

These are the students about whom I talked to you.

These are the students that I talked to you about. (Note: Placing the preposition at the end of the clause is not grammatical in Spanish.)

These are the students I talked to you about. (Note: In English the relative pronoun can be omitted, but in Spanish the relative pronoun always has to be present.)

El que, la que, los que, las que are also used to mean *he who, she who, those who,* and *the one(s) who.*

El que quiere, puede.   **He *who*** *wants, can.*

Cual

El cual, la cual, los cuales, las cuales are used when preceded by a preposition (e.g., **a, de, con, entre**), whether the clause is restrictive or not. If they are not preceded by a preposition, they can only be used in nonrestrictive clauses. These pronouns convey a more formal tone.

Éstos son los estudiantes **de los cuales** te hablé.

These are the students about whom I talked to you.

Estos estudiantes, **de los cuales** te hablé ayer, son muy diligentes.

These students, about whom I talked to you yesterday, are very diligent.

Mi carro, **el cual** ahora está en reparación, costó poco dinero.

My car, which is now at the mechanic's, cost little money.

Quien, Quienes

Quien, quienes are used to refer back to people exclusively and apply to both genders. They are used when preceded by a preposition (e.g., **a, de, con, entre**), whether the clause is restrictive or not. If they are not preceded by a preposition, they can only be used in nonrestrictive clauses. These pronouns convey a more formal tone.

Ésta es la estudiante **con quien** estudio siempre.

This is the student with whom I always study.

María, **con quien** estudio siempre, está enferma hoy.

María, with whom I always study, is sick today.

María, **quien** está en nuestro grupo de estudio, está enferma hoy.

María, who is in our study group, is sick today.

APÉNDICE GRAMATICAL 1

Predictable Spelling Changes in the Preterit

Some verbs experience predictable spelling changes in the preterit as well as in other tenses. These changes can be predicted by applying the spelling/pronunciation rules that are used for any word in Spanish.

- Infinitive ending in **-car**

  c changes to **qu** before **e**

dedi**qu**é	dedicamos
dedicaste	dedicasteis
dedicó	dedicaron

  acercar, calificar, colocar, criticar, destacar, educar, embarcar, erradicar, indicar, masticar, modificar, pescar, practicar, sacrificar, tocar, unificar

- Infinitive ending in **-gar**

  g changes to **gu** before **e**

pa**gu**é	pagamos
pagaste	pagasteis
pagó	pagaron

  apagar, castigar, colgar, delegar, desligar, divulgar, entregar, fregar, investigar, jugar, juzgar, llegar, madrugar, negar, obligar, plagar, prolongar, rasgar, rogar, tragar

- Infinitive ending in **-guar**

  gu changes to **gü** before **e**

averi**gü**é	averiguamos
averiguaste	averiguasteis
averiguó	averiguaron

  aguar, fraguar

- Infinitive ending in **-zar**

  z changes to **c** before **e**

memori**c**é	memorizamos
memorizaste	memorizasteis
memorizó	memorizaron

  alcanzar, amenazar, analizar, avanzar, cazar, comenzar, destrozar, empezar, gozar, localizar, memorizar, mobilizar, paralizar, rezar, rechazar, rizar

- Infinitive ending in **-aer, -eer, -uir**

  Unstressed **-i-** becomes **-y-** between two vowels.

leí	leímos	creí	creímos	construí	contruimos
leíste	leísteis	creíste	creísteis	construiste	construisteis
leyó	leyeron	creyó	creyeron	construyó	construyeron

caer, distribuir, huir, proveer

Stem Changes in the Preterit

There are a number of **-ir** verbs that undergo a vowel change in the stem of the third-person singular and the third-person plural of the preterit. The change may cause **o** to become **u**, or **e** to become **i**. There is no rule to predict what verbs feature this change. You need to learn them. The vocabulary at the end of your textbook flags this type of verb as follows: **dormir (ue, u), sentir (ie, i), repetir (i, i)**.

dormí	dormimos	sentí	sentimos
dormiste	dormisteis	sentiste	sentisteis
durmió	durmieron	sintió	sintieron

The Preterit of *andar*

The verb **andar**, while regular in most of the tenses, is irregular in the preterit. It is a common error, even among native speakers of Spanish, to conjugate the preterit of **andar** as if it were regular. Below are the preterit forms.

anduve	anduvimos
anduviste	anduvisteis
anduvo	anduvieron

Personal *a*

You need to use the personal **a** when the direct object refers to nouns that refer to specific people.

| Los estudiantes conocen **a** una profesora mexicana. | *The students know a Mexican professor.* |

However, when **tener** has a direct object that refers to a nonspecific person, the personal **a** is not used.

| Tengo una profesora mexicana. | *I have a Mexican professor.* |

When pronouns that refer to people are direct objects, they take a personal **a**.

| ¿**A** quién conoces en México? | *Who do you know in Mexico?* |
| No conozco **a** nadie en México. | *I don't know anybody in Mexico.* |

Personal-Direct Object Pronoun + *a* + Prepositional Pronoun

When the direct-object pronoun refers to a person, it can be emphasized or clarified by adding **a** + prepositional pronoun (**mí, ti, usted, él/ella, nosotros/as, vosotros/as, ustedes**).

¿Visitaste a tu abuelo y a tu tía el fin de semana pasado?

Did you visit your grandfather and your aunt last weekend?

Sí, **lo** visité **a él** y **la** llamé **a ella** por teléfono.

Yes, I visited him and called her on the telephone.

Note that **visité a él** and **llamé a ella** are incorrect, you need to add **lo** before the first verb and **la** before the second verb.

Ser and *estar*

Ser is used to:

● establish the essence or identity of a person or thing

Yo **soy** estudiante de español.

I am a student of Spanish.

● express origin

Yo **soy** de EE.UU.

I am from the U.S.

● express time

Son las 3:00 de la tarde.

It's three o'clock in the afternoon.

● express possession

Este libro **es** de mi compañera de clase.

This book belongs to my classmate.

● express when and where an event takes place

La fiesta del departamento de español **es** en diciembre.

The Spanish department's party is in December.

¿Dónde **es** la fiesta? — En el laboratorio de lenguas.

Where is the party? — In the language lab.

Estar is used to:

● express the location of a person or object

Mi casa **está** cerca de la biblioteca.

My house is near the library.

● form the progressive tenses

Este semestre **estoy** tomando muchas clases.

This semester I am taking many classes.

Ser and estar with Adjectives

Ser is used with adjectives:

- to express an essential characteristic of a person or object

Yo **soy** simpática.

I am friendly.

Este libro **es** fácil.

This book is easy.

Estar with adjectives is used to:

- express the state or condition of a person or object

Estoy contenta porque recibí una beca.

I am happy because I received a scholarship.

- note a change in the person or object

Violeta es guapa y hoy **está** más guapa todavía con su nuevo corte de pelo.

Violeta is pretty and today she is even prettier with her new haircut.

Some adjectives can never be used with **estar**. Below is a partial list.

crónico	*chronic*
efímero	*ephemeral*
eterno	*eternal*
inteligente	*intelligent*

Some adjectives can never be used with **ser**. Below is a partial list.

ausente	*absent*
contento	*happy*
enfermo	*sick*
muerto	*dead*
presente	*present*
satisfecho	*satisfied*

Some adjectives have different meanings when combined with **ser** or **estar**.

	ser	**estar**
aburrido	*boring*	*bored*
bueno	*good (personality)*	*in good health*
interesado	*selfish*	*interested*
listo	*clever*	*ready*
malo	*bad (personality)*	*in poor health*
molesto	*bothersome*	*bothered*
nuevo	*brand new*	*unused*
seguro	*safe*	*sure*
vivo	*lively*	*alive*

Predictable Spelling Changes in the Present Subjunctive

Some verbs experience predictable spelling changes in the present subjunctive as well as in other tenses. These changes can be predicted by applying the spelling/pronunciation rules that are used for any word in Spanish.

- Infinitive ending in **-car**

  c changes to **qu** before **e**

dedi**que**	dedi**que**mos
dedi**que**s	dedi**qué**is
dedi**que**	dedi**que**n

  acercar, calificar, colocar, criticar, destacar, educar, embarcar, erradicar, indicar, masticar, modificar, pescar, practicar, sacrificar, tocar, unificar

- Infinitive ending in **-gar**

  g changes to **gu** before **e**

pa**gu**e	pa**gu**emos
pa**gu**es	pa**gué**is
pa**gu**e	pa**gu**en

  apagar, colgar, castigar, delegar, desligar, divulgar, entregar, fregar, investigar, jugar, juzgar, llegar, madrugar, negar, obligar, plagar, prolongar, rasgar, rogar, tragar

- Infinitive ending in **-guar**

  gu changes to **gü** before **e**

averi**gü**e	averi**gü**emos
averi**gü**es	averi**gü**eis
averi**gü**e	averi**gü**en

  aguar, fraguar

- Infinitive ending in **-zar**

  z changes to **c** before **e**

memori**c**e	memori**c**emos
memori**c**es	memori**cé**is
memori**c**e	memori**c**en

  alcanzar, amenazar, analizar, avanzar, cazar, comenzar, destrozar, empezar, gozar, localizar, memorizar, mobilizar, paralizar, rezar, rechazar, rizar

Other Spelling Changes in the Present Subjunctive

Infinitive ending in **-uir**

Unstressed **-i-** becomes **-y-** between two vowels.

contribu**y**a	contribu**y**amos
contribu**y**as	contribu**y**áis
contribu**y**a	contribu**y**an

construir, distribuir, huir, restituir

Spelling Changes in the Imperfect Subjunctive

Infinitive ending in **-aer, -eer, -uir**

Unstressed **-i-** becomes **-y-** between two vowels. Since this change occurs in the preterit (*leyeron*), which is the base for the imperfect subjunctive, it is carried over to the imperfect subjunctive.

leyera / leyese	leyéramos / leyésemos
leyeras / leyeses	leyerais / leyeseis
leyera / leyese	leyeran / leyesen

caer, construir, creer, distribuir, huir, proveer

Stem Changes in the Present Subjunctive

Stem-changing **-ar** and **-er** verbs undergo the change **e → ie** or **o → ue** in the **yo, tú, él/ella** and **ellos/as** forms.

cierre cierres cierre	cuente cuentes cuente
cerremos cerréis cierren	contemos contéis cuenten

Stem-changing **-ir** verbs undergo the change **e → ie** or **i** and **o → ue** or **u** in all persons.

convertir (ie, i):

convierta	convirtamos
conviertas	convirtáis
convierta	conviertan

servir (i, i):

sirva	sirvamos
sirvas	sirváis
sirva	sirvan

dormir (ue, u):

duerma	durmamos
duermas	durmáis
duerma	duerman

The Imperfect Subjunctive of *andar*

The verb **andar**, while regular in most of the tenses, is irregular in the preterit. That irregularity is carried over to the imperfect subjunctive (as the third-person plural of the preterit is used as the base to conjugate the imperfect subjunctive). It is a common error, even among native speakers of Spanish, to conjugate the imperfect subjunctive of **andar** as if it were regular.

anduviera / anduviese	anduviéramos / anduviésemos
anduvieras / anduvieses	anduvierais / anduvieseis
anduviera / anduviese	anduvieran / anduviesen

Irregular Verbs in the Future and Conditional

The irregular verbs shown below take the same endings as the regular verbs.

Future endings	Conditional endings
-é	-ía
-ás	-ías
-á	-ía
-emos	-íamos
-éis	-íais
-án	-ían

Irregular verbs

Note that these verb stems are used in the formation of both the future and the conditional.

Drop last vowel in the infinitive	Replace last vowel in the infinitive with *d*	Other
haber → habr- poder → podr- querer → querr- saber → sabr-	poner → pondr- salir → saldr- tener → tendr- valer → valdr- venir → vendr-	decir → dir- hacer → har-

Limitations to the Use of the Conditional

Although in many instances the English *would* and *should* correspond to the conditional tense in Spanish, there are a few contexts where other tenses need to be used.

1. *Would,* conveying habitual actions in relation to the past, is rendered in Spanish with the imperfect tense.

   Cada verano **visitábamos** a nuestros abuelos.

   Every summer we would visit our grandparents.

2. *Would* is rendered by the present or the imperfect subjunctive, depending on the context, when preceded by *wish. Wish* can be expressed by **ojalá** or a verb indicating wish or desire.

   Ojalá que **venga / viniera** a Nicaragua.

   Espero que **venga** a Nicaragua.

   I wish she would come to Nicaragua.

3. *Should,* conveying obligation, is rendered in Spanish with **deber** in the conditional.

   Deberíamos hacer ecoturismo en Honduras.

   We should do ecotourism in Honduras.

Contrary-to-Fact *si* Clauses Describing the Past

1. When a **si** clause introduces a contrary-to-fact situation or condition, that is, a situation unlikely to take place in the present or future time, the imperfect subjunctive is used. When the situation or condition refers to a past time, Spanish, like English, uses the past perfect subjunctive in the **si** clause and conditional perfect for the result clause.

(See verb charts for past perfect subjunctive and conditional perfect in Appendix B.)

> Si los españoles **no hubieran colonizado** Costa Rica, la población indígena **no habría desaparecido**.

> *If the Spaniards hadn't colonized Costa Rica, the indigenous population wouldn't have disappeared.*

2. The phrase **como si** (*as if*) always presents a contrary-to-fact situation and it takes either the imperfect or the past perfect subjunctive. The imperfect is used when the action of the **si** clause takes place at the same time as the main verb. The past perfect subjunctive is used to refer to an action that happened in the past.

> Isabel me vio ayer y actuó **como si no me conociera**.

> *Isabel saw me yesterday and she acted as if she didn't know me.*

> En la ceremonia del Premio Nobel, el presidente Arias actuó con humildad, como si no **hubiera hecho** algo importante.

> *At the Nobel Prize Award ceremony, President Arias showed humility, as if he had not done anything important.*

Como (*since*) as a Close Synonym of *puesto que / ya que* (*since*)

In a broad sense, **como** is a synonym of **puesto que / ya que**, but there are two differences.

1. While **como** can be used when the topic and context are either formal or informal, the use of **ya que** is restricted to formal topics and contexts.

Como no estudias, no sacas buenas notas. (*informal topic/context*)

Since you don't study, you don't get good grades.

Puesto que (ya que) Cartagena lucha heroicamente durante la guerra de la independencia, Simón Bolívar la llama "La Ciudad Heroica". (*formal topic/context*)

Since Cartagena fights heroically during the independence war, Simón Bolívar calls her "The Heroic City."

2. While the clause (dependent clause) introduced by **puesto que / ya que** can appear before or after the independent clause, **como** requires that the dependent clause be used only before the independent clause.

Como no estudias, no sacas buenas notas.

Since you don't study, you don't get good grades.

Puesto que (ya que) Cartagena lucha heroicamente durante la guerra de la independencia, Simón Bolívar la llama "La Ciudad Heroica". (*formal topic/context*)

Simón Bolívar la llama "La Ciudad Heroica" **puesto que (ya que)** Cartagena lucha heroicamente durante la guerra de la independencia.

Simón Bolívar calls her "The Heroic City" since Cartagena fights heroically during the Independence war.

Como also Means *if*

When **como** means *if*, it always requires the use of subjunctive. The clause with **como** must be placed before the independent clause.

Como no estudies, no sacarás buenas notas.

If you don't study, you won't get good grades.

Compare the previous example to the next one, where **como** means *since*.

Como no estudias, no sacas buenas notas.

Since you don't study, you don't get good grades.

Use of Infinitive Instead of Subjunctive in Adverbial Clauses

The following adverbial expressions always require the use of subjunctive in the dependent clause.

a fin (de) que

antes (de) que

después (de) que

hasta que

para que

However, when the subject of the action in the independent clause is the same for the verb in the adverbial clause, an infinitive is used instead of the subjunctive. When this structure occurs, the adverbial expressions become plain prepositions (**a fin de, antes de, después de, hasta, para**) by dropping **que**.

El gobierno colombiano tiene que negociar la paz **para aumentar** el turismo.

The Colombian government has to negotiate the peace in order to increase tourism.

Ya and *todavía*

Ya means *already* when the sentence is affirmative, whether the sentence is a statement or a question.

> **Ya** habíamos estudiado para el examen de español cuando empezó nuestro programa de televisión favorito.
>
> *We had already studied for the Spanish test when our favorite TV show began.*
>
> ¿**Ya** habías estudiado para el examen de español cuando empezó tu programa de televisión favorito?
>
> *Had you already studied for the Spanish test when your favorite TV show began?*

Todavía is used instead of **ya** if the sentence is negative, whether the sentence is a statement or a question.

> **Todavía** no habíamos estudiado para el examen de español cuando empezó nuestro programa de televisión favorito.
>
> *We had not yet studied for the Spanish test when our favorite TV show began.*
>
> ¿**Todavía** no habías estudiado para el examen de español cuando empezó tu programa de televisión favorito?
>
> *Hadn't you studied yet for the Spanish test when your favorite TV show began?*

Present Perfect Subjunctive

The present perfect subjunctive is the counterpart of the present perfect indicative. To conjugate this tense, you need the verb **haber** in the present subjunctive plus the past participle of another verb.

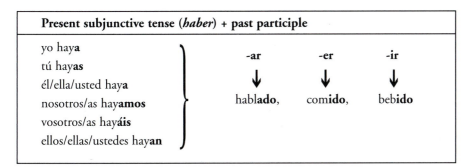

Present subjunctive tense (*haber*) + past participle

yo hay**a**
tú hay**as**
él/ella/usted hay**a**
nosotros/as hay**amos**
vosotros/as hay**áis**
ellos/ellas/ustedes hay**an**

-ar → habl**ado**, -er → com**ido**, -ir → beb**ido**

You need to use the present perfect subjunctive to describe a completed event in the past or in the future when the speaker's point of reference is the present. As any other subjunctive tense, this tense appears in the dependent clause as a result of the independent clause bearing an element that calls for subjunctive in the dependent clause, e. g., expression of desire or persuasion, doubt, feelings, or reference to an unknown thing, person, or event.

> Espero que los estudiantes **hayan estudiado** mucho para el examen de hoy sobre Chile.
>
> *I hope the students have studied a lot for today's test on Chile.*
>
> No creo que los estudiantes **hayan llegado** a Chile todavía.
>
> *I don't think the students have yet arrived in Chile.*

Past Perfect Subjunctive

The past perfect subjunctive is the counterpart of the past perfect indicative.

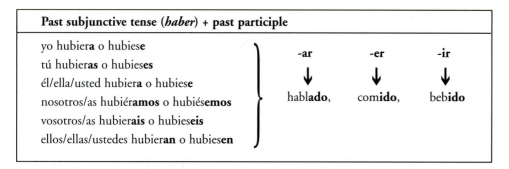

Past subjunctive tense (*haber*) + past participle			
yo hubier**a** o hubies**e**	**-ar**	**-er**	**-ir**
tú hubier**as** o hubies**es**	↓	↓	↓
él/ella/usted hubier**a** o hubies**e**			
nosotros/as hubiér**amos** o hubiés**emos**	habl**ado**,	com**ido**,	beb**ido**
vosotros/as hubier**ais** o hubies**eis**			
ellos/ellas/ustedes hubier**an** o hubies**en**			

You need to use the past perfect subjunctive to describe a completed event in the past that took place prior to another past action or event. As any other subjunctive tense, this tense appears in the dependent clause as a result of the independent clause bearing an element that calls for subjunctive in the dependent clause, e. g., expression of desire or persuasion, doubt, feelings; reference to an unknown thing, person, or event; and contrary-to-fact conditional sentences.

> Era dudoso que los estudiantes **hubieran hablado** con muchos chilenos en sólo dos semanas de visita al país.
>
> *It was doubtful that the students had talked to many Chileans in just a two-week visit to the country.*
>
> Yo habría ido a Chile el verano pasado si no **hubiera trabajado**.
>
> *I would have gone to Chile last summer if I had not worked.*

PRONOUNS, POSSESSIVES, AND DEMONSTRATIVES

Pronouns

Subject	Direct Object		Indirect Object*		Reflexive	
yo	me	*me*	me	*me*	me	*myself*
tú	te	*you*	te	*you*	te	*yourself*
él/Ud.	lo	*him*	le	*him*	se	*himself*
ella/Ud.	la	*her*	le	*her*	se	*herself*
nosotros/as	nos	*us*	nos	*us*	nos	*ourselves*
vosotros/as	os	*you*	os	*you*	os	*yourselves*
ellos/Uds.	los	*them*	les	*them*	se	*themselves*
ellas/Uds.	las	*them*	les	*them*	se	*themselves*

*NOTE: **Le/Les** become **se** when they occur along with the direct objects **lo/s, la/s**:

— ¿**Le** diste el libro a tu compañera? — Sí, **se** lo di.

Possessive Adjectives and Pronouns

Short Form Adjectives		Long Form Adjectives and Pronouns	
mi(s)	*my*	mío(s), mía(s)	*mine*
tu(s)	*your*	tuyo(s), tuya(s)	*yours*
su(s)	*his/her*	suyo(s), suya(s)	*his/hers*
nuestro(s), nuestra(s)	*our*	nuestro(s), nuestra(s)	*ours*
vuestro(s), vuestra(s)	*your*	vuestro(s), vuestra(s)	*yours*
su(s)	*their*	suyo(s), suya(s)	*theirs*

Demonstrative Adjectives

	singular	plural	singular	plural	singular	plural
masculine	este	estos	ese	esos	aquel	aquellos
	this	*these*	*that*	*those*	*that*	*those*
feminine	esta	estas	esa	esas	aquella	aquellas
	this	*these*	*that*	*those*	*that*	*those*

Demonstrative Pronouns*

	singular	plural	singular	plural	singular	plural
masculine	éste	éstos	ése	ésos	aquél	aquéllos
	this (one)	*these (ones)*	*that (one)*	*those (ones)*	*that (one)*	*those (ones)*
feminine	ésta	éstas	ésa	ésas	aquélla	aquéllas
	this (one)	*these (ones)*	*that (one)*	*those (ones)*	*that (one)*	*those (ones)*
neuter	esto	____	eso	____	aquello	____
	this (one)		*that (one)*		*that (one)*	

*NOTE: According to the latest spelling rules published by the Real Academia Española, demonstrative pronouns should not carry an accent mark unless the sentence is ambiguous, such as: ¿**Por qué compraron aquéllos libros usados?**, where **aquéllos** (*those students/people*) is the subject but could be interpreted as demonstrative adjective accompanying **libros** if it did not have an accent mark. Otherwise, by default, demonstrative pronouns do not carry an accent mark. As time goes on the acceptance of this new rule will become more widespread. For now, for educational purposes the accent will be shown on demonstrative pronouns in this book.

Regular Verbs

Infinitive: Simple Forms		
habl **ar** (*to speak*)	com **er** (*to eat*)	viv **ir** (*to live*)
Present Participle: Simple Forms		
habl **ando** (*speaking*)	com **iendo** (*eating*)	viv **iendo** (*living*)
Past Participle		
habl **ado** (*spoken*)	com **ido** (*eaten*)	viv **ido** (*lived*)
Infinitive: Perfect Forms		
hab **er** habl **ado** (*to have spoken*)	hab **er** com **ido** (*to have eaten*)	hab **er** viv **ido** (*to have lived*)
Present Participle: Perfect Forms		
hab **iendo** habl **ado** (*having spoken*) hab **iendo** com **ido** (*having eaten*) hab **iendo** viv **ido** (*having lived*)		

Indicative: Simple Tenses

PRESENT		
(*I speak, am speaking, do speak, will speak*)	(*I eat, am eating, do eat, will eat*)	(*I live, am living, do live, will live*)
habl **o**	com **o**	viv **o**
habl **as**	com **es**	viv **es**
habl **a**	com **e**	viv **e**
habl **amos**	com **emos**	viv **imos**
hala **áis**	com **éis**	viv **ís**
habl **an**	com **en**	viv **en**

IMPERFECT		
(*I was speaking, used to speak, spoke*)	(*I was eating, used to eat, ate*)	(*I was living, used to live, lived*)
habl **aba**	com **ía**	viv **ía**
habl **abas**	com **ías**	viv **ías**
habl **aba**	com **ía**	viv **ía**
habl **ábamos**	com **íamos**	viv **íamos**
habl **abais**	com **íais**	viv **íais**
habl **aban**	com **ían**	viv **ían**

Indicative: Simple Tenses (Continued)

PRETERIT		
(*I spoke, did speak*)	(*I ate, did eat*)	(*I lived, did live*)
habl **é**	com **í**	viv **í**
habl **aste**	com **iste**	viv **iste**
habl **ó**	com **ió**	viv **ió**
habl **amos**	com **imos**	viv **imos**
habl **asteis**	com **isteis**	viv **isteis**
habl **aron**	com **ieron**	viv **ieron**

FUTURE		
(*I shall/will speak*)	(*I shall/will eat*)	(*I shall/will live*)
hablar **é**	comer **é**	vivir **é**
hablar **ás**	comer **ás**	vivir **ás**
hablar **á**	comer **á**	vivir **á**
hablar **emos**	comer **emos**	vivir **emos**
hablar **éis**	comer **éis**	vivir **éis**
hablar **án**	comer **án**	vivir **án**

CONDITIONAL		
(*I would speak*)	(*I would eat*)	(*I would live*)
hablar **ía**	comer **ía**	vivir **ía**
hablar **ías**	comer **ías**	vivir **ías**
hablar **ía**	comer **ía**	vivir **ía**
hablar **íamos**	comer **íamos**	vivir **íamos**
hablar **íais**	comer **íais**	vivir **íais**
hablar **ían**	comer **ían**	vivir **ían**

Subjunctive: Simple Tenses

PRESENT		
(*that I [may] speak*)	(*that I [may] eat*)	(*that I [may] live*)
habl **e**	com **a**	viv **a**
habl **es**	com **as**	viv **as**
habl **e**	com **a**	viv **a**
habl **emos**	com **amos**	viv **amos**
habl **éis**	com **áis**	viv **áis**
habl **en**	com **an**	viv **an**

IMPERFECT					
(that I [might] speak)		*(that I [might] eat)*		*(that I [might] live)*	
habl **ar a**	habl **as e**	com **ier a**	com **ies e**	viv **ier a**	viv **ies e**
habl **ar as**	habl **as es**	com **ier as**	com **ies es**	viv **ier as**	viv **ies es**
habl **ar a**	habl **as e**	com **ier a**	com **ies e**	viv **ier a**	viv **ies e**
habl **ár amos**	habl **ás emos**	com **iér amos**	com **iés emos**	viv **iér amos**	viv **iés emos**
habl **ar ais**	habl **as eis**	com **ier ais**	com **ies eis**	viv **ier ais**	viv **ies eis**
habl **ar an**	habl **as en**	com **ier an**	com **ies en**	viv **ier an**	viv **ies en**

AFFIRMATIVE COMMANDS		
(speak)	*(eat)*	*(live)*
habl **a** (tú)	com **e** (tú)	viv **e** (tú)
habl **ad** (vosotros)	com **ed** (vosotros)	viv **id** (vosotros)
habl **e** (Ud.)	com **a** (Ud.)	viv **a** (Ud.)
habl **en** (Uds.)	com **an** (Uds.)	viv **an** (Uds.)

NEGATIVE COMMANDS		
(don't speak)	*(don't eat)*	*(don't live)*
No habl **es** (tú)	No com **as** (tú)	No viv **as** (tú)
No habl **eis** (vosotros)	No com **ais** (vosotros)	No viv **áis** (vosotros)
No habl **e** (Ud.)	No com **a** (Ud.)	No viv **a** (Ud.)
No habl **en** (Uds.)	No com **an** (Uds.)	No viv **an** (Uds.)

Indicative: Perfect Tenses

PRESENT PERFECT		
(I have spoken)	*(I have eaten)*	*(I have lived)*
h **e** h **as** h **a** h **emos** h **abéis** h **an** } habl **ado**	h **e** h **as** h **a** h **emos** h **abéis** h **an** } com **ido**	h **e** h **as** h **a** h **emos** h **abéis** h **an** } viv **ido**

Indicative: Perfect Tenses (Continued)

PAST PERFECT		
(*I had spoken*)	(*I had eaten*)	(*I had lived*)
hab **ía** hab **ías** hab **ía** hab **íamos** } habl **ado** hab **íais** hab **ían**	hab **ía** hab **ías** hab **ía** hab **íamos** } com **ido** hab **íais** hab **ían**	hab **ía** hab **ías** hab **ía** hab **íamos** } viv **ido** hab **íais** hab **ían**

FUTURE PERFECT		
(*I will have spoken*)	(*I will have eaten*)	(*I will have lived*)
habr **é** habr **ás** habr **á** habr **emos** } habl **ado** habr **éis** habr **án**	habr **é** habr **ás** habr **á** habr **emos** } com **ido** habr **éis** habr **án**	habr **é** habr **ás** habr **á** habr **emos** } viv **ido** habr **éis** habr **án**

CONDITIONAL PERFECT		
(*I would have spoken*)	(*I would have eaten*)	(*I would have lived*)
habr **ía** habr **ías** habr **ía** habr **íamos** } habl **ado** habr **íais** habr **ían**	habr **ía** habr **ías** habr **ía** habr **íamos** } com **ido** habr **íais** habr **ían**	habr **ía** habr **ías** habr **ía** habr **íamos** } viv **ido** habr **íais** habr **ían**

Subjunctive: Perfect Tenses

PRESENT PERFECT		
(*that I [may] have spoken*)	(*that I [may] have eaten*)	(*that I [may] have lived*)
hay **a** hay **as** hay **a** hay **amos** } habl **ado** hay **áis** hay **an**	hay **a** hay **as** hay **a** hay **amos** } com **ido** hay **áis** hay **an**	hay **a** hay **as** hay **a** hay **amos** } viv **ido** hay **áis** hay **an**

PAST PERFECT		
(that I had [might] have spoken)	*(that I had [might] have eaten)*	*(that I had [might] have lived)*
hub **ier a**	hub **ier a**	hub **ier a**
hub **ier as**	hub **ier as**	hub **ier as**
hub **ier a** } habl **ado**	hub **ier a** } com **ido**	hub **ier a** } viv **ido**
hub **iér amos**	hub **iér amos**	hub **iér amos**
hub **ier ais**	hub **ier ais**	hub **ier ais**
hub **ier an**	hub **ier an**	hub **ier an**
OR	OR	OR
hub **ies e**	hub **ies e**	hub **ies e**
hub **ies es**	hub **ies es**	hub **ies es**
hub **ies e** } habl **ado**	hub **ies e** } com **ido**	hub **ies e** } viv **ido**
hub **iés emos**	hub **iés emos**	hub **iés emos**
hub **ies eis**	hub **ies eis**	hub **ies eis**
hub **ies en**	hub **ies en**	hub **ies en**

Irregular Verbs

(Only the irregular tenses are included.)

andar (*to walk, go*)

PRETERIT: anduve, anduviste, anduvo, anduvimos, anduvisteis, anduvieron

caber (*to fit*)

PRESENT INDICATIVE: quepo, cabes, cabe, cabemos, cabéis, caben
PRETERIT: cupe, cupiste, cupo, cupimos, cupisteis, cupieron
FUTURE: cabré, cabrás, cabrá, cabremos, cabréis, cabrán
IMPERFECT SUBJUNCTIVE: cupiera (cupiese), cupieras, cupiera, cupiéramos, cupierais,
    cupieran

caer (*to fall, drop*)

PRESENT INDICATIVE: caigo, caes, cae, caemos, caéis, caen
PRETERIT: caí, caíste, cayó, caímos, caísteis, cayeron

conducir (*to drive, conduct*)

PRESENT INDICATIVE: conduzco, conduces, conduce, conducimos, conducís, conducen
PRETERIT: conduje, condujiste, condujo, condujimos, condujisteis, condujeron
IMPERATIVE: conduce (tú), no conduzcas (tú), conducid (vosotros), no conduzcáis (vosotros),
    conduzca (Ud.), conduzcan (Uds.)

conocer (*to know, be acquainted with*)

PRESENT INDICATIVE: conozco, conoces, conoce, conocemos, conocéis, conocen

construir (*to build, construct*)

PRESENT INDICATIVE: construyo, construyes, construye, construimos, construís, construyen
PRETERIT: construí, construiste, construyó, construimos, construisteis, construyeron
IMPERATIVE: construye (tú), no construyas (tú), construid (vosotros), no construyáis (vosotros), construya (Ud.), construyan (Uds.)

dar (*to give*)

PRESENT INDICATIVE: doy, das, da, damos, dais, dan
PRETERIT: di, diste, dio, dimos, disteis, dieron

decir (*to say, tell*)

PRESENT INDICATIVE: digo, dices, dice, decimos, decís, dicen
PRETERIT: dije, dijiste, dijo, dijimos, dijisteis, dijeron
FUTURE: diré, dirás, dirá, diremos, diréis, dirán
IMPERATIVE: di (tú), no digas (tú), decid (vosotros), no digáis (vosotros), diga (Ud.), digan (Uds.)
PRESENT PARTICIPLE: diciendo
PAST PARTICIPLE: dicho

estar (*to be*)

PRESENT INDICATIVE: estoy, estás, está, estamos, estáis, están
PRETERIT: estuve, estuviste, estuvo, estuvimos, estuvisteis, estuvieron
PRESENT SUBJUNCTIVE: esté, estés, esté, estemos, estéis, estén

haber (*to have [auxiliary]*)

PRESENT INDICATIVE: he, has, ha, hemos, habéis, han
PRETERIT: hube, hubiste, hubo, hubimos, hubisteis, hubieron
FUTURE: habré, habrás, habrá, habremos, habréis, habrán
PRESENT SUBJUNCTIVE: haya, hayas, haya, hayamos, hayáis, hayan

hacer (*to do, make*)

PRESENT INDICATIVE: hago, haces, hace, hacemos, hacéis, hacen
PRETERIT: hice, hiciste, hizo, hicimos, hicisteis, hicieron
FUTURE: haré, harás, hará, haremos, haréis, harán
IMPERATIVE: haz (tú), no hagas (tú), haced (vosotros), no hagáis (vosotros), haga (Ud.), hagan (Uds.)
PAST PARTICIPLE: hecho

ir (*to go*)

PRESENT INDICATIVE: voy, vas, va, vamos, vais, van
IMPERFECT INDICATIVE: iba, ibas, iba, íbamos, ibais, iban
PRETERIT: fui, fuiste, fue, fuimos, fuisteis, fueron
PRESENT SUBJUNCTIVE: vaya, vayas, vaya, vayamos, vayáis, vayan
IMPERATIVE: ve (tú), no vayas (tú), id (vosotros), no vayáis (vosotros), vaya (Ud.), vayan (Uds.)
PRESENT PARTICIPLE: yendo

oír (*to hear, listen*)

PRESENT INDICATIVE: oigo, oyes, oye, oímos, oís, oyen
PRETERIT: oí, oíste, oyó, oímos, oísteis, oyeron
IMPERATIVE: oye (tú), no oigas (tú), oíd (vosotros), no oigáis (vosotros), oiga (Ud.), oigan (Uds.)
PRESENT PARTICIPLE: oyendo

poder (*to be able to, can*)

PRESENT INDICATIVE: puedo, puedes, puede, podemos, podéis, pueden
PRETERIT: pude, pudiste, pudo, pudimos, pudisteis, pudieron
FUTURE: podré, podrás, podrá, podremos, podréis, podrán
PRESENT PARTICIPLE: pudiendo

poner (*to put, place, set*)

PRESENT INDICATIVE: pongo, pones, pone, ponemos, ponéis, ponen
PRETERIT: puse, pusiste, puso, pusimos, pusisteis, pusieron
FUTURE: pondré, pondrás, pondrá, pondremos, pondréis, pondrán
IMPERATIVE: pon (tú), no pongas (tú), poned (vosotros), no pongáis (vosotros), ponga (Ud.), pongan (Uds.)
PAST PARTICIPLE: puesto

querer (*to wish, want, love*)

PRESENT INDICATIVE: quiero, quieres, quiere, queremos, queréis, quieren
PRETERIT: quise, quisiste, quiso, quisimos, quisisteis, quisieron
FUTURE: querré, querrás, querrá, querremos, querréis, querrán

saber (*to know*)

PRESENT INDICATIVE: sé, sabes, sabe, sabemos, sabéis, saben
PRETERIT: supe, supiste, supo, supimos, supisteis, supieron
FUTURE: sabré, sabrás, sabrá, sabremos, sabréis, sabrán
PRESENT SUBJUNCTIVE: sepa, sepas, sepa, sepamos, sepáis, sepan
IMPERATIVE: sepas (tú), no sepas (tú), sabed (vosotros), no sepáis (vosotros), sepa (Ud.), sepan (Uds.)

salir (*to go out, leave*)

PRESENT INDICATIVE: salgo, sales, sale, salimos, salís, salen
FUTURE: saldré, saldrás, saldrá, saldremos, saldréis, saldrán
IMPERATIVE: sal (tú), no salgas (tú), salid (vosotros), no salgáis (vosotros), salga (Ud.), salgan (Uds.)

ser (*to be*)

PRESENT INDICATIVE: soy, eres, es, somos, sois, son
IMPERFECT INDICATIVE: era, eras, era, éramos, erais, eran
PRETERIT: fui, fuiste, fue, fuimos, fuisteis, fueron
PRESENT SUBJUNCTIVE: sea, seas, sea, seamos, seáis, sean

tener (*to have*)

PRESENT INDICATIVE: tengo, tienes, tiene, tenemos, tenéis, tienen
PRETERIT: tuve, tuviste, tuvo, tuvimos, tuvisteis, tuvieron
FUTURE: tendré, tendrás, tendrá, tendremos, tendréis, tendrán
IMPERATIVE: ten (tú), no tengas (tú), tened (vosotros), no tengáis (vosotros), tenga (Ud.),
    tengan (Uds.)

traer (*to bring*)

PRESENT INDICATIVE: traigo, traes, trae, traemos, traéis, traen
PRETERIT: traje, trajiste, trajo, trajimos, trajisteis, trajeron
IMPERATIVE: trae (tú), no traigas (tú), traed (vosotros), no traigáis (vosotros), traiga (Ud.),
    traigan (Uds.)

valer (*to be worth, cost*)

PRESENT INDICATIVE: valgo, vales, vale, valemos, valéis, valen
FUTURE: valdré, valdrás, valdrá, valdremos, valdréis, valdrán

venir (*to come; to go*)

PRESENT INDICATIVE: vengo, vienes, viene, venimos, venís, vienen
PRETERIT: vine, viniste, vino, vinimos, vinisteis, vinieron
FUTURE: vendré, vendrás, vendrá, vendremos, vendréis, vendrán
IMPERATIVE: ven (tú), no vengas (tú), venid (vosotros), no vengáis (vosotros), venga (Ud.),
    vengan (Uds.)

ver (*to see, watch*)

PRESENT INDICATIVE: veo, ves, ve, vemos, veis, ven
IMPERFECT INDICATIVE: veía, veías, veía, veíamos, veíais, veían
PRESENT SUBJUNCTIVE: vea, veas, vea, veamos, veáis, vean
PAST PARTICIPLE: visto

Stem-changing Verbs

1. One change: e ➔ ie / o ➔ ue

pensar (*to think, plan*)

PRESENT INDICATIVE: pienso, piensas, piensa, pensamos, pensáis, piensan
PRESENT SUBJUNCTIVE: piense, pienses, piense, pensemos, penséis, piensen

volver (*to return*)

PRESENT INDICATIVE: vuelvo, vuelves, vuelve, volvemos, volvéis, vuelven
PRESENT SUBJUNCTIVE: vuelva, vuelvas, vuelva, volvamos, volváis, vuelvan
IMPERATIVE: vuelve (tú), no vuelvas (tú), volved (vosotros), no volváis (vosotros), vuelva (Ud.),
    vuelvan (Uds.)

The following verbs show similar patterns:

acordarse (ue) *to remember*	jugar (ue) *to play*
acostarse (ue) *to go to bed*	llover (ue) *to rain*
cerrar (ie) *to close*	mostrar (ue) *to show*
comenzar (ie) *to start, begin*	negar (ie) *to deny*
contar (ue) *to count, tell*	nevar (ie) *to snow*
costar (ue) *to cost*	perder (ie) *to miss, lose*
despertarse (ie) *to wake up*	querer (ie) *to wish, love*
doler (ue) *to hurt*	recordar (ue) *to remember, remind*
empezar (ie) *to start, begin*	sentar (ie) *to sit down*
encontrar (ue) *to find*	tener (ie) *to have*
entender (ie) *to understand*	volar (ue) *to fly*

2. Double change: e → ie, i / o → ue, u

preferir (*to prefer*)

PRESENT INDICATIVE: prefiero, prefieres, prefiere, preferimos, preferís, prefieren

PRETERIT: preferí, preferiste, prefirió, preferimos, preferisteis, prefirieron

PRESENT SUBJUNCTIVE: prefiera, prefieras, prefiera, prefiramos, prefiráis, prefieran

IMPERFECT SUBJUNCTIVE: prefiriera (prefiriese), prefirieras, prefiriera, prefiriéramos, prefirierais, prefirieran

PRESENT PARTICIPLE: prefiriendo

dormir (*to sleep*)

PRESENT INDICATIVE: duermo, duermes, duerme, dormimos, dormís, duermen

PRETERIT: dormí, dormiste, durmió, dormimos, dormisteis, durmieron

PRESENT SUBJUNCTIVE: duerma, duermas, duerma, durmamos, durmáis, duerman

IMPERFECT SUBJUNCTIVE: durmiera (durmiese), durmieras, durmiera, durmiéramos, durmierais, durmieran

IMPERATIVE: duerme (tú), no duermas (tú), dormid (vosotros), no durmáis (vosotros), duerma (Ud.), duerman (Uds.)

PRESENT PARTICIPLE: durmiendo

The following verbs show similar patterns:

advertir (ie, i) *to advise, warn*	mentir (ie, i) *to lie*
convertir (ie, i) *to convert*	morir (ue, u) *to die*
divertirse (ie, i) *to enjoy oneself*	sentir (ie, i) *to feel, sense*
invertir (ie, i) *to invest; to reverse*	

3. Change from e → i

pedir (*to ask for*)

PRESENT INDICATIVE: pido, pides, pide, pedimos, pedís, piden
PRETERIT: pedí, pediste, pidió, pedimos, pedisteis, pidieron
PRESENT SUBJUNCTIVE: pida, pidas, pida, pidamos, pidáis, pidan
IMPERFECT SUBJUNCTIVE: pidiera (pidiese), pidieras, pidiera, pidiéramos, pidierais, pidieran
IMPERATIVE: pide (tú), no pidas (tú), pidáis (vosotros), no pidáis (vosotros), pida (Ud.), pidan (Uds.)
PRESENT PARTICIPLE: pidiendo

The following verbs show a similar pattern:

competir (i) *to compete*	perseguir (i) *to pursue, follow*
conseguir (i) *to obtain*	proseguir (i) *to follow, continue*
corregir (i) *to correct*	reír (i) *to laugh*
despedir (i) *to say good-bye, fire*	repetir (i) *to repeat*
elegir (i) *to elect, choose*	seguir (i) *to follow*
freír (i) *to fry*	servir (i) *to serve*
impedir (i) *to prevent*	sonreír (i) *to smile*
medir (i) *to measure*	vestirse (i) *to get dressed*

VERBS WITH SPELLING CHANGES

1. Verbs ending in *-zar* change *z* to *c* before *e*

empezar (*to begin*)

PRETERIT: empecé, empezaste, empezó, empezamos, empezasteis, empezaron
PRESENT SUBJUNCTIVE: empiece, empieces, empiece, empecemos, empecéis, empiecen
IMPERATIVE: empieza (tú), no empieces (tú), empezad (vosotros), no empecéis (vosotros), empiece (Ud.), empiecen (Uds.)

The following verbs show a similar pattern:

alunizar to *land on the moon*	comenzar to *start, begin*
atemorizar to *scare*	especializar to *specialize*
aterrizar to *land*	memorizar to *memorize*
cazar to *hunt*	organizar to *organize*
caracterizar to *characterize*	rezar to *pray*

2. Verbs ending in *–cer* change *c* to *z* before *o* and *a*

vencer (*to defeat, conquer*)

PRESENT INDICATIVE: venzo, vences, vence, vencemos, vencéis, vencen
PRESENT SUBJUNCTIVE: venza, venzas, venza, venzamos, venzáis, venzan
IMPERATIVE: vence (tú), no venzas (tú), venced (vosotros), no venzáis (vosotros), venza (Ud.), venzan (Uds.)

convencer (*to convince*) shows the same pattern as **vencer**

3. Verbs ending in *-car* change *c* to *qu* before *e*

buscar (*to look for*)

PRETERIT: busqué, buscaste, buscó, buscamos, buscasteis, buscaron
PRESENT SUBJUNCTIVE: busque, busques, busque, busquemos, busquéis, busquen
IMPERATIVE: busca (tú), no busques (tú), buscad (vosotros), no busquéis (vosotros), busque (Ud.), busquen (Uds.)

The following verbs show a similar pattern:
explicar *to explain*
practicar *to practice*
sacar *to take out*
tocar *to touch, play*

4. Verbs ending in *-gar* change *g* to *gu* before *e*

llegar (t*o arrive*)

PRETERIT: llegué, llegaste, llegó, llegamos, llegasteis, llegaron
PRESENT SUBJUNCTIVE: llegue, llegues, llegue, lleguemos, lleguéis, lleguen
IMPERATIVE: llega (tú), no llegues (tú), llegad (vosotros), no lleguéis (vosotros), llegue (Ud.), lleguen (Uds.)

pagar (*to pay*) follows the pattern of **llegar**

5. Verbs ending in *-guir* change *gu* to *g* before *o, a*

seguir (*to follow*)

PRESENT INDICATIVE: sigo, sigues, sigue, seguimos, seguís, siguen
PRESENT SUBJUNCTIVE: siga, sigas, siga, sigamos, sigáis, sigan
IMPERATIVE: sigue (tú), no sigas, seguid (vosotros), no sigáis (vosotros), siga (Ud.), sigan (Uds.)

conseguir (*to obtain*) and **distinguir (*to distinguish*)** follow the pattern of **seguir**

6. Verbs ending in *-ger, -gir,* change *g* to *j* before *o, a*

coger (*to take, seize*)

PRESENT INDICATIVE: cojo, coges, coge, cogemos, cogéis, cogen
PRESENT SUBJUNCTIVE: coja, cojas, coja, cojamos, cojáis, cojan
IMPERATIVE: coge (tú), no cojas (tú), coged (vosotros), no cojáis (vosotros), coja (Ud.), cojan (Uds.)

The following verbs show a similar pattern:

corregir *to correct*	encoger *to shrink*
dirigir *to direct*	escoger *to choose*
dirigirse *to go to*	recoger *to pick up*
elegir *to elect*	regir *to rule, command*

7. Verbs ending in *-aer, -eer, -uir*, change *i* to *y* when *i* is unstressed and is between two vowels

leer (*to read*)

PRETERIT: leí, leíste, leyó, leímos, leísteis, leyeron
IMPERFECT SUBJUNCTIVE: leyera (leyese), leyeras, leyera, leyéramos, leyerais, leyeran
PRESENT PARTICIPLE: leyendo

The following verbs show a similar pattern:

caer *to fall*
construir *to build*
creer *to believe*
destruir *to destroy*
excluir *to exclude*
huir *to flee*
incluir *to include*
influir *to influence*
recluir *to send to jail*

Revision Guide

The act of writing is a circular process that requires repeated revisions of what we write. This is the reason why several drafts of the same composition usually precede the final version, the one that is finally turned in. As you compose the different drafts, revise what you write periodically using the checklist below.

Content and organization

1. Do you have an introduction that transitions smoothly to the purpose of your paper?
2. Is the purpose or thesis of your paper stated?
3. Does the content of the paper support the purpose or thesis?
4. Do your ideas appear in a logical sequence?
5. Are your ideas supported by clear examples and illustrations?
6. Are there appropriate transitions between sentences?
7. Are there appropriate transitions between paragraphs?
8. Do you have a conclusion?
9. Did you make sure that there are no made-up words?
10. Did you double-check the meaning of words in a good dictionary (at least 300,000 entries)?
11. Did you double-check the use of problematic pairs such as **ser/estar, estar/haber, ser/tener, saber/conocer, ir/venir, por/para**, and the like?

Tone and style

1. Is the vocabulary appropriate to the occasion and to the reader?
2. Did you avoid repetitious vocabulary?
3. Did you use a variety of sentence structures?

Grammar

Double-check the following:

1. article-noun, noun-adjective, subject-verb agreement
2. use of tenses and moods (indicative or subjunctive)
3. use of personal **a**
4. use of appropriate pronoun form
5. use of appropriate pronoun placement

Mechanics

Double-check the following:

1. accents
2. spelling (careful with **ñ** and **ü** and spelling-changing verbs)
3. capitalization
4. punctuation

The boldface number following each entry corresponds to the *unidad* in which the word appears, the roman number corresponds to the *tema*. MA stands for *Más allá* and O stands for *unit opener*.

A

a causa de because of, due to **4.**10

a diferencia de in contrast to **2.**MA

a menudo often **1.**2

aburrirse to get bored **2.**6

acera *f* sidewalk **1.**1

acertijo *m* riddle **4.**10

actitud *f* attitude **4.**11

actual current, present **3.**9

acudir a to flock to **4.**11

acudir en masa to arrive en masse **4.**11

adivinar to guess; to predict the future **4.**11

adivino/a fortune teller **4.**11

afición *f* hobby **2.**4

agarrar to hold **4.**10

aglomeración *f* crowding **4.**MA

agradecer to thank **2.**6

ajetreo *m* fuss; coming and going **1.**MA

al fin y al cabo in the end **2.**MA

al igual que similarly to **2.**4

al menos at least **3.**8

alternar to socialize **4.**10

ama de casa *f* housewife **2.**4

amistad *f* friendship **2.**5

anglohablante *m, f* English speaking, English speaker **1.**3

anuncio *m* ad **2.**MA

apenas hardly **3.**8

apoderarse to get hold of **2.**MA

artes marciales *f* martial arts **1.**1

asar to roast **4.**12

ascensor / elevador *m* elevator **1.**1

asistir to attend **2.**MA

atender(ie) to pay attention **2.**5

aumento *m* increase **2.**4

aún even **3.**8

ausente absent **1.**2

aventurero/a adventurous **1.**1

B

bailable (music) dance music **1.**3

balada *f* ballad **1.**3

balcón *m* balcony **1.**1

bandera *f* flag **4.**10

banqueta *f* sidewalk (Mex.) **1.**1

barrio *m* district, suburb, neighborhood **1.**3

besar to kiss **4.**10

beso *m* kiss **4.**10

broma *f* joke, trick **4.**10

bruja *f* witch **4.**11

C

calificar to describe; to rate **2.**5

campesino/a peasant **4.**12

canonizar to canonize **4.**12

caramelo *m* candy **4.**11

carecer (zc) to lack **3.**8

carnet de identidad *m* ID card **2.**6

católico/a Catholic **4.**11

casarse to get married **2.**6

cementerio *m* cemetery **4.**11

chiste *m* joke **4.**11

ciberespacio *m* cyberspace **1.**1

cima *f* top **2.**MA

ciudad *f* city **1.**1

ciudadano/a citizen **3.**MA

cobrar to charge **2.**MA

colocar to place **1.**1

comerciante *m, f* retailer **1.**2

compaginar to fit; to match **1.**1

compartir to share **2.**5

condesa *f* countess **2.**MA

confesarse to confess **1.**MA

conocido/a acquaintance **2.**5

conservar to keep, maintain **3.**7

contar to tell **1.**3

contribuir (y) to contribute **2.5**

convertirse (ie,i) to become **1.2**

corral *m* stable **4.**MA

corrida de toros *f* bullfight **4.**MA

cortar el rollo to cut it out; to stop talking **1.1**

costero/a coastal **1.2**

cotizado/a valued **1.3**

crear to create **3.7**

crecer(cz) to grow up **2.**MA

creyente *m, f* believer **4.9**

cuestionar to question **3.8**

cuidado *m* care **2.4**

cultivar to cultivate; to foster **2.5**

D

dado que because of, due to **4.10**

dar igual not to matter **3.9**

dar un paseo to take a walk **2.6**

de mal gusto in bad taste **4.11**

dependiente/a *m, f* shop assistant **2.**MA

desarrollo *m* development **1.2**

descartar to dismiss **1.**MA

desfile *m* parade **4.10**

desleal disloyal **2.5**

después de todo after all **2.**MA

destreza *f* dexterity, ability **3.**MA

desventaja *f* disadvantage **3.7**

deteriorar to deteriorate **2.**MA

detestar, odiar to hate **4.10**

día festivo *m* holiday **4.12**

dibujante *m, f* sketcher, cartoonist **1.3**

dicción *f* pronunciation **1.3**

dictadura *f* dictatorship **3.7**

dificultar to make difficult; to pose an obstacle **2.5**

dinámica *f* dynamics **2.5**

discreto/a discreet **1.**MA

disfraz *m* costume **4.11**

disfrazarse de to dress up as **4.11**

disminuir (y) to decrease **2.4**

disolver (ue) to dissolve **2.5**

distanciarse to distance oneself **2.**MA

distraerse to get sidetracked **4.10**

divorciarse to get a divorce **2.**MA

dominicano/a Sunday ritual **1.2**

dramaturgo/a playwright **1.3**

duradero/a lasting **2.5**

E

echar de menos to miss **2.6**

echar una mano to give a hand, to help **3.9**

edad *f* age **1.1**

edificio *m* building **1.2**

el más allá afterlife **4.11**

elevador / ascensor *m* elevator **1.1**

embarazada *f* pregnant **4.12**

empleado/a employee **3.**MA

en contra de su voluntad against his/her will **2.**MA

en gran medida to a great extent **2.4**

en voz baja softly **4.11**

encajar to fit **1.3**

encantar to love **4.11**

encontrar (ue) to find **2.6**

enfadarse to get angry **4.10**

enlazar to link **3.9**

entorno *m* environment, setting **2.5**

entretenimiento *m* entertainment **1.2**

enviar to send **3.9**

erróneo/a mistaken **3.7**

escenario *m* stage **2.**MA

esconder to hide **3.9**

establecerse(zc) to settle in **1.3**

estacionamiento *m* parking **1.1**

estadounidense United States citizen **3.7**

estar de acuerdo to agree **2.4**

estar en desacuerdo to disagree **4.11**

estimar to estimate **3.8**

estrecho/a close, intimate **2.5**

estupendo/a great, fantastic **2.**MA

evitar to avoid **4.11**

exigencia *f* demand **2.5**

éxito *m* success **1.**MA

expectativa *f* expectation **2.5**

extraño/a strange **1.**MA

F

falacia *f* fallacy **3.8**

fiesta patronal *f* celebration in honor of a patron saint or the Virgin Mary **1.2**

financiar to finance **2.MA**

flirtear to flirt **2.5**

fracaso *m* failure **2.MA**

fuegos artificiales *m* fireworks **4.10**

G

gira *f* tour **2.MA**

glosario *m* glossary **3.9**

gracioso/a funny **3.9**

guardar to keep **1.MA**

guardería infantil *f* kindergarten **2.4**

H

hecho *m* fact **3.8**

I

idiosincrasia *f* idiosyncrasy **4.12**

iglesia *f* church **4.12**

igual que the same as **2.MA**

impactar to impact **4.MA**

imponer (g) to impose **2.4**

impuestos *m* taxes **3.7**

incluir to include **3.7**

índice *m* rate **2.4**

inestabilidad *f* instability **3.7**

informática *f* computer science **3.9**

instalarse to settle in **1.3**

integrante *m, f* integral **4.10**

intimidad privacy **2.5**

J

jubilado/a retiree, retired **1.2**

judío/a Jewish **4.12**

justicia *f* justice **1.3**

L

lavadora *f* washing machine **1.1**

lavaplatos *m* dishwasher **1.1**

lazo *m* tie **3.7**

lealtad *f* loyalty **2.5**

lector/a reader **3.9**

lengua materna *f* mother tongue **3.8**

levantar pesas to lift weights **2.6**

ley *f* law, regulation **4.11**

libertad *f* freedom **1.3**

lidia *f* bullfight **4.MA**

lugar *m* place **2.5**

M

madrugada *f* dawn **2.6**

malabarismo *m* juggling **1.1**

manada *f* herd **4.MA**

manipulador/a manipulative **2.5**

manso/a calm **4.MA**

marcharse to leave **1.1**

masificación *f* massification, overcrowding **4.MA**

matricularse to register, to sign up **2.MA**

mayoría *f* majority **2.5**

mejilla *f* cheek **4.10**

melodioso salsero melodic interpretation of salsa **1.MA**

mezquita *f* mosque **4.12**

mientras while **1.MA**

milagro *m* miracle **4.12**

mitad *f* half **3.8**

mito *m* myth **3.8**

movilidad *f* mobility **2.5**

mudarse to move, relocate **1.3**

muebles *m* furniture **1.1**

muerte *f* death **4.11**

muerto/a, difunto/a dead person **4.11**

multiplicar to multiply **3.MA**

mundial worldwide **3.8**

mutuo/a mutual **2.5**

N

nacer(zc) to be born **1.3**

nada por el estilo nothing like that **2.6**

nivel *m* level **3.7**

norma *f* norm **3.8**

O

obra *f* art work, literary work **1.3**

obsesionarse to become obsessed **2.MA**

ocio *m* leisure **1.1**

ocurrir to occur **1.2**

oficio *m* job/profesión **1.3**

oler a to smell like **1.1**

olvidar to forget **4.10**

oscuro/a dark **4.12**

P

padrastro *m* step-father **2.4**

padrísimo/a cool, great **1.1**

papel *m* role **2.MA**

parecerse a to look like **1.1**

pareja *f* couple **2.4**

pasarlo bien/ mal to have fun/to have a lousy time **2.6**

pasarse por la cabeza to cross one's mind **2.MA**

pasear to go for a walk **1.2**

paseo *m* walk, stroll **2.6**

pavo *m* turkey **4.12**

película *f* movie **1.3**

perderse to get lost **4.MA**

perdido/a lost **1.1**

peregrinación *f* pilgrimage **4.O**

permitir to make it possible **4.11**

peseta *f* monetary unit of Spain until end 2000 **2.MA**

platicar to talk **1.1**

plaza *f* square **1.2**

población *f* population **2.5**

poco a poco little by little **4.MA**

polémico/a polemic, controversial **3.9**

ponerse de acuerdo to agree **4.11**

ponerse rojo/a to blush **2.MA**

por eso for this reason **4.10**

por esta razón for this reason **4.10**

por lo tanto therefore **2.5**

por su cuenta on his/her/their own **4.10**

por una parte ... por otra on the one hand . . . on the other **3.MA**

pregón *m* announcement **4.MA**

preguntarse to wonder **2.MA**

presentarse uno mismo to introduce oneself **2.MA**

progresar to progress; to make progress **3.7**

proponer (g) to propose **2.MA**

proporcionar to give **1.3**

protesta *f* protest **1.3**

protestante *m, f* Protestant **4.12**

pueblo *m* small town **1.2**

puesto que because **4.10**

R

racial racial **3.7**

rasgo *m* feature, trait **3.7**

rechazo *m* rejection **2.5**

reclamar to claim; to demand **1.MA**

reconocer (zc) to acknowledge; to admit **3.7**

reconocimiento *m* fame **1.3**

recursos *m* resources **3.7**

reformatorio *m* juvenile detention hall **1.3**

regalo *m* present, gift **4.12**

retrasar to delay **2.4**

reunirse to get together **2.6**

rezar to pray **1.2**

riesgo *m* risk, peril **4.MA**

ritualizar to ritualize **4.11**

rodaje *m* shooting (as in film) **2.MA**

S

saber a to taste like **1.1**

salir bien/mal to do well/badly **3.MA**

salsero/a salsa music singer **1.MA**

salud *f* health **1.1**

saludar to greet; to say hi **4.10**

secadora *f* tumble dryer **1.1**

sentimiento *m* feeling **1.MA**

sin cobrar without getting paid **2.MA**

sin compromiso not engaged, no strings attached **1.MA**

sin embargo however, nevertheless **2.5**

sin previo aviso without warning or notice **2.5**

sin without **2.4**

sitio *m* place **2.6**

situado/a placed, located **1.3**

solicitar to apply **4.MA**

soltero/a single, unmarried **1.MA**

son *m* Cuban dance music **1.MA**

sonar a *m* to sound like **1.1**

sorprender to surprise **4.10**

sospecha *f* suspicion **3.9**

suelo *m* floor **1.1**

suelo de cerámica *m* tile floor **1.1**

suelo de madera *m* wood floor **1.1**

suerte *f* luck **4.10**

supervivencia *f* survival **2.5**

surgir to arise **4.MA**

T

tabú *m* taboo **4.11**

taíno/a taino (native inhabitants of the Greater Antilles and the Bahamas who died out during the 16th century) **1.1**

tamal oaxeño *m* tamales cooked in the style of the Oaxaca region **4.12**

tapas *f* snacks **4.10**

tareas domésticas *f* household chores **2.4**

taurino/a bullfighting (related to) **4.MA**

tema *m* theme, topic **3.9**

temprano/a early **2.6**

tener hijos to have children **2.4**

terapéutico/a therapeutic **4.11**

tiro con arco *m* archery **1.1**

trabajar por horas to work part time **2.4**

traductor/a translator **3.9**

tramo *m* section **4.MA**

transporte público *m* public transportation **1.1**

trasladarse to move **4.MA**

trayecto *m* distance **4.MA**

tributar to recognize, pay tribute to **4.MA**

tumba *f* grave, tomb **4.12**

V

vacío *m* void **1.MA**

vallado/a fenced in **4.MA**

valorar to value **1.MA**

valores *m* values **3.7**

variedad *f* variety **3.7**

vendedor/a ambulante street vendor **1.2**

ventaja *f* advantage **3.7**

veracidad *f* truthfulness, veracity **3.8**

vestido/a dressed **2.6**

vida *f* life **2.5**

visitante *m, f* guest **2.5**

viuda *f* widow **2.4**

viudo *m* widower **2.4**

The boldface number following each entry corresponds to the *unidad* in which the word appears, the roman number corresponds to the *tema*. MA stands for *Más allá* and O stands for *unit opener*.

A

a causa de as a result of, because of **1**.3

acaparar to hoard **4**.13

acordarse de (ue) to remember **5**.18

adhesión *f* membership **1**.2

aislar to isolate **2**.5

al nacer as a newborn **3**.9

alentar to encourage **1**.3

ampliar to enlarge **1**.1

ampliación *f* expansion **1**.2

apareamiento *m* matching **4**.15

apoyar to support **1**.3

aprender a to learn (how to do something) **5**.18

apuntarse to enroll; to register; to sign up **3**.11

aterrizar to land **5**.19

atuendo *m* attire, clothing **3**.9

avaricia *f* greed **4**.13

B

bienestar *m* well-being **2**.5

bizco/a cross-eyed **3**.9

botánica *f* botany **1**.3

bruto/a raw, unrefined **4**.13

buscar to look for **5**.18

C

cabe + inf can, may **1**.1

caja *f* box; soundbox **4**.14

calabaza *f* gourd **5**.19

cariño *m* affection **5**.17

casarse con to marry **5**.18

cerebro *m* brain **3**.9

ciudadano/a citizen **2**.5

complejidad *f* complexity **4**.14

compromiso *m* engagement **4**.15

conferir (ie, i) to give **1**.2

conocedor/a knowledgeable **1**.3

consistir en to consist of **5**.18

costumbre *f* custom **4**.14

cráneo *m* skull **3**.9

creciente growing **3**.10

cronista *m/f* chronicler **4**.13

cuerda, de *f* string **4**.14

D

dañino/a harmful **3**.10

debilitar to weaken, debilitate **2**.5

depender de to depend on **5**.18

derechos *m* rights **2**.7

derramamiento (de sangre) *m* bloodshed **2**.5

derrocar to overthrow **2**.5

descongestionado/a light (traffic), not congested **5**.19

desconocido/a unknown, unfamiliar **3**.11

desempleo *m* unemployment **2**.7

deshabitado/a uninhabited **5**.18

desmesurado/a uncontrolled, boundless **4**.13

despedirse de (i) to say goodbye to **5**.18

difusión *f* dissemination **4**.14

disfrutar to enjoy **3**.10

dispuesto/a to be ready **3**.11

dueño/a owner **5**.17

E

echar una mano to give a hand; to help **3**.11

emparejamiento *m* matching **4**.15

empezar a (ie) to begin (to do something) **5**.18

enamorarse de to fall in love with **5**.18

enclave *m* place **1**.1

en cuanto a in reference to **1**.3

en este sentido in this respect **5**.17

en lugar de instead of **5**.18

envidia *f* envy **4**.13

en voz alta out loud **3**.11

época dorada *f* golden era **5**.19

época *f* time, period **2**.6

equivocado/a wrong **2**.7

equivocarse to be mistaken; to make a mistake **5**.17

es decir that is **5**.18

escasamente scarcely **5**.18

esperar to wait for **5**.18

estimular to stimulate **1**.2

extender(se) (ie) to extend **2**.6

F

fauna *f* fauna **3**.10

felicitar por to congratulate on **5**.18

flora *f* flora **3**.10

fracaso *m* failure **3**.9

frontera *f* border **3**.9

G

ganado *m* cattle **4**.15

gobierno *m* government **2**.5

grabar to record **4**.14

grabado/a engraved **5**.19

grado de *m* level of **3**.10

H

habitante *m/f* inhabitant **2**.5

híbrido/a hybrid **5**.18

I

improbable unlikely **2**.6

inalterado/a undisturbed **3**.10

incierto/a uncertain **2**.6

incluso even **5**.17

inesperadamente unexpectedly **5**.19

ingreso *m* admission **1**.2

injusticia *f* injustice **4**.14

instrumento *m* instrument **2**.6

intento *m* attempt **2**.8

inventar to invent **2**.6

inverso/a reverse **5**.18

invertir (ie, i) to invest **2**.7

J

jerarquía *f* hierarchy **4**.15

L

legítimo/a legitimate **2**.MA

ley *f* law **1**.3

lograr to achieve **2**.5

llegar a (place) to arrive in/at **5**.18

llevarse bien to get along **4**.15

M

maíz *m* corn **3**.9

más bien rather **5**.17

matrimonio de ensayo *m* trial marriage **4**.15

medio ambiente *m* environment **3**.10

muchedumbre *f* mob **1**.1

N

nacer to be born **2**.6

O

odio *m* hatred **4**.13

oriental eastern **1**.2

origen *m* beginnings **2**.6

P

paisaje *m* landscape **3**.10

pedir (i) to ask for **5**.18

pensar en (ie) to think of **5**.18

perdedor/a loser **3**.9

perla *f* pearl **2**.8

persona person **3**.9

plausible plausible, likely **2**.6

poblar (ue) to populate **5**.18

poseer to own **2**.8

premiar to award **1**.3

producirse to occur **1**.1

propender a to have a tendency to **1**.1

puente nasal *m* nasal bridge **3**.9

puro/a pure **4**.14

R

rancho *m* ranch **2**.MA

rango *m* rank, status **4**.13

recorrido *m* distance; route, run **5**.19

recuerdo *m* memories **5**.17

regresar to return (to a place) **5**.17

S

salir de to leave (a place) **5**.18

secuela *f* consequence **1**.1

según according to **4**.13

sinfín *m* endless **3**.11

sobrevenir to ensue **1**.1

solicitar to request **1**.2

sonrisa *f* smile **3**.11

sucesión *f* sequence **2**.MA

T

tatuaje *m* tattoo **3**.9

tender a (ie) to tend to **1**.1

tener éxito to be successful **2**.6

teoría *f* theory **2**.6

transcurrir to pass, go by **2**.5

travesía distance **5**.19

Tumba *f* Cuban rhythm **2**.6

U

ubicado/a located **1**.2

uña postiza *f* fake finger nail **3**.9

Upa habanera *f* Cuban rhythm **2**.6

V

valer la pena to be worthwhile **3**.11

vencido/a defeated **3**.9

The boldface number following each entry corresponds to the *unidad* in which the word appears, the roman number corresponds to the *tema*. MA stands for *Más allá* and O stands for *unit opener*.

A

absent ausente **1**.2

acknowledge, admit reconocer (zc) **3**.7

acquaintance conocido/a **2**.5

ad anuncio *m* **2**.MA

adventurous aventurero/a **1**.1

after all después de todo **2**.MA

afterlife el más allá **4**.11

against his/her will en contra de su voluntad **2**.MA

age edad *f* **1**.1

agree estar de acuerdo **2**.4; ponerse de acuerdo **4**.11

American estadounidense **3**.7

announcement pregón *m* **4**.MA

apply solicitar **4**.MA

archery tiro con arco *m* **1**.1

arise surgir **4**.MA

arrive en masse acudir en masa **4**.11

art work obra *f* **1**.3

at least al menos **3**.8

attend asistir **2**.MA

attitude actitud *f* **4**.11

avoid evitar **4**.11

B

ballad balada *f* **1**.1

balcony balcón *m* **1**.3

be born nacer (zc) **1**.3

because puesto que **4**.10

because of, due to a causa de **4**.10; dado que **4**.10

become convertirse (ie, i), volverse (ue) **1**.2

become obsessed obsesionarse **2**.MA

believer creyente *m, f* **4**.9

blush ponerse rojo/a **2**.MA

building edificio *m* **1**.2

bullfight corrida de toros *f*, lidia *f* **4**.MA

bullfighting (related to) taurino/a **4**.MA

C

calm manso/a **4**.MA

candy caramelos *m* **4**.11

canonize canonizar **4**.12

care cuidado *m* **2**.4

cartoonist dibujante *m, f* **1**.3

Catholic católico/a **4**.11

celebrations in honor of a patron saint or the Virgin Mary fiesta patronal *f* **1**.2

cemetery cementerio *m* **4**.11

charge cobrar **2**.MA

cheek mejilla *f* **4**.10

church iglesia *f* **4**.12

city ciudad *f* **1**.1

citizen ciudadano/a **3**.MA

claim reclamar **1**.MA

close (intimate) estrecho/a **2**.5

coastal costero/a **1**.2

computer science informática f **3**.9

confess confesarse (ie) **1**.MA

contribute contribuir (y) **2**.5; aportar **5**.MA

cool, great padrísimo/a **1**.1

costume disfraz *m* **4**.10

countess condesa *f* **2**.MA

couple pareja *f* **2**.4

create crear **3**.7

cross one's mind pasarse por la cabeza **2**.MA

crowding aglomeración *f* **4**.MA

Cuban dance music son *m* **1**.MA

cultivate, foster cultivar **2**.5

current actual **3**.9

cut it out, stop talking cortar el rollo **1**.1

cyberspace ciberespacio *m* **1**.1

D

dance music bailable (música) **1**.3

dark oscuro, a **4**.12

dawn madrugada *f* **2.**6

dead person muerto/a, difunto/a **4.**11

death muerte *f* **4.**11

decrease disminuir (y) **2.**4

delay retrasar **2.**4

demand exigencia *f* **2.**5

describe, rate calificar **2.**5

deteriorate deteriorar **2.**MA

development desarrollo *m* **1.**2

dexterity, ability destreza *f* **3.**MA

dictatorship dictadura *f* **1.**2

disadvantage desventaja *f* **3.**7

disagree estar en desacuerdo **4.**11

discreet discreto/a **1.**MA

dishwasher lavaplatos *m* **1.**1

disloyal desleal **2.**5

dismiss descartar **1.**MA

disolve disolver (ue) **2.**5

distance (oneself) distanciarse **2.**MA

distance trayecto *m* **4.**MA

district barrio *m* **1.**3

do well/badly salir bien/mal **3.**MA

dressed vestido/a **2.**6

dress up as disfrazarse de **4.**10

dynamics dinámica *f* **2.**5

E

early temprano/a **2.**6

early in the morning madrugada *f* **4.**12

elevator ascensor / elevador *m* **1.**1

employee empleado/a **3.**MA

English speaking, English speaker anglohablante *m, f* **1.**3

entertainment entretenimiento *m* **1.**2

environment, setting entorno *m* **2.**5

estimate estimar **3.**8

even aún **3.**8

expectation expectativa *f* **2.**5

F

fact hecho *m* **3.**8

failure fracaso *m* **2.**MA

fallacy falacia *f* **3.**8

fame reconocimiento *m* **1.**3

feature rasgo *m* **3.**7

feeling sentimiento *m* **1.**MA

fenced in vallado/a **4.**MA

finance financiar **2.**MA

find encontrar (ue) **2.**6

fireworks fuegos artificiales *m* **4.**10

fit encajar **1.**3

fit, match compaginar **1.**1

flag bandera *f* **4.**10

flirt flirtear **2.**5

flock to acudir a **4.**11

floor suelo *m* **1.**1

for this reason por eso, por esta razón **4.**10

forget olvidar **4.**10

fortune teller adivino/a **4.**11

freedom libertad *f* **1.**3

friendship amistad *f* **2.**5

funny gracioso/a **3.**9

furniture muebles *m* **1.**1

fuss; coming and going ajetreo *m* **1.**MA

G

get a divorce divorciarse **2.**MA

get angry enfadarse **4.**10

get bored aburrirse **2.**6

get hold of apoderarse **2.**MA

get lost perderse **4.**MA

get married casarse **2.**6

get sidetracked distraerse **4.**10

get together reunirse **2.**6

give a hand, help echar una mano **3.**9

give proporcionar **1.**3

glossary glosario *m* **3.**9

go for a walk pasear **1.**2

grave, tomb tumba *f* **4.**12

great, fantastic estupendo/a **2.**MA

greet, say hi saludar **4.**10

grow up crecer (cz) **2.**MA

guess, predict adivinar **4.**11

guest visitante *m, f* **2.**5

H

half mitad *f* **3.**8

hardly apenas **3.**8

hate detestar, odiar **4**.10

have children tener hijos **2**.4

have fun/to have a lousy time pasarlo bien/ mal **2**.6

health salud *f* **1**.1

herd manada *f* **4**.MA

hide esconder **3**.9

hobby afición *f* **2**.4

hold agarrar **4**.10

holiday día festivo *m* **4**.12

household chores tareas domésticas *f* **2**.4

housewife ama de casa *f* **2**.4

however, nevertheless sin embargo **1**.MA

I

ID card carnet de identidad *m* **2**.6

idiosyncrasy idiosincrasia *f* **4**.12

impact impactar **4**.MA

impose imponer (g) **2**.4

in bad taste de mal gusto **4**.11

in contrast to a diferencia de **2**.MA

in the end al fin y al cabo **2**.MA

include incluir (y) **3**.7

increase aumento *m* **2**.4

instability inestabilidad *f* **3**.7

integral integrante *m, f* **4**.10

introduce oneself presentarse uno mismo **2**.MA

J

Jewish judío/a **4**.12

job/profession oficio *m* **1**.3

joke chiste *m* **4**.11

joke, trick broma *f* **4**.10

juggling malabarismo *m* **1**.1

justice justicia *f* **1**.3

juvenile detention hall reformatorio *m* **1**.3

K

keep guardar **1**.MA

keep, maintain conserver **3**.7

kindergarten guardería infantil *f* **2**.4

kiss besar **4**.10

kiss beso *m* **4**.10

L

lack carecer (zc) **3**.8

lasting duradero/a **2**.5

law, regulation ley *f* **4**.11

leave marcharse **1**.1

leisure ocio *m* **1**.1

level nivel *m* **3**.7

life vida *f* **2**.5

lift weights levantar pesas **2**.6

link enlazar **3**.9

little by little poco a poco **4**.MA

literary work obra *f* **1**.3

located situado/a **1**.3

look like parecerse a **1**.1

lost perdido/a **1**.1

love encantar **4**.11

loyalty lealtad *f* **2**.5

luck suerte *f* **4**.10

M

majority mayoría *f* **2**.4

make difficult, **pose an obstacle** dificultar **2**.5

make it possible permitir **4**.11

manipulative manipulador/a **2**.5

martial arts artes marciales *f* **1**.1

massification, overcrowding masificación *f* **4**.MA

melodic interpretation of salsa melodioso salsero **1**.MA

miracle milagro *m* **4**.12

miss echar de menos **2**.6

mistaken erróneo/a **3**.7

mobility movilidad *f* **2**.5

mosque mezquita *f* **4**.12

mother tongue lengua materna *f* **3**.8

move mudarse **1**.MA; trasladarse **4**.MA

movie película *f* **1**.3

multiply multiplicar **3**.MA

mutual mutuo/a **2**.5

myth mito *m* **3**.8

N

neighborhood barrio *m* **1**.3

norm norma *f* **3**.8

not engaged, no strings attached sin compromiso **1.**MA

nothing like that nada por el estilo **2.**6

not to matter dar igual **3.**9

O

occur ocurrir **1.**2

often a menudo **1.**2

on his/her/their own por su cuenta **4.**10

on the one hand . . . on the other por una parte ... por otra **3.**MA

P

parade desfile *m* **4.**10

parking estacionamiento *m* **1.**1

pay attention atender (ie) **2.**5

pay tribute to tributar **4.**MA

peasant campesino/a **4.**12

peril riesgo *m* **4.**MA

peseta (monetary unit of Spain until end 2000) peseta *f* **2.**MA

pilgrimage peregrinación *f* **4.**O

place lugar *m* **2.**5; sitio *m* **2.**6

place colocar **1.**1

placed situado/a **1.**3

playwright dramaturgo/a **1.**3

polemic, controversial polémico/a **3.**9

population población *f* **2.**5

pray rezar **1.**2

pregnant embarazada *f* **4.**12

present, gift regalo *m* **4.**12

privacy intimidad **2.**5

progress, make progress progresar **3.**7

pronunciation dicción *f* **1.**3

propose proponer (g) **2.**MA

protest protesta *f* **1.**3

Protestant protestante *m, f* **4.**12

public transportation transporte público *m* **1.**1

Q

question cuestionar **3.**8

R

racial racial **3.**7

rate índice *m* **2.**4

reader lector/a **3.**9

recognize (pay tribute to) tributar **4.**MA

register, sign up matricularse **2.**MA

rejection rechazo *m* **2.**5

resources recursos *m* **3.**7

retailer comerciante *m, f* **1.**2

retiree, retired jubilado/a **2.**4

riddle acertijo *m* **4.**10

risk riesgo *m* **4.**MA

ritualize ritualizar **4.**11

roast asar **4.**12

role papel *m* **2.**MA

S

salsa music singer salsero/a **1.**MA

section tramo *m* **4.**MA

send enviar **3.**9

settle in establecerse (zc) **1.**3; instalarse **1.**3

share compartir **2.**5

shooting (a film) rodaje *m* **2.**MA

shop assistant dependiente/a *m, f* **2.**MA

sidewalk banqueta (Mex.) *f*; acera *f* **1.**1

similarly to al igual que **2.**4

single, unmarried soltero/a **1.**MA

sketcher dibujante *m, f* **1.**3

small town pueblo *m* **1.**2

smell like oler a **1.**1

snacks tapas *f* **4.**10

socialize alternar **4.**10

softly (speak) en voz baja **4.**11

sound like sonar a **1.**1

square plaza *f* **1.**2

stable corral *m* **4.**MA

stage escenario *m* **2.**MA

step-father padrastro *m* **2.**4

strange extraño/a **1.**MA

street vendor vendedor/a ambulante **1.**2

suburb barrio *m* **1.**3

success éxito *m* **1.**MA

Sunday ritual ritual dominicano/a **1.**2

surprise sorprender **4.**10

survival supervivencia *f* **2.**5

suspicion sospecha *f* **3.**9

T

taboo tabú *m* **4.**11

Taino taíno/a **1.**1

take a walk dar un paseo **2.**6

talk platicar **1.**1

tamales (cooked in the style of the Oaxaca region) tamal oaxaqueño *m* **4.**12

taste like saber a **1.**1

taxes impuestos *m* **3.**7

tell contar (ue) **1.**3

thank agradecer (zc) **2.**6

the same as igual que **2.**MA

theme, topic tema *m* **3.**9

therapeutic terapéutico/a **4.**11

therefore por lo tanto **2.**5

tie lazo *m* **3.**7

tile floor suelo de cerámica *m* **1.**1

to a great extent en gran medida **2.**4

top cima *f* **2.**MA

tour gira *f* **2.**MA

translator traductor/a **3.**9

truthfulness, veracity veracidad *f* **3.**8

tumble dryer secadora *f* **1.**1

turkey pavo *m* **4.**12

V

value valorar **1.**MA

valued cotizado/a **1.**3

values valores *m* **3.**7

variety variedad *f* **3.**7

void vacío *m* **1.**MA

W

walk, stroll paseo *m* **2.**6

war conflagración **4.**1

washing machine lavadora *f* **1.**1

while mientras **1.**MA

widow viuda *f* **2.**4

widower viudo *m* **2.**4

witch bruja *f* **4.**11

without getting paid sin cobrar **2.**MA

without warning or notice sin previo aviso **2.**5

without sin **2.**4

wonder preguntarse **2.**MA

wood floor suelo de madera *m* **1.**1

work part time trabajar por horas **2.**4

worldwide mundial **3.**8

The boldface number following each entry corresponds to the *unidad* in which the word appears, the roman number corresponds to the *tema*. MA stands for *Más allá* and O stands for *unit opener*.

A

according to según **4**.13

achieve lograr **2**.5

admission ingreso *m* **1**.2

affection cariño *m* **5**.17

arrive in/at llegar a (place) **5**.18

as a result of a causa de **1**.3

as a newborn al nacer **3**.9

ask for pedir (i) **5**.18

attempt intento *m* **2**.8

attire atuendo *m* **3**.9

award premiar **1**.3

B

be born nacer **2**.6

be mistaken equivocarse **5**.17

be ready dispuesto/a **3**.11

be worthwhile valer la pena **3**.11

because of a causa de **1**.3

begin (to do something) empezar a (ie) **5**.18

beginnings origen *m* **2**.6

bloodshed derramamiento (de sangre) *m* **2**.5

border frontera *f* **3**.9

botany botánica *f* **1**.3

brain cerebro *m* **3**.9

C

can, may cabe + *inf* **1**.1

cattle ganado *m* **4**.15

citizen ciudadano/a **2**.5

clothing atuendo *m* **4**.15

complexity complejidad *f* **4**.14

congratulate on felicitar por **5**.18

consequence secuela *f* **1**.1

consist of consistir en **5**.18

corn maíz *m* **3**.9

cross-eyed bizco/a **3**.9

Cuban rhythm Tumba *f* **2**.6

Cuban rhythm Upa habanera *f* **2**.6

custom costumbre *f* **4**.14

chronicler cronista *m/f* **4**.13

D

debilitate debilitar **2**.5

defeated vencido/a **3**.9

depend on depender de **5**.18

dissemination difusión *f* **4**.14

distance recorrido *m*, travesía *f* **5**.19

E

eastern oriental **1**.2

encourage alentar **1**.3

endless sinfín *m* **3**.11

engagement compromiso *m* **4**.15

engraved grabado/a **5**.19

enjoy disfrutar **3**.10

enlarge ampliar **1**.1

enroll apuntarse **3**.11

ensue sobrevenir **1**.1

environment medio ambiente *m* **3**.10

envy envidia *f* **4**.13

even incluso **5**.17

expansion ampliación *f* **1**.2

extend extender (ie) **2**.6

F

failure fracaso *m* **3**.9

fake finger nail uña postiza *f* **3**.9

fall in love with enamorarse de **5**.18

fauna fauna *f* **3**.10

flora flora *f* **3**.10

G

get along llevarse bien **4**.15

give conferir (ie, i) **1**.2

give a hand echar una mano **3**.11

go by transcurrir **2**.5

golden era época dorada *f* **5**.19

gourd calabaza *f* **5**.19

government gobierno *m* **2**.5

greed avaricia *f* **4**.13

growing creciente **3**.10

H

harmful dañino/a **3**.10

hatred odio *m* **4**.13

have a tendency to propender a **1**.1

help echar una mano **3**.11

hierarchy jerarquía *f* **4**.15

hoard acaparar **4**.13

hybrid híbrido/a **5**.18

I

inhabitant habitante *m/f* 2.5
in reference to en cuanto a 1.3
in this respect en este sentido 5.17
injustice injusticia *f* 4.14
instead of en lugar de 5.18
instrument instrumento *m* 2.6
invent inventar 2.6
invest invertir (ie, i) 2.7
isolate aislar 2.5

K

knowledgeable conocedor/a 1.3

L

land aterrizar 5.19
landscape paisaje *m* 3.10
law ley *f* 1.3
learn (how to do something) aprender a 5.18
legitimate legítimo/a 2.MA
leave (a place) salir de 5.18
level of grado de *m* 3.10
light (traffic), not congested descongestionado/a 5.19
likely plausible 2.6
located ubicado/a 1.2
look for buscar 5.18
loser perdedor/a 3.9

M

make a mistake equivocarse 5.17
marry casarse con 5.18
matching apareamiento, emparejamiento *m* 4.15
membership adhesión *f* 1.2
memories recuerdos *m* 5.17
mob muchedumbre *f* 1.1

N

nasal bridge puente nasal *m* 3.9

O

occur producirse 1.1
out loud en voz alta 3.11
overthrow derrocar 2.5
own poseer 2.8
owner dueño/a 5.17

P

pass transcurrir 2.5
pearl perla *f* 2.8
person persona *m/f* 3.9
place enclave *m* 1.1
plausible plausible 2.6
populate poblar (ue) 5.18
pure puro/a 4.14

R

ranch rancho *m* 2.MA
rank, status rango *m* 4.13
rather más bien 5.17
raw bruto/a 4.13
record grabar 4.14
register apuntarse 3.11
remember acordarse de (ue) 5.18
request solicitar 1.2
return (to a place) regresar 5.17
reverse inverso/a 5.18
rights derechos *m* 2.7
route recorrido *m* 5.19
run recorrido *m* 5.19

S

say goodbye to despedirse de (i) 5.18
scarcely escasamente 5.18
sequence sucesión *f* 2.MA
sign up apuntarse 3.11
skull cráneo *m* 3.9
smile sonrisa *f* 3.11
soundbox caja *f* 4.14
stimulate estimular 1.2
string cuerda, de *f* 4.14
support apoyar 1.3

T

tattoo tatuaje *m* 3.9
tend to tender a (ie) 1.1
that is es decir 5.18
theory teoría *f* 2.6
think of pensar en (ie) 5.18
time, period época *f* 2.6
to be successful tener éxito 2.6
trial marriage matrimonio de ensayo *m* 4.15

U

uncertain incierto/a 2.6
uncontrolled, boundless desmesurado/a 4.13
undisturbed inalterado/a 3.10
unemployment desempleo *m* 2.7
unexpectedly inesperadamente 5.19
uninhabited deshabitado/a 5.18
unknown, unfamiliar desconocido/a 3.11
unlikely improbable 2.6
unrefined bruto/a 4.13

W

wait for esperar 5.18
weaken debilitar 2.5
well-being bienestar *m* 2.5
wrong equivocado/a 2.7

Part I

"7 de julio, San Fermín" adapted from "Fiestas de San Fermín," *www.pamplona.net/esp/turismo/sfermin.html* (City of Pamplona, Spain, Municipal Government web pages). Reprinted with permission.

"Beneficios de aprender un idioma extranjero" adapted from Modern Language Association, "Knowing Other Languages Brings Opportunities." Reprinted with the permission of The Modern Language Association of America.

"En Estados Unidos el español es una herencia sagrada y compartida" adapted from Rafael Castro, "In U.S., Spanish is a Sacred and Shared Heritage," *www.latinolink.com/his1082s.html.* Copyright © 1995 by Hispanic Link News Service.

"Fiestas patronales" adapted in part from Padre Jordi Rivero, "Santos," *www.corazones.org/diccionario/santos.htm.* Copyright © 1996–2000 by SCTJM. Reprinted with the permission of Corazones.org.

"Fiestas patronales" adapted in part from "15 de mayo, San Isidro, Labrador, año 1130," *www.churchforum.org.mx/santoral/Mayo/1505.htm.* Copyright © Church Forum. All rights reserved.

Arturo Fox, excerpt adapted from *Latinoamérica: presente y pasado.* Copyright © 1998. Reprinted with the permission of Pearson Education, Inc., Upper Saddle River, NJ.

"Mitos sobre el bilingüismo" adapted in part from "Myths About Bilingualism," *www.nethelp.no/cindy/myth.html.* Reprinted with permission.

"Mitos sobre el bilingüismo" adapted in part from Steven Ryan, "Seven Myths About Bilingualism," *www.tell.gol.com/connections/archive/1995/jun* (May 16, 2001). Reprinted with permission.

Don Terry, excerpt adapted from "Latino Community Remains Divided Over Future of Bilingual Education," *www.latinolink.com* (June 5, 1998). Copyright © 1998 by Hispanic Link News Service.

"Ciberidioteces" adapted from a letter written by Xosé Castro Roig, *www.el-castellano.com/spam.html.* Reprinted with permission.

Part II

Part I

UNIT 1 Page 4 (left): Esbin-Anderson/The Image Works. **Page 4 (right):** Taxi/Getty Images. **Page 5:** Richard Lord/PhotoEdit. **Page 6:** PhotoDisc, Inc./Getty Images **Page 8:** Courtesy Maria Angeles Rodriguez. **Page 8:** Courtesy Ana Patricia Ortiz. **Page 8:** Courtesy Jose Fernandez. **Page 18 (left):** Bob Daemmrich/The Image Works. **Page 18 (right):** ©AP/Wide World Photos. **Page 28:** Spencer Platt/Liaison Agency, Inc./Getty Images. **Page 29 (top):** ©AFP/Corbis Images. **Page 29 (bottom):** Andrea Renault/Globe Photos, Inc. **Page 37:** *The Street*, 1987, by Fernando Botero. Private Collection/Bridgeman Art Library. ©Fernando Botero, Courtesy Marlborough Gallery, New York. **Page 40:** Courtesy of Luna Negra Productions.

UNIT 2 Page 44 (left): Richard Lord/The Image Works. **Page 44 (right):** John Bradley/Stone/Getty Images. **Page 45:** Pablo Corral/Corbis Images. **Page 46:** Kaluzny-Thatcher/Stone/Getty Images. **Page 47 (top):** Michelle Bridwell/PhotoEdit. **Page 47 (bottom):** Philip Lee Harvey/Stone/Getty Images. **Page 55 (top):** Bill Losh/Taxi/Getty Images. **Page 55 (bottom):** M.J. Cardenas Productions/The Image Bank/Getty Images. **Page 56:** PhotoDisc, Inc./Getty Images. **Page 64:** Royalty-Free/Corbis Images. **Page 66:** Danny Lehman/Corbis Images. **Page 69:** Jon Guistina/Taxi/Getty Images. **Page 72:** *Tied Oranges*, Oil on canvas, by Diana Paredes. **Page 75:** ©AP/Wide World Photos. **Page 76:** Georg Gerster/Photo Researchers.

UNIT 3 Page 80 (left): Thinkstock/Getty Images. **Page 80 (center):** PhotoDisc, Inc./Getty Images. **Page 80 (right):** Courtesy Maria Elizabeth Mahaffey. **Page 83 (top):** *Arte Mestiza* (detail) Acrylic concrete 10 × 3200 ft. by Emanuel Martinez. **Page 83 (bottom):** Steve Jay Crise/Corbis Images. **Page 95 (top):** ©AP/Wide World Photos. **Page 95 (bottom):** Claudio Bresciani//Retna. **Page 97:** Michael Newman/PhotoEdit. **Page 107:** Courtesy Xose Castro Roig. **Page 110:** Ian Shaw/Stone/Getty Images. **Page 113:** Art of File/Corbis Images.

UNIT 4 Page 122: Reuters NewMedia Inc./Corbis Images. **Page 123:** Pablo Corral/Corbis Images. **Page 124:** Yellow Dog Productions/The Image Bank/Getty Images. **Page 125:** ©PhotoDisc/Getty Images. **Page 126 (left):** Phil Borden/PhotoEdit. **Page 126 (right):** Danny Lehman/Corbis Images. **Page 133:** Tom Owen Edmunds/The Image Bank/Getty Images. **Page 134 (top):** Danny Lehman/Corbis Images. **Page 134 (bottom):** Lindsay Hebberd/Corbis Images. **Page 135:** Reuters NewMedia Inc./Corbis Images. **Page 143:** Jeff Greenberg/PhotoEdit. **Page 146:** Courtesy of John Quintana/Jona de Taos. **Page 149:** Danny Lehman/Corbis Images. **Page 152:** Museum of Santa Cruz/SUPERSTOCK. **Page 153 (left):** ©AP/Wide World Photos. **Page 153 top (top right):** Jacqus Torregano/Corbis Images. **Page 153 (bottom right):** AFP/Corbis Images. **Page 157:** ©A.E. Hotchner/Globe Photos, Inc.

Part II